書肆ユリイカの本

田中 栞

青土社

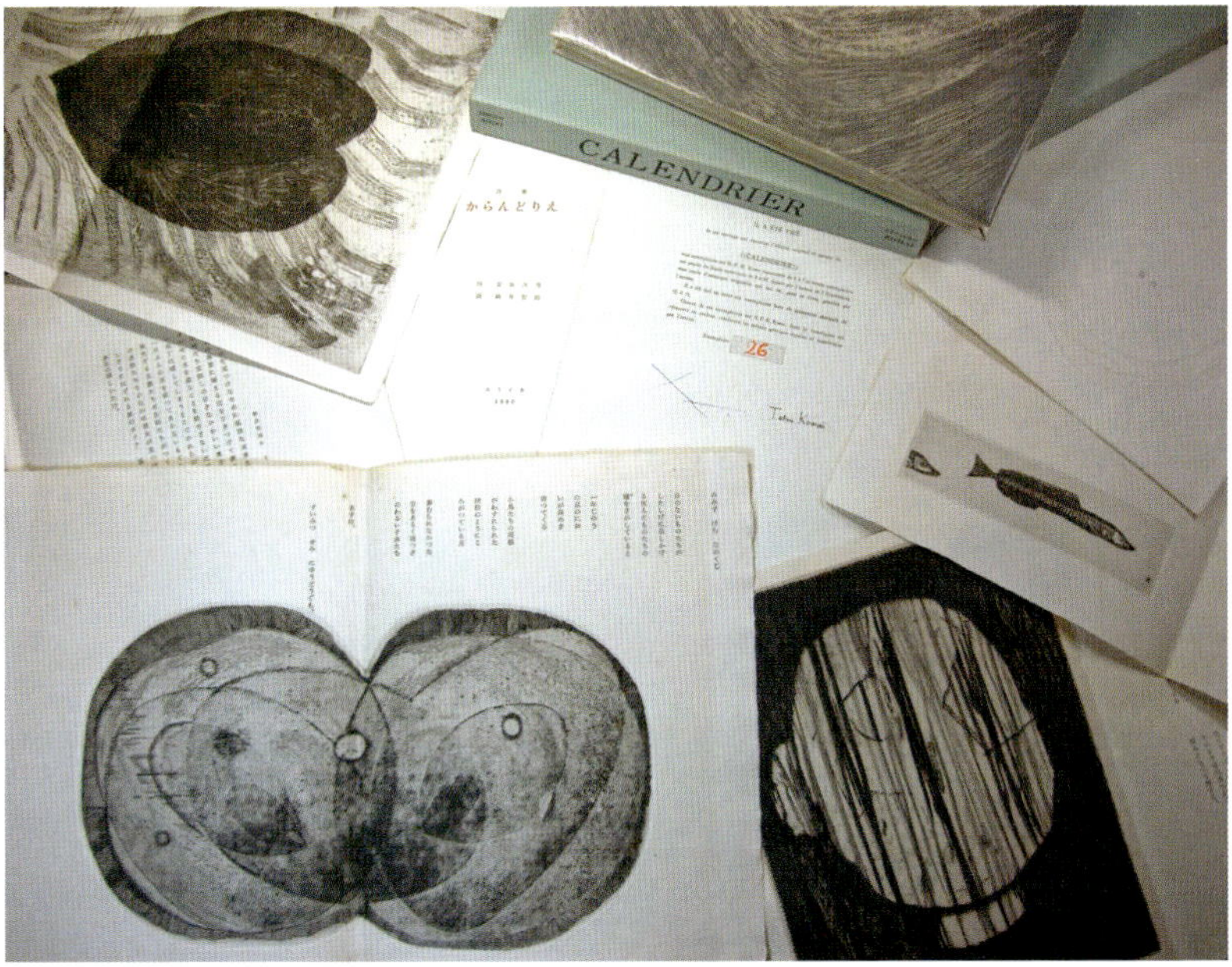

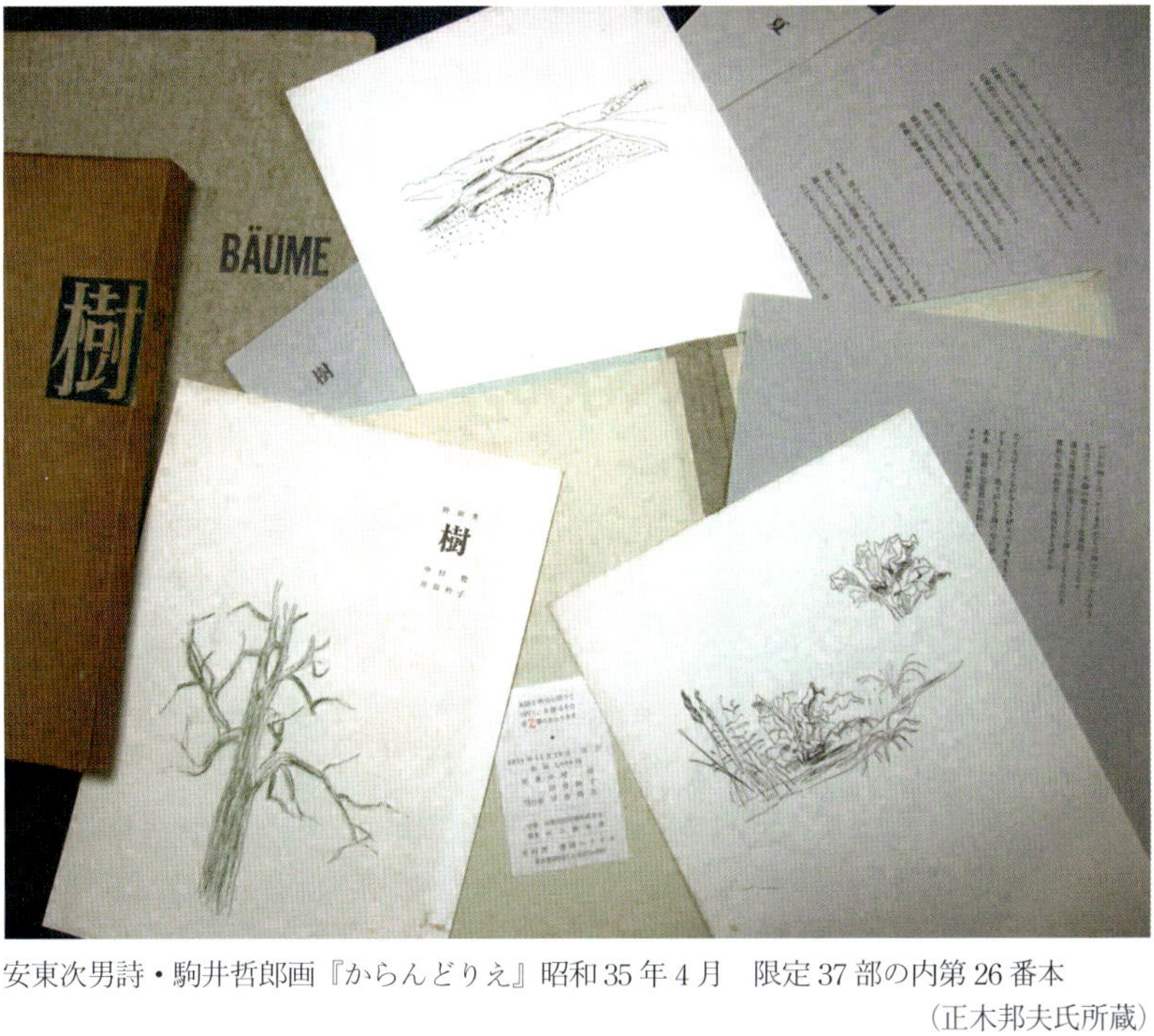

安東次男詩・駒井哲郎画『からんどりえ』昭和 35 年 4 月　限定 37 部の内第 26 番本
（正木邦夫氏所蔵）

中村稔詩・岸田衿子画『樹』昭和 29 年 11 月　限定 50 部の内第 2 番本（田中清光氏所蔵）

（撮影・田中栞　＊以下、注記のないものは田中栞所蔵）

『稲垣足穂全集』第2巻　昭和35年10月
限定500部

飯島耕一詩・伊原通夫画
『ミクロコスモス』
昭和32年11月
限定100部

吉岡実『僧侶』昭和33年11月
限定400部　函写真・奈良原一高

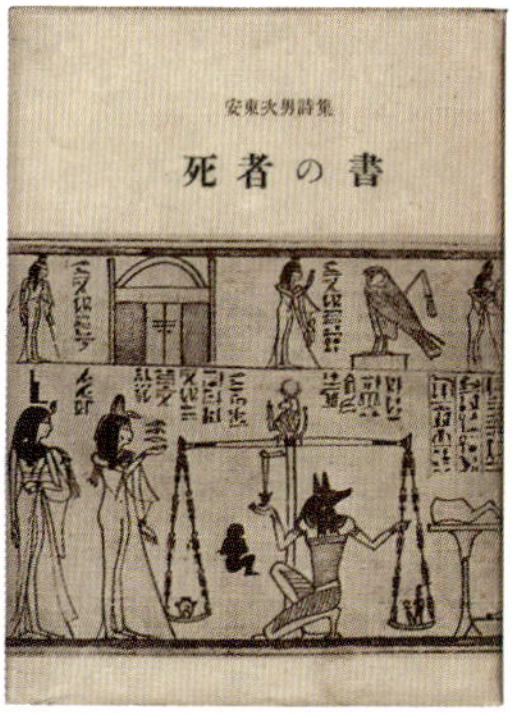

安東次男『死者の書』
昭和30年6月
限定250部

山本太郎『歩行者の祈りの唄』昭和29年11月
限定500部　表紙装画・辻まこと

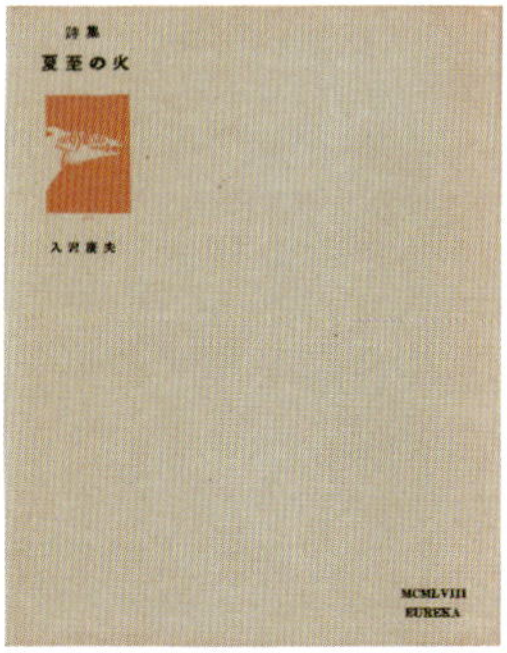

入沢康夫『夏至の火』
昭和33年2月
ジャケット装画・真鍋博

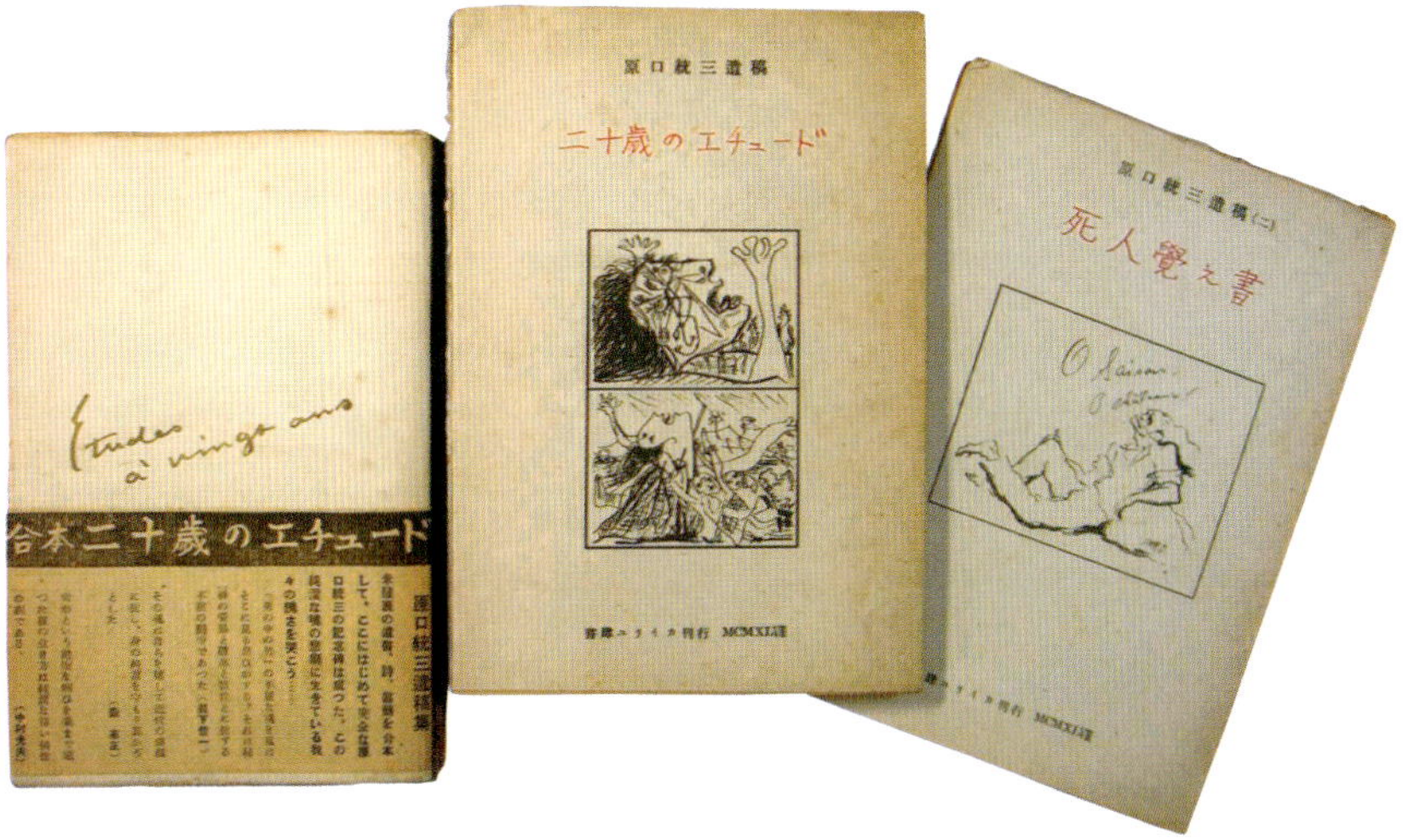

原口統三『二十歳のエチュード』昭和23年2月　原口統三『死人覚え書』昭和23年4月
原口統三『合本 二十歳のエチュード』昭和24年12月

「海外の詩人双書」から
『ラングストン・ヒューズ詩集』昭和34年11月
『アンリ・ミショオ詩集』昭和33年1月
『カミングズ詩集』昭和33年8月
『キャスリン・レイン詩集』昭和35年11月

「今日の詩人双書」から
『吉本隆明詩集』昭和33年1月
『大岡信詩集』昭和35年12月
『吉岡實詩集』昭和34年8月
『飯島耕一詩集』昭和35年1月跋

石垣りん『私の前にある鍋とお釜と燃える火と』昭和34年12月
岸田衿子『らいおん物語』昭和32年2月　限定300部
山口洋子『館と馬車』昭和30年1月
堀内幸枝『不思議な時計』昭和31年1月　表紙装画・池田龍雄

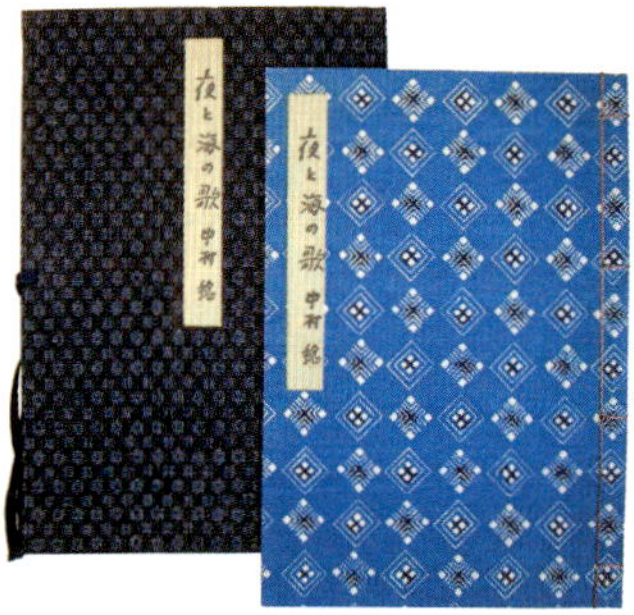

中村稔『夜と海の歌』昭和32年4月　限定50部

長岡輝子詩・川上澄生画『詩暦《うたごよみ》』昭和26年6月（奥付の発行年「1946年」は誤記）　限定200部
矢代静一作・鈴木信太郎画『絵姿女房』昭和31年4月　限定100部

書肆ユリイカの本　目次

書肆ユリイカの本

1

書肆ユリイカの本の作り方

小さな詩書出版社「書肆ユリイカ」を興した編集者・伊達得夫（大正九年九月〜昭和三六年一月）は、卓越したセンスの持ち主であった。昭和二〇〜三〇年代、『戦後詩人全集』や「海外の詩人双書」などの斬新なシリーズをはじめとして、現代詩史に残る数々の詩書を世に送り出した。若き詩人たちの処女詩集も、伊達の手によって続々と生み出されていく。限られた資金と資材でも、創意あふれる意匠に仕上げられた書物の数々。それらは姿の美しさからも愛書家の蒐集対象となり、また、出版文化史の上でも伝説として語り継がれている。

初期の造本スタイル

一高生・原口統三の入水自殺の翌年、昭和二二年五月に四六判（天アンカット）三八四頁の『二十歳のエチュード』は、前田出版社から発行された。伊達得夫は当時、前田出版社で書籍担当の編集責任者であった。薄い紙製のジャケット（古書・出版業界では「カバー」とも称される覆い）の

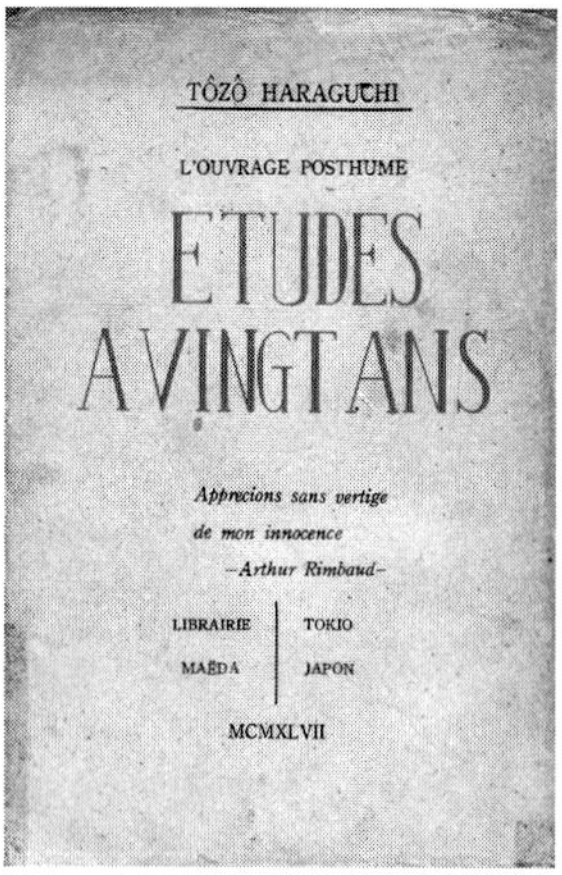

図１『二十歳のエチュード』
前田出版社版、初版ジャケット

ひらは仏語表記のみでフランスの文芸書を模したデザイン（図1）、表紙は書き文字で仏語タイトルのみ（図2）、別丁（本文紙とは別の紙）の本扉だけが和文（図3、これはおそらく伊達の書き文字）である。前後の見返しにはピカソのデッサン「フランコの嘘」が印刷された（図4、本文・図5）。伊達の回想（『ユリイカ抄』伊達得夫遺稿集刊行会、昭和三七年一月。後に『詩人たち　ユリイカ抄』として日本エディタースクール出版部から昭和四六年に、平凡社から平成一七年に再刊、八三頁）によれば、初版五〇〇〇部はまたたく間に売り切れ、第二版（増刷）も五〇〇〇部制作した（六月発行）。第二版は、ブックデザインの点では本扉をジャケットの雰囲気に似た仏文を基調としたものに変更した程度で、大きな違いはない。

この昭和二二年末に伊達は前田出版社を退職、「書肆ユリイカ」として独立する。その最初の出版が改版『二十歳のエチュード』で、翌昭和二三年二月の発行である。この時、基本的に同じ内容の本なのだから前田版で使用した紙型《しけい》（活字の組版を紙素材で写し取って作る雌型版）を流用することで鉛版を作成して印刷すれば手間いらずのはずだが、そうはしないで全面的に新規に組版し直したのは、この時点でまだ前田出版社が倒産しておらず、紙型を譲り受けることができなかったためと思われる。

ユリイカ版『二十歳のエチュード』は、前田版より一行の字数や一頁の行数を増やしたことから総頁が減り（図6）、スマートな一冊になった。ジャケットにはピカソのデッサン「フランコの嘘」を使い（図7）、表紙（図8）と本扉は仏文の活字組のみ。天と前小口がアンカットである。七

図2　同、表紙

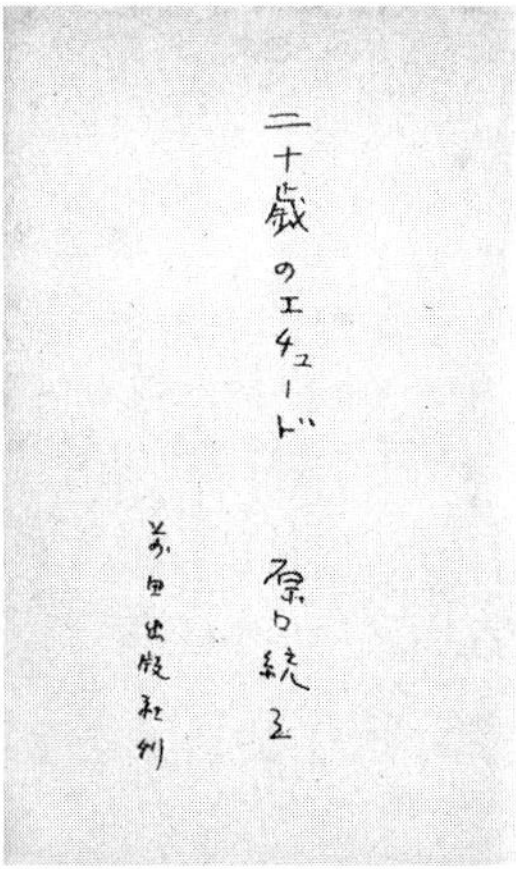

図3　同、本扉

月に第二刷、九月に第三刷と版を重ね、よく売れたようだ。

書肆ユリイカ二点目の出版物、同じく原口統三の『死人覚え書』（同年四月）も、『二十歳のエチュード』に類似の造本デザインで、表紙ひらはタイトルなどを仏文で墨刷りしただけ。岡本太郎のカットを中央にあしらった二色刷のジャケット（図9）でくるみ、天と前小口はアンカットである。

三点目の出版物は稲垣足穂の『キタ・マキニカリス』（同年五月）で、

図4 『二十歳のエチュード』、前田出版社版見返し

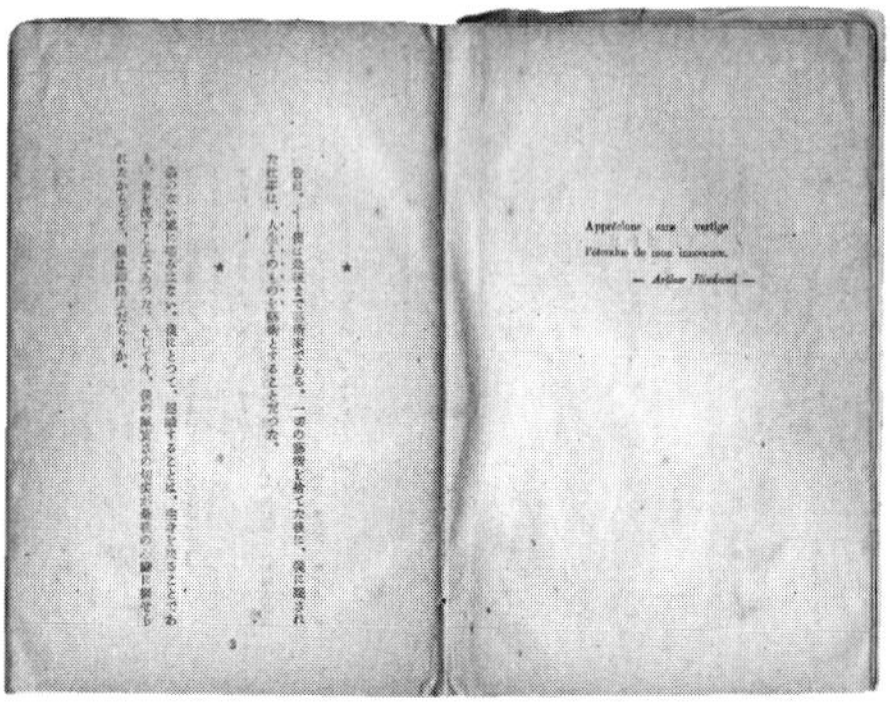
図5 同、本文巻頭

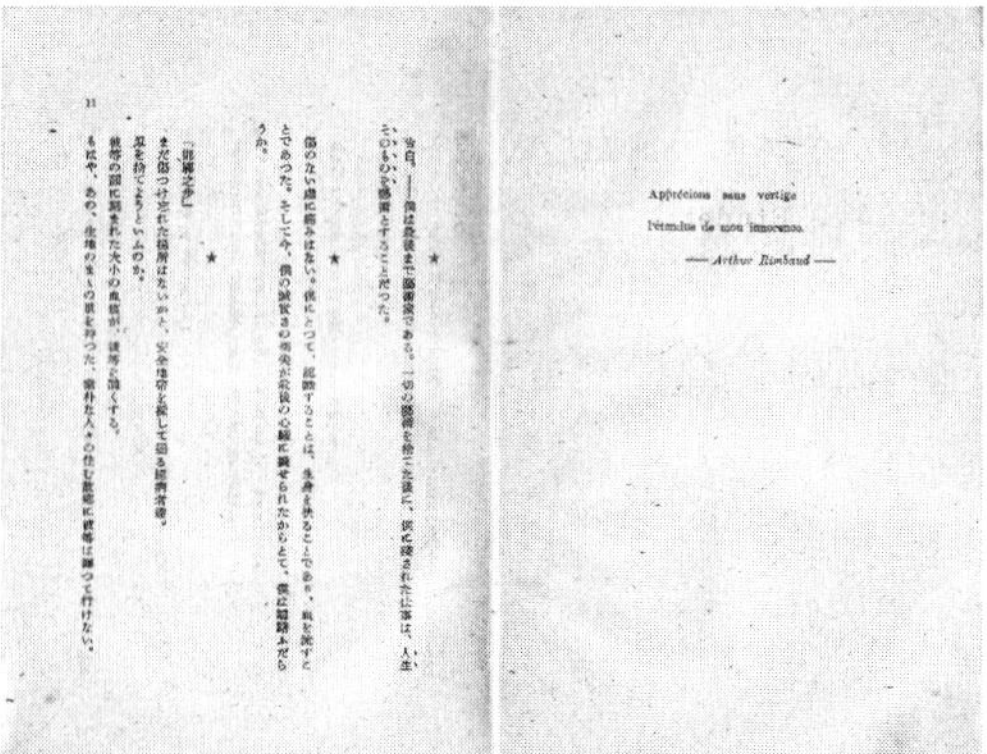
図6 『二十歳のエチュード』
書肆ユリイカ版、本文巻頭

ジャケットも表紙（図10）も仏文が並び、フランスの本としか見えないデザインになっている。

四点目の牧野信一『心象風景』（同年九月。発行月については、一七一頁を参照）は文庫本に近いが細長いA6変形判で、表紙は漢字表記ながら継ぎ表紙角革装を模したデザインで、ジャケットは、天と地が本よりも一五ミリほど長く作られた「たれつき」の形になっている。洋書で、聖書などのように頻繁に繙かれる書物の造本として、表紙の小口三方を本体より極端に大きく誂える方式がある。大きく出っ張った部分が小口に被さって中の枚葉を保護するのだが、書肆ユリイカの本ではこれを、表紙ではなくジャケットに応用する形で作るものが多い。

近代日本の詩集にも上田敏『海潮音』（本郷書院、明治三八年）などに例があるが、ユリイカ本では、平林敏彦の処女詩集『廃墟』（昭和二六年、図11）、飯島耕一『わが母音』（昭和三〇年）、森岡貞香歌集『未知』（昭和三一年）などに見られる。

なかでも長岡輝子と川上澄生の詩画集『詩暦』（昭和二六年。発行年については、一五六頁以下を参照）は、本文和紙刷りで川上の木版画が入り、外装デザインも川上の作品である。この「たれつき」のジャケットをまとうことで、よりいっそうエキゾティックな表情を醸し出している（一五六頁）から面白い。

洋書を模したといえば、フランスの仮綴本のように表紙の天と地と前小口の三方を折りまとめて、くるみ表紙として糊付けして仕立ててある

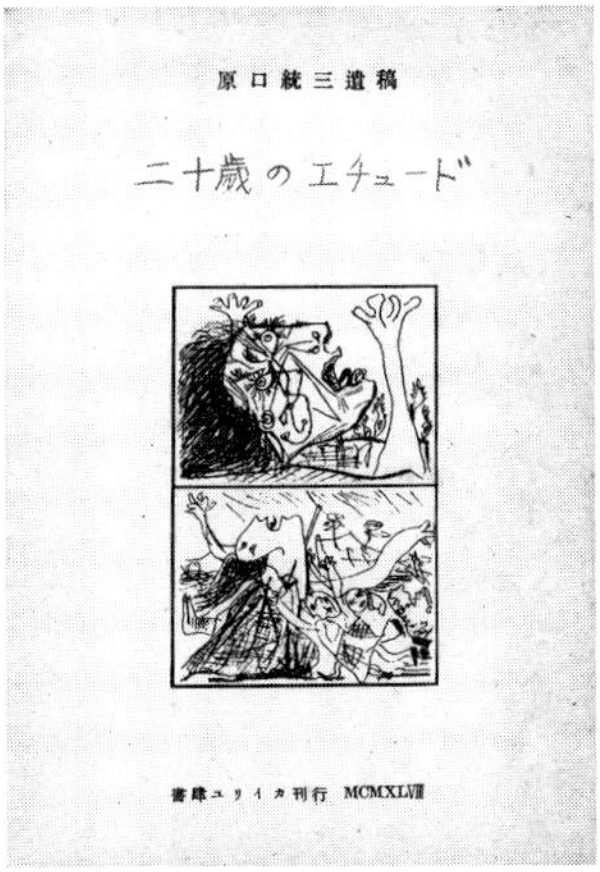

図7　同、ジャケット

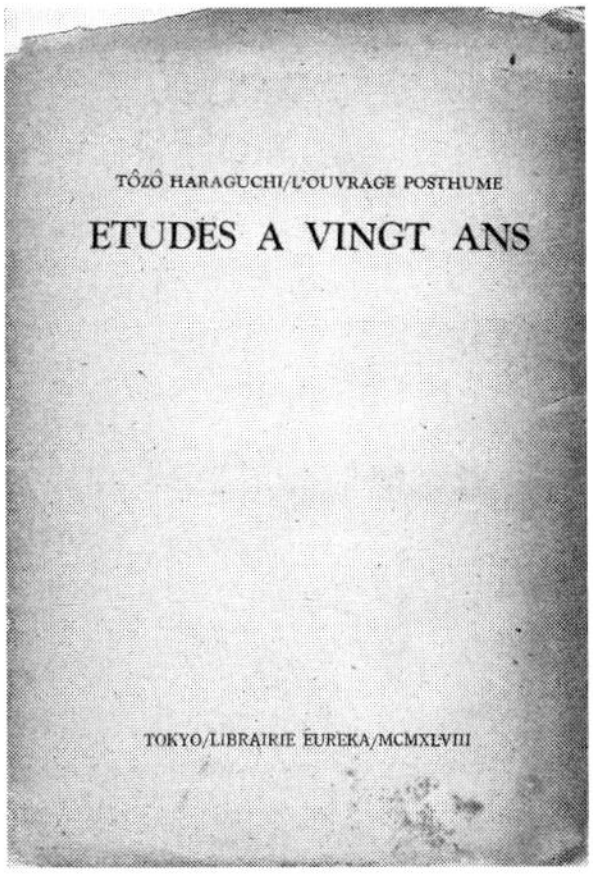

図8　同、表紙

図 11 『廃墟』ジャケット

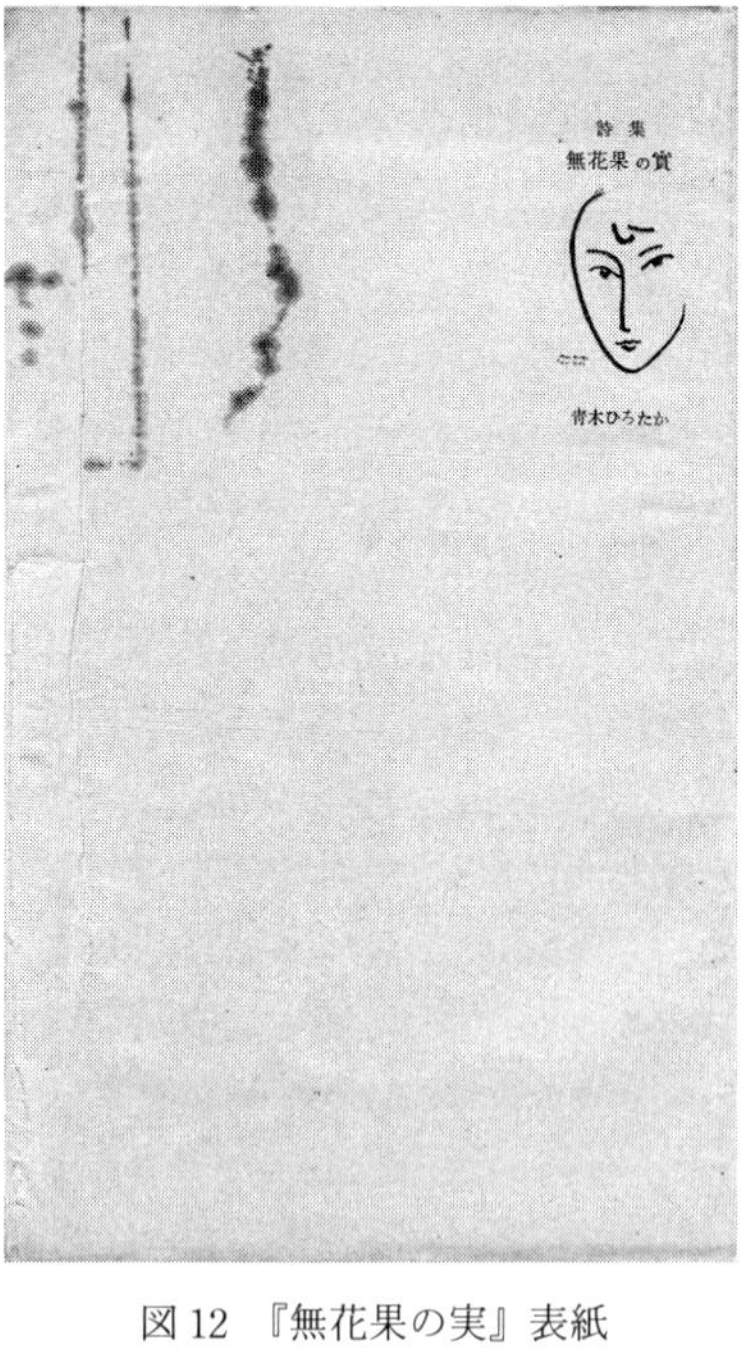

図 12 『無花果の実』表紙

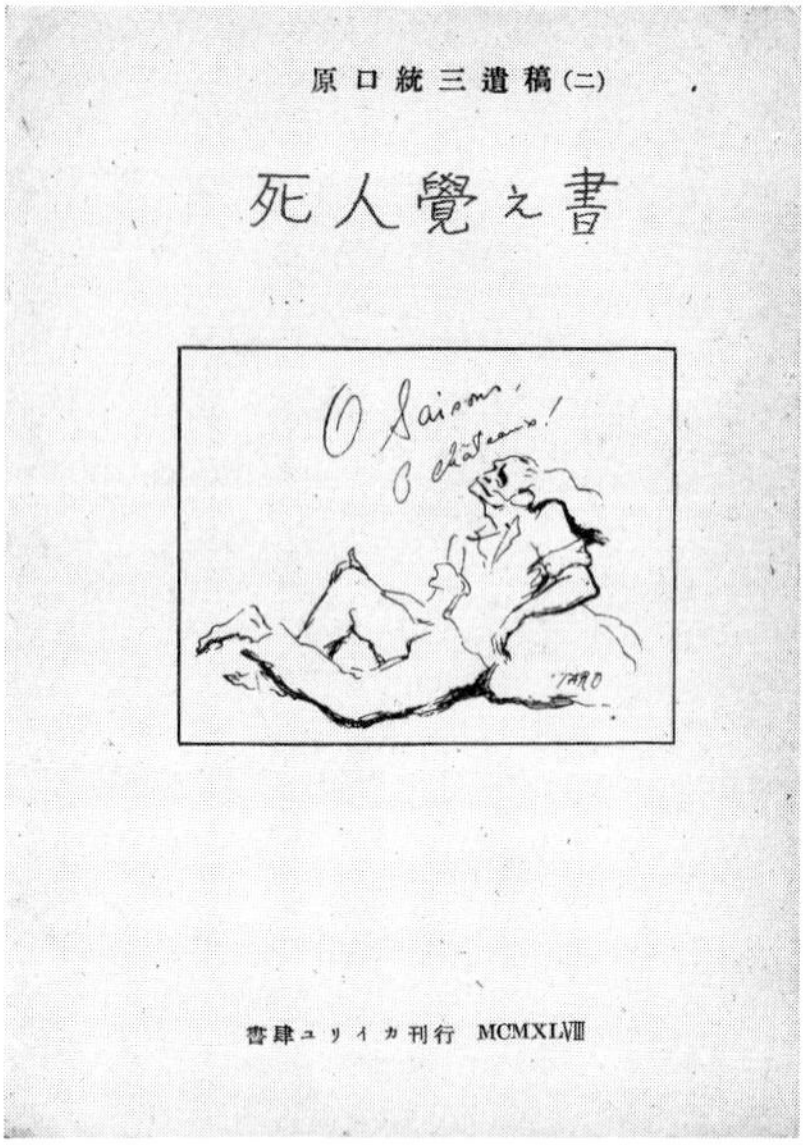

図 9 『死人覚え書』ジャケット

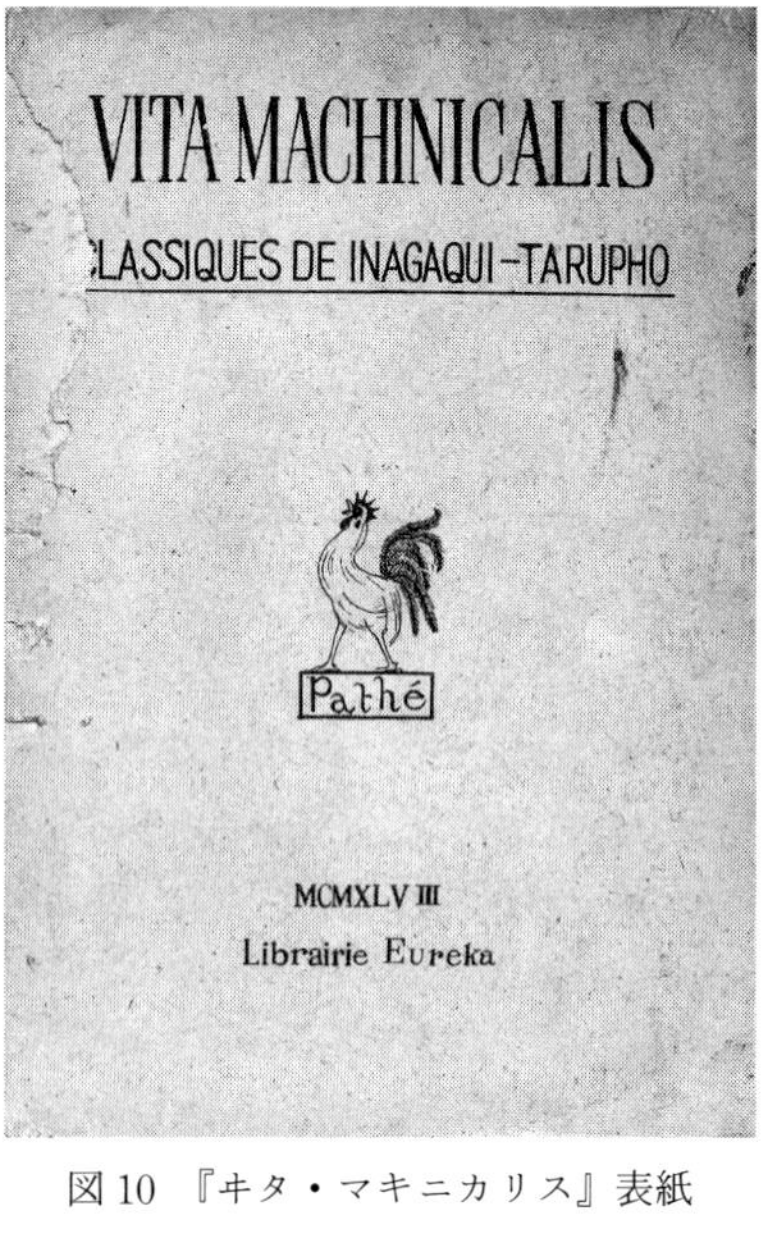

図 10 『キタ・マキニカリス』表紙

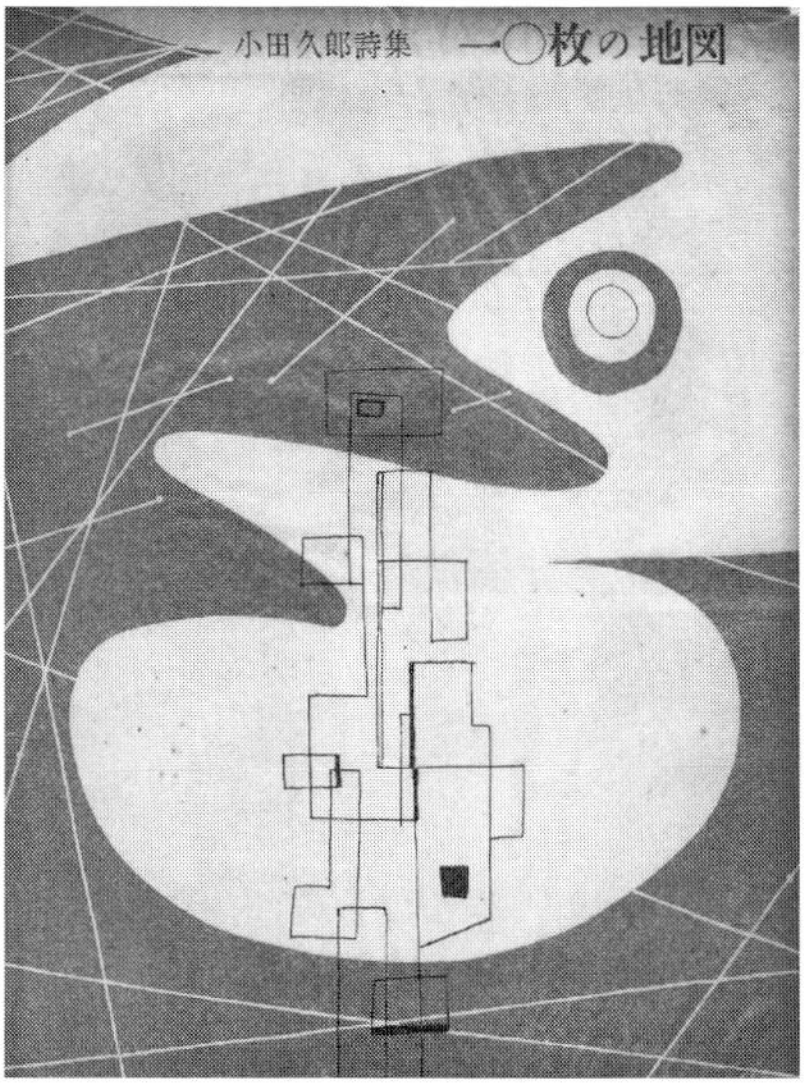

図 15　『一〇枚の地図』改版、ジャケット

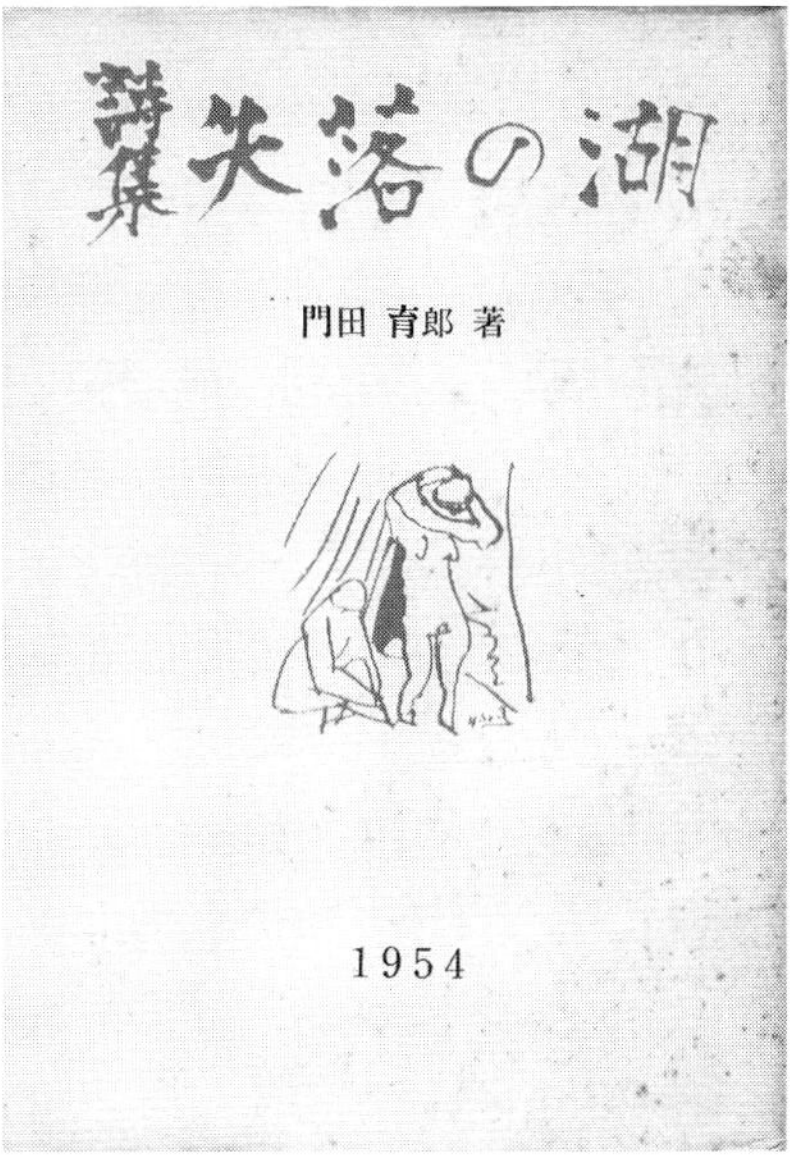

図 13　『失落の湖』表紙

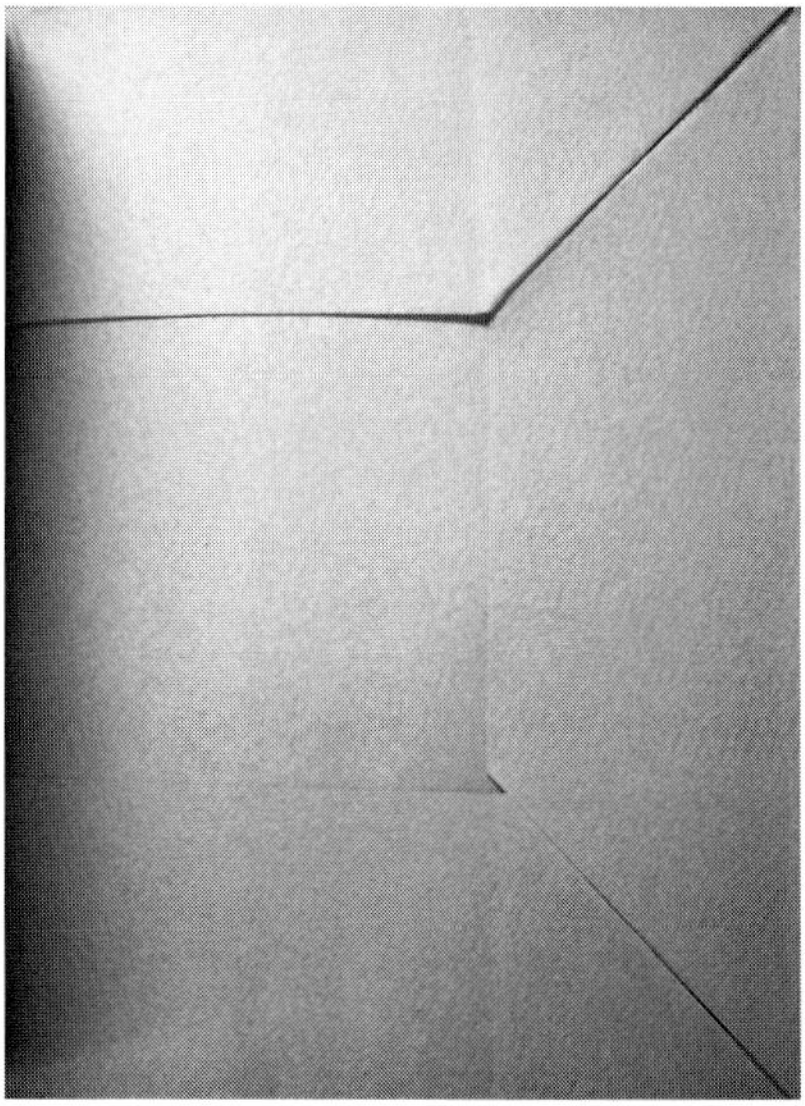

図 16　同、表紙内側

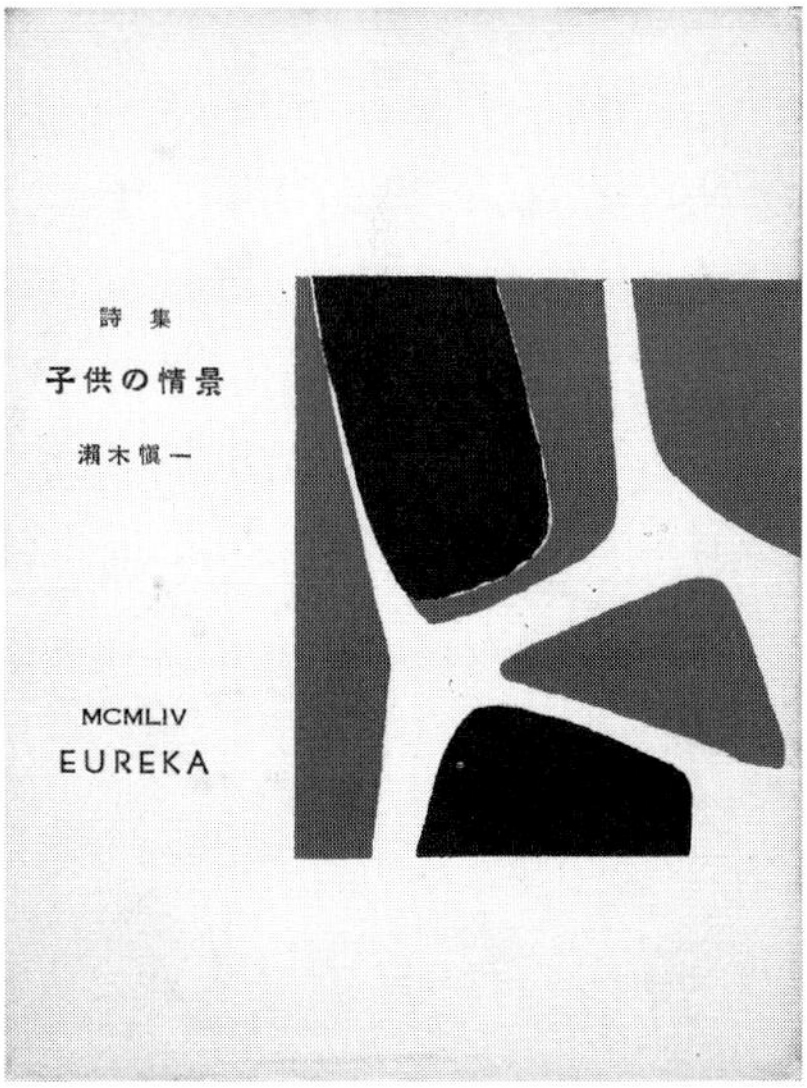

図 14　『子供の情景』表紙

ものも大変多い。青木ひろたか『無花果の実』（昭和二五年、図12）、藤原定『距離』（一九三頁）、門田育郎『失落の湖』（図13）、瀬木慎一『子供の情景』（図14）（以上三点、昭和二九年）、岸田衿子『忘れた秋』（昭和三〇年、四一頁）、小田久郎『一〇枚の地図』改版（昭和三二年、図15）、渡瀬一男『黒い制服』（図17）、川崎洋『魚と走る時』（図18）（以上二点、昭和三三年）、『日本詩集1960』（図19）、村松英子『ひとつの魔法』（二〇九頁）、嶋岡晨『偶像』（図20）（以上三点、昭和三五年）など、この形の表紙になっていることで大変おしゃれに仕上がっている。

この形のバリエーションとして、表紙を直接本体に糊付けするのではなく、本体に表紙の天と地と前小口の三方をジャケットのように被せているものも多い。祝算之介『鬼』（昭和二八年、図21）、串田孫一『旅人の悦び』（昭和三〇年、一九三頁）、新郷久『放浪日記』（昭和三一年、図22）、山口洋子詩・石原慎太郎画『にぎやかな森』（昭和三三年）、そして「今日の詩人双書」や「海外の詩人双書」のシリーズなど、これならジャケットが汚れて返品されてきても、新しいものにつけ替えて再出荷することができる。このあたり、伊達のうまい工夫であったろう。

書肆ユリイカが出版した五点目と六点目は『二十歳のエチュード』の増刷本で、七冊目が中原中也訳の『ランボオ詩集』（昭和二四年二月、図23）になる。ジャケットは明朝体風の描き文字タイトルにヴェルレーヌの描いたランボーのカットを添えてある。本書は昭和一二年九月初版・同年一一月再版の野田書房版中原中也訳『ランボオ詩集』の内容に「学校

図17『黒い制服』表紙

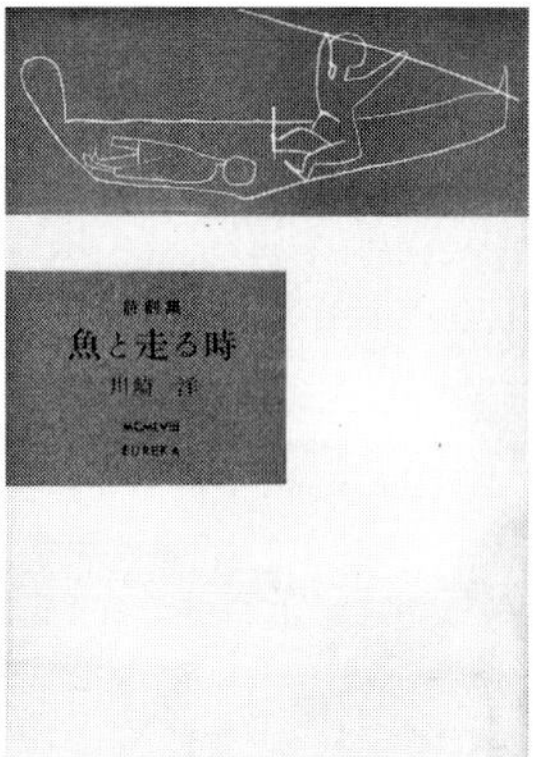

図18『魚と走る時』表紙

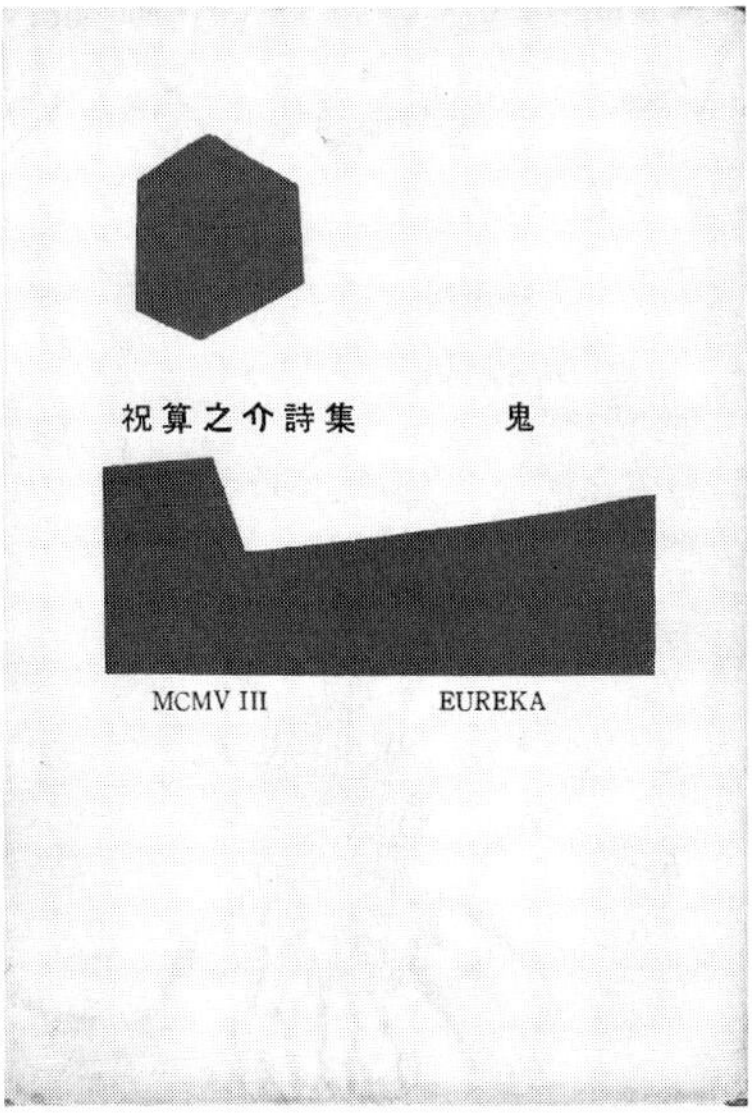

図 21 『鬼』表紙

図 19 『日本詩集 1960』表紙

図 22 『放浪日記』表紙

図 20 『偶像』表紙

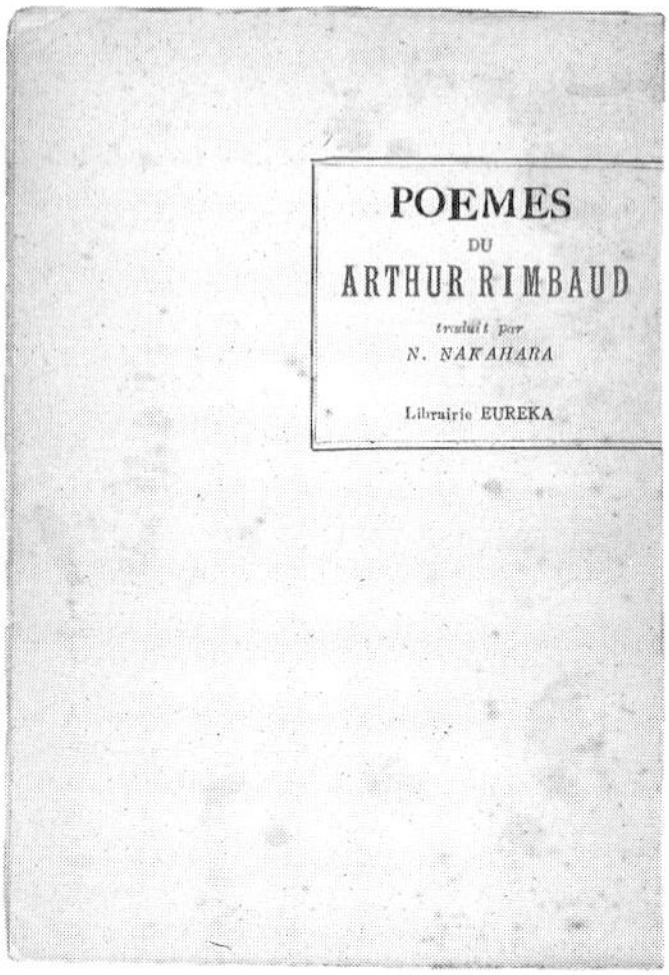

図25 『ランボオ詩集』書肆ユリイカ版、表紙

図23 『ランボオ詩集』書肆ユリイカ版、帯つきジャケット

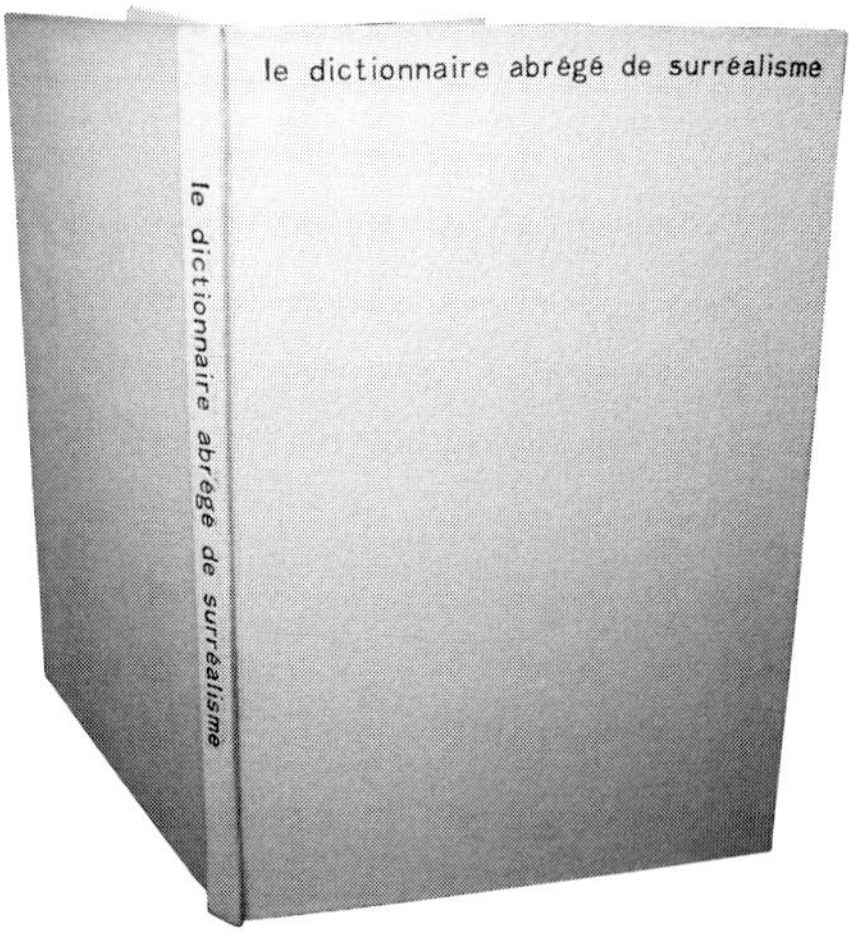

図26 『シュルレアリスム辞典』表紙

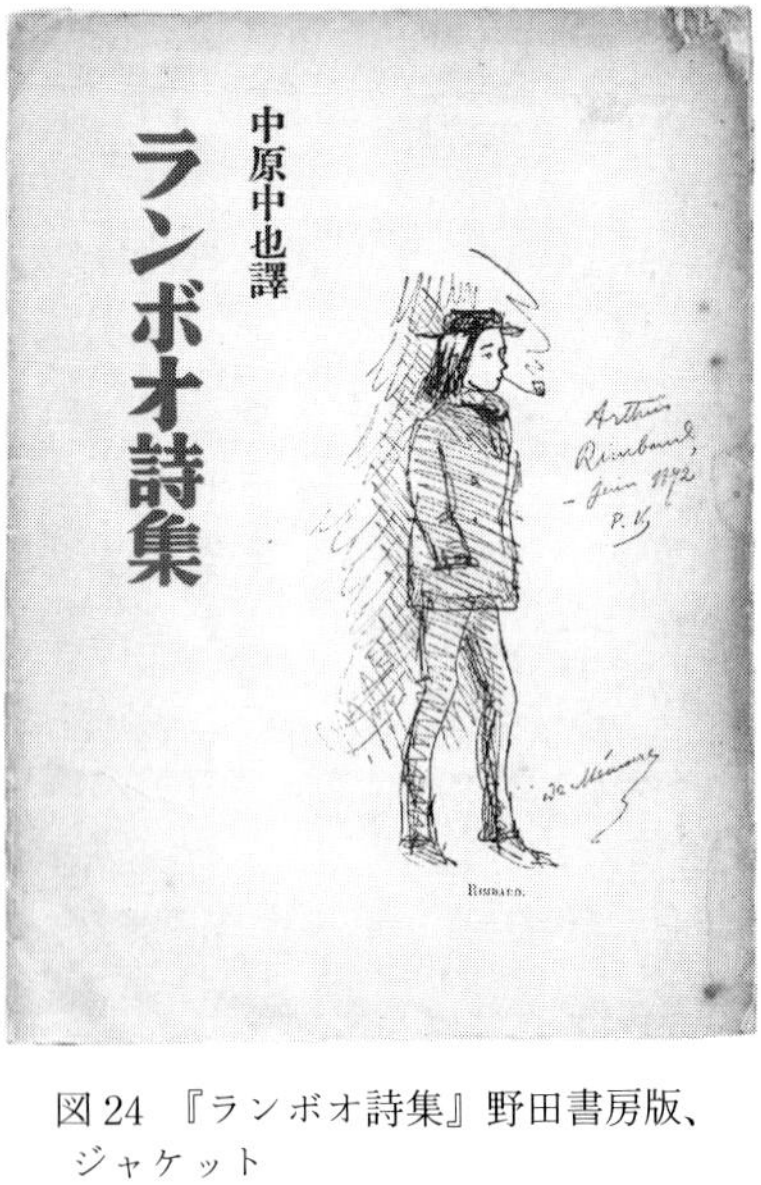

図24 『ランボオ詩集』野田書房版、ジャケット

時代の詩」と大岡昇平の解説を加えたもので、ジャケットのデザインは酷似している（図24）。判型は野田書房版がやや大きいが、ユリイカ版は本文の天小口と前小口を化粧裁ちしないことで仕上がり寸法を最大限に仕上げた。本文組版に野田版と同じ五号活字を用い、ゆったりとしたマージン（余白）の版面設計を行っている。ユリイカ版の表紙と背表紙は仏文活版組を子持ち罫で囲んだ二色刷り（図25）で、これまたフランス文芸書風のデザイン。

このあたりの初期ユリイカ本は、洋書風の影響が色濃い。会社が神保町にあったことから、伊達は古書店を歩いては洋書もよく手にし、カットに利用できそうなものを買い求めては造本の参考にしたりしていたようだ。

こうした作りのものは特に初期の出版物に多いが、その後もこのタイプのものは見つけることができる。たとえば『シュルレアリスム辞典』（昭和三三年）は、ダリとミロのオブジェが配されたジャケット（図27）をはずすと山吹色の表紙が出てくるが、そのひらと背にはフランス語のタイトルしか印刷されていない（図26）。福田正次郎（那珂太郎）『ETUDES』（昭和二五年、図28・29）、山口洋子『館と馬車』（昭和三〇年、図30・31）、串田孫一『旅人の悦び』（昭和三〇年、一九三頁）の三点に至っては、函にも表紙にも、ひらには日本文字が一切なく、もともとジャケットがつかないデスノス『エロチシズム』（昭和三三年）の表紙ひら（図32）もフランス語表記のみである。

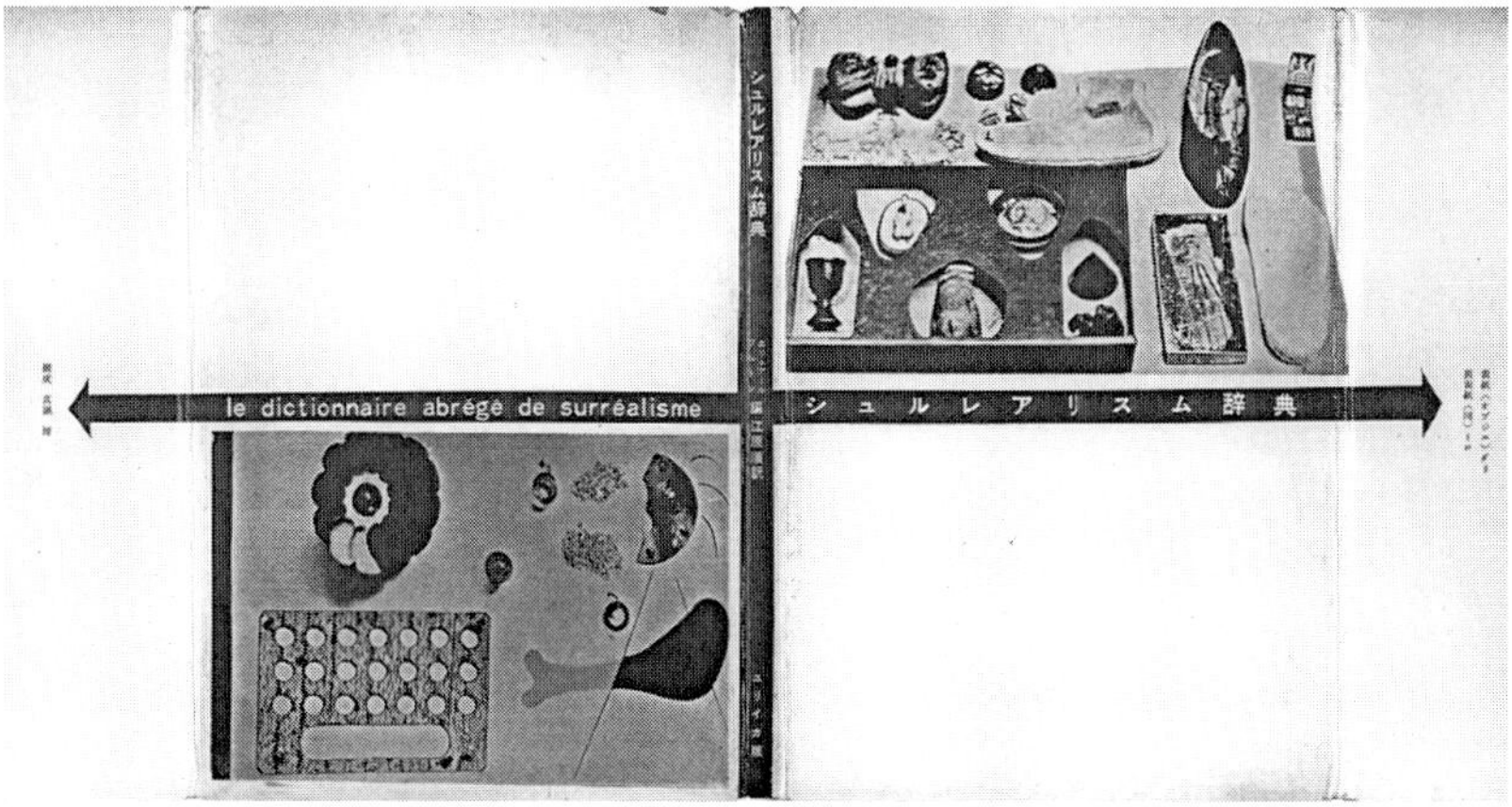

図27　同、ジャケット

この飾り気のないデザインはつまり、不特定多数に向けて書店の店頭で販売するというよりも、最初から読者対象をきわめて限定していたことの表れであり、いっそ潔い。

平林敏彦『廃墟』（昭和二六年、一二頁）や祝算之介『亡霊』（昭和三〇年、図33）のジャケットや小海永二『峠』（昭和二九年、一九三頁）の覆い帙ひらは、タイトルや著者名には漢字が使われているが、雰囲気は同様である。

前田出版社でヒットした『二十歳のエチュード』元版も、やはりジャケットがフランス語のみで、増刷の時にも同じジャケットを使っている。このデザインを採用しながら、詩集より明らかに発行部数が多くよく売れたのだから驚く。

書肆ユリイカの出版物八冊目は山岸外史の『人間キリスト記』（昭和二四年、図34）。本文の天と前小口は不揃いで、アンオープンドの状態である。読者はペーパーナイフで本文頁を切り開きながら読んでいく必要がある。前述した『ランボオ詩集』も同様で、これもフランス文芸書らしい要素の一つである。安原喜弘『中原中也の手紙』（昭和二五年、四二頁）は天だけが不揃いで、これは化粧裁ちをしていないアンカットなので、ペーパーナイフを用いなくとも本文を読むことはできる。

なお『人間キリスト記』の、筆者の手もとにある本の後ろ見返しには、「VITA MACHINICALIS」というラテン語のタイトル文字が見える（図35）。『キタ・マキニカリス』（昭和二三年）の表紙用紙の余ったものを、この本の表紙用紙として再利用したようである。『キタ・マキニカリ

図28 『ETUDES』函

図29 同、表紙

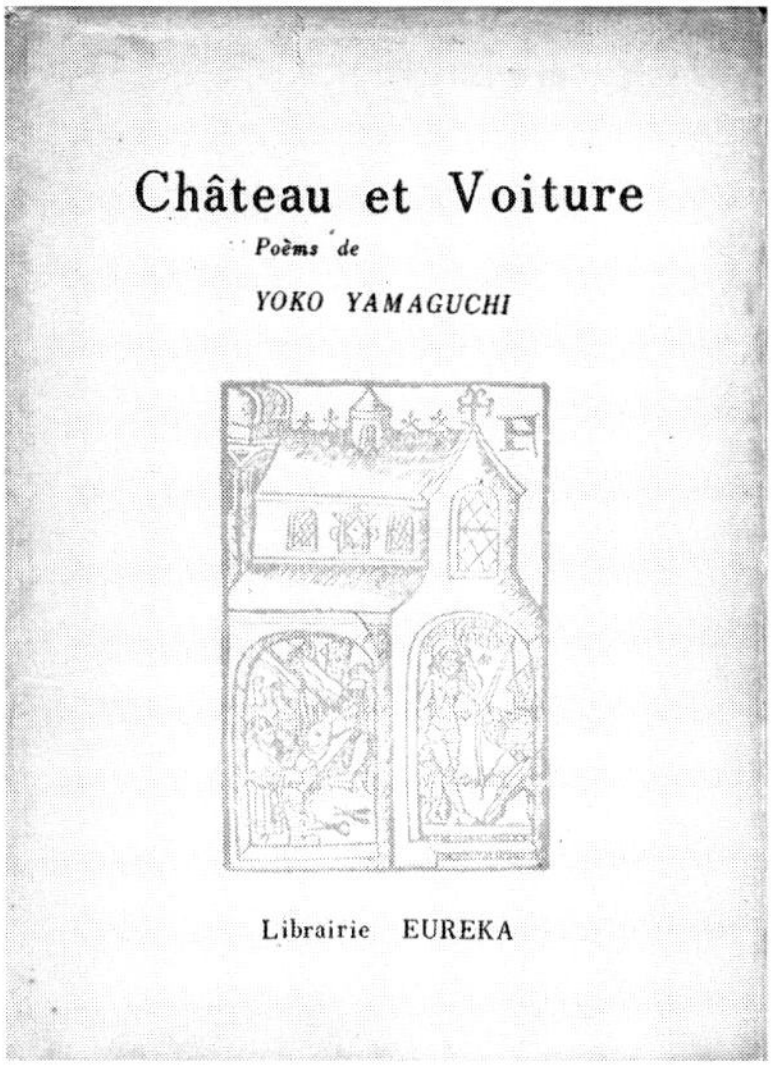

図 30 『館と馬車』ジャケット

図 31 同、表紙

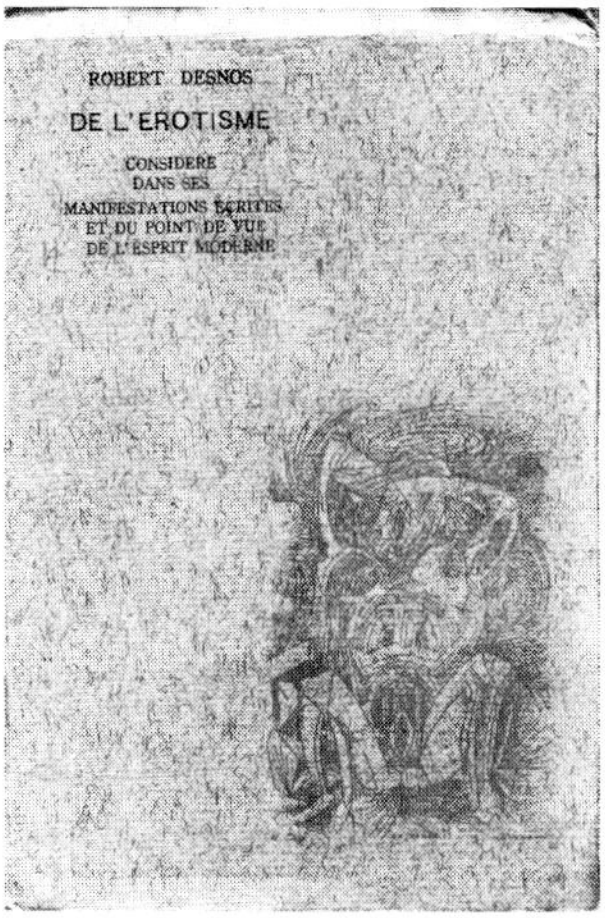

図 32 『エロチシズム』表紙

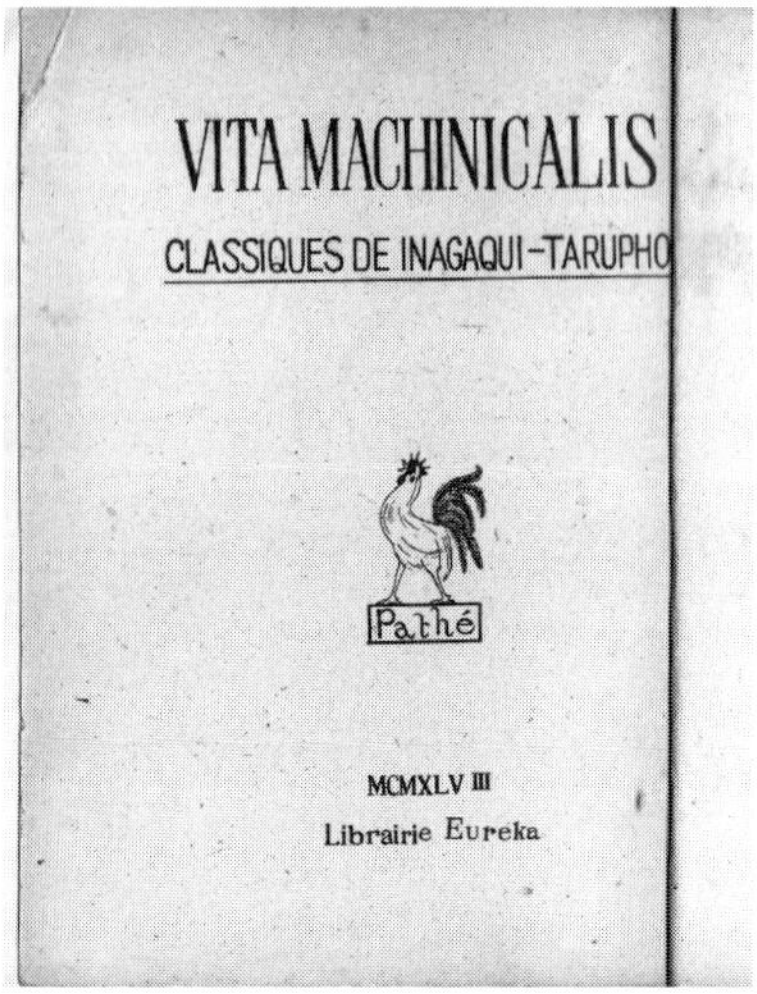

図 35　同、裏表紙見返し

図 33 『亡霊』ジャケット

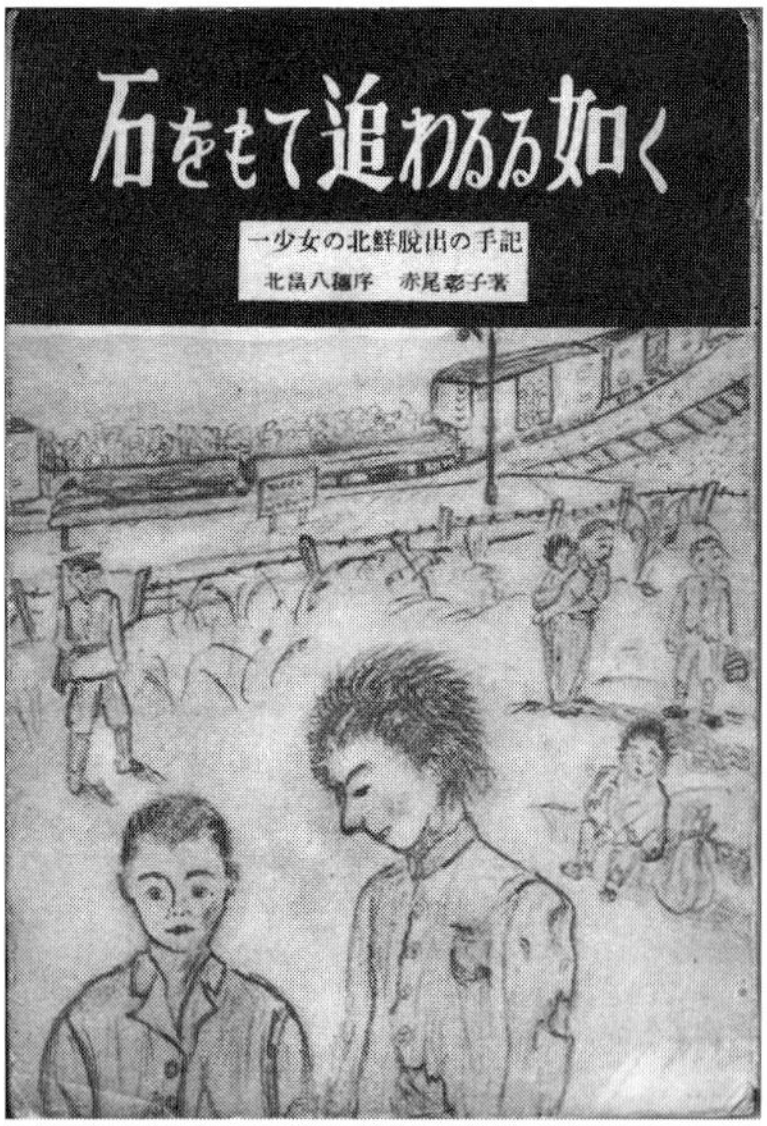

図 36 『石をもて追わるる如く』表紙

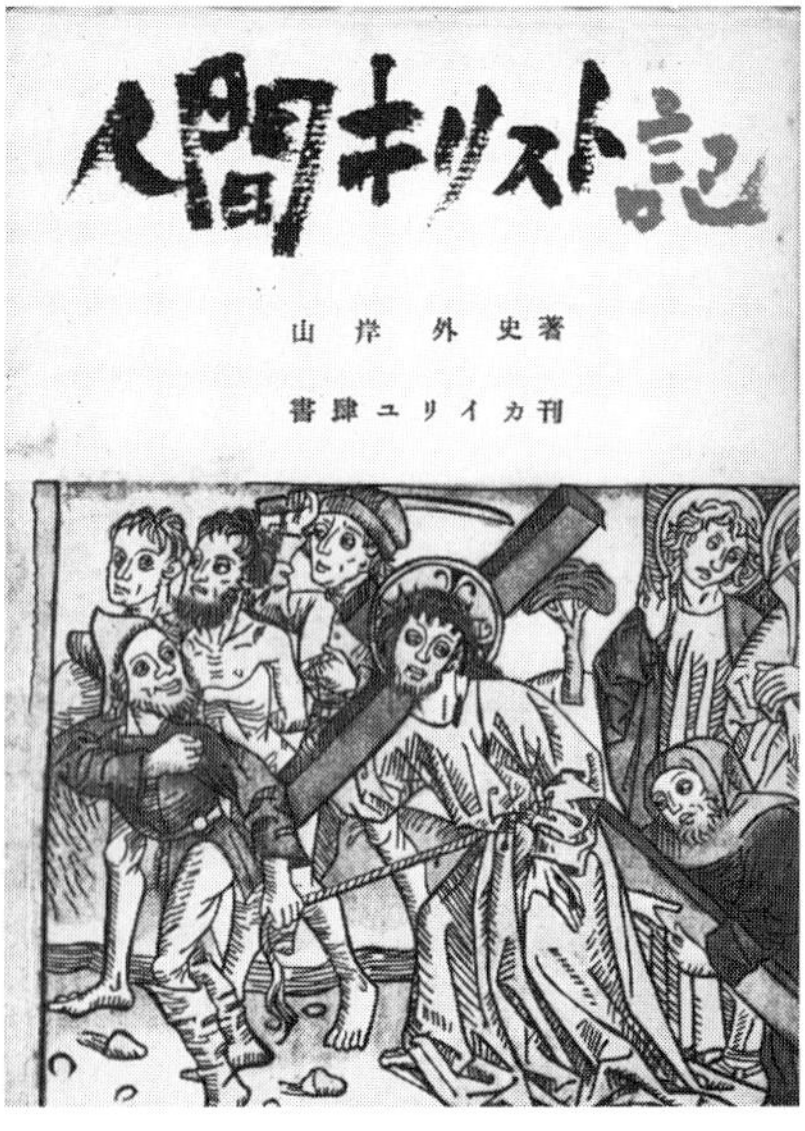

図 34 『人間キリスト記』ジャケット

ス』の奥付には「加藤文明社印刷」、『人間キリスト記』の奥付には「東京・赤坂溜池・技報堂納」とあり、印刷所または製本所は異なるものの、どこかで接点があったものと思われる。

九冊目の赤尾彰子『石をもて追わるる如く』（昭和二四年、図36）までの本には、奥付に書肆ユリイカの出版順を表すナンバーが記入されている。

繊細な詩集群の誕生

福田正次郎（那珂太郎）の『ETUDES』（昭和二五年五月）や『中村真一郎詩集』（同年九月、一六二頁）、中村稔の『無言歌』（同年同月、六八頁）を経て、翌年の平林『廃墟』（八月）や礒永秀雄『浮燈台』（一一月、図37）、さらにその後の庄司直人『ある「ひろさ」』（昭和二七年六月、図38）、祝算之介『鬼』（昭和二八年一一月、一五頁）などを出版する頃から、次第に薄冊の繊細な姿のユリイカ本らしさへと収斂していく。

伊達のもとから処女詩集を出版した那珂太郎と飯島耕一の二人ともが、『現代詩手帖』の「処女詩集」に関するアンケート（思潮社、昭和五六年一〇月号）で、「なるべく薄くて軽い本」「薄い詩集を出すこと」と提言しているように、伊達のそばに集う詩人たちの感性と共鳴した結果であったのかもしれない。もっとも、ただ薄くて軽ければいいというはずはなく、伊達にセンスよくまとめあげるデザイン力があったからこそ、みすぼらしくならずに成功したのである。限られた予算の中で格好良く作

図37『浮燈台』ジャケット

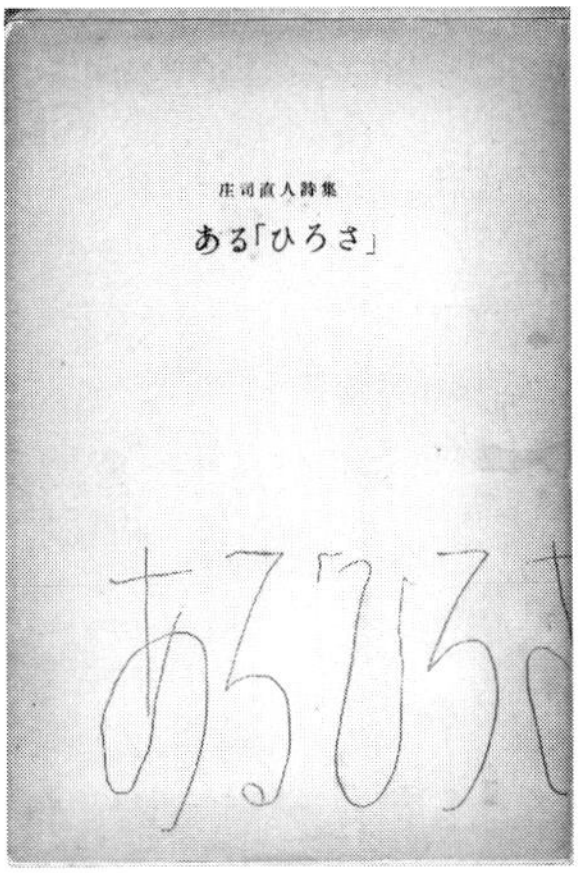

図38『ある「ひろさ」』ジャケット

り上げることに関して伊達は天才的で、同じ経費でもまったく違った印象の本に仕上げることができた。

表紙やジャケットにタイトルを入れる際も、ひら上方の前小口寄りに小さくまとめたり、長いタイトルを地に這わせてみたりする。瑛九の装画をジャケットのひらいっぱいに配し、タイトルと著者名は天の前小口側に極端に寄せているのは加藤克巳歌集『宇宙塵』（昭和三一年、図39）である。清岡卓行『氷つた焔』（昭和三四年、図40）の貼函文字（図41）は、一行でひらの上へりに刷ってある。ミショオ『プリュームという男』（昭和三四年、図42）は、表紙ひらに印刷してある文字が天と地それぞれのギリギリだ。こんな位置に指定されたら、印刷所や製本所がさぞかしいやがることだろう。数ミリのズレが致命傷になるからだ。この配置が今

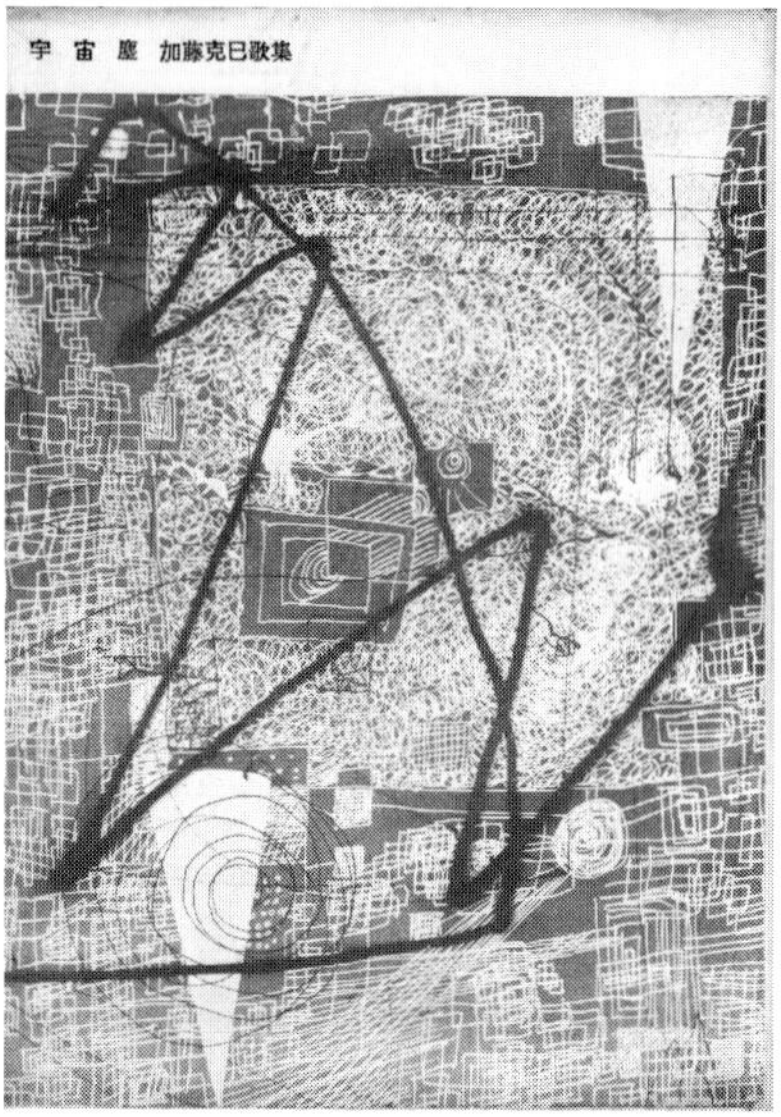

図39　『宇宙塵』ジャケット

図41　同、函

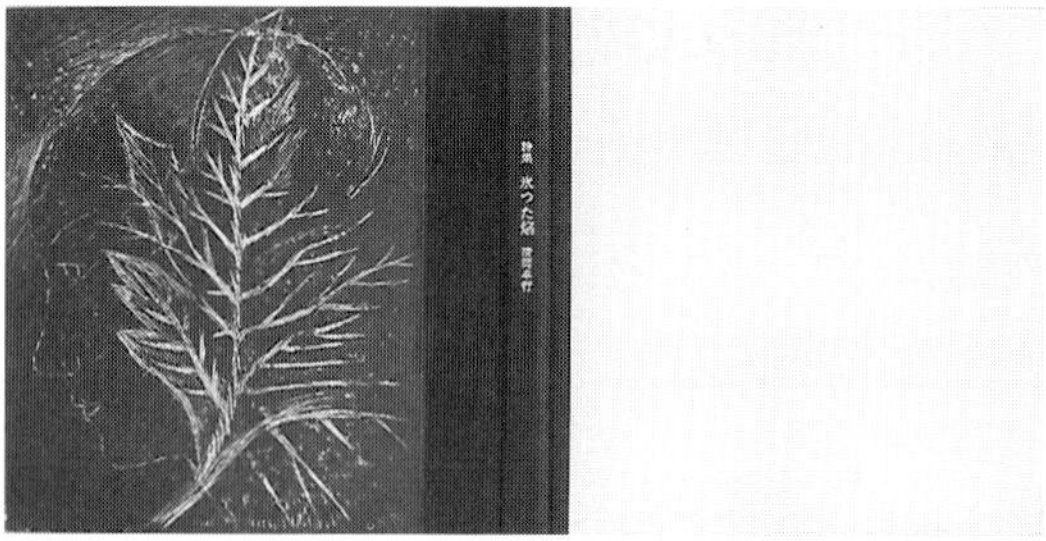
図40　『氷つた焔』表紙

図 43 『私の前にある鍋と
お釜と燃える火と』ジャケット

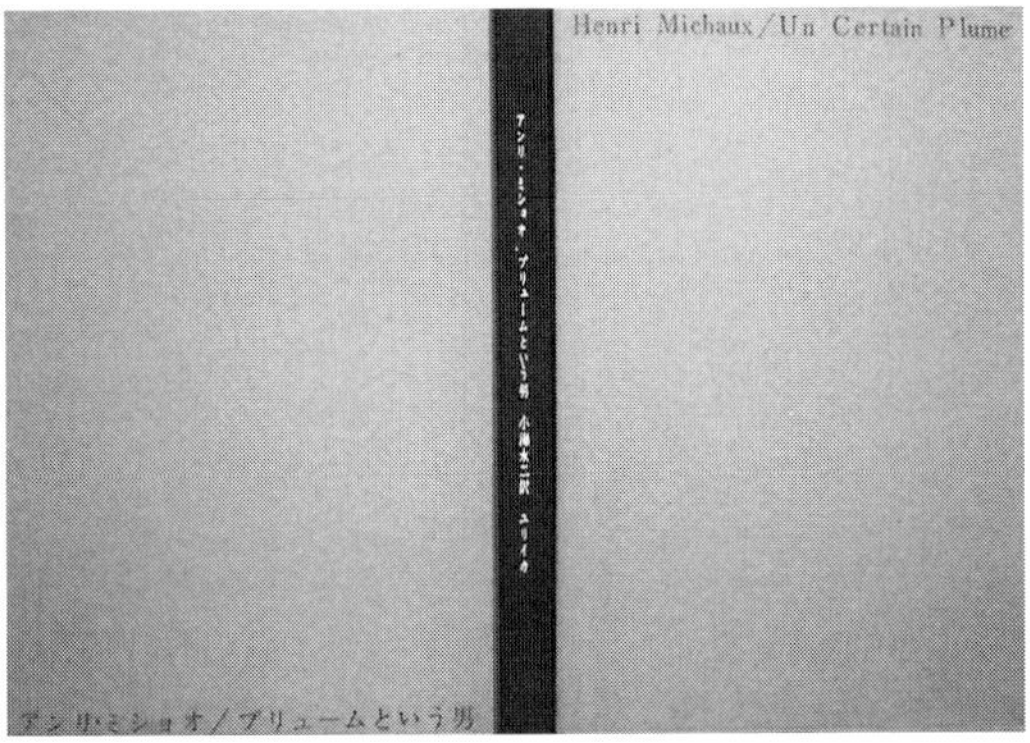

図 42 『プリュームという男』表紙

図 44　同、表紙

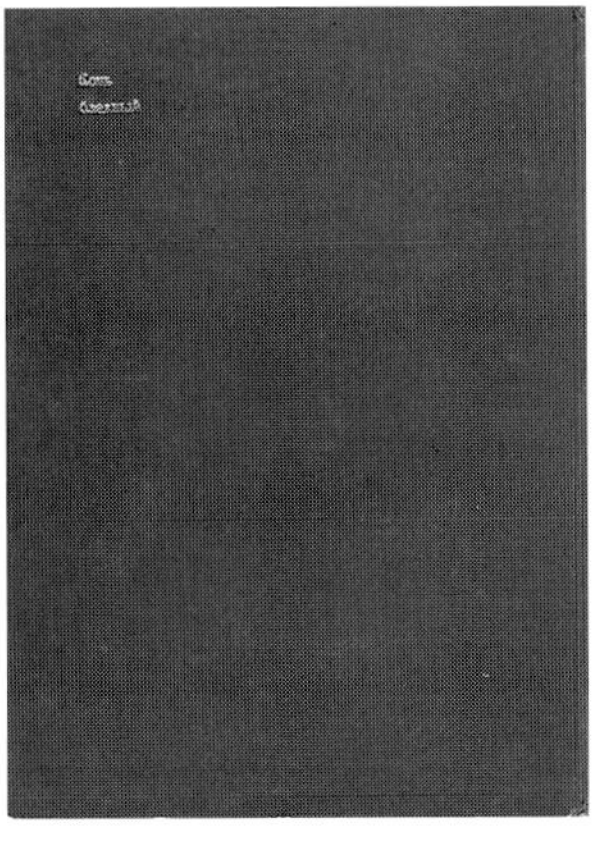

図 46　同、表紙

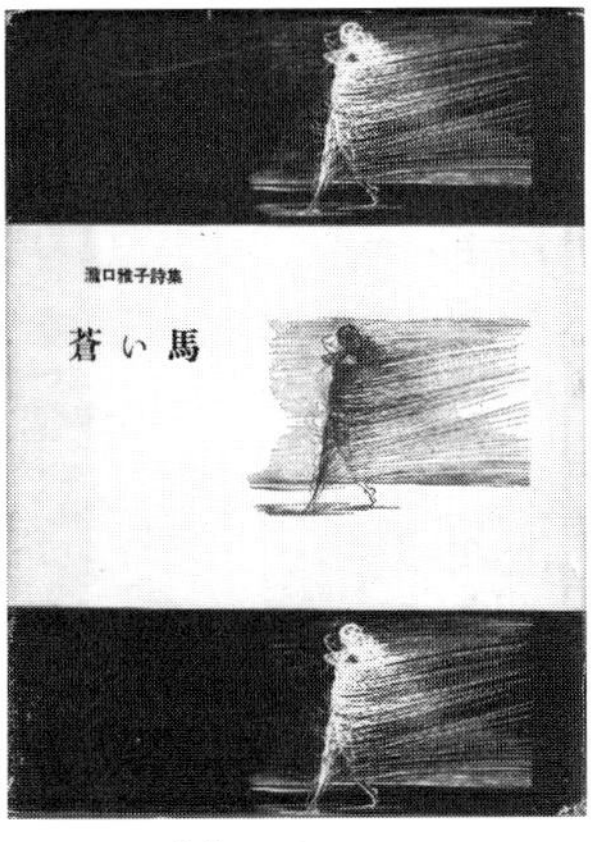

図 45 『蒼い馬』ジャケット

の私たちの目に新鮮に映るのは、現代の印刷製本ではそうした現場の事情から敬遠され、あまり行われないせいである。多少ずれても支障のないデザイン、手間がかからず速く安くできるつくり……そんなことを追求するから、書店の店頭に並ぶ本はみな、どれも同じような顔になってしまう。

表紙ひらの前小口側上方に、小さい活字でタイトルを箔押ししてあるのも美しい。石垣りん『私の前にある鍋とお釜と燃える火と』（昭和三四年、図43）は、うすねずみ色のミューズコットン紙に赤い箔押しが鮮烈だ（図44）。同じ位置にタイトルがあっても、滝口雅子『蒼い馬』（昭和三〇年、図45・46）はまったく印象が違う。光沢のある濃いグレーの用紙に、見慣れないロシア語の文字が金で箔押しされている。Veau（ヴォー）と呼ばれる「しぼ」のない子牛革に箔押しを行った、一点製本ものの工芸的なルリユール作品のように、格調の高さをアピールしている。

伊達は色彩感覚も秀でていて、その鮮やかさにはっとさせられる「色のコントラスト」がある。

単行本で心に残る色づかいの作品として、まずは柿沼淳『掌の上の展覧会』（昭和二九年、図47）があげられる。表紙とジャケットは同じ意匠で、岡鹿之助の版画をコロタイプ印刷してある。同じ岡の作品でも、清岡卓行の豪華本『氷つた焔』（昭和三四年）の繊細な表紙に比べて、こちらはシンプルだが力強い印象を受ける。ジャケットは深緑色で、表紙の優しいレンガ色と好対照だ。

図47 『掌の上の展覧会』ジャケット

山本道子『みどりいろの羊たちと一人』（昭和三五年、五二頁）の表紙は、渡辺藤一描く渋い色合いのジャケットを外すと、若草色の紙装に明るい青色の箔押しタイトルが現れる。この色も、そしてまた菊二〇取判という枡形に近い変形判の、ひらの下方ギリギリの配置も新鮮だ。

ジャケットや表紙を開けたときに思いがけない色やデザインが現れる……これは、本を手にした人を楽しませようとする伊達の意図ではないだろうか。

堀内幸枝『紫の時間』（昭和二九年、図48）は、判型はB6判の規格寸法ながら、天と地があいた筒函に納められ、本は上（または下）にスライドさせて出し入れする構造になっている。そして紺色の表紙を開けると、真っ黄色の見返しが。光沢のある紙質のため、まるで闇に差し込む太陽光のように目に刺さって衝撃的だ。堀内のもう一冊の魅力的な詩集『不思議な時計』（昭和三一年、三二頁）は、本文がすべて紺色のインキで印刷されていることにも意表を衝かれる。

伊藤海彦『黒い微笑』（昭和三五年、二九頁）は漆黒の紙表紙の裏に柔らかな蜜柑色の見返し、木島始『四つの蝕の物語』（昭和三〇年）はえんじ色の布表紙の内側に水色の見返しという組み合わせ。

白に銀という色づかいも伊達のお気に入りだったのか、川崎洋の『はくちょう』（昭和三〇年）は白い布クロスのひらにカットを銀箔押し、谷口謙『死』（昭和三一年、六〇頁）も白い布クロスにタイトルを銀箔押し、水尾比呂志『汎神論』（昭和三三年）は白い和紙の表紙に切り紙文字のタ

図48 『紫の時間』函（左）と本

図 51　『南国雪』函

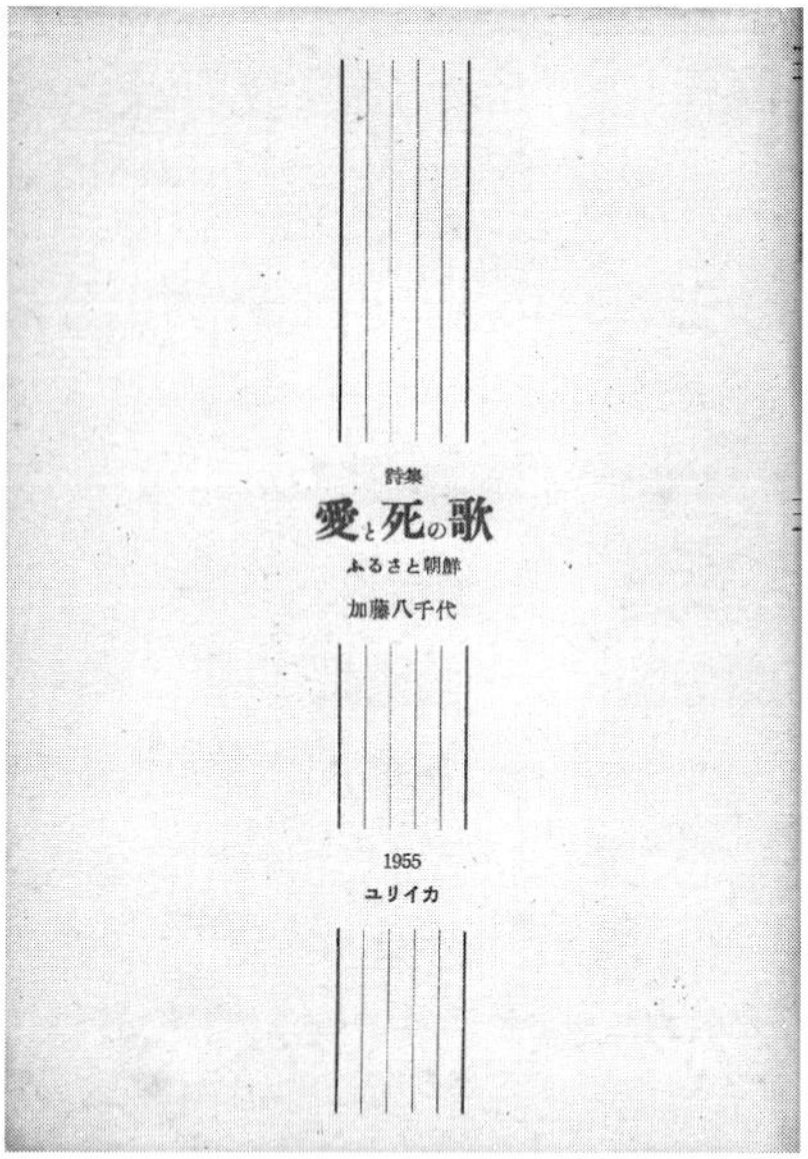

図 49　『愛と死の歌』ジャケット

図 50　同、表紙

イトルを力強く銀箔押ししている。

色の組み合わせという視点から見ると、書肆ユリイカの本には赤と黒二色だけの配色によるブックデザインがとても多い。

渋沢孝輔『場面』（昭和三四年、一七四頁）の表紙は、太い罫とゴシック体の文字による単純な意匠。山本道子『籠』（昭和三六年、五二頁）の表紙は、赤い紙装枡形本のひら中央に一字だけの墨文字タイトルが配置される。加藤八千代『愛と死の歌』（昭和三〇年、図49・50）は、黒地に白抜き印刷した紙ラベルを、真っ赤なクロス表紙のひらと背に貼ってある。弥富栄恒『南国雪』（昭和二七年、図51）は、珍しい文庫サイズの本だ。白い貼函に入っているが、本は黒い紙装のひらに真っ赤な箔でタイトルが押されている。

この配色のデザインで最も印象深いのが宇都木淳『夜の庭』（昭和三三年、図52）である。渋い色合いのジャケットを剥いだ時、その下から現れる黒地に赤の表紙は衝撃的というほかない。地味な外装の下に隠されている派手な意匠。外装重視の現代書籍デザインとは発想がまったく異なる。

色を使わない「空押《からお》し」も見ごたえがあり、多田智満子『花火』（昭和三一年、図53・54）と伊藤海彦『黒い微笑』（昭和三五年、図55）の表紙タイトルは、凹凸だけなのに力強い存在感がある。

伊達が好んだ手法に「継ぎ表紙」があるが、これも本によって材料や寸法が様々に勘案され、それぞれ違った印象の仕上がりになっている。

図52　『夜の庭』表紙

赤と黒の配色で上製本という本が七点ほどあるが、継ぎの位置がみな微妙に異なる。それぞれの本の判型の違いと、表紙に貼るタイトル紙のデザインが原因で発生した差である。

『稲垣足穂全集』（三二頁）と同じように、表と裏のひらの出が異なる段違いの位置にしつらえた丸背上製本が加藤知世子『冬萌』（昭和二八年、図56）で、ひらの出を狭く取った角背本が岩田宏『いやな唄』（昭和三四年、図57）である。同じ年のクリスマスに発行された田中清光『黒の詩集』（昭和三四年、図58）も、ピンクと黒の継ぎ表紙だ。

背が赤でひらが黒というパターンの継ぎ表紙作品の中で、筆者が最も気に入っているのが堀内幸枝『不思議な時計』（昭和三一年、図59）である。

図53 『花火』ジャケット

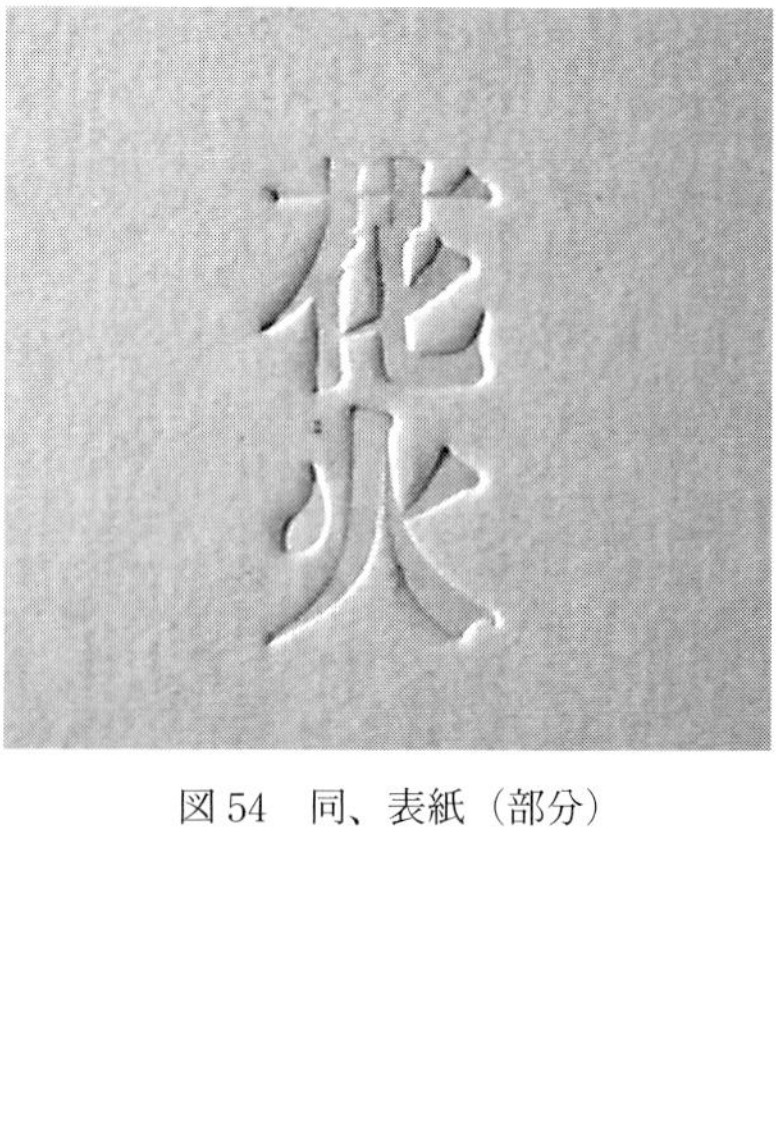

図54 同、表紙（部分）

長細い判型とラベル貼りのカット入りタイトル紙、背文字の位置もバランスがいい。この本は窓あきの機械函におさまり、タイトル紙が見えるようになっている（図60）。

一風変わっているのが山本太郎『ゴリラ』（昭和三五年、図61）の表紙である。背の赤いクロスに白でタイトルを、黒で著者名と版元名を箔押し、裏表紙は黒い紙、おもて表紙は木彫りの顔の写真が全面に印刷されている。同じ赤と黒の継ぎ表紙でありながら、『黒の詩集』や『不思議な時計』のように繊細な風体に仕上がるかと思えば、こんなに力強いデザインになることもできる。継ぎの位置、用いる素材、本の判型と厚さ、タイトルの長さなど、様々な要素をバランスよく設計して、それぞれ内容に相応しい造本ができあがっている。

背が黒でひらが赤という作品もある。東博『蟠花』（昭和三四年、図62）、そしてミショオ『プリュームという男』（昭和三四年、一二三頁）。

継ぎ表紙の応用編もあり、大岡信の詩論『詩人の設計図』（昭和三三年）は、白いクロス表紙だがおもて表紙の側だけにダリの絵を印刷したコート紙を被せ貼りしてある（六一頁）。裏表紙側は単純なクロス表紙の状態だが、おもて表紙側は継ぎ表紙のように見える。

『ユリイカ』誌上で「戦後最高の豪華造本をもつて贈る！」と謳われた、清岡卓行の『氷つた焔』（昭和三四年）も継ぎ表紙である。背革丸背で、本文用紙は天地左右ともに一七四ミリという枡形本。裏表紙は無地のミューズコットン紙、表側には岡鹿之助の作品がコロタイプ印刷され

図55 『黒い微笑』函と本（右）

ている（二二頁）。通常、継ぎの位置は表と裏が同じ寸法であることが多いが、『氷つた焔』では、表に出る背革は二五ミリ、裏側の革は五ミリと違えてある。表側の絵の視覚的効果から算出された寸法であろう。

未完に終わった『稲垣足穂全集』（昭和三三～三五年）も継ぎ表紙のバリエーションだ。新書判の丸背上製本で、ひらが濃い紫色の光沢紙、背にはくすんだ青色の布クロスを用い、裏側のクロスは幅一五ミリほどだが、表のクロスはひらに幅四〇ミリあまり取ってある（図63）。

後に雑誌『ユリイカ』の表紙を担当することになる真鍋博が初めて伊

上より
図 56 『冬萌』表紙

図 57 『いやな唄』函と本

図 58 『黒の詩集』表紙

達得夫の仕事に遭遇したのが、この『稲垣足穂全集』であった。「ムラサキとブルーのクロースを表紙の真ん中で合わせ、上の方にTAROUPHO、下の方にINAGUAQUIと銀箔で押した稲垣足穂全集を見た時、手のなかに宇宙を見た思いで、〝一千一秒〟も立ちつくしたぐらいだから、こんな本をつくる伊達さんはどんな人かと思」ったという（「忘れられない本」『朝日新聞』昭和五二年一二月一九日付朝刊）。

確かにこの書物造形の美しさは突出している。継ぎ表紙で表と裏の継ぎの位置が違うのがまず衝撃的だが、それは足穂の名のフランス語風の

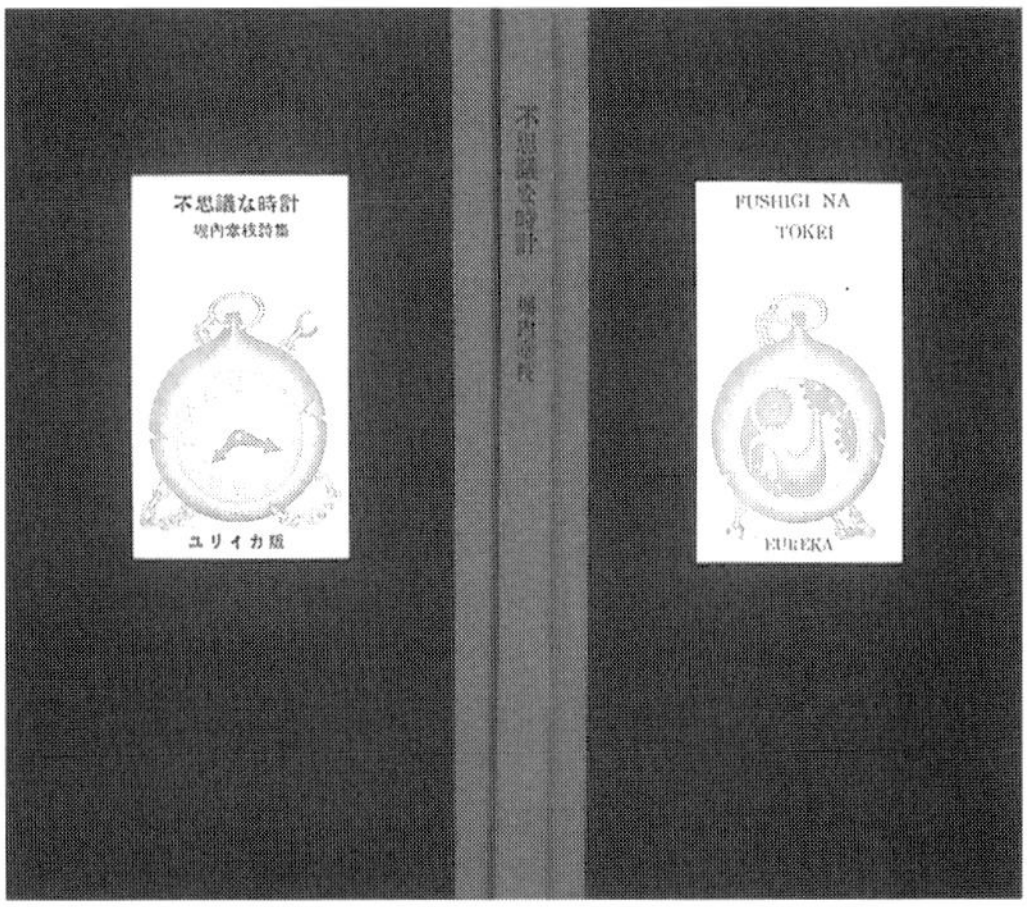

図59　『不思議な時計』表紙

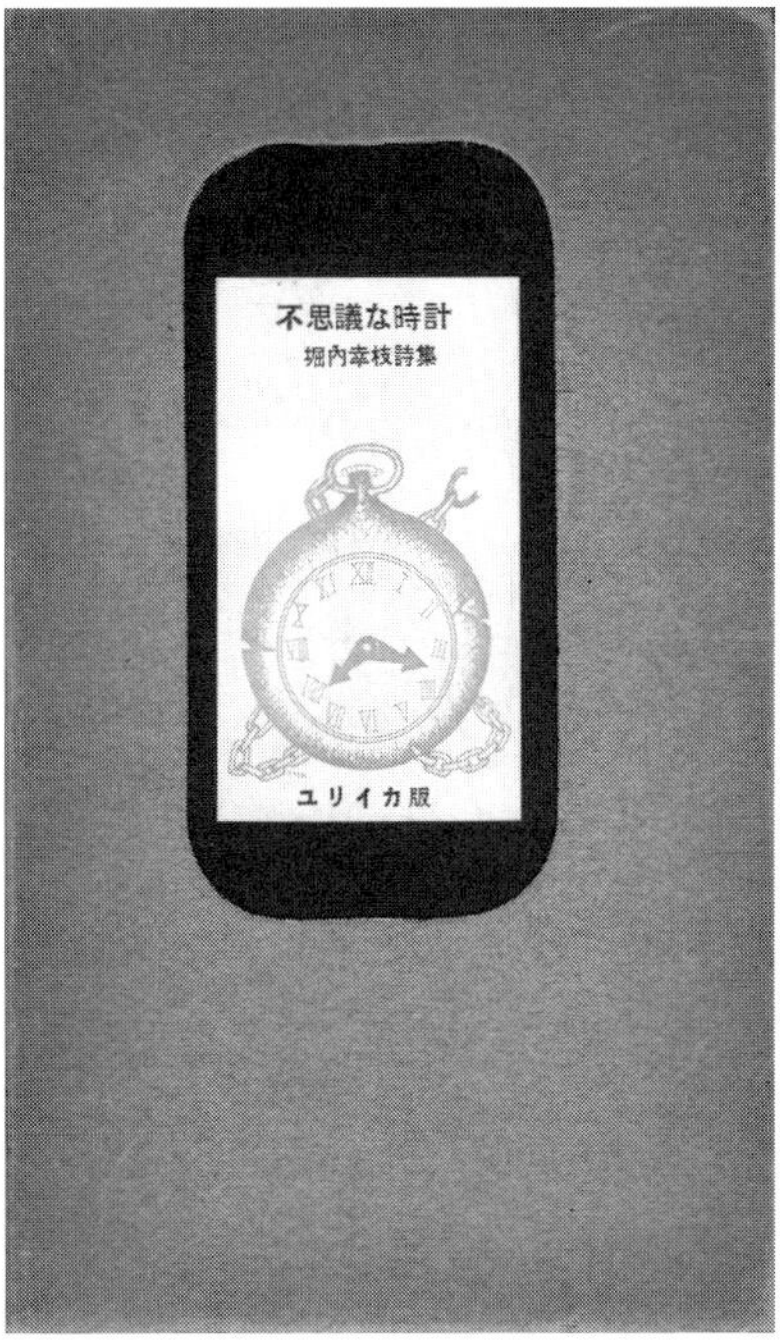

図60　同、函入

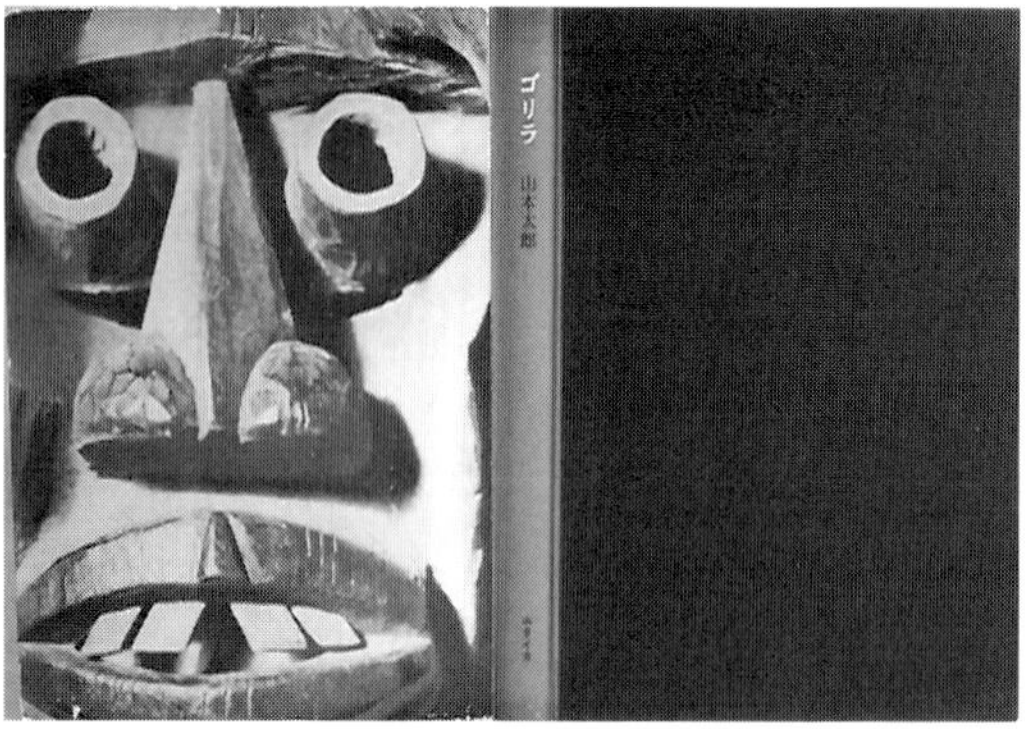

図 61 『ゴリラ』表紙

図 62 『蟠花』函と本

図 63 『稲垣足穂全集』第 1 巻表紙

欧文つづりをきれいに納めるための必然的な寸法でもある。背文字の箔押し位置は天地の中ほどに据えられ、ルリユール作品のような気品がある。宇宙を想起させる配色も美しい。

手工芸作品のごとき書物制作

伊達に絵心があったことは出版界に入る前から友人たちの間でもよく知られ、イラストのうまさは伊達の『ユリイカ抄』のカットで証明済みだが、ブックデザインにもその特技は発揮された。その特徴から伊達の手になるものと一目で分かるのが切り絵作品である。長谷川龍生『パウロウの鶴』（昭和三二年、図64）の函ひらに飛ぶ鶴といい、島原健三『四季』（昭和二九年、図65）の表紙ひらにいる猫といい、なんとも味がある。

書き文字もまたうまかった。稲垣足穂の『キタ・マキニカリス』の表紙にこの欧文タイトルの書き文字を添えるべく、足穂は友達の夫人であるフランス人女性に書いてもらうよう頼んだものの思うようにいかず、結局、伊達が書いてジャケットに使ったと、足穂は『タルホ＝コスモロジー』（文藝春秋、昭和四六年）で記している。前田出版社版『二十歳のエチュード』表紙の欧文タイトルもよく似た雰囲気の書き文字だ。

切り紙で作られた文字もいい。花田英三『あまだれのおとは…』（昭和二九年、図66）や沢木隆子『迂魚の池』（昭和三三年、図67）、欧文では『ロートレアモン全集』（昭和三二〜三三年、図68）の函文字がそうだ。雑誌『ユリイカ』の表紙（図69）でも、真鍋博のカットとともに伊達の切り紙文字が使われたことがある。繊細な真鍋のイラストと、リノカット風の力強い伊達の文字が意外と調和している。『ユリイカ』誌上では、記事の見出しや出版案内の書名などにも伊達の切り紙文字と思われるものがある（図70〜72）。

文字の配置がうまかったというのは、矢代静一の戯曲『蝙蝠』（昭和三二年、図73・74）や小島信夫の『凧』（昭和三〇年、五〇頁）の函を見るとよくわかる。この文字は、伊達の長女である真理さんが小学生の時に書

図64 『パウロウの鶴』函

図65 『四季』表紙

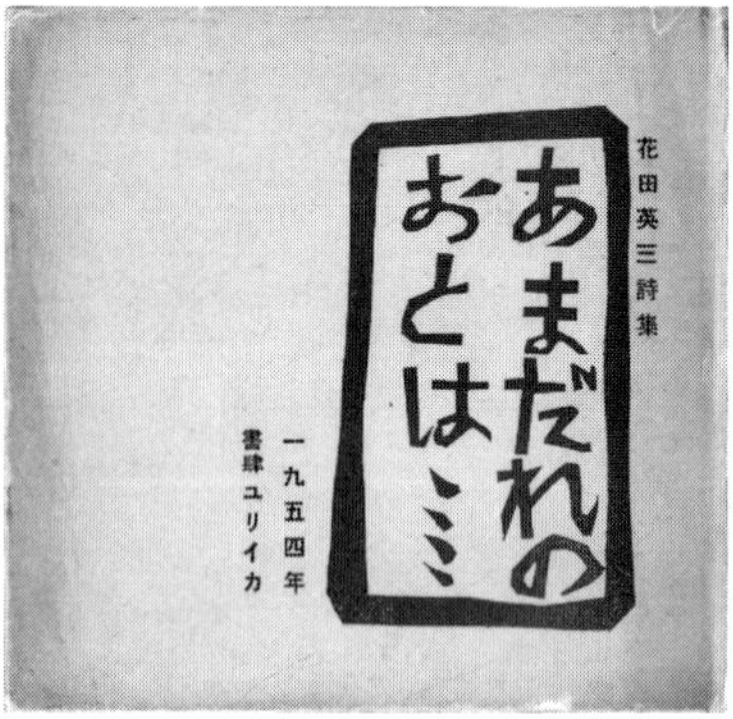

図 66 『あまだれのおとは…』
ジャケット

図 67 『迂魚の池』本（左）と函

図 68 『ロートレアモン全集』第 1 巻函

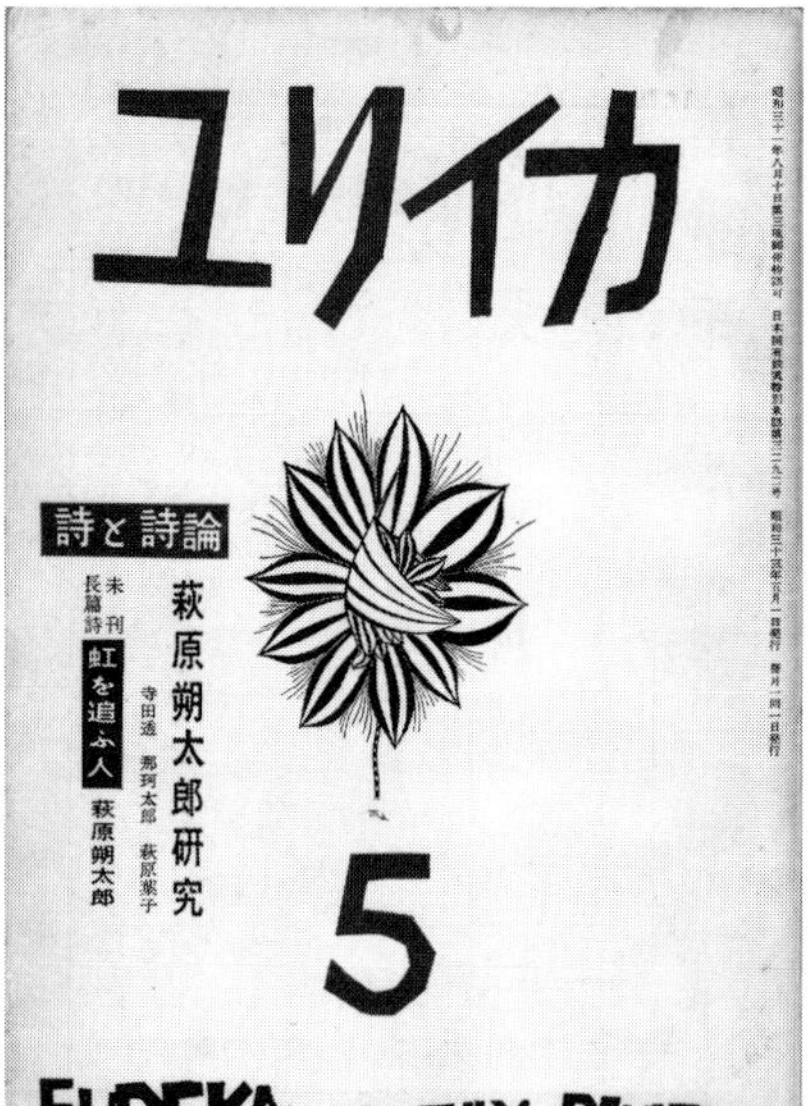

図 69 『ユリイカ』昭和 33 年 5 月号表紙

図70　同、昭和33年7月号裏表紙

今月の作品から

フランスではド・ゴール派が圧勝をとげ、共産党は全面的に敗退した。デュクロさえ落選したことを今日の新聞はつたえている。そしてぼくたちの大日本帝国の、万世一系の天皇制は、なおも牢固としてそびえ立つものであることが、公々然と証明されている今日この頃である。

十一月末のジャーナリズムのバカ騒ぎは正気の沙汰ではない。眼を履えば耳から、耳をふさげば眼から、ショーダミチコという呪文が、ぼくたちの内部に、たちまち根を下ろして繁殖するアミーバのように注ぎこまれている。そして町はめでたいめでたいの観呼の声にみちみちている。たとえば次は、「氷壁」で、万都の子女の紅涙をしぼった、臣民井上靖の詩の一節である。

皇太子が、自分の意志で妃となる一人の女性を選んだということは、何と明るいニ

図71　同、昭和34年1月号から

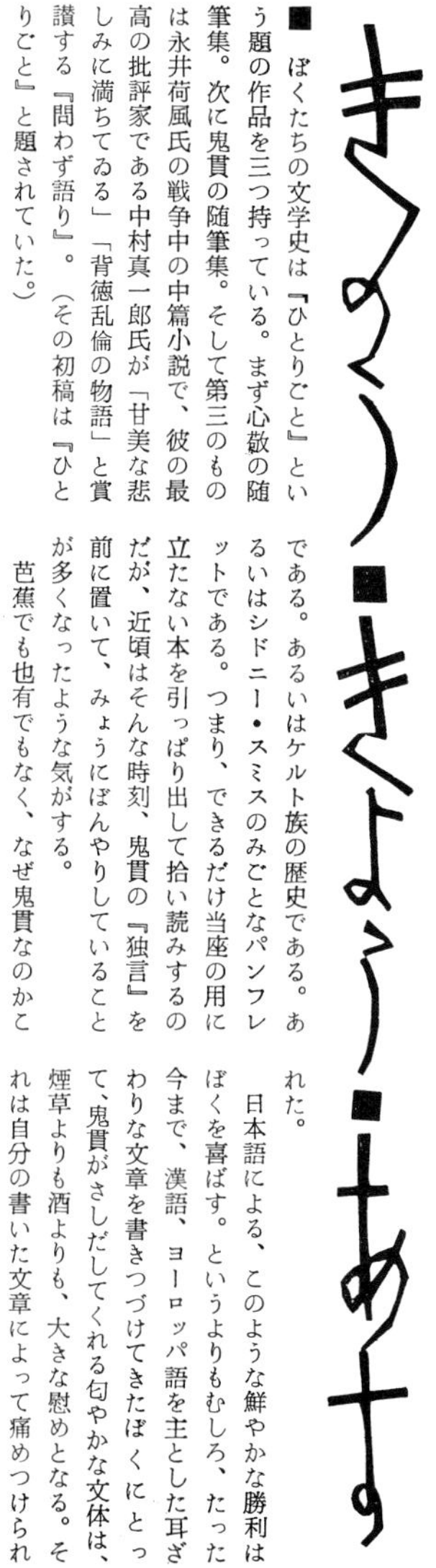
きのう・きょう・あす

■ ぼくたちの文学史は『ひとりごと』という題の作品を三つ持っている。まず心敬の随筆集。次に鬼貫の随筆集。そして第三のものは永井荷風氏の戦争中の中篇小説で、彼の最高の批評家である中村真一郎氏が「甘美な悲しみに満ちてゐる」「背徳乱倫の物語」と賞讃する『問わず語り』。（その初稿は『ひとりごと』と題されていた。）

である。あるいはケルト族の歴史である。あるいはシドニー・スミスのみごとなパンフレットである。つまり、できるだけ当座の用に立たない本を引っぱり出して拾い読みするのだが、近頃はそんな時刻、鬼貫の『独言』を前に置いて、みょうにぼんやりしていることが多くなったような気がする。

芭蕉でも也有でもなく、なぜ鬼貫なのかこ

れた。

日本語による、このような鮮やかな勝利はぼくを喜ばす。というよりもむしろ、たった今まで、漢語、ヨーロッパ語を主とした耳ざわりな文章を書きつづけてきたぼくにとって、鬼貫がさしだしてくれる匂やかな文体は、煙草よりも酒よりも、大きな慰めとなる。それは自分の書いた文章によって痛めつけら

図72　同、昭和34年1月号から

いた文字だそうだ。小学生の書いた稚拙な文字でありながらこの配置に置かれると、なぜか格好よく映ってしまう。ひらには他に一切の文字も装飾もないから、ごまかしようがない。あどけない子供の文字が、伊達のレイアウトにかかると見事に決まる。

伊達は書肆ユリイカの仕事のことを「手工芸めく詩書の出版」と記している（「手紙」）が、これは比喩ではなく、実際、自らの手わざを駆使して書物の装いを仕上げていた。山本太郎の処女詩集『歩行者の祈りの唄』（昭和二九年、図75・76）の表に、辻まことのカットを印刷した紙片を一冊一冊貼り込む伊達の姿が目撃されているが、これは本来、函のひらに貼る予定で作成されたものであった。書物本体のほうには別の、合わせた両手の写真版の紙片を貼り込む予定だったが、貼り込むべき部分に施す空押しの寸法を間違えられてしまい、急遽貼る紙片を入れ替えたと、これは伊達田鶴子夫人から聞いた。

貼り込み作業はもちろん、本来製本所の仕事だが、こうしたトラブルが生じた時や期日に間に合わなくなりそうな時など、伊達自身が腕をふるうこともよくあったようだ。ともかくユリイカ本には、紙片の貼り込みが非常に多い。上製本ジャケット装の場合、紙やクロスの表紙に箔押しをする方法とは別に、タイトルや著者名を印刷した小さな紙片を貼り込むことも多かった。

真鍋呉夫『天命』（昭和二七年九月第一刷・一〇月第二刷）、祝算之介『亡霊』（昭和三〇年）、矢代静一『壁画』（昭和三〇年、図77）、松野泰二『うす

図73　『蝙蝠』函

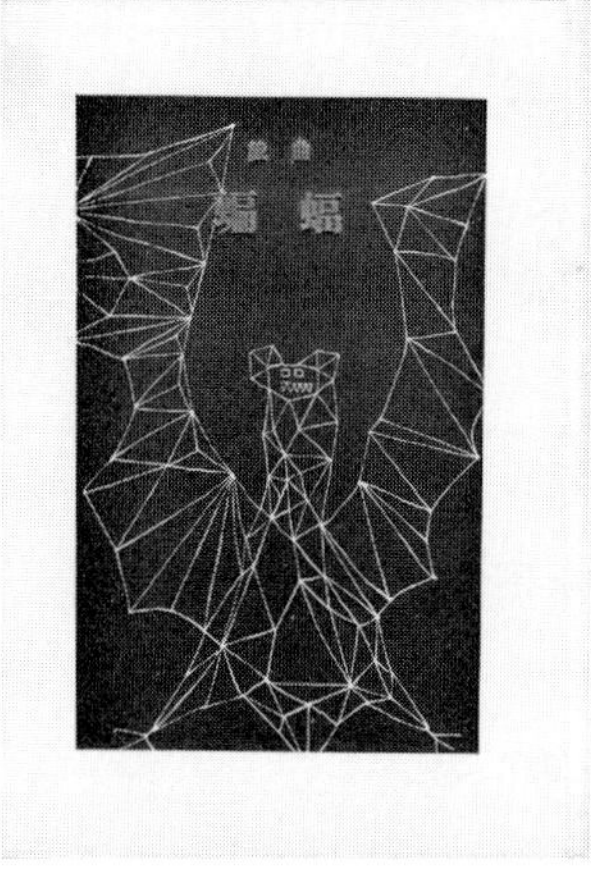

図74　同、表紙

くれない』（昭和三一年）、磯村幸子『石女遺文』（昭和三一年）、前田透『断章』（昭和三二年）など、枚挙にいとまがない。

別紙を使うことで色彩を増やすことができ、通常の活版印刷ですむから箔押しより安くあがり、貼ることによる立体感も生ずる。山本の『歩行者の祈りの唄』のように丸背の背にタイトル紙片を貼る時、伊達はあるいは洋書革装本によく貼ってある背文字の革片を思い浮かべていたかもしれない。鈴木亨『少年聖歌隊』（昭和三五年、図78）の表紙の背には、焦げ茶色革に緑の箔でタイトルを押したラベルが貼ってある。

貼り込むのは小さな紙片ばかりでなく、イラストや装飾入りの大きめのラベルであることもあった。函の外題《げだい》貼りで印象的なのは、カット入りの縦長のタイトル紙が貼り込まれた堀内幸枝『紫の時間』（昭和二九年、

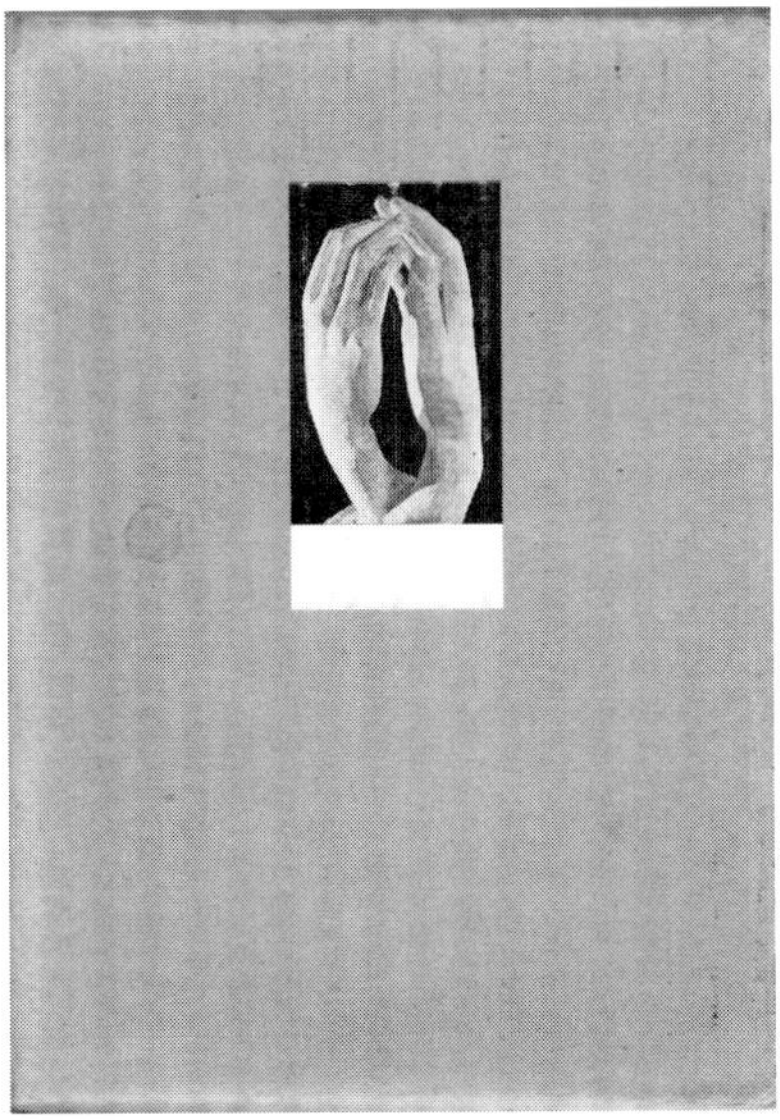

図75 『歩行者の祈りの唄』函

図76 同、表紙

二五頁）や、深緑色の刷色でタイトルを白抜きにしたラベルを貼った中村稔詩・岸田衿子画の詩画集『樹』（昭和二九年、口絵）、切り絵とタイトルを組み合わせた紙片を貼った田中清光『立原道造の生涯と作品』（昭和三一年、一六五頁）など。小海永二『峠』（昭和二九年、一九三頁）と岸田衿子『らいおん物語』（昭和三二年、図79）は、覆い帙のひらにタイトルや装画を印刷した紙を貼ってあるが、これはもはやラベルという大きさの範囲を超えている。

ラベル類を貼るのは当然手作業だったが、これ以外にもユリイカ本には手作業でしか作れない形のものが多い。その一つが「覆い帙《ちつ》」ともいうべきものである。

洋本をスライドさせて納めるサック函に対して、和本は「帙」というものに本を包み込んで納める。帙は甲馳《こはぜ》という骨製の爪で留めておくが、ユリイカ本によくあるのはこの変形バージョンである。ちょうど表紙貼りをする直前のくるみ表紙のような形状のもので、表裏両方のひらの前小口の天地中央部分に平打ちの紐を取りつけてある。本を納めてからこの紐で結んで留めるのである。小海永二『峠』や『風土』（昭和三一年、図80）、矢代静一・鈴木信太郎『絵姿女房』（昭和三一年、口絵）、岸田衿子『忘れた秋』（昭和三〇年、図81）や『らいおん物語』などがそうだが、中村稔『無言歌』（昭和二五年、六八頁）にもボール紙製の変形覆い帙がついている。

また、特殊な細帯も手作業の産物であろう。安原喜弘『中原中也の手紙』（昭和二五年、図82）の白い表紙の上に、タイトルを印刷した細い帯が斜めにかけられたことはよく知られているが、加藤道夫の戯曲『なよたけ』（昭和二六年四月第一刷）を増刷した時（六月第二刷）も、伊達はやはり白い紙装の上に二〇ミリ幅の白い帯を斜めにかけた（図83）。表紙ひらには何も印刷文字が載っていないから、この上品な明朝体の帯文字がタイトルの役目も兼ねている。

上より
図 77 『壁画』本と函

図 78 『少年聖歌隊』本と函

図 79 『らいおん物語』覆い帙と
覆い帙の装画はアンリ・ルソー
「眠れるジプシー女」

安部公房の『飢えた皮膚』（昭和二七年）での細帯の使い方は鮮烈だ（図84）。表紙は白い紙装で文字は何もなく、背にタイトルと著者名を印刷した紙片を貼りつけてあるが、ジャケットは墨刷りの力強い切り絵に一号活字のタイトルと二号活字の作品名が並び、この上を一〇ミリ幅の真っ赤な細帯が斜めに横切る。帯には明朝体の一号活字で「現実をえぐる抵抗の文学！」とある。一〇ミリ幅の帯はさすがに不安定だと判断したのか、帯をつけたあとジャケット全体にセロファンがけし、折り返したおもて表紙の袖部分で帯とセロファンを糊止めしてある。

いずれにせよ、現代の量産ラインの中で処理できない製本仕様が多い。制作部数が二〇〇か三〇〇、多くてもせいぜい千部位までの規模であり、伊達得夫という類い稀な手仕事の達人による仕事だからこそ実現できた形だ。伊達が手ずから貼り込みなどをしたのは、機械ではできない作業だからというだけでなく、同時にまた、制作費を節約する意図もあっただろう。

少ない資金で、いかに美しい書物を作り出すか。用紙や製本資材は、その時入手可能な安いものを使っていたそうだが、新製品を採用することもあった。ユリイカ初のシリーズ企画『戦後詩人全集』全五巻（昭和二九〜三〇年、図85・86）の、表紙に用いた「ベルベット」という紙はその当時の新製品で、竹尾用紙店と特種製紙が共同開発したもの。表面に布のベルベットのような起毛のある紙である。この全集には黄土色を、山本太郎の『歩行者の祈りの唄』（昭和二九年、三七頁）の表紙には金赤を、山口洋子『館と馬車』（昭和三〇年、一九頁）の表紙にはうすねずみ色のを用いた。新製品とはいえ、それは本物のベルベットを使うより安価だったからの採用に違いない。

書肆ユリイカの本でよく使われている用紙に、ミューズコットンがある。これは王子製紙が昭和三四年に発売開始した、縞模様があり風合いのあるファンシーペーパーで、現在ではすっかりおなじみの用紙である。

図 80 『風土』覆い帙と本

図 81 『忘れた秋』覆い帙と本

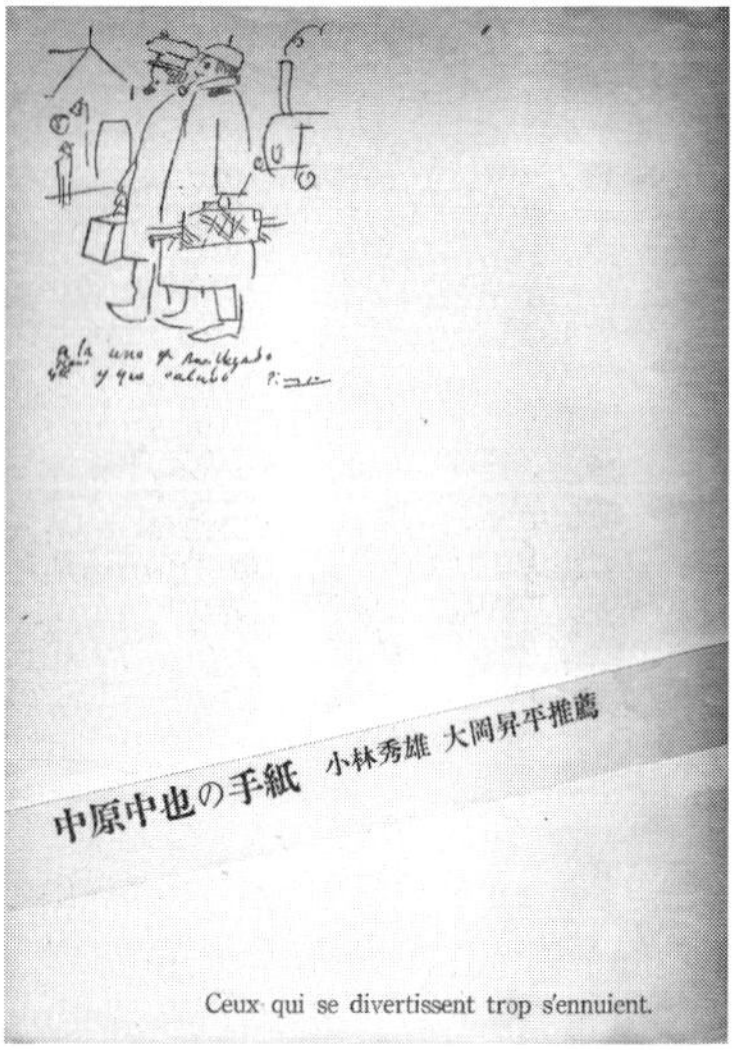

図 82　『中原中也の手紙』帯つき表紙

図 83　『なよたけ』第 2 刷、帯つき表紙

図 84　『飢えた皮膚』帯つきジャケット

筆者の手もとにあまり古い紙見本帳がないため色の名称は確実でないが、岩田宏『いやな唄』（昭和三四年、三〇頁）の表紙ひらや山本太郎『ゴリラ』（昭和三五年、三二頁）裏表紙ひらには黒を、有馬敲『薄明の壁』（昭和三四年、六四頁）表紙や伊藤海彦『夜が生れるとき』（昭和三四年、八二頁）表紙には濃いねずみ色を、石垣りん『私の前にある鍋とお釜と燃える火と』（昭和三四年、二三頁）表紙にはねずみ色を用いるなど、書肆ユリイカの本を手にすると、この用紙には頻繁にお目にかかる。おそらく伊達のお気に入りだったのだろう、伊達の遺稿集『ユリイカ抄』（伊達得夫遺稿集刊行会、昭和三七年、八三頁）も、表紙には紺色の、見返しには乳白色のミューズコットンを使用している。

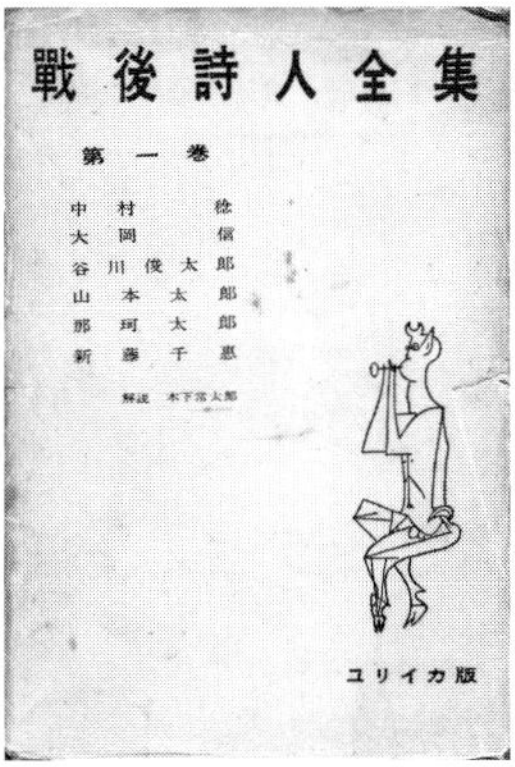

図85　『戦後詩人全集』第1巻函

画とのコラボレーション

書肆ユリイカは、資金が乏しい中でも詩書出版の枠内に停滞せず、様々な試みを実行に移す。意欲的な詩誌『ユリイカ』（五三頁以下）の編集方針からも明らかだが、伊達は詩とそれ以外の世界とを絡み合わせた表現を模索し、中でも詩と絵画を組み合わせた詩画集の出版に積極的に取り組んだ。

そもそも「詩画集」などと殊更に銘打たない本でも、伊達は平素から詩集にカットや絵画作品を巧みに用い、視覚効果の高い版面を生み出していた。

図86　同、全5巻表紙

たとえば今、本文縦組右開き本の本扉の前に口絵（裏白）を一丁配する場合、通常なら口絵図版が奇数ページに来るように入れて、裏の偶数ページが白、その対面の奇数ページに本扉という順になるであろう。ところがユリイカ本だと、この口絵は、最初の奇数ページに口絵裏側の白ページを当て、開いた右側の偶数ページに図版、対面の左が本扉という

図 87 『吉本隆明詩集』口絵と本扉

図 88 『ひとつの魔法』口絵と目次

形で入ることが多い。

「海外の詩人双書」や「今日の詩人双書」（図87）、杉本長夫『石に寄せて』（昭和三〇年）、村松英子『ひとつの魔法』（昭和三五年、図88）のいずれの本でも、著者の写真がそのように配されている。本扉と図版とが見開きで展開され、双方合わせて一つの宇宙を現出する。口絵図版の配置は本来かくあるべしと、書物研究家の寿岳文章も『書物の世界』（朝日新聞社、昭和二四年。後に出版ニュース社、昭和四八年）で述べている。

『詩人たち』巻末所収「書肆ユリイカ 出版総目録」の「刊行図書目録」で「詩画集」に分類されている本のうち、長岡輝子詩・川上澄生画『詩暦』（昭和二六年、一五六～一六三頁）は本文に川上の和紙刷り木版画が計七点貼り込まれ、栗田勇詩・加藤正画の詩画集『サボテン』（昭和三〇年、図89～91）も別丁のエッチングが数点（特製版は五点、並製版は二点）挿入されただけで、基本的には従来の挿画本と特段の変わりはない。一方で、中村稔詩・岸田衿子画『樹』（昭和二九年）では、詩と画の双方が対等に自己主張している。二つ折りにした本文紙の内側に見開きで詩を印刷し、この折の間に、クリーム色の用紙に絵を刷った一丁をそれぞれ挟み込む。ペラ丁の標題紙や一〇折の未綴じ本文を畳紙《たとう》で保護して貼函に収納。決して贅沢な用紙を使ってはいないが、立派な詩画集の体裁をなしている。

小山正孝詩・駒井哲郎画『愛しあふ男女』（昭和三二年、図92・93）も未綴じである。B４判という大きな判型でペラ丁の本文一五葉を覆い帙に

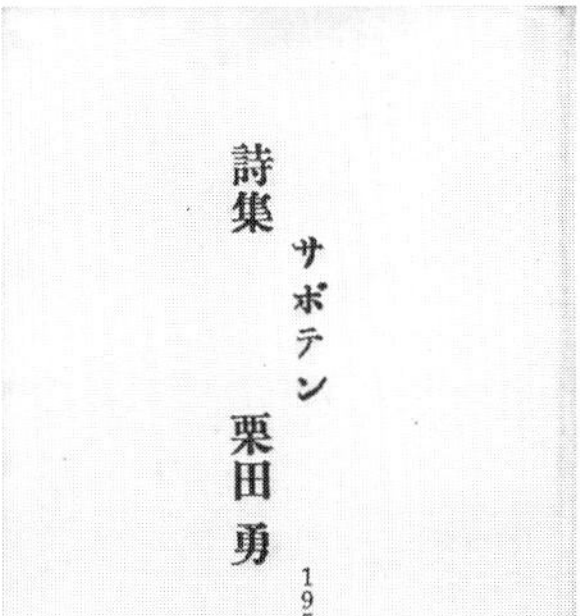

図89 『サボテン』特製版表紙

図90 同、本扉

納める。標題紙の次に駒井哲郎オリジナルエッチング（サイン・エディションナンバー入り）一葉が入り、本文は12ポイント活字で組版印刷された詩にかわいらしいペン画のカットが添えられている。

未綴じ本といえば、書肆ユリイカの出版の中でも一世一代の超豪華本『からんどりえ』（昭和三五年、口絵・図94〜96）に触れないわけにはいかない。限定三七部で、第一番から第七番まではフランスの版画用紙であるBFK紙に印刷、八番以降は特漉き和紙刷り。この八番以降の本の本文用紙には、「××（「住友」か？　判読不能）商事株式会社」という篆書体のウォーターマークが入っている。一月から一二月までの一二の詩篇に銅版画八点が加わり、目次用の銅版画（空刷り装飾画）一葉、銅版画二色刷りの覆い表紙に保護ケースつきの貼函入り。安東次男の詩と駒井哲郎のエッチングが同じ用紙に刷り込まれ、制作は二年がかりであった。未綴じの見開き一つ一つが美術作品として胸に迫り、高級感はあるものの、しかしあまりユリイカ本らしさは感じられない。安東と駒井の個性で完成され、伊達の表現の入り込む余地がなかったようだ。

同じ詩画集でも飯島耕一と伊原通夫による『ミクロコスモス』（昭和三二年）のほうが、よほど伊達らしさが現れている（口絵・図97・98）。B4判で本文一六ページ。見開きだとB3サイズの大画面で、朱と墨の大胆な色遣いの画が有無をいわせぬ大迫力で暴れまわる。糸かがりながら、中央の八ページ目と九ページ目の見開きはカラー画が入るため、この二つ折りにした本文紙はのどの付近を糊で貼り込み、画の上に糸が出ない

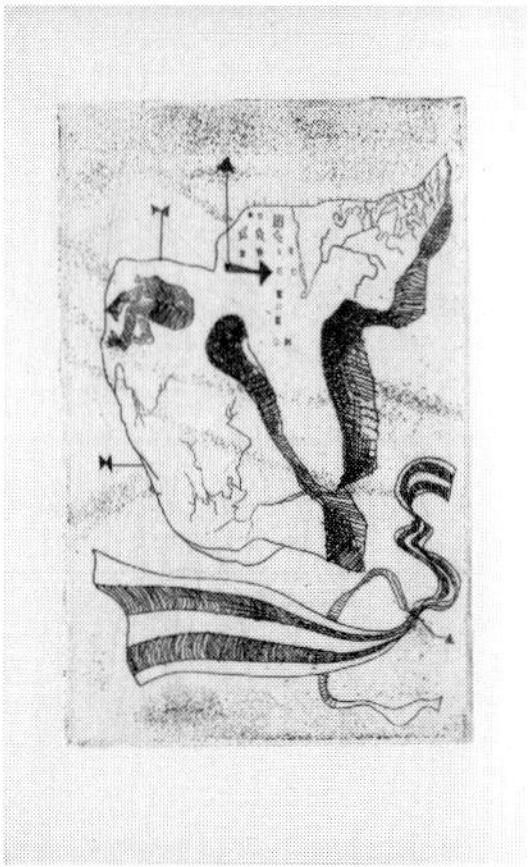

図91　『サボテン』口絵
加藤正銅版画

図92　『愛しあふ男女』銅版画葉

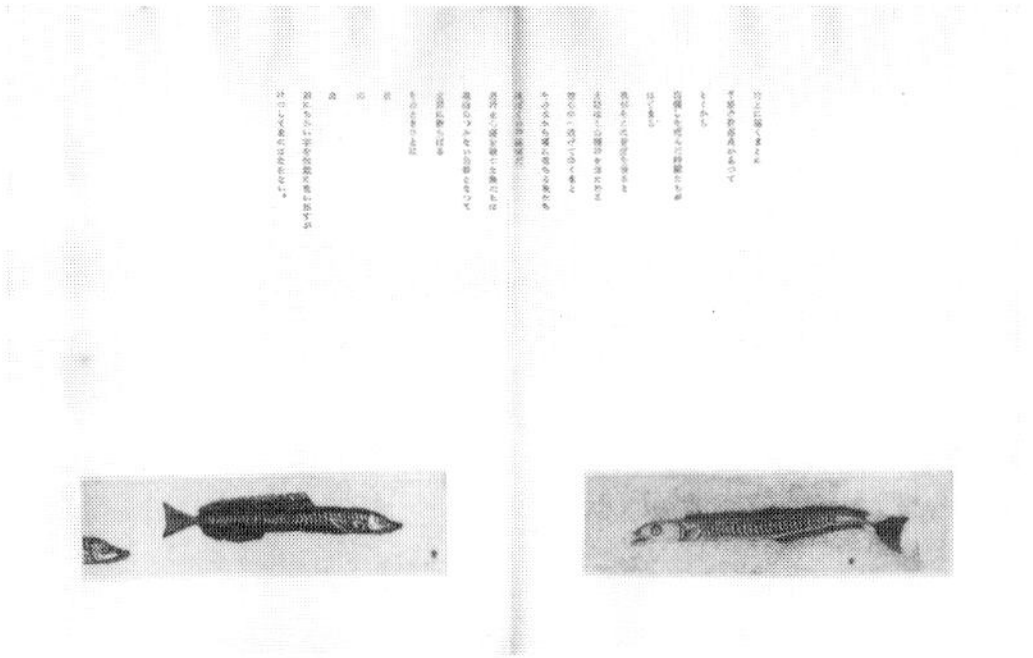

図 94　『からんどりえ』から「嚢」
（図 94 ～ 96 は正木邦夫氏所蔵）

図 93　同、本文から

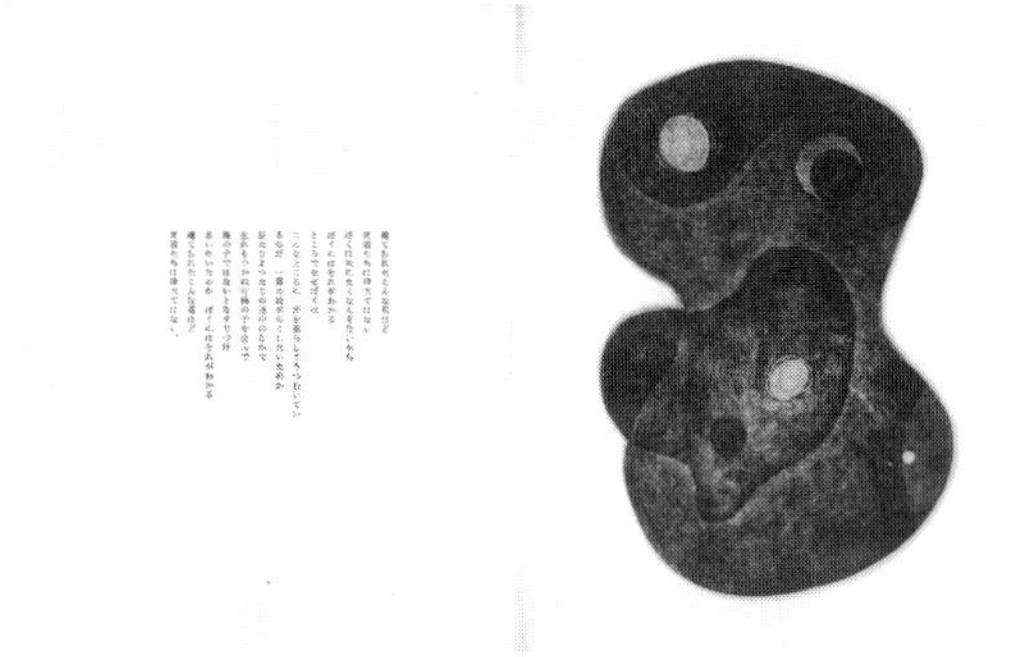

図 95　同、「Les Lèvres」

図 96　同、「Les Morts」

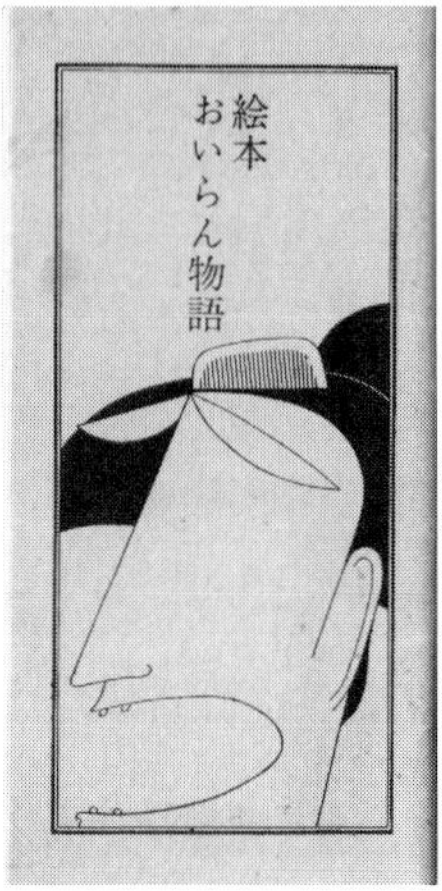

図 99 『おいらん物語』
筒袋（征矢哲郎氏所蔵）

図 97・98 『ミクロコスモス』本文から

図 100 同、本文から

よう配慮されている。未綴じ本文に覆い表紙で貼函入りという、フランスの本格的な限定版挿画本のスタイルを踏襲した『からんどりえ』より、巨大なフランス装風ジャケットの『ミクロコスモス』のほうが、伊達のオリジナリティが感じられる。繊細ではかなげな詩書だけでなく、伊達はこうしたアーティスト・ブックも制作することができた。

なお、未綴じ本はそれぞれの葉や折が美術版画作品として鑑賞できる美しい作りではあるが、通常の書物と違って綴じが施されていないために、錯簡や紛失が起こりやすい危険をはらんでいる。ノンブル（頁付け）が印刷されていないものも多く、どの状態が完本なのかが極めてわかりにくい。本文を見ていても、本当にこの順番で合っているのか、脱落はないのかという疑念が常につきまとう。筆者個人の好みから言うなら、書物はやはり本体が一括にまとまっているもののほうが安心できる。

詩画集に分類されている本の中で特殊なのが、岩田宏詩・真鍋博画『おいらん物語』（昭和三四年、図99・100）である。天地一七八×左右八八ミリという細長い形の中綴じ本で、本文はアート紙に片面刷りで四〇頁。薄冊のパンフレットのようなものであるが、詩と絵がバランス良く融合し、詩画集としての条件は立派に満たしている。

さて、洋風の豪華版詩画集を制作する一方で、伊達は和風の装いの書物も手がけている。加藤楸邨の句集『山脈《やまなみ》』（昭和三〇年）は上製本角背で段ボール製の函入り。表紙は「冬嶺に縋り諦めざる径曲り曲る」という「山脈抄」からの一句を和紙に陰刻刷りし、拓本のような印象に仕上

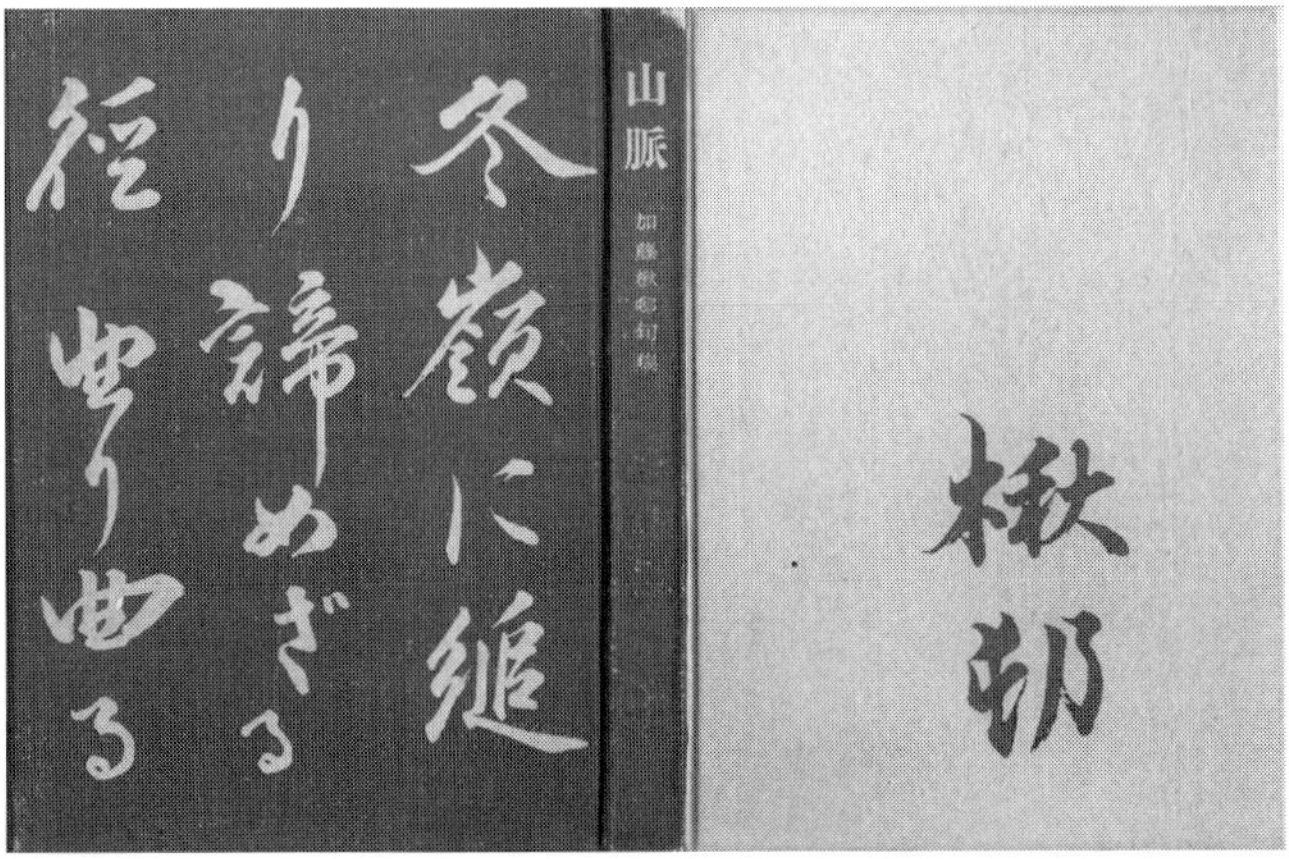

図101 『山脈』表紙

げた（図101）。小島信夫『凧』（昭和三〇年、図102・103）と矢代静一・鈴木信太郎『絵姿女房』（昭和三一年、口絵）は、どちらも麻糸で中綴じ。『絵姿女房』は本文和紙刷りで、木版刷り千代紙などを使った鮮やかな覆い表紙に納まり、被せ函に入った贅を凝らした作りである。

そうかと思えば、線の太い山本蘭村の絵で力強い一冊に仕上げた磯村秀樹『生きものの歌』（昭和三三年、図104・105）のように、生の活力が漲る本もある。

そして、愛らしいカットの描ける伊達が苦手なはずのない童話も。やさしいイラストと砂糖菓子のような言葉がきらめくのは、立原えりかの童話集『木馬がのった白い船』（昭和三五年、図106・107）。この本にも美しい童画を描いている渡辺藤一の絵本『いつかの砂漠の物語』（昭和三四年、図108）は、カラー印刷した作品が五点貼り込まれ、覆い帙に納められた豪華な一冊だ。渡辺と立原は夫婦である。あまり知られていないが、書肆ユリイカは『プッペ』（昭和三五〜三六年、図109）というA５判一六頁の、ささやかな月刊童話雑誌の発売元にもなっていた。

渡辺は山本道子『みどりいろの羊たちと一人』（昭和三五年、図110）と『籠』（昭和三六年、図111）、滝口雅子『鋼鉄の足』改版（昭和三五年一二月）のジャケットデザイン（図112）も手がけている。

蛇足ながら、『籠』は書肆ユリイカの最後の頃の出版物であるが、渡辺の描いたペン画をどうやら天地逆に使ってしまったようだ。対称形の図案なので取り違えやすかったのだろうが、右下にあるべき「tou.」の

図102 『凧』函

図103　同、本（右）と覆い表紙

図 104 『生きものの歌』ジャケット

図 105　同、本扉

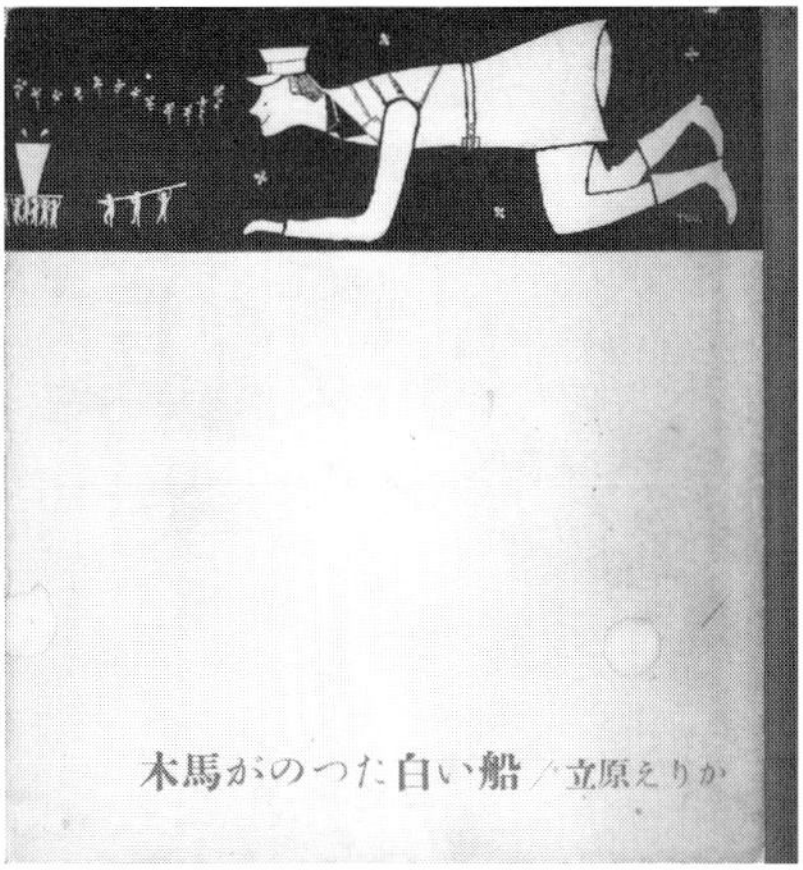

図 106 『木馬がのった白い船』表紙

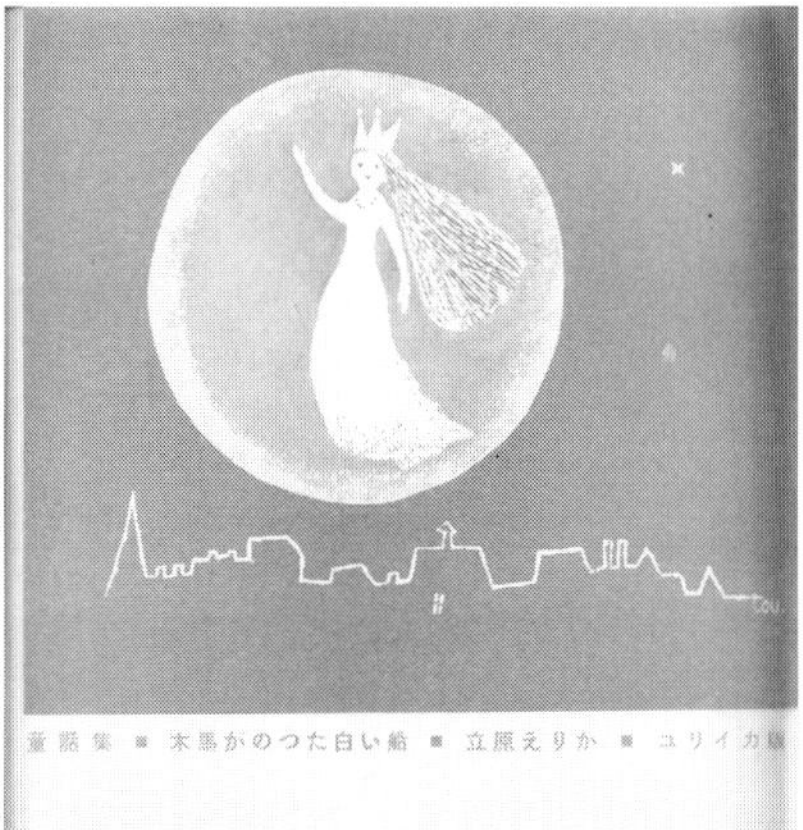

図 107　同、本扉

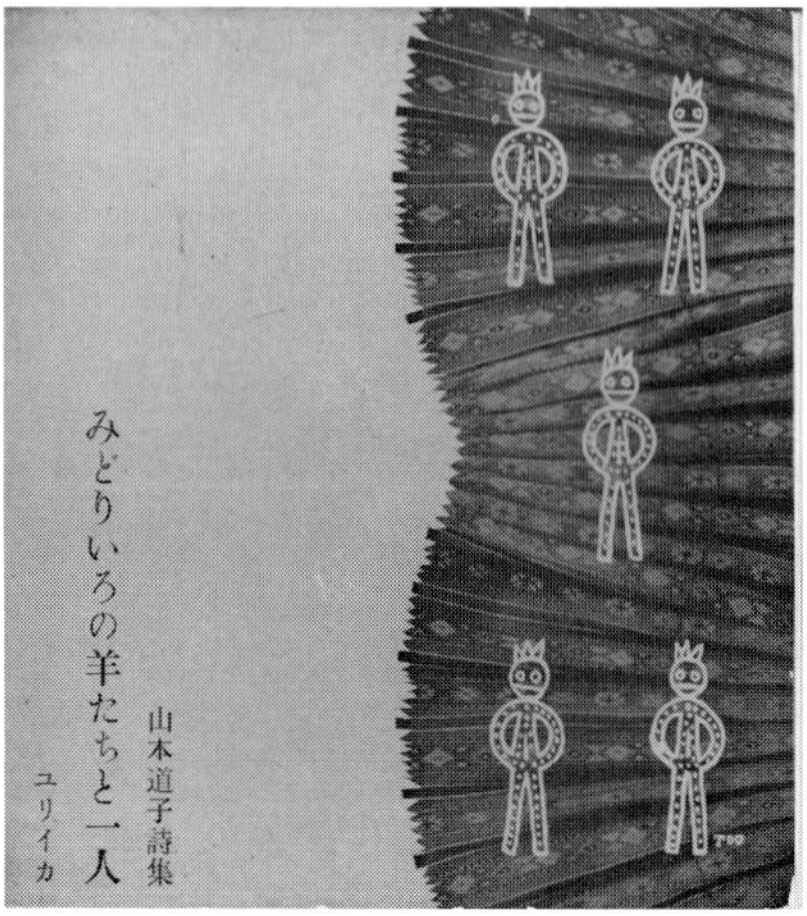

図 110 『みどりいろの羊たちと一人』ジャケット

図 111 『籠』ジャケット

図 108 『いつかの砂漠の物語』表紙

図 109 『プッペ』昭和 35 年 10 月号（創刊号）表紙

サインが左上にあって逆向きに印刷されている。

長谷川郁夫氏による伊達得夫の綿密な評伝『われ発見せり』（書肆山田、平成四年）を見ると、昭和三五年のこととして次のような記述がある、「初夏、かれ（注・伊達得夫のこと）は腹部にはっきりした異常をみとめた」。伊達は、八月に入院した病院で急性肝炎と診断されたのだった。

『籠』の奥付には、発行された年号の記載はあるものの月日が書かれていないなど、伊達が体調を崩した時期に制作されていた出版物であり、何かと行き届かなかったのではないかと推察する。

『ユリイカ』の表紙絵

書肆ユリイカが昭和三一年一〇月に創刊した詩誌『ユリイカ』は、その特集も様々であったが、表紙デザインもまた楽しい。

創刊号の表紙絵（図113）は伊原通夫の作品であった。飯島耕一が詩を書いた詩画集『ミクロコスモス』（昭和三二年）を彷彿とさせる力強いタッチ。昭和三二年四月から芥川沙織（図114）に代わり、浜田伊都子《ママ》（図115）、中井幸一（図116）と続く。

漫画集『寝台と十字架』（昭和三三年）や『動物園』（昭和三四年）の作品集もある真鍋博が、初めて『ユリイカ』の表紙絵を描いたのは昭和三三年三月号からで、六月号までの四回描いている。三四頁に掲げた五月号の表紙（図69）で、中央部分のカットは確かに真鍋のペン画だが、味わ

図112 『鋼鉄の足』改版、帯つきジャケット

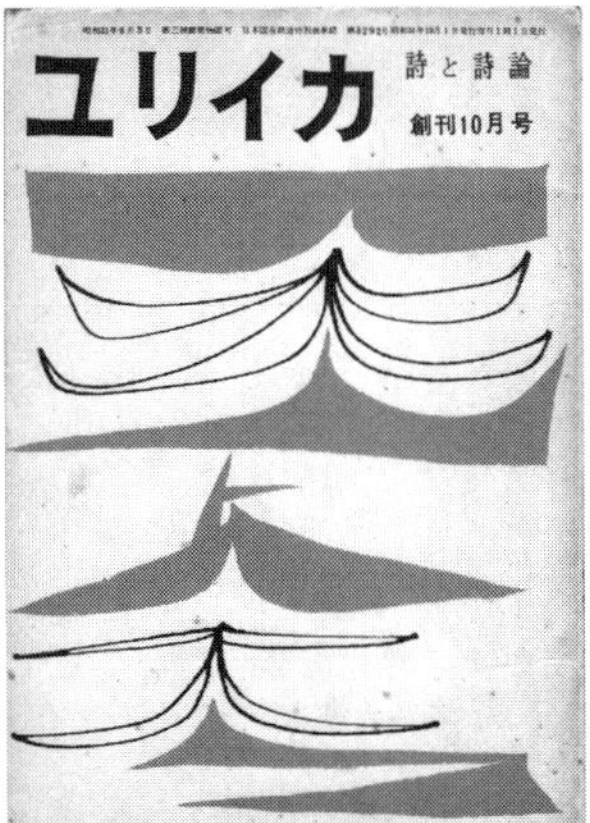

図113 『ユリイカ』昭和31年10月号（創刊号）表紙、伊原通夫画

図 114 『ユリイカ』昭和 32 年 4 月号表紙、芥川沙織画

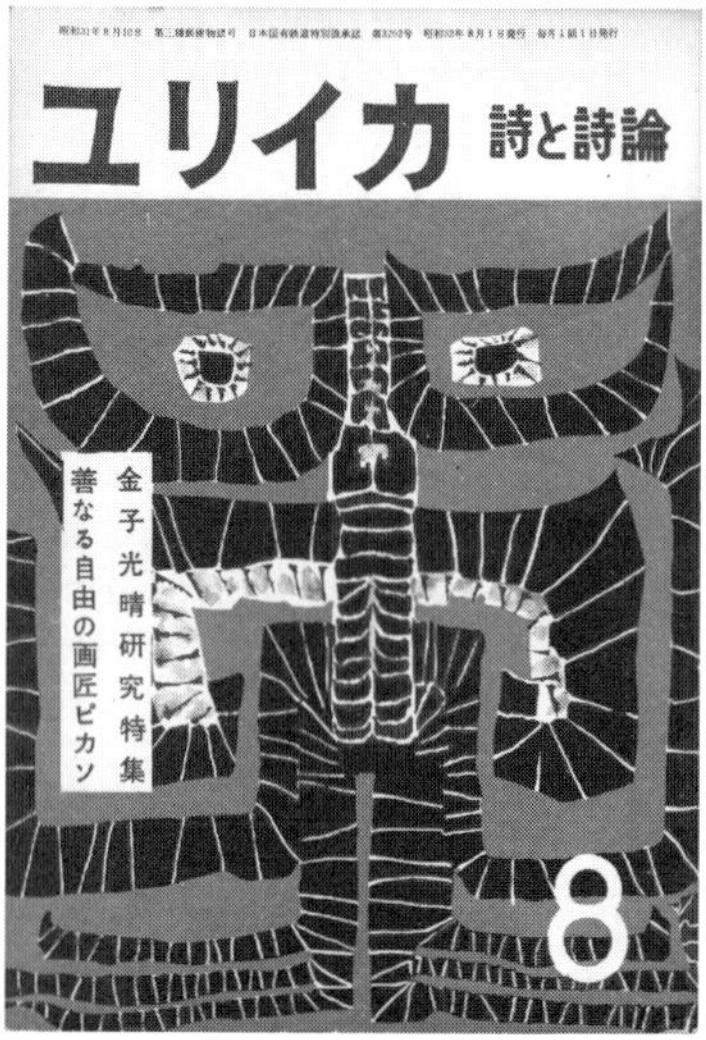

図 115 同、昭和 32 年 8 月号表紙、浜田伊都《ママ》子画

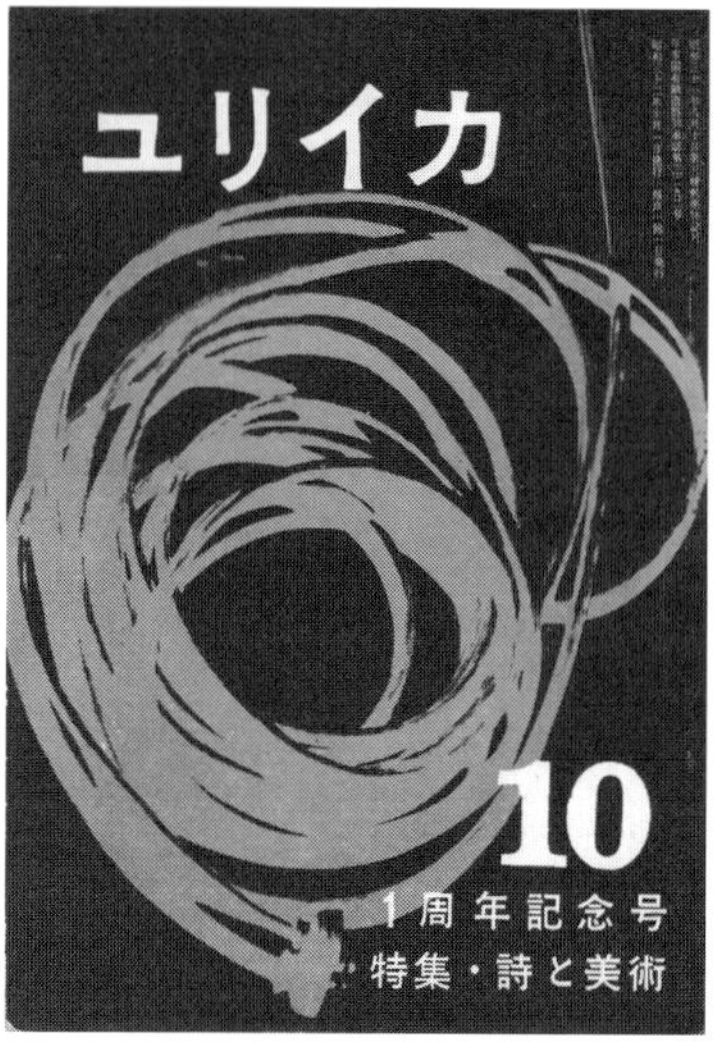

図 116 同、昭和 32 年 10 月号表紙、中井幸一画

図 117 同、昭和 33 年 8 月号表紙、クレー画

図 118　同、昭和 34 年 1 月号表紙、井上洋介画

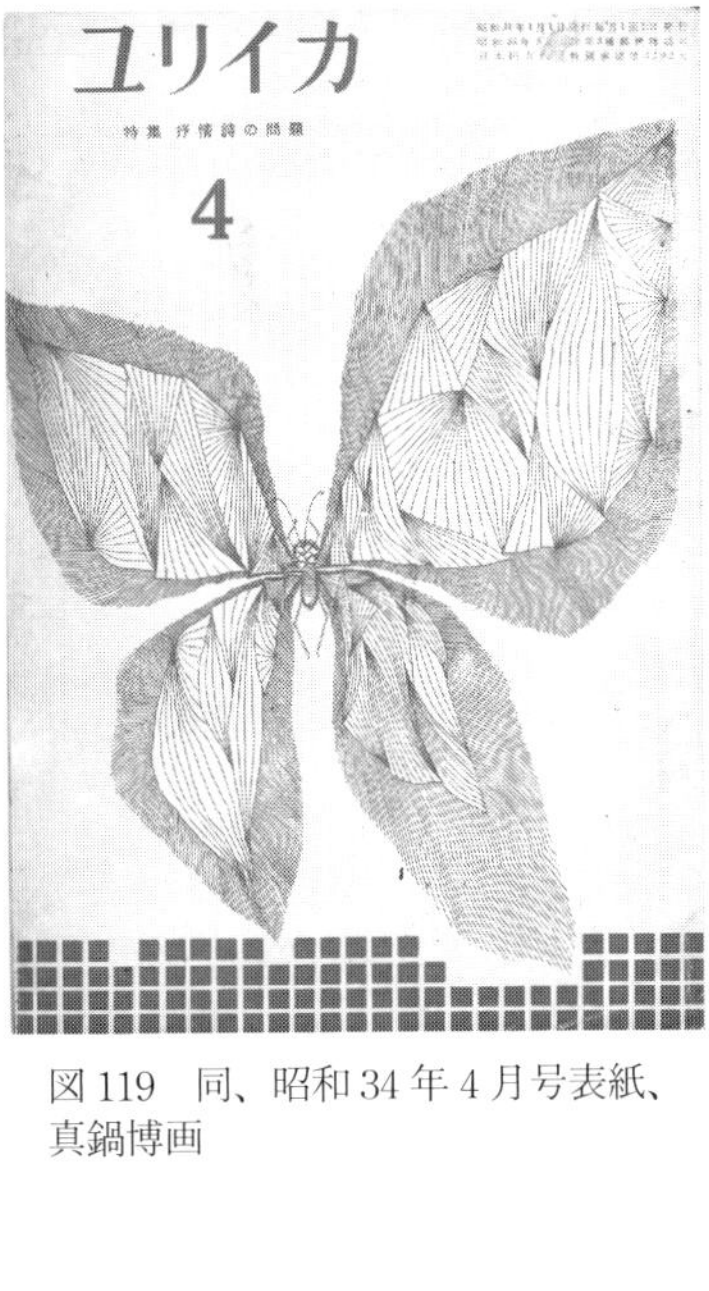

図 119　同、昭和 34 年 4 月号表紙、真鍋博画

図 120　同、昭和 34 年 7 月号表紙、長新太画

図 121　同、昭和 34 年 10 月号表紙、久里洋二画

い深く力強い「ユリイカ」のタイトル文字や数字などは、伊達得夫お得意の切り紙文字であろう。下方の「EUREKA MONTHLY REVIEW」が、『ロートレアモン全集』の函文字にそっくりの雰囲気なのだ。

昭和三三年は一月号がコダール、八月号はクレー（図117）で、一〇月号がヴォチエ。九、一一、一二月号は写真を使用した表紙であった。そして井上洋介（図118）、真鍋博（図119）のあと、昭和三四年七月号に長新太（図120）が登場、左下に「Shinta Cho」のサインが見える。一〇月号から三か月は久里洋二（図121）が担当した。

昭和三五年一月号（図122）からは再び真鍋博が表紙をデザインしている。

詩誌『ユリイカ』最終期に真鍋博が手がけた表紙は、真鍋お得意の細密なカットとともに、二分割の大胆な配色が目を引く。紅と青、紺と浅黄、茶と朱、ピンクとオレンジ。なかでも昭和三五年九月号の表紙は、

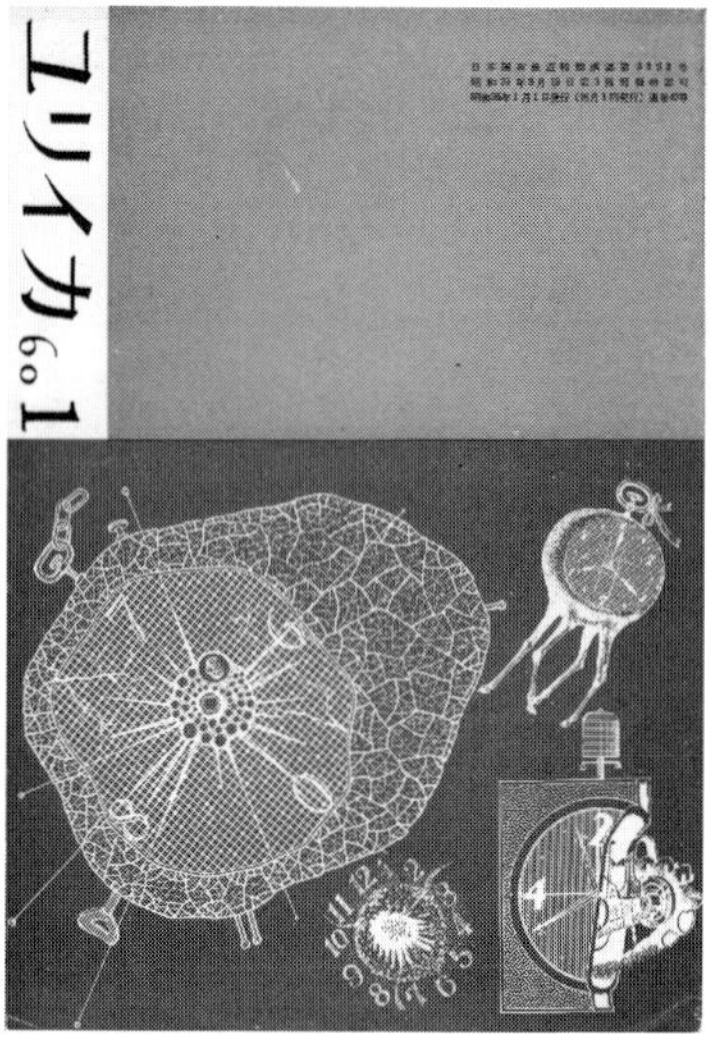

図122 『ユリイカ』昭和35年1月号表紙、真鍋博画

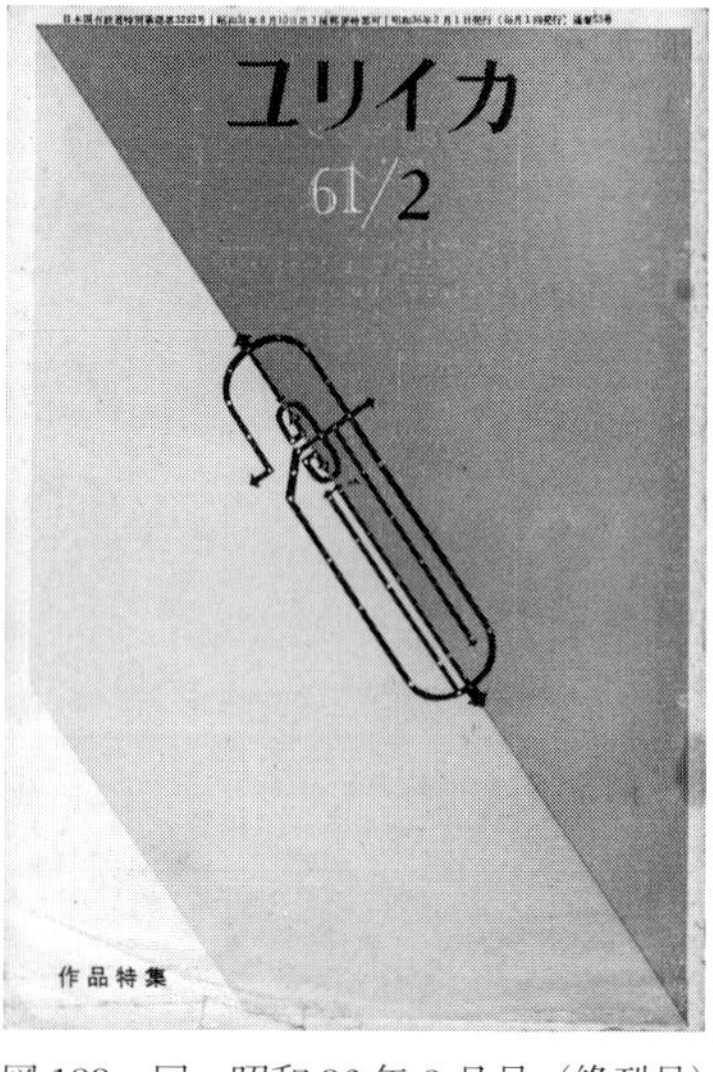

図123　同、昭和36年2月号（終刊号）表紙、真鍋博画

ブロンズに輝く二種類のインキが用いられており、贅沢感がある。使われる色は毎号変わるが、表紙左上に横書きの「ユリイカ」のタイトル文字を縦に置いたこのデザインは昭和三五年一二月号まで変更されることがなかった。

そして昭和三六年、詩誌『ユリイカ』は二月号（図123）を発行したところで終刊を迎える。この最後の二号分については、墨の他に二色を大胆に用いるという基本的なデザイン・コンセプトは前年と変わりないが、タイトル位置などは異なるデザインにしている。担当したのはやはり真鍋であった。

それまで表紙絵の画家は目まぐるしく代わっていたのに、昭和三五年一月号から最終の昭和三六年二月号までは、一四回にもわたって真鍋がデザインし続けている。単行本の出版でも、同じ本でさえ増刷時にはこまめにデザインを変更するような伊達が、一年以上も連続して同じ画家に表紙を委嘱するというのは筆者の目からすると違和感がある。

前記のように、この時期、伊達は体調を崩しており、つまり、デザイン変更をしたくてもできない状況にあったとも考えられる。真鍋の表紙は美しいが、一四回続いた同じコンセプトの表紙を、病床の伊達はどのような気持ちで眺めていたのだろう。

なお、真鍋は雑誌『鰐』（昭和三四年八月〜昭和三七年九月）のデザインも手がけている。A５判一六頁一折の折丁のままで未綴じ、化粧裁ちをしていないアンオープンドで創刊（図124・125）、薄冊ながらマージンを贅沢

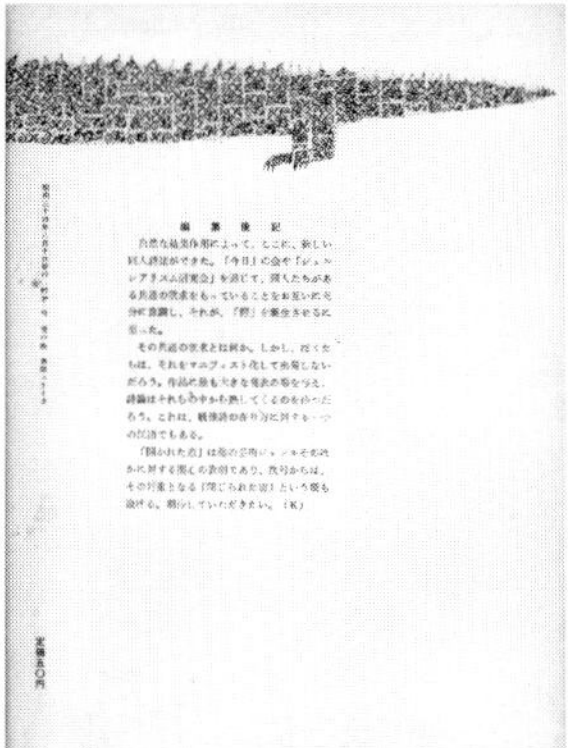

図 124　『鰐』第１号、裏表紙

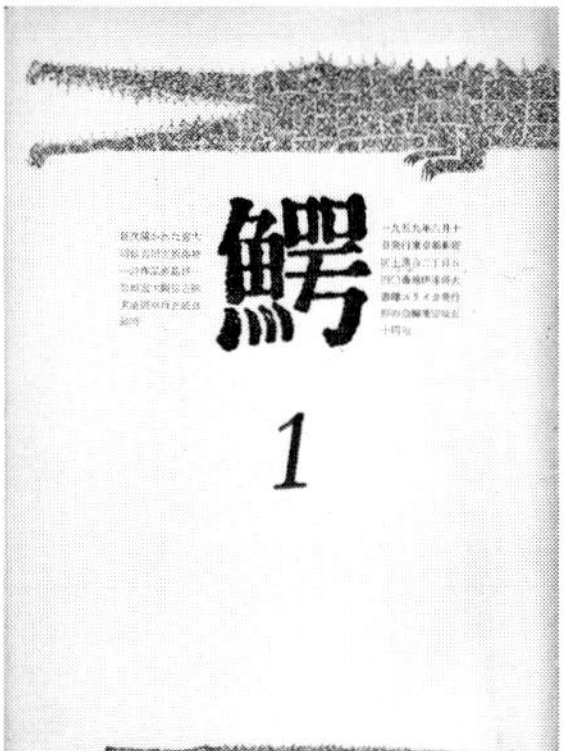

図 125　同、表紙

に取った限定版仕様のつくりである。真鍋の繊細な鰐のイラストがおもて表紙から裏表紙へと大胆に配された美しい二色刷りで、第四号まで色違いで同じデザインが踏襲された。第五号からは真鍋が鰐のイラストをリニューアルしてややコンパクトにまとめ（図126）、やはり色違いで同じデザインが第九号まで続けられる。この第九号が昭和三五年一〇月に発行された後、二年後の九月にようやく第一〇号が発行される（図127）が、この時の表紙絵は真鍋ではなく、落合茂の版画になった。造本も未綴じではなく通常のA5判平綴じ（針金綴じ）である。編集後記に大岡信が「ぼくらに雑誌刊行の意欲を失わせた最大の原因が、伊達得夫の急逝にあつたことだけはたしかである」として、二年間の沈黙の事情を綴っている。この第一〇号は「ある方の好意によつて刊行され」たが、結局これが終刊号となった。

ふたつの『ユリイカ』

雑誌『ユリイカ』は、通巻第五三号の昭和三六年二月号で、伊達の死によって途絶した。今、新刊書店で買える雑誌『ユリイカ』は青土社が発行しており、つまり現在の『ユリイカ』は復刊ということになる。昭和四四年七月創刊号（青土社、図128）の編集後記に、初代社長の清水康雄が次のように記している。

「かつてのユリイカには、文学の自由と冒険があふれていた。詩の雑

図126　『鰐』第5号表紙

図127　同、第10号（終刊号）表紙

誌であったが、詩だけの雑誌ではなかった。（略）

（新しい）ユリイカは、詩と批評を中心に、しかし、領域や形式にとらわれず、あくまで自由に、文学の自由と深淵をめざす雑誌でありたい。

（略）

復刊第一号の編集をおえて目に浮かぶのは、やはり、亡くなった伊達得夫の姿である。伊達さんは飄々としていた。おそらく、いまも飄々としているのだろう。

ユリイカの復刊は私の夢であった。」


さて、伊達の名文を収めた『詩人たち　ユリイカ抄』（平凡社ライブラリー、平成一七年）の中に、「清水康雄のこと」という一文がある。ある日、伊達の家に見知らぬ青年（清水）が訪ねてきて、詩集の自費出版を依頼する。感心しない詩で、「この作者の精神構造にはどこか大きく欠けたところがある」と伊達は思う。しかし、本人がひどく自信ありげに「この本が出版されることによって、現代詩は一変するだろう」と言うので、しかたなく相槌を打って、出版することになる。

できあがった清水康（康雄の筆名）詩集『詩』（昭和二八年、図129）はB5判（実際には天地がやや短い、二二四ミリという変形判）六〇頁、ただし印刷された詩の本文頁は二五頁しかない薄冊である。表紙は真っ白で真ん中に「詩」と一字印刷されているだけ。口絵の著者の写真は、ハリガネ細工の得体の知れないオブジェを両手で抱く、横向きの七分身像だった。

詩集完成のお礼にと伊達が連れて行かれた酒場で、清水はダイス（サ

図128　復刊『ユリイカ』昭和44年7月号（創刊号）表紙

図129　『詩』表紙

イコロ）の技を披露する。一、二、三……と次々に清水の意のままに目を出すダイス。最後に五つのダイスをシェーカーに入れ、かけ声とともに転がったダイスは、全部一の目を出していた。そして伊達はこう締めくくる。「かれが精神病院に入ったのは、それから旬日の後であった。」

こんな珍妙な人物として描かれた清水だが、伊達の『ユリイカ』が終刊する間際の何号かは、清水もその編集を手助けしたという。そして伊達の『ユリイカ』終刊後八年半にして、清水は新しい『ユリイカ』をスタートさせたのだった。創刊号でありながら奥付に「復刊第一巻第一号」と記し、表紙にも「創刊号」の下に小さく「復刊第1号」と添えてあるのは、伊達の遺志を継ぐ雑誌という意識が強くあったからである。

現在、新刊書店に並ぶ青土社の『ユリイカ』は、個性的な特集とやや縦長の変形判で目を引いているが、伊達の『ユリイカ』も、外形こそA5判の規格サイズで薄冊ながら、ほぼ毎号特集を組み、バラエティに富む画家による表紙絵でも楽しませてくれる特別なメディアであった。

有名画家の展覧会

雑誌『ユリイカ』の表紙絵だけでなく、書肆ユリイカは単行本の表紙も、まるで海外有名画家たちの展覧会のように多彩であった。

最初の出版物である原口統三の『二十歳のエチュード』（昭和二三年）のジャケットには、ピカソの「フランコの嘘」が使われていたが、これ

図130　『死』ジャケット

は本書の元版である前田出版社本ですでに見返しに印刷されており（一〇頁）、伊達が好んでいたことが窺える。

以来、書肆ユリイカの本の表紙やジャケットには、さりげなく名画が登場している。谷口謙『死』（昭和三一年、図130）のジャケットはルオー。大岡信『詩人の設計図』（昭和三三年、図131・132）のジャケットはクレー、表紙はダリ。土井伸彦『零の唄』（昭和三五年、図133）のジャケットはエルンスト、長谷川龍生『パウロウの鶴』（昭和三二年）と高良留美子『生徒と鳥』（昭和三三年）の本扉のカットもピカソである。『シュルレアリスム辞典』（昭和三三年、一七頁）のジャケットは、表がミロで裏がダリのオブジェ、それを真鍋博がレイアウトしている。

「ユリイカ新書」のジャケットは、大岡信『現代詩試論』はピカソ「牧神」（一八三頁）、中村稔『宮沢賢治』はクレー「幽谷の道化」（一八三頁）、関根弘『狼がきた』はピカソ「ゲルニカ」（一八三頁）、杉本春生『抒情の周辺』（一八四頁）（以上四点、いずれも昭和三〇年）はクレー「船乗りシンドバッドのオペラ」というラインナップで、四冊並べると壮観だ。

書肆ユリイカでは詩と画をコラボレーションしての「詩画集」も出版しているわけだが、しかしそうした「著者」としてではなく、外装の意匠として有名画家の作品を使うのも伊達の得意技だった。インスピレーションを受けた作品を拝借して、自在に書物を装う伊達得夫の装丁妙技も冴えている。

ともあれ、詩書出版社とはいえ、書肆ユリイカの出版物は様々だ。ど

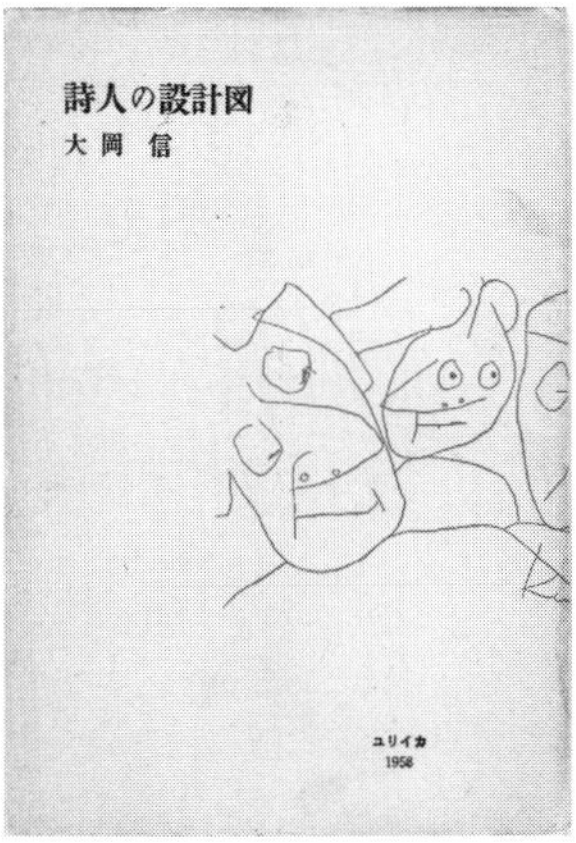

図131『詩人の設計図』ジャケット

図132　同、表紙

んな内容でも相応しい形に作り上げることができる……そんな、造本家・伊達得夫の懐の深さを感じさせられる。

美を体感する人

書肆ユリイカの本の中でも、造本デザインの奇抜さで群を抜いているのが入沢康夫の第一詩集『倖せそれとも不倖せ』（昭和三〇年）であろう。B5判並製ジャケット装の二冊組（それぞれ中綴じの薄冊）。白い表紙もジャケットも表側には一切印刷がなく、書名などは二冊をまとめて納めるビニール袋の下方につつましく刷られている。ジャケットの内側、前方の袖にタイトルや著者名が印刷され、これが表紙の顔をしている。正篇の袖は赤い刷り色の白抜き、補篇の袖は赤一色刷り（図134）。この形に呼応するように、正篇の後ろの袖に著者のあとがきと奥付が、補篇の後ろの袖には目次が墨刷りされる。本文は9ポイントまたは五号だが、見開きの紙面の中央に配置され、贅沢な余白の中で活字がのびやかに躍る。詩題は紺、詩は墨という二色刷りで、自由な組版が視覚的にも楽しく、詩画集を連想させる作りである（図135・136）。

一方で、ユリイカ本としては伝統的な造本設計なのが吉岡實の『僧侶』（昭和三三年、図137）である。筑摩書房の社内ブックデザイナーであった著者の意向が強く反映された一冊だったのかもしれない。本文は五号の旧漢字組。角背上製本布クロス装で、外題貼りのある機械函入り。奇

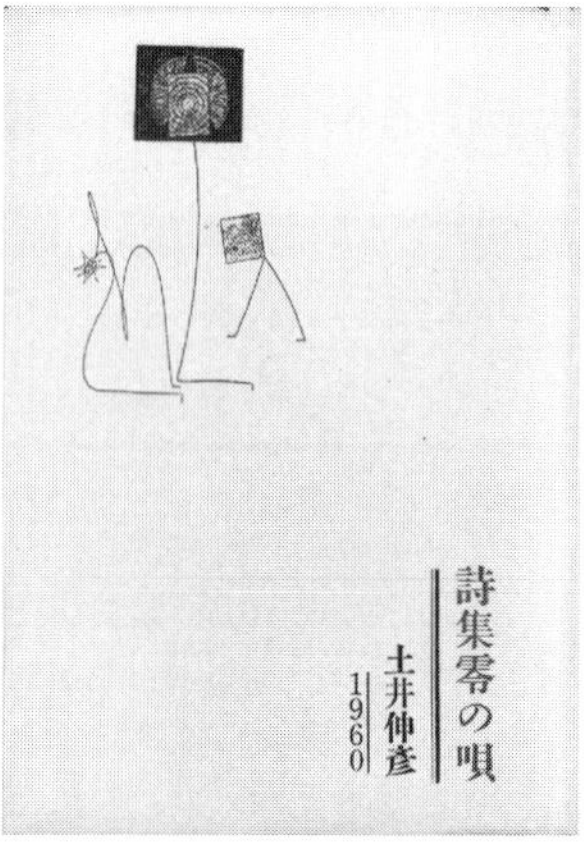

図133 『零の唄』ジャケット

を衒った部分はないにせよ、クリーム系の上質な本文用紙に黄土色の布クロス、同系色の函紙で、本扉のカットも黄土色刷り、花布に至るまで万遍なく全体を同系で染め上げた配色の、行き届いたデザインである。この本は左右一四八ミリ、天地一九一ミリという、A5判の変形判にすることで、ありふれた本に紛れてしまわない風格が備わった。

書物の判型もブックデザインの重要な要素である。書肆ユリイカの出版物には変形判が多く、「今日の詩人双書」と「海外の詩人双書」のシリーズ（一九四頁以下）も、A判全紙から二〇面を取るA判二〇取の規格外寸法で、左右はA5判と同寸ながら天地が短く桝形に近い形になっている。

こうした桝形に近い形の本は多く、花田英三『あまだれのおとは…』（昭和二九年、三四頁）、有馬敲『薄明の壁』（昭和三四年、図138）、石垣りん『私の前にある鍋とお釜と燃える火と』（昭和三四年、二三頁）、鈴木孝『nada の乳房』（昭和三五年、図139）、そして山本道子『壺の中』（昭和三四年、図140）、『みどりいろの羊たちと一人』（昭和三五年、五二頁）、『籠』（昭和三六年、五二頁）、立原えりか『木馬がのった白い船』（昭和三五年、五一頁）、渡辺藤一『いつかの砂漠の物語』（昭和三四年、五二頁）など。渡辺藤一がイラストを描いた本は枡形に近いものが多い。

変形判の中でも牧野信一『心象風景』（昭和二三年、一二〇頁）、堀内幸枝『不思議な時計』（昭和三一年、三一頁）、井口紀夫『カリプソの島』（昭和三二年、図141）などは特徴的である。一見して細長い印象を受けるこれ

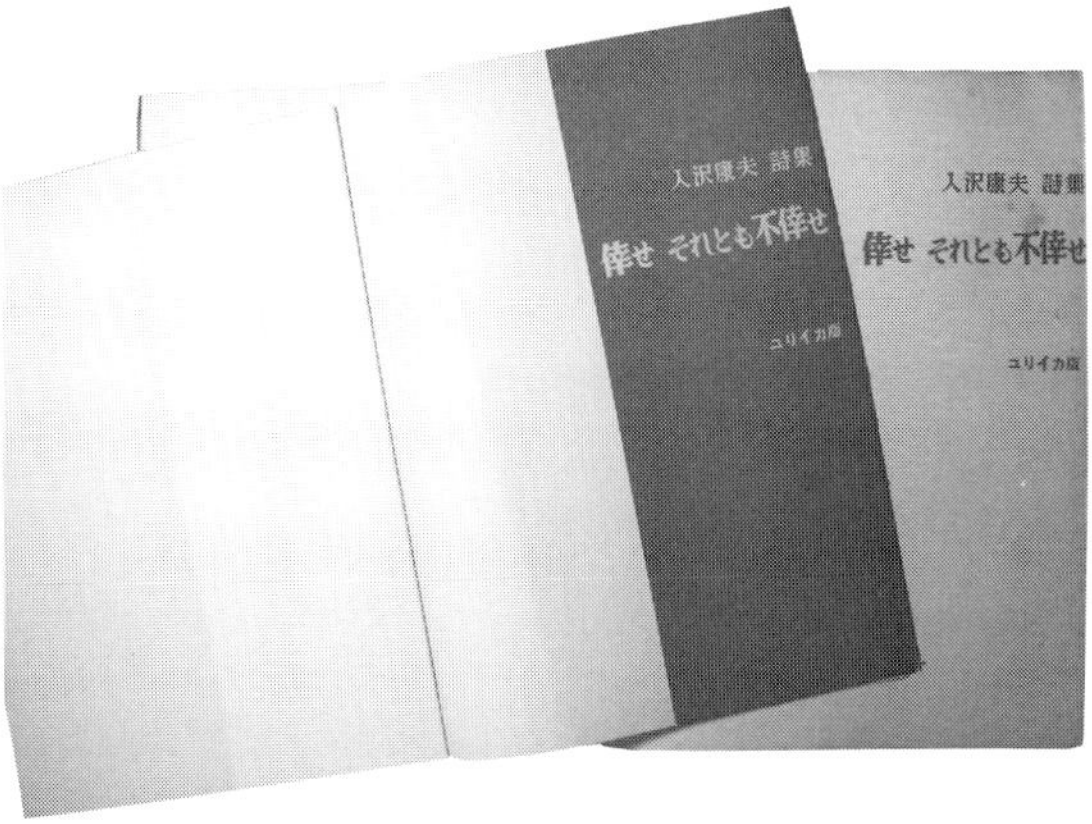

図134 『倖せそれとも不倖せ』正篇（左）と補篇の袖

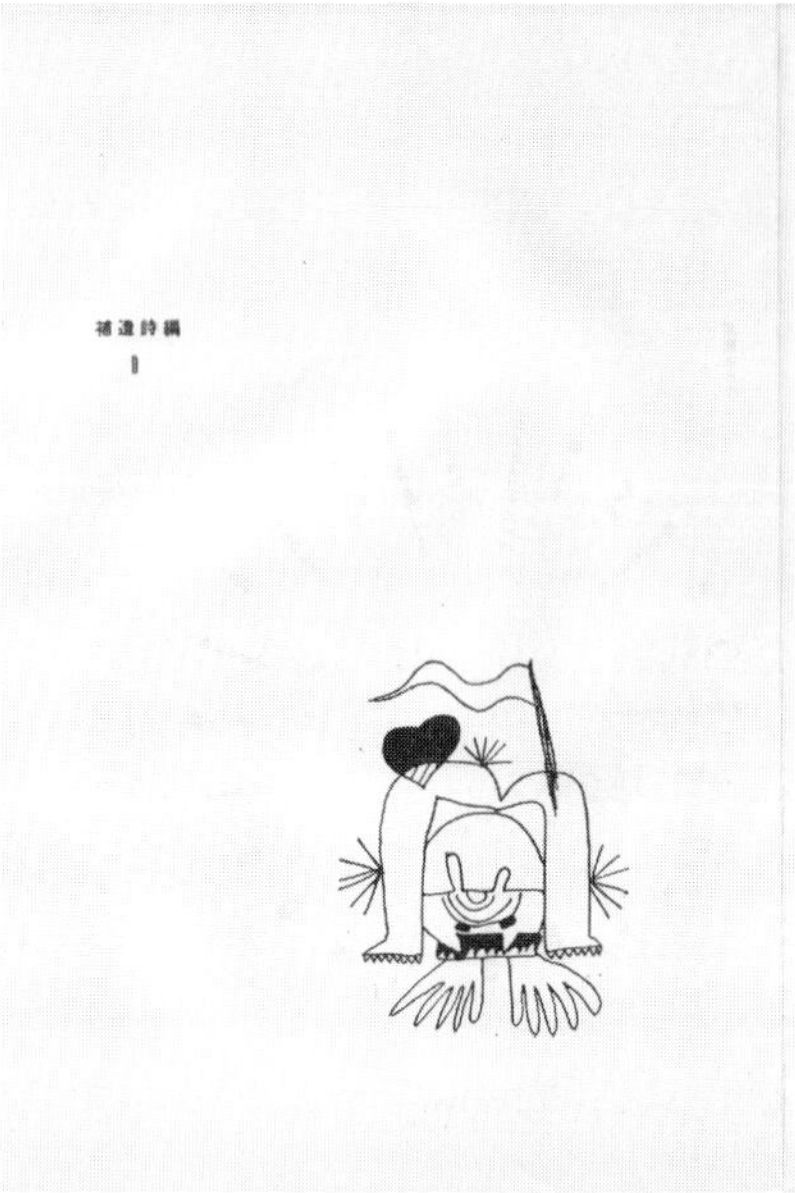

図 135 『倖せそれとも不倖せ』補篇扉

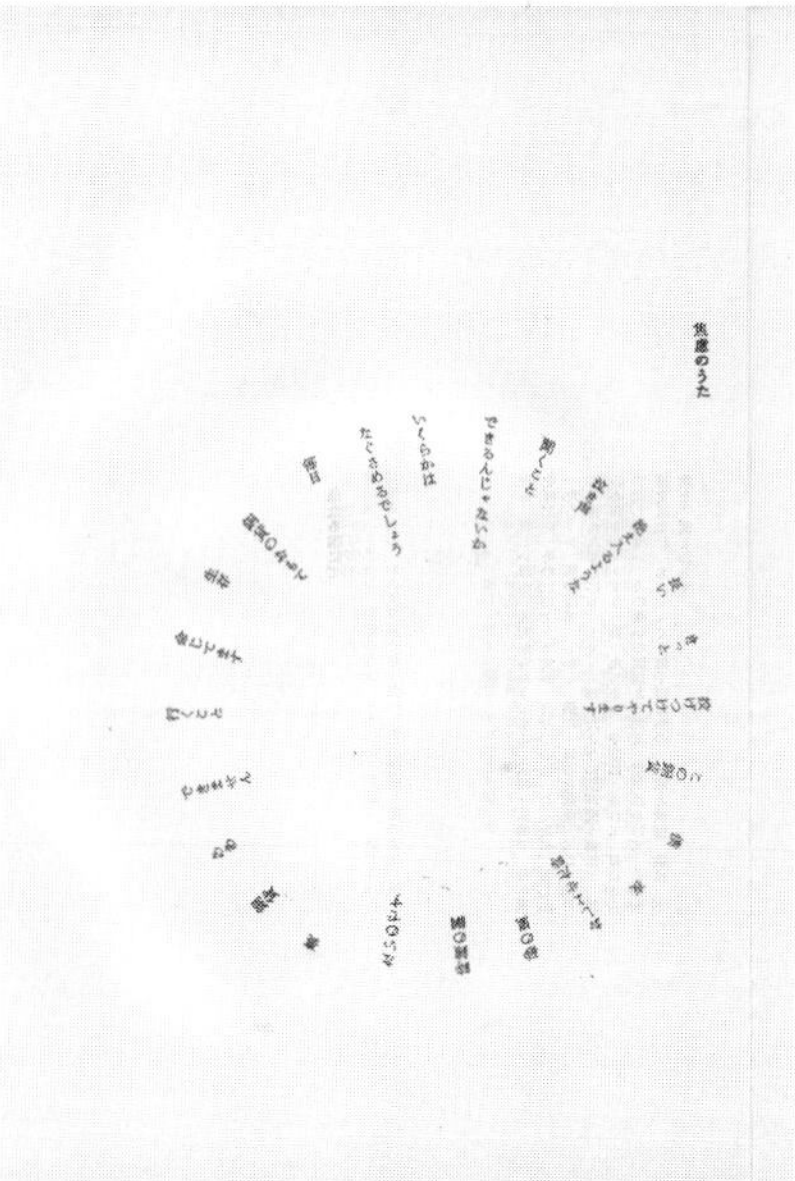

図 136　同、本文から

図 137 『僧侶』函と本（左）

図 138 『薄明の壁』ジャケット

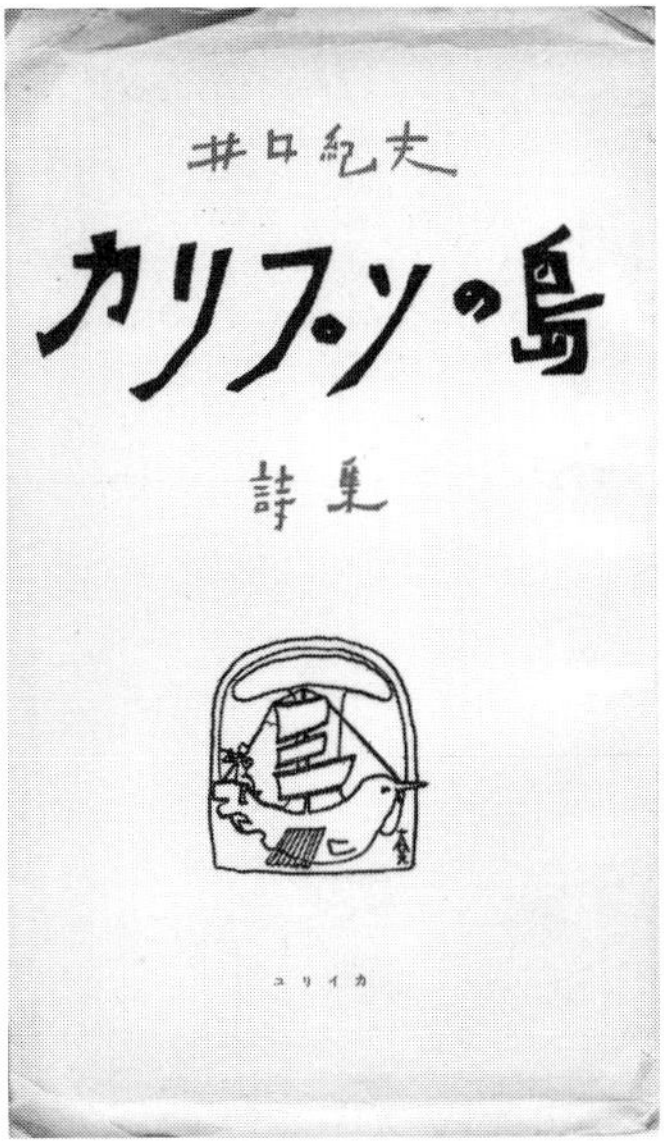

図 141 『カリプソの島』

図 139 『nada の乳房』ジャケット

図 140 『壷の中』ジャケット

らの本は、左右と天地の寸法の比率が約一対一・六一八という「黄金矩形」に近い形に作られているのだ。この比率をもつ形は古来美しいとされてきた。伊達が「黄金比」を意識的に再現しようとしたのかどうかまではわからないが、こうした形に仕上げたいとの意図はあったろう。

——神保町の路地裏、木造二階建ての昭森社ビル。一三段の急な階段を上がった二階のわずか一〇坪ほどの空間で、書肆ユリイカは昭森社、思潮社と同居しながら独自の世界を創出していた。ここで伊達得夫は、一三年の年月の間に二五〇冊もの奔放自在な造本表現を展開したのだ。

美しい書物を作ることは容易ではなく、四苦八苦する出版社がほとんどだが、書肆ユリイカの本には、そうした背景を感じさせない軽やかさがある。それはひとえに、伊達が書物の美を感覚的に体得していて、絶妙の匙加減で表現することができたからだろう。五〇年経った今でも、その作品である出版物は手にする者を魅了してやまない。

書肆ユリイカの中村稔の本

伊達得夫『詩人たち ユリイカ抄』（平凡社ライブラリー、平成一七年）は、原口統三『二十歳のエチュード』出版のエピソードが描かれた一文「「余は発見せり」」で始まる。

昭和二一年一〇月に入水自殺した一高生・原口統三の遺稿があるという新聞記事を読んだ伊達得夫が、当時編集者であった前田出版社から出版させてもらいたいと、一高の寮を訪ねるシーンである。

伊達が寮に行ったのは一一月初旬のことで、何の伝手もなく、いきなり寮を訪れた。遺稿は原口の友人である橋本一明が保管していたが、その橋本は不在であった。ちょうどその時、原口が生活していた南寮二番の寝室で、中村稔は原口の下級生何人かと雑談していた。そこで、最上級生だった中村が橋本の代わりに応対に出たという。その姿を伊達はこう描写する。

「廊下の奥からペタペタとスリッパをひきずって痩躯長身の青年が現れた。（略）椅子がなかったから、ベッドに腰をおろし、ぼくは手巻きのタバコをくわえた。かれも同じベッドに腰をおろしたが、その服装の汚なさにも似ず、挙動は端正だった。」

中村と伊達との出会いは、このように偶然であった。

『二十歳のエチュード』の出版は実現したが、伊達の文によれば印税の支払いがスムーズでなく、そのことでかえって橋本や中村ら学生たちと親しく交流するようになったという。

昭和二三年二月、『二十歳のエチュード』改版で書肆ユリイカをスタートさせた伊達は、昭和二五年五月、福田正次郎（那珂太郎）の第一詩集『ETUDES』（一八頁）を出版していた。この本に惹かれて伊達に詩集の出版を依頼した詩人が二人いる。一人が中村真一郎で、その処女詩集『中村真一郎詩集』は九月一日の発行日で出版された（一六二頁）。

詩集出版を依頼したもう一人が中村稔で、中村は『ETUDES』の、書き文字を巧みに配したブックデザインに魅力を感じたようだ。

中村の処女詩集『無言歌』は、昭和一九年八月作の「海女」をはじめとする「初期詩篇」一一篇と、昭和二四年作の「海」など「無言歌」九篇との二部構成になっている。

B５判で本文紙は本扉と奥付も含めて五二頁、これに渋い紺色の表紙をかぶせ、栞ひも様の平紐で中綴じにした薄冊である。これをボール紙製の帙《ちつ》に納めた。帙には紡錘竿を持つ古代ギリシャの女性像が描かれた朱刷りのラベルを貼り、その帙も平紐で結んで綴じるおしゃれな形だった。この帙の絵は、ピエール・ルイス『ビリチスの歌』の詩「紡錘竿」

『無言歌』覆い帙と本（左）

のカットから採られている。

中村の『私の昭和史・戦後篇』（青土社、平成二〇年）には、この作りになった経緯について、「伊達はこの頁数ではツカがとれないと言った」とある。造本デザインはすべて伊達のアイディアで、「このツカがとれないために伊達が工夫した造本、装幀により、『無言歌』はずいぶん瀟洒な感じの本になった。この造本、装幀は大いに私の意にかなうものであった」と中村は記している。

『ETUDES』と『中村真一郎詩集』には、口絵として著者の肖像写真が挿入されている。伊達は『無言歌』にも同様に写真を入れるよう勧めたが、中村はこれについては拒否した。本書は同年九月三〇日の発行日で三〇〇部作られた。

書肆ユリイカから発行された中村の二番目の本は詩画集『樹』（昭和二九年一一月）で、中村の詩一〇篇と岸田衿子の素描一〇点を収めたもの。二つ折りにした未綴じの紙葉に詩を印刷し、その間にそれぞれ素描の紙葉を挟み、畳紙《たとう》で覆ってから函に入れた豪華本で、限定五〇部、価格は一〇〇〇円であった。当時の物価を米の政府買入価格を参考に計算すると、最新の平成一九年度データで昭和二九年の約三・九倍になることから、本書の定価は現在の四〇〇〇円程度の感覚であろうか。

この本の販売について、中村は『私の昭和史・戦後篇』で次のように記している。

「この詩画集は（略）自費出版ではなかった。この本は伊達得夫のちょっとあざとい手品のような工夫で刊行された。たぶん二十部かそこらを渋谷の中村書店に売って伊達は製作原価をとった。たしか私と衿子さんは五部ずつ貰った。残りの二十部かそこらを売って伊達は儲けにした。中村書店は年月をかけ、二千円、三千円といった値をつけて売ったのであろう。古書店の目録でも見かけたことがないのは、僅か五十部しか作らなかったためであり、そのような売り方をしたためにちがいない。誰もが出費することなく、たぶん中村書店をふくめて、誰もが儲けた詩画集だが、うけとった部数が五部かそこらだったから、私は誰にもお贈りしなかったし、いかなる反響も期待していなかった。」

こうした販売方法の実態が語られることは大変珍しい。

中村書店は昭和二四年に創業し、現在も渋谷の宮益坂を上がった所で営業する、詩書専門店として知られた古書店である。黒田三郎が青山学院大学での講義の際、学生たちに向かって、「僕なんかの講義を聞くより、中村書店に行っているほうが勉強になる」と言ったほどの名店で、北園克衛、安東次男、西脇順三郎、福永武彦などの詩人だけでなく、伊達得夫も足繁く訪れた店だった。店主中村三千夫が昭和四三年八月に亡くなり、以後、良子夫人とご子息が店を守っている。夫人も、大判の立派な本である『樹』のことをよく覚えていた。中村書店は古書店ではあるが、『ユリイカ』などの詩誌は新刊を定期的に置いて販売していたという。

『樹』は少部数出版ではあったが、それでも堂々たる造作と内容であ

（右）と署名（左）
（国立国会図書館所蔵）

ることから注目度は高く、古書店の目録に時々掲載されることがある。国立国会図書館にも所蔵されており、九〇頁に記したように図書館製本されてしまっているものの、今（平成二一年八月現在）のところは手にとって触れることができる。そのせいか、部数のわりにそれほど稀少という印象が筆者にはない。

ところが、昭和三二年四月発行の『夜と海の歌』のほうは、同じ「限定五〇部」であるにもかかわらず、ほとんどまったくといっていいほどお目にかかれない。公共図書館や大学図書館の検索システムで所蔵情報が出てこないのはもちろん、古書目録でもあまり見かけない。詩書についての本の中でも言及されることがないため、そもそもどういう内容と造本のものであるのかさえ、さっぱりわからないのだ。筆者の印象では、こちらのほうが「幻の本」という感があった。

それが先頃、石神井書林の古書目録に掲載されているのを発見し、思い切って注文した。届いた本は、まさに意表を衝く姿をしていた。帙入りの和本だったからである。

判型は四六判で本文は活版刷りだが、青い型染和紙の表紙の左肩に黄土色の題簽《だいせん》（タイトル紙）を貼付し、茶色い糸で綴じてある。水色の布の角布《かどぎれ》が奥ゆかしい。帙は紺絣の布装で、通常の帙は甲馳《こはぜ》という骨製の爪で閉じるところを、組紐で結ぶようになっているのは、『無言歌』などの覆い帙と同様の書肆ユリイカ方式である。

内容は、『無言歌』に収録の「初期詩篇」と「無言歌」からの一〇篇

『夜と海の歌』
覆い帙と本（左）

に「凧」「樹」を加えたもので、奥付には「私家版非売品　書肆ユリイカ納」とある再収録詩集であった。本書の発行にあたり、初収本で旧漢字だった表記を新字体とし、脱字を訂正してある。

本書は、著者の要望によって伊達が製作したものであった。「『無言歌』も『樹』も完売しており、『樹』の出版後に知り合った人たちに贈りたいと製作を頼みました」と中村さんは語る。もともと著者が無償で配る用途の本であったため「私家版非売品」と記されているが、製作は他の書肆ユリイカ本と同様、伊達が手がけたものであり、『詩人たち　ユリイカ抄』巻末の「刊行図書目録」にも本書はちゃんと収録されている。できあがった本を、中村は安東次男などに贈呈したという。五〇という限定数は配布の必要数から決まったもので、これも『樹』と同様、製作したうちの一〇〜一五部程度は伊達が中村書店に持ち込んで買い取ってもらったそうだ。中村書店の中村良子夫人も、「大変凝ったつくりで、類を見ないきれいな本だったことを覚えています。『樹』も『夜と海の歌』も、いったん手に入れた方は手放さないので、古書目録にもめったに出ないのです」と話す。

昨今はインターネットによる古書売買が盛んになったことで、『夜と海の歌』も時々ネット上に古書として出るようだが、この小さな本に二〇万円以上の古書価がつく。稀少性だけでなく、美術品としての価値の割合が高いように思われる。

『樹』発刊以前の話になるが、昭和二五年三月に東京大学法学部を卒業した中村は、司法修習生の課程を履修、その傍ら、大岡昇平の依頼により創元社版『中原中也全集』の編集作業に携わっていた。遺稿の解読に力を注ぎ、翌二六年に全三巻の全集は刊行に至る。書肆ユリイカでも昭和二五年一一月、安原喜弘『中原中也の手紙』を刊行したが、当時、中原に関する本は中原生前の友人らによって執筆されたものばかりであった。

それが、昭和三四年四月、書肆ユリイカは中村の編によって、中村のほか、大岡信、花木正和、黒田三郎、篠田一士、安東次男の中原論を収めた『中原中也研究』を刊行する。これらの執筆者はいずれも中原と面識のなかった戦後世代の人々であり、本書は戦後の本格的な中原研究書として高い評価を得ることになった。

本書の造本は四六判角背上製函入本である。本の表紙は簀の目入りで風合いのある茶色の用紙で作られ、そこに中也の「寒い夜の自我像」の、函のひらにはやはり中也の「砂漠の喝き《ママ》」の、それぞれ自筆原稿を墨刷りしてある。函のひらにあるタイトルや版元名などの文字は函の天と小口側に極端に寄せた位置で印刷されており、これは伊達特有の配置だ。中也の原稿という内容に相応しいモチーフを用いることで、研究書でありながら詩読者も喜ぶようなデザインに仕上げている。

書肆ユリイカから刊行された中村の著作としては、ほかに『宮沢賢治』（昭和三〇年）がある。これは「現代詩論シリーズ」の第二冊目であり、「ユリイカ新書」とも銘打たれた新書サイズの一冊である（本書は翌昭和三一

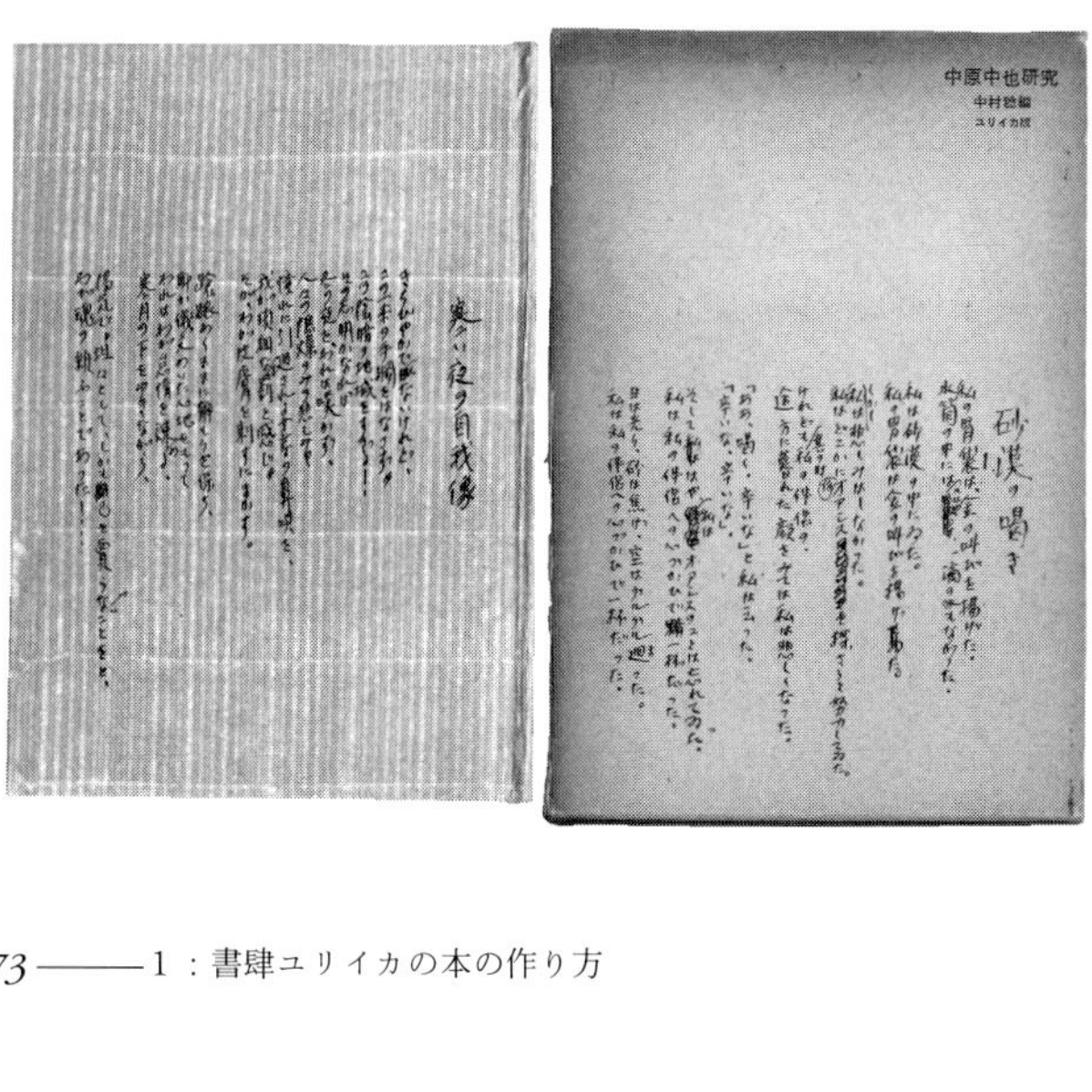

『中原中也研究』
函と本（左）

年に「双書種まく人」シリーズの四冊目として、四六判で再刊されている）。このシリーズはジャケットに著名画家の作品をあしらっていて、本書に使われているのはクレーの「幽谷の道化」である（一八三頁）。

これらの本の作りについて、中村さんは伊達に注文を出したことはないという。造本については百パーセント伊達得夫のアイディアであり、中村稔という一人の詩人の著作だけでも、フランスの豪華版詩集風・限定版挿画本風・和本風・研究書スタイル・コンパクトな新書判というふうに、バリエーション豊かな表現が満ち溢れている。

このように伊達は若い詩人たちの本を次々と作り出し、詩人たちはその本に対してことさらに不満を述べることもしなかったようだ。

『私の昭和史・戦後篇』の中に興味深い記述がある。

「『無言歌』の出版は、都留（晃）のいう印刷費を別とすれば、自費出版ではなかった。百部か百五十部を私がひきうけて売り、その代金を伊達に払う、という約束であった。（略）大岡信、飯島耕一らも売りつけられた被害者であった。そのおかげで、私の作品はこれらの私より若干年少の詩人たちに知られることとなった。

私がひきうけた部数は売り切ったのだが、その代金が伊達の手許に届いたかどうかはきわめて覚束ない。伊達との間で金銭上の清算はしなかった。勘定あって銭足らず、といった状態だったのではないか。それを伊達は黙って、愚痴もこぼさず、泣言もいわなかったのではないか。そう思うと、ことさらに伊達が懐しく、いとおしい。」

伊達は金銭に対しておおらかであった。

「伊達は、書肆ユリイカを大出版社にしたいというような野望は持っていなかったでしょう」と中村さんは語る。ともに書肆ユリイカから詩集を出し、後に思潮社と青土社を興すことになる小田久郎も清水康雄も、伊達に比べて経理面ではずっと几帳面であった。

「伊達の所へ行くと、その時できあがって積んで置いてある本の山から一冊取って、くれたりしました。ことによると伊達は、帳簿さえつけていなかったかもしれません。」

こういう人物だったからこそ、若い詩人たちもおのずと伊達を慕うようになったのだろう。

＊敬称を略させていただきました。

田中清光と伊達得夫

　昭和六年に松本市で生まれた田中清光さんは、小学校四年生の時に上京、五年ほど過ごした後、東京大空襲で家を失い、以来、信州上田の地で一家を支える生活を送る。八十二銀行に勤めて二一歳になった年、習作詩を印刷した『愛と生命のために』（私家版）を知人たちに配り、未見の串田孫一に贈ったのが縁で同人詩誌『アルビレオ』に誘われた。その後、独学でまとめた立原道造論が伊達得夫によって世に出たのは、串田が橋渡しをしたのである。

　田中さんの『立原道造』が、アルビレオ叢書の一冊として書肆ユリイカから刊行されたのは、昭和二九年一一月のことだった。本に挟み込まれたクリーム色の小さな栞には、「詩と手紙と赤い葉」と題する串田の一文が寄せられた。「信州にいる田中清光さんが、僕にその詩集『愛と生命のために』を贈つてくれたのはもう二つ向ふの秋のことだ。それから幾つもの親しい手紙と、その中に入つてゐた赤い木の葉。僕は今度の『立原道造』を紹介するのはうれしいが、田中さんを大勢の人に引き合はせることをためらふ。そんな親しさを僕は抱いてゐる。」

　覆い帙のひらに貼り付けられた大きな標題紙には、緑の刷り色で、立原が描く小住宅「ヒアシンスハウス」の設計図が印刷された（八八頁）。フランス装風の表紙にあるカットも立原が描いた「ステッキを持つ詩人」で、伊達はこうしたゆかりのあるぴったりの素材を見つけてくる名人でもあった。昭和三一年一〇月に刊行された『立原道造の生涯と作品』は『立原道造』の増補版で、その表紙にもこのステッキを持つ詩人のカットが添えられた（一六五頁）。ところで、一一月二二日に新宿のホテル・メイフラワーで開かれた出版記念会で、伊達は芳名帳に田中さんの似顔絵を描いている。その軽妙なタッチが、立原の描くカットと「なんとなく似ていないだろうか」。

　伊達からは、書肆ユリイカが発行元となっている同人詩誌『今日』へ

『立原道造』出版記念会の芳名帳から
（田中清光氏所蔵）

の参加も勧められ、昭和三一年の暮れに神保町の「弓月」で行われた同人会に出席した田中さんは、翌年三月発行の第七号から加わることになった。

昭和三四年のはじめになって、田中さんは伊達から思わぬ提案をされる。

「ぼくは登山というのははじめてだけれど、今年の夏あたり東京から二、三日でゆける山へ連れていってもらえないかな、それもなるべく楽で面白そうな山へね。」（「戸隠山の想い出 伊達得夫のこと」、田中清光『信濃の四季』スキージャーナル、昭和五二年）

登山初体験の伊達を上田駅で出迎えたのが七月二五日のこと。ギンズバーグの紹介者としても知られる詩人・諏訪優を伴っていた。諏訪はその年の一一月に書肆ユリイカから『YORUを待つ』という詩集を出版することになる人である。三名の行き先は戸隠山。初心者向きと考えて田中さんが選んだ山だった。「山本太郎氏に、戸隠ってどんな山って訊ねたら、下駄穿きで登れる山さ、っていっていたよ」と言う伊達を、田中さんは笑顔で見守る。しかし出発直後の伊達の威勢の良さは登山路に入ってからは萎え、数々の急坂と胸突岩をようやく登り切った後、蟻の塔渡りに差しかかる。両側が削げおちた痩尾根を渡ろうとしたまさにその時、谷の霧がみるみるうちにはれて深い谷底までが鮮明に見渡せた。

「二人の男がそこに立ちどまって、一週間まえにここで人が転落し、木に引っかかって死んでいたことをわざと大声で喋っているのを耳には

『今日』第7号、表紙

『YORUを待つ』ジャケット

さんだから大変である。「ここをどうしても渡らなければいけないの？」当分の間そこに坐りこんで考えていた彼は、やがて意を決したように四つん這いになるとナイフ・エッジをそろそろと這って渡りはじめた。長身の彼が、ザックを背に四つん這いで渡る姿には悲愴感と、ふしぎな人間味が漂っていた。」（前掲書）

　山頂で写真を撮り、戸隠牧場への下り道の途中で小休止のおり、ウイスキーの瓶を開ける伊達（八二頁）。当時、酒造メーカーが公募していた宣伝写真に応募するのだと言って、田中さんは伊達の帽子を頭に、ポー

戸隠山麓にて、伊達得夫（左）と諏訪優
（田中清光氏撮影）

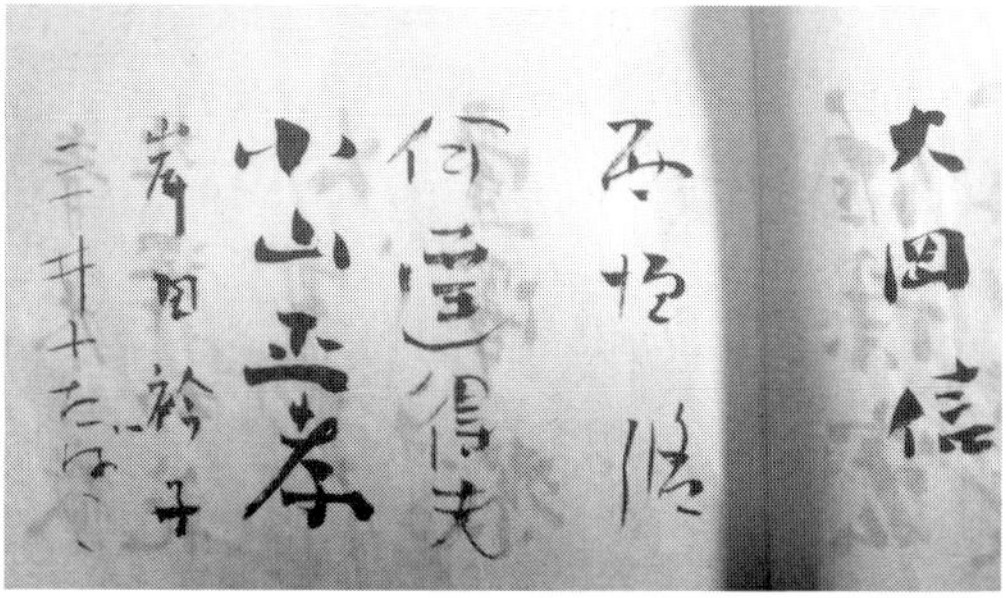

『黒の詩集』出版記念会の芳名帳から
（田中清光氏所蔵）

ズを取らされた（八二頁）。この手編みの帽子は、伊達が「ファンの女性からもらったもの」だという。牧場へと下っていき、白樺の木陰で三人は弁当を食べる。伊達得夫は草の上にゆったりと寝そべり、諏訪はパイプをうまそうにくゆらせた（七九頁）。

その日、伊達と諏訪は菱野温泉で一泊してから帰京、その後まもなく伊達から田中さんのもとに次のような葉書が届いた、「温泉で泊った夜、あの岩場からまっさかさまに転落した夢をみました」。

年の暮れに、田中さんの第一詩集『黒の詩集』が書肆ユリイカから出版される。ピンク色の背クロスと黒いミューズコットンの継ぎ表紙装（三〇頁）で、タイトルラベルの四隅にアステリスクが雪の結晶のように配された。出版記念会の芳名帳には、小山正孝や岸田衿子らと同じ葉に伊達の名前が並んでいる（七九頁）。

田中さんが好むクレーの作品をジャケットに使った『収穫祭』は、翌年三月刊。「農民たち」の連作詩を収録したことで、表紙は濃い緑のクロスになった。

三〇年の時を信州で過ごし、山歩きを重ね自然と親しんできた田中さんに、伊達は「また山へ連れて行って」と頼んだようだが、それは実現されずに終わった。昭和三六年一月、伊達は病に斃れて帰らぬ人となったからである。

＊敬称を略させていただきました。

『収穫祭』ジャケット

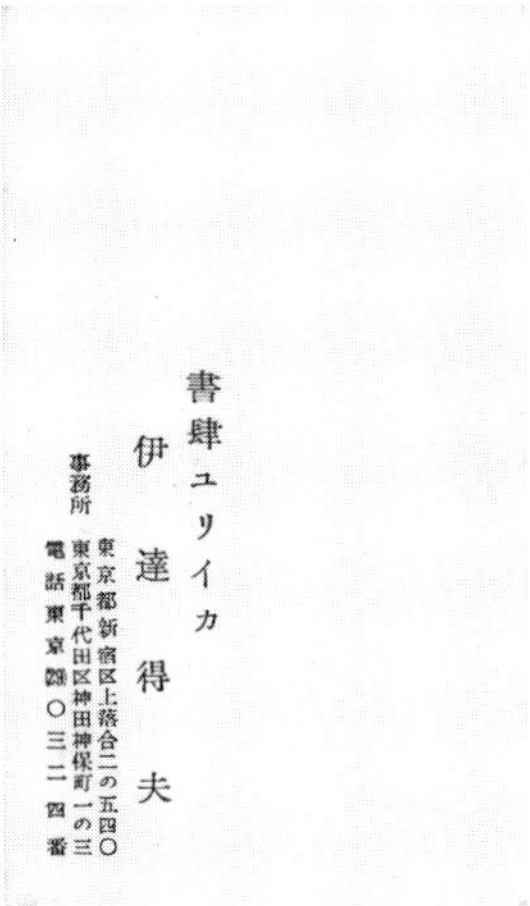

① 伊達得夫の名刺

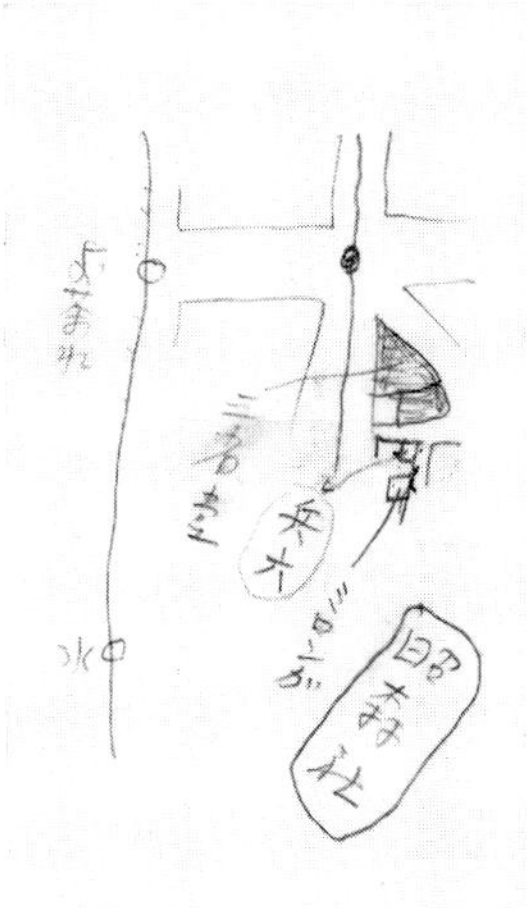

② 名刺の裏面には、書肆ユリイカの所在地としての昭森社を示す地図が、伊達の筆跡で鉛筆書きされている。当時書肆ユリイカは、同社に間借りしていた。(田中清光氏所蔵)

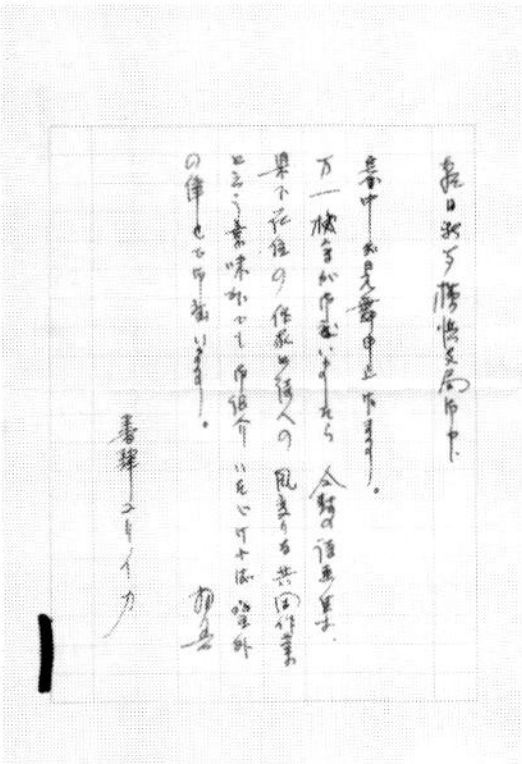

③ 書評紹介の依頼状
山口洋子詩・石原慎太郎画『にぎやかな森』(昭和33年6月)に添えられた、書肆ユリイカから朝日新聞社宛の書評紹介依頼状。山口が小田原市生まれのため、横浜支局へ送ったようだ。

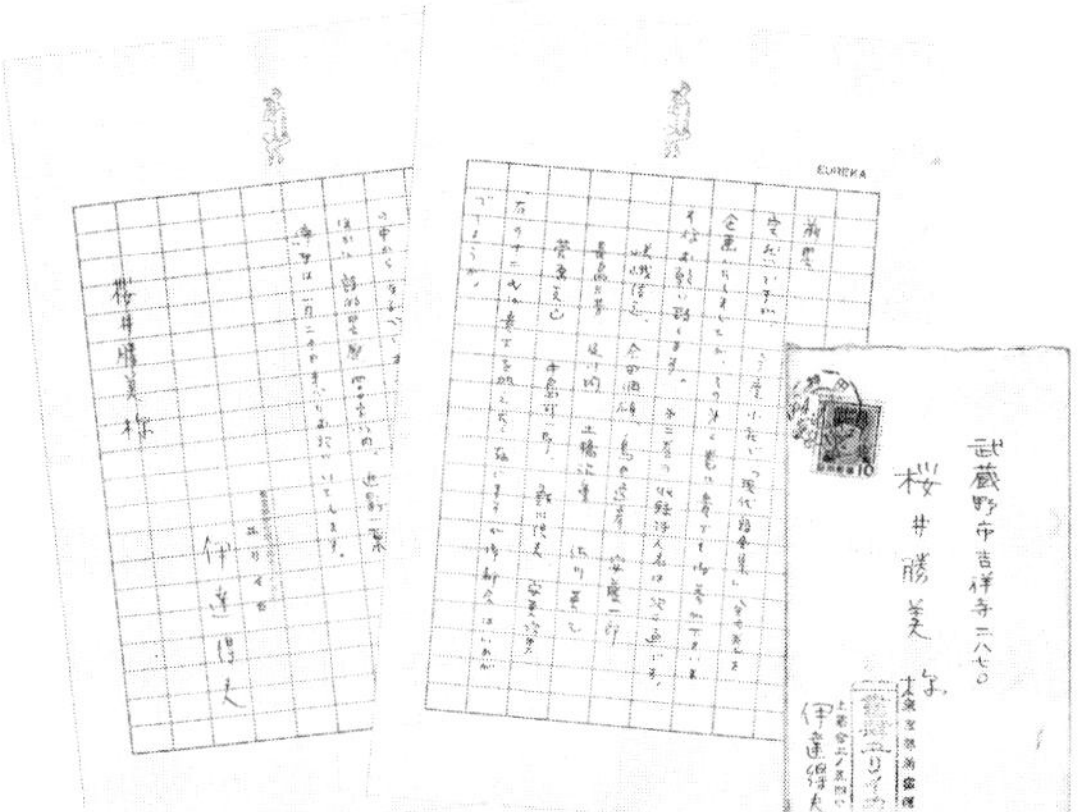

④ 原稿依頼の書簡
『現代詩全集』第2巻(昭和34年6月)に作品を収録させてもらいたいむね、伊達が詩人の桜井勝美にあてて書き送ったもの。用紙は書肆ユリイカの原稿用紙で、昭和34年1月8日の消印がある。

伊達得夫メモリアル

⑥

⑤

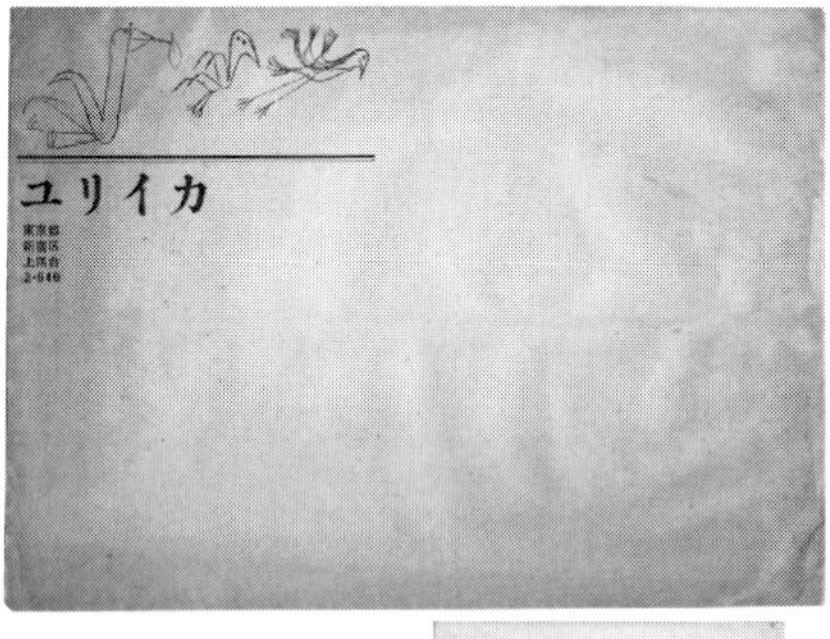

⑦

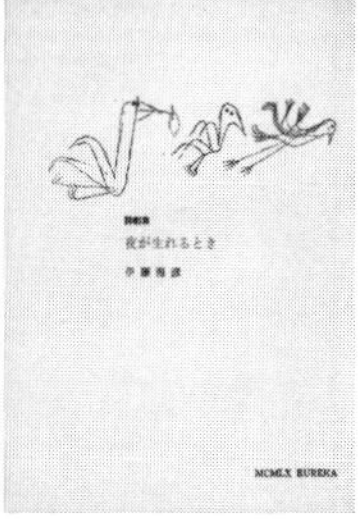

⑧

⑤　戸隠山にて、伊達得夫
昭和34年7月26日、田中清光氏撮影。
（田中清光氏所蔵、79頁参照）

⑥　戸隠山にて、田中清光
昭和34年7月26日、伊達得夫撮影。
（田中清光氏所蔵、79頁参照）

⑦　書肆ユリイカ封筒
『ユリイカ』など、A5判雑誌を送るのにちょうどよい大きさのもの。同じカットが、伊藤海彦の詩劇集『夜が生れるとき』にも使われている。

⑧　『夜が生れるとき』（昭和34年12月）ジャケット

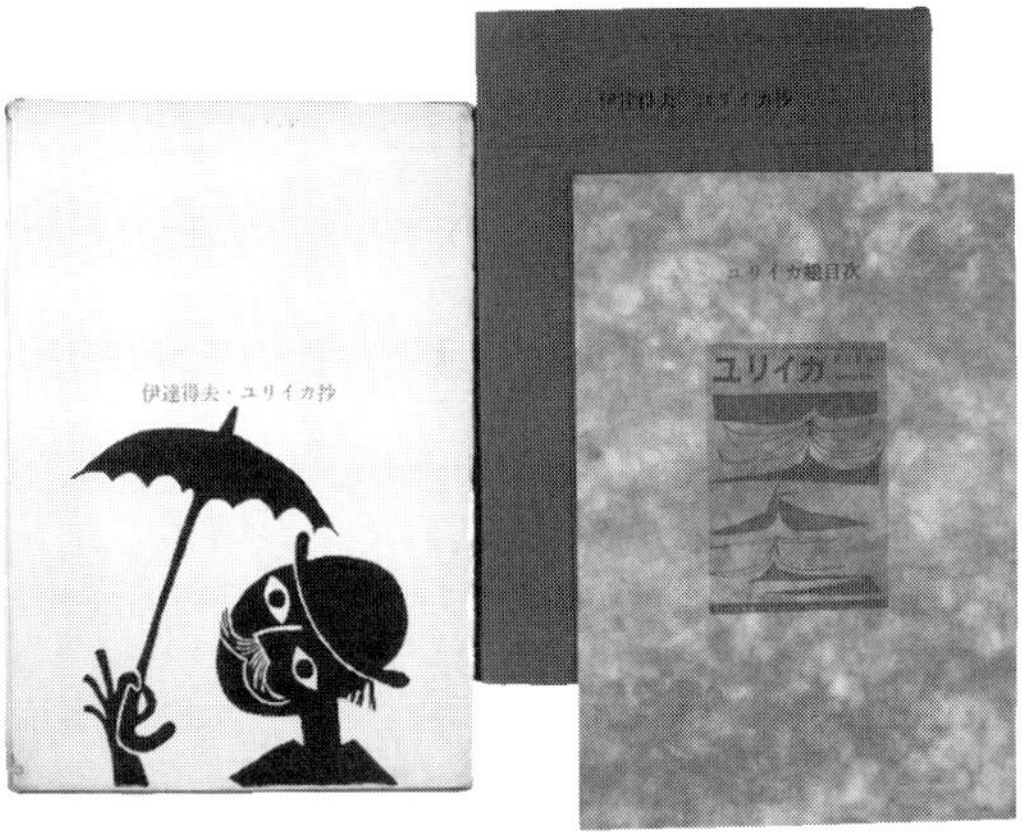

⑨　伊達得夫『ユリイカ抄』
昭和37年1月16日、伊達得夫遺稿集刊行会、限定200部発行、別冊「ユリイカ総目次」つき。伊達が生前書いて整理してあったものに基づいて制作され、一周忌のおりに配布された。発起人代表・中村稔の「後書」がある。造本デザインは、伊達の切紙絵を使用して吉岡実が行ったもの。詩人たちと交流する編集者としての姿を物語風に綴った内容が、「遺稿集」にとどまらない評価と要望を得て、昭和46年7月に日本エディタースクール出版部から再刊された。同社版が第6刷まで増刷を重ねて絶版ののち、平成17年11月に平凡社ライブラリーの1冊として再び刊行されている。

⑩　伊達得夫作の手ぬぐい（部分）
昭和35年夏、伊達が快気祝いに配ろうと考えて入院中に制作したもの。結局は翌3月5日、四十九日法要の際に配られた。（田中清光氏所蔵）

＊ 注記のないものは筆者所蔵。

2

書肆ユリイカの本を図書館で閲覧する

国立国会図書館

インターネットが使える方は、国立国会図書館の蔵書検索「NDL-OPAC」(http://opac.ndl.go.jp/index.html)で「一般資料の検索(拡張)/申込み」へ進み、和図書・和雑誌新聞の項目をチェックしてから、出版者の欄に「ユリイカ」と入力して検索してみよう(「書肆ユリイカ」で検索すると、ヒット数が少なくなるので注意が必要である)。出版年の逆順(古い順)に二〇〇件ずつ表示するように設定すると、和図書一九九点と和雑誌四点が発行年順にずらりと出てくる(平成二一年八月現在)。本によっては複数冊所蔵しているものもあり、さすがの所蔵量である。また、奥付の版元名に「ユリイカ」の名称がない場合はこの検索で出てこないが、『佐々木好母詩集』(昭和三一年、発行者は伊達得夫)、『稲垣足穂全集』第六巻・第一六巻(昭和三三年、発行所は稲垣足穂全集刊行会)、『ぶるる』(昭和三三年、発行所は亜紀社)は所蔵されている。なお『ちいさいものたち』(昭和三五年、二三九頁以下参照)はアポロン社版のみ所蔵、書肆ユリイカ版ではない。

雑誌については「ユリイカ」で検索する限りでは四タイトル(計六一冊)しか出てこないが、実は伊達得夫の関わった雑誌で『灰皿』(昭和三二~三四年、六号揃)と『鰐』(昭和三四~三七年、一〇号揃)、『世代』(昭和二一~二七年、存一三冊)も所蔵している。『未定』(昭和二九年~)は、書肆ユリイカの名称の記載がない二冊を所蔵している。また『現在』は、国会図書館にあるのは伊達が関わったのとは別の雑誌である。書肆ユリイカが一時期だけ発行元となっていた雑誌の場合、書誌情報に全部の発行元の名が入力されず、したがって「ユリイカ」の検索ではヒットしないことになるようだ。

岸田衿子『忘れた秋』（昭和三〇年）のようにデータにあっても行方不明の本や、または修復中の場合は原本を見ることはできない。だが、稲垣足穂の『キタ・マキニカリス』（昭和二三年）など、マイクロフィルムでの閲覧が原則の本でも、図書課別室でそれなりの理由を明記して請求すれば、取扱いに充分な注意が必要ではあるものの原本を見られるし、それ以外のものなら普通に閲覧でき、また劣化していない図書は著作権で許された範囲内で複写ができる。

伊原通夫の装画ジャケットがない『わが母音』（飯島耕一、昭和三〇年）や、函が廃棄されてしまった『氷つた焔』（清岡卓行、昭和三四年）や『僧侶』（吉岡実、昭和三三年）、図書館製本の味気ないクロス表紙が取りつけられた『エロチシズム』（デスノス、昭和三三年）や『ひとつの魔法』（村松英子、昭和三五年）などは、古書店主が目にしたら大いに嘆くところだが、これは図書館本の常として諦めるしかない。もっとも、岸田衿子『らいおん物語』（昭和三二年）のように覆い帙が健在なものも時にはある。矢代静一・鈴木信太郎『絵姿女房』（昭和三一年）は例外的に、外装の覆い帙も本体も極美という大変稀なケースである。田中清光『立原道造』（昭和二九年）の覆い帙も貴重だ。

特筆すべきは、安東次男詩・駒井哲郎画の豪華限定本『からんどりえ』（昭和三五年）を所蔵していることだろう。限

矢代静一・鈴木信太郎『絵姿女房』
覆い帙
（以下、96頁まで、国立国会図書館所蔵）

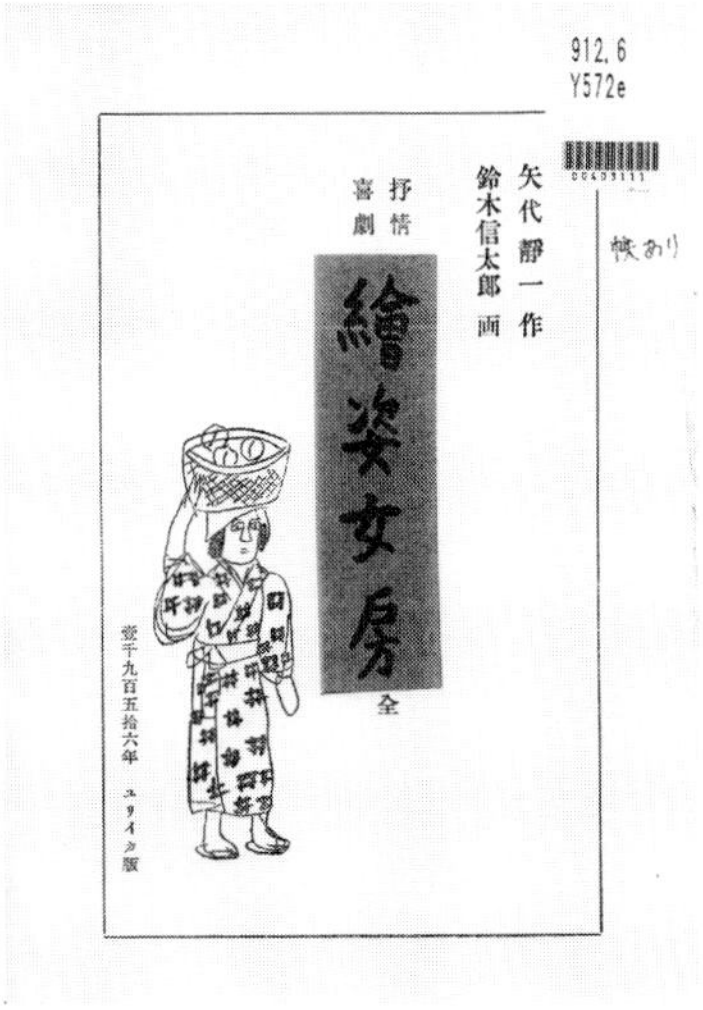

同、表紙

安東次男・駒井哲郎『からんどりえ』

同、製本の状態（部分）

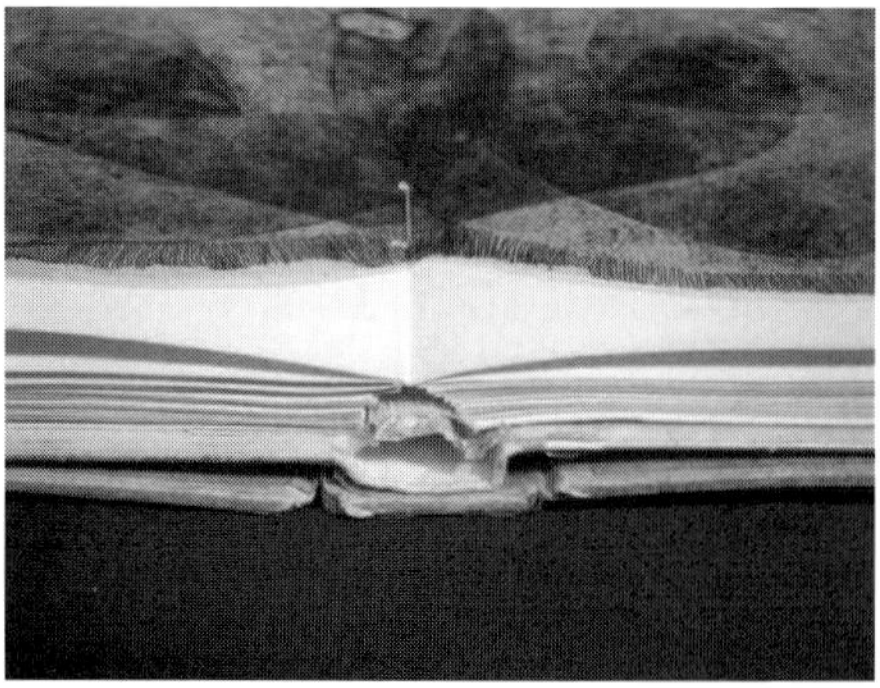
同、本を開いたところ（部分）

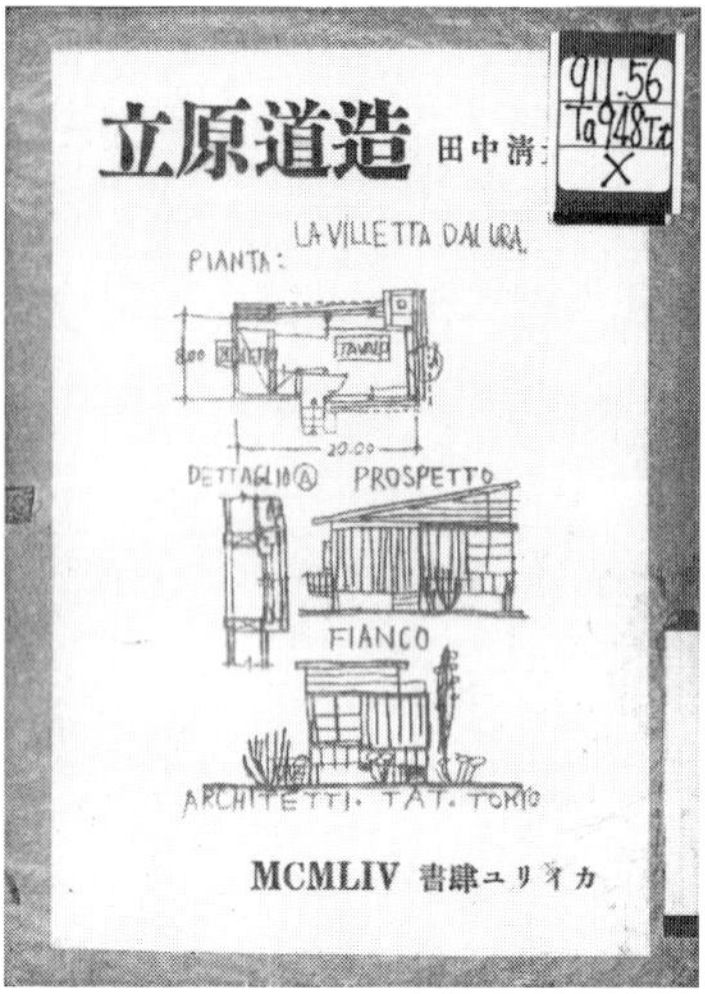

田中清光『立原道造』覆い帙

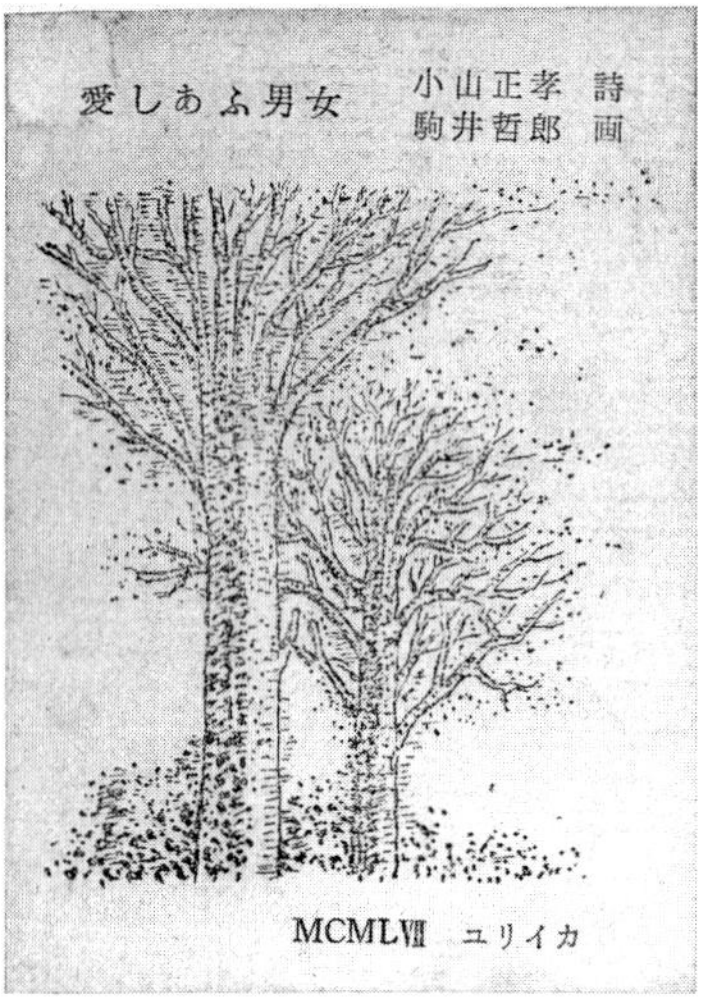

小山正孝・駒井哲郎『愛しあふ男女』
覆い帙の貼込みラベル

定番号は第三四番で、奥付には安東と駒井のサインが並んでいる。本文は駒井の銅版画と活版刷りの安東の詩が風合いのある特漉和紙に摺られ、その全一七葉が二つ折りにした未綴じの状態で、これも版画製の覆いの間に納められている、というのが本来の姿であった。
　それがここでは版画製の覆いの内側に製本テープ様の物体を支持体として取り付け、そこに糸かがりの手法で本文紙をすべて綴じつけて製本してしまい、おそろしいことに駒井の銅版画ののど中央に白い綴じ糸が突き刺さっている。ぶ

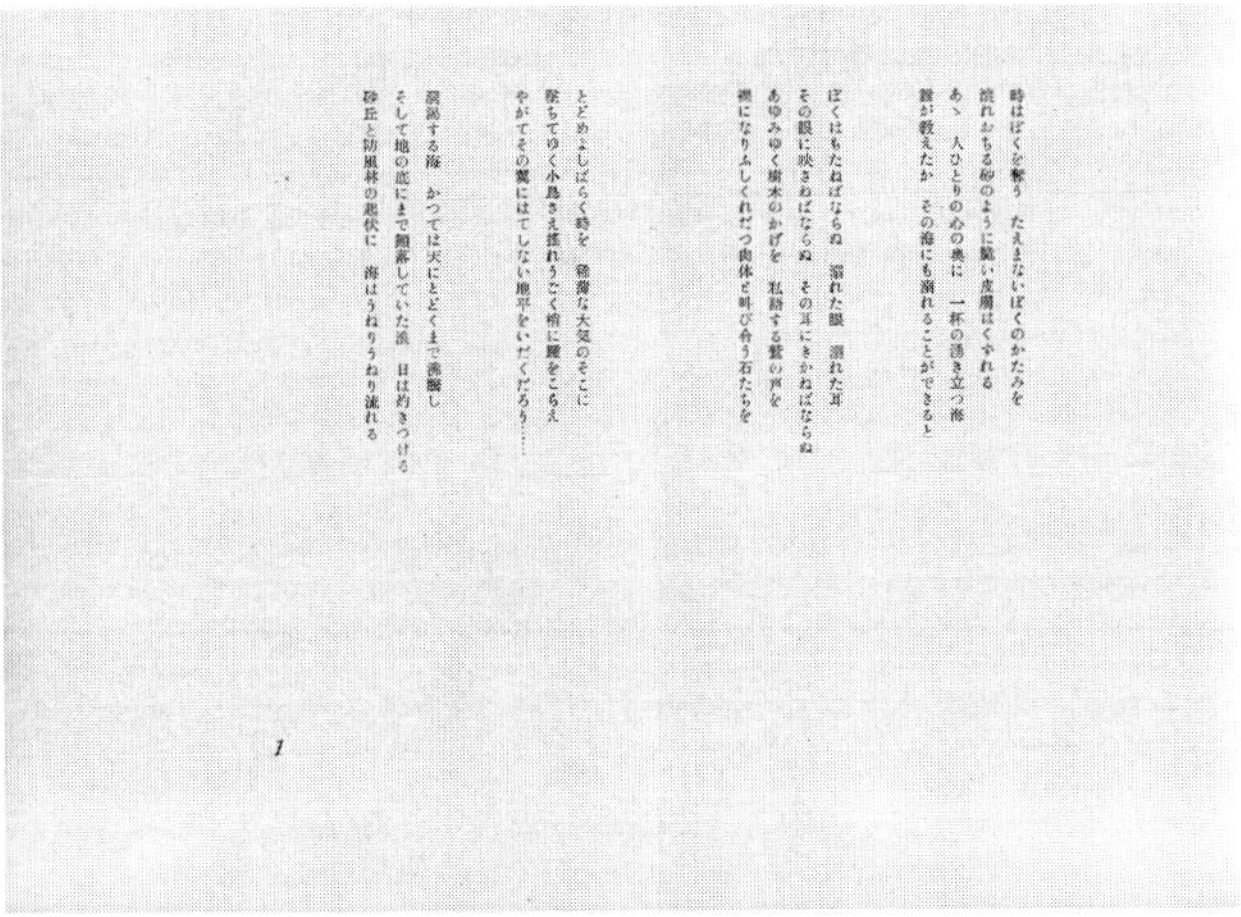

時はぼくを奪う　たえまないぼくのかたみを
崩れおちる砂のように脆い皮膚はくずれる
あゝ　人ひとりの心の奥に　一杯の湧き立つ海
誰が教えたか　その海にも溺れることができると

ぼくはもたねばならぬ　溺れた眼　溺れた耳
その眼に映さねばならぬ　その耳にきかねばならぬ
あゆみゆく樹木のかげを　私語する獣の声を
裸になりふしくれだつ肉体と叫び合う石たちを

とどめよしばらく時を　稀薄な大気のそこに
堕ちてゆく小鳥さえ揺れうごく梢に翼をこらえ
やがてその翼にはてしない地平をいだくだろう……

氾濫する海　かつては天にとどくまで溌溂し
そして地の底にまで潮落していた浪　日は灼きつける
砂丘と防風林の起伏に　海はうねりうねり流れる

1

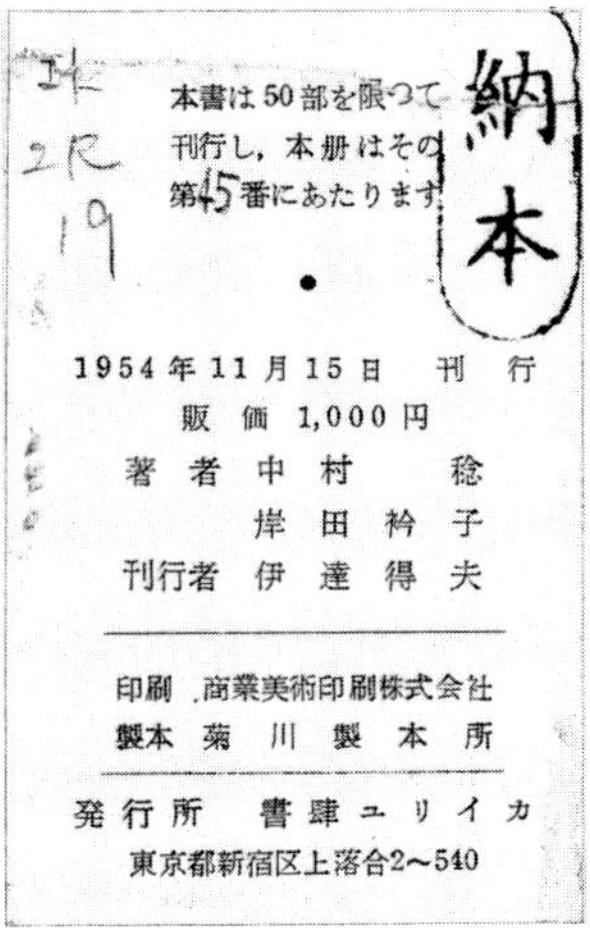

本書は50部を限つて
刊行し，本册はその
第45番にあたります。

納本

1954年11月15日　刊行
販価 1,000円
著者 中村　稔
　　 岸田衿子
刊行者 伊達得夫

印刷 商業美術印刷株式会社
製本 菊川製本所

発行所 書肆ユリイカ
東京都新宿区上落合2～540

同、奥付

中村稔・岸田衿子『樹』から「海」

っこ抜き（平綴じ）ではなく、手かがりで綴じてあるぶん、図書館製本としては良心的な方法だが、状態が良ければ古書価は一〇〇万円をはるかに上回る美術作品とも言うべき本に、こういう処置を施すとは大変残念である。

最近、図書課別室での閲覧に変更になったが、以前は館内の検索機から閲覧請求すると、中央カウンターから通常の出納で手渡しされていた。戦後の図書というと軽く扱われがちなのかもしれないが、すべてを「古い＝貴重、新しい＝貴重でない」という単純な図式で括るのではなく、個別に判断するケースもあってしかるべきであろう。

ともあれ、たとえこういう状態ではあっても、他の閲覧可能な機関に所蔵のない稀本であることは間違いなく、マイクロフィルムではなく直接手で触れられる閲覧ができることはありがたいと思わなくてはならない。

中村稔詩・岸田衿子画の詩画集『樹』（昭和二九年）も、未綴じの原本が製本されているが、これは各葉の右端に細長い紙を糊継ぎしてそれを綴じてあり、もちろん二人の署名部分もきれいに残っている。本文紙にペラ丁が多いので、この製本方法にしたのであろう。『からんどりえ』も、せめてこの足継ぎ製本の形で製本して欲しかった。

小山正孝詩・駒井哲郎画の詩画集『愛しあふ男女』（昭和三二年）は、国会図書館本としては珍しく未綴じのまま保存されていて、閲覧は図書課別室で行う。大判の覆い帙に納められた豪華な詩画集で、駒井のエッチングが一葉添えられている。本書の本文用紙は『からんどりえ』よりもずっと薄く、保存のことを考えると今後製本されるおそれがありそうだが、これはぜひともこのままの状態で保存してもらいたいものだ。

小島信夫の小説『凧』（昭和三〇年）も迫力ある大型本だが、これは平成一四年に開館した関西館のみで所蔵している。関西館は科学技術資料やアジア関係資料などを中心に収蔵しているはずで、一般図書で一冊しかない本の場合、基本的には東京本館で収蔵されることになるようなのだが、本書はなぜか関西館にある。

関西館には、書肆ユリイカ本は『中村真一郎詩集』（昭和二五年）、飯島耕一『他人の空』（昭和二八年）、小海永二『峠』（昭和二九年）など三二点があるようだ。一般書の場合、どういう本が関西館で収蔵されることになるのかを、以前、国会図書館に質問したことがあるが、その際は「同じ本で複数冊ある場合、複本を関西館へ持っていくことがあります」という回答であった。確かに他の本は全部東京本館にもあり、そのほとんどは納本された本である（国会図書館では、国内で発行された出版物をすべて収集保存することに努めており、出版者は、発行から三〇日以内に国会図書館に納本しなくてはならないという規定がある）。しかし、『凧』に限っては関西館だけにあるのだ。不思議に思って再び国会図書館に電話すると、「ことによると、以前もう一冊東京本館にもあったのが、行方不明になってしまったという事情があるのかも知れません」ということであった。なるほど、それなら頷ける。

関西館から取り寄せた所蔵本のコピーを見ると、そのほとんどが上野図書館旧蔵本のようである。『ロートレアモン全集』全三巻（昭和三二〜三三年）などのようにツカ（厚み）のある本には、小口三方にそれぞれ「国立国会図書館支部上野図書館」というスタンプ印が押されている。国会図書館の丸い受入印の下方に押されたナンバリング印の頭には「U」とあり、これは「上野」の頭文字である可能性が高い。

『凧』のナンバリングにも「U」字があり、そうするとやはり、もとは東京本館にも別本があって、こちらは上野図書館で収蔵していた複本なので関西館に移動したという経緯が推測できる。

なお、書肆ユリイカの出版物で、東京本館になく国際子ども図書館（上野図書館の建物を再生利用して平成一二年に開館した、児童書専門の国会図書館支部図書館）だけに収蔵されている図書が一点ある。岡本喬の童話集『ヒメジョオンの蝶』（昭和三三年）である。児童書なので国際子ども図書館にあって何の不思議もないが、そうすると立原えりかの童話集『木馬がのった白い船』（昭和三五年）はどうして東京本館にあるのか、という疑問が起こる。

両者の違いは『ヒメジョオンの蝶』が著者寄贈本で、『木馬がのった白い船』は納本された本だということだ。納本された本は本館で収蔵することが基本原則なのであれば、この件についても納得できる。

東京本館には他に、川上澄生のオリジナル木版画が入った長岡輝子の『詩暦』（昭和二六年、発行年については一五六頁以下を参照）や真鍋博のエッチングの入った『ロートレアモン全集』、そして中村稔『無言歌』（昭和二五年）、飯島耕一『他人の空』などの名著ももちろんある。

あまり古書市場で見かけない本もある。最近人気のある真鍋博が、書肆ユリイカから出した漫画集『動物園』（昭和三四年）、本扉に金子光晴のイラストがある『金子光晴全集』第一巻（昭和三五年、第一巻のみ刊行）、フランスの映画監督の作品を紹介している『ジュリアン・デュヴィヴィエ作品集』（岡田真吉編、昭和二六年）などは珍本ではないだろうか。

また、堀内幸枝『紫の時間』（昭和二九年）、平林敏彦『種子と破片』（昭和二九年）、石原八束『秋風琴』（昭和三〇年）、杉本長夫『石に寄せて』（昭和三〇年）、富山文雄『雪の宿』（昭和三一年）、東博『蟠花』（昭和三四年）、武田隆子『雪まつり』（昭和三五年）、滝口雅子『鋼鉄の足』初版（昭和三五年）、佐藤清『おもとみち』（昭和三五年）（以上、東京本館収蔵）、加藤八千代『愛と死の歌』（昭和三〇年、関西館収蔵）、岡本喬『ヒメジョオンの蝶』（昭和三三年、国際子ども図書館収蔵）は、著者または刊行会からの寄贈本がある。

多くは寄贈スタンプの中に図書館の係員が書き込んだ氏名から著者寄贈本とわかるだけだが、『愛と死の歌』には「謹呈　上野図書館　昭和三十一年新春　著者」というペン書きが、『鋼鉄の足』にも「国立国会図書館収書部納本課御中　滝口雅子」という著者本人の書入れがある（九六頁）。

所蔵冊数が膨大なだけあって、国会図書館は複本のある本が多いのも特徴だ。同じ本を複数冊閲覧するのも一興で、たとえばデスノス著・澁澤龍彦訳『エロチシズム』（昭和三三年）を見てみよう。国立国会図書館法の規定で出版物は一冊を納本することになっているが、本書は不思議なことに二冊納本されている。通常は納本印のある正本は一冊だけで、他は寄贈や購入などによる複本だが、本書の場合、どちらの奥付にも納本印がある。受入印の日付は「33. 5. -8」と「33. 6. -5」。次項で述べるように、出版者が同じ本を意図的に再度納本しているケースもあるが、この本についてはどうも伊達得夫が一度納本したことを忘れて、一か月後に再び納本してしまったもののようである。

意図的に二度納本されたもののうち、藤原定『距離』（昭和二九年）と田中清光『立原道造の生涯と作品』（昭和三一年）の二点については、最初に普及版が納本され、後日、限定版・特装版が納本されている。

『距離』は、昭和二九年七月一五日の発行日だが、おそらく九月に入ってから普及版が納本され（受入印の日付は九月二五日）、年末になって限定版を納本したと見られる（限定版の受入印の日付は三〇年一月五日）。限定版は丸背上製の背革クロス装で、中に著者の肉筆色鉛筆画一丁を挿入、奥付の普及版定価二五〇円を一〇〇〇円に修正して、目次後の白頁に木版画製の限定版表示の紙片を貼り込んである。一五部作成して、納本したのは第一一番である（参考図版、一〇五頁）。

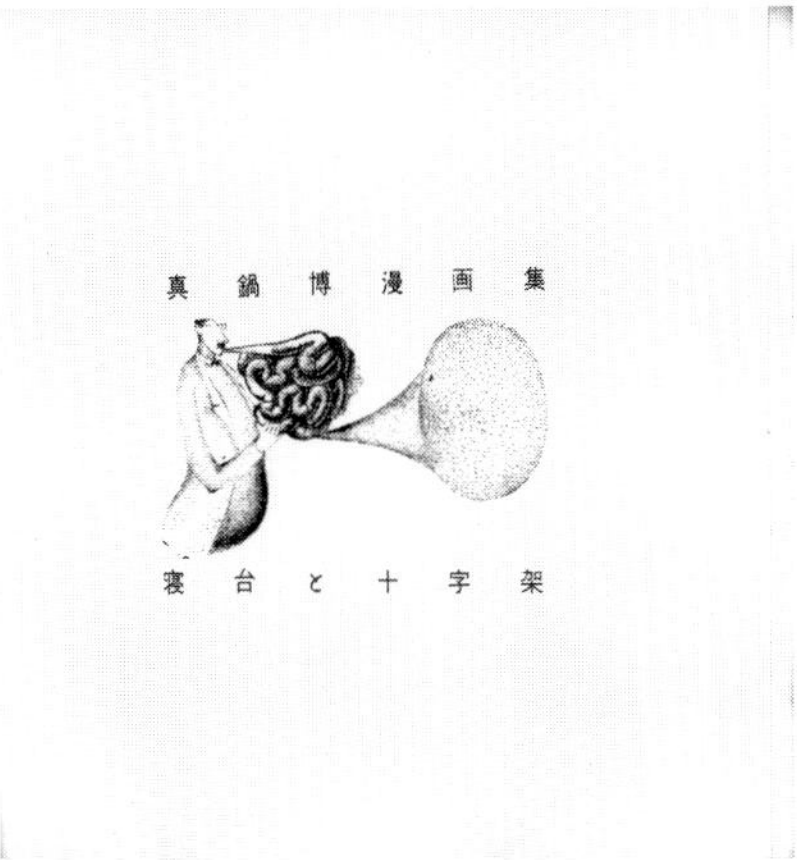

同、本扉

真鍋博『寝台と十字架』表紙

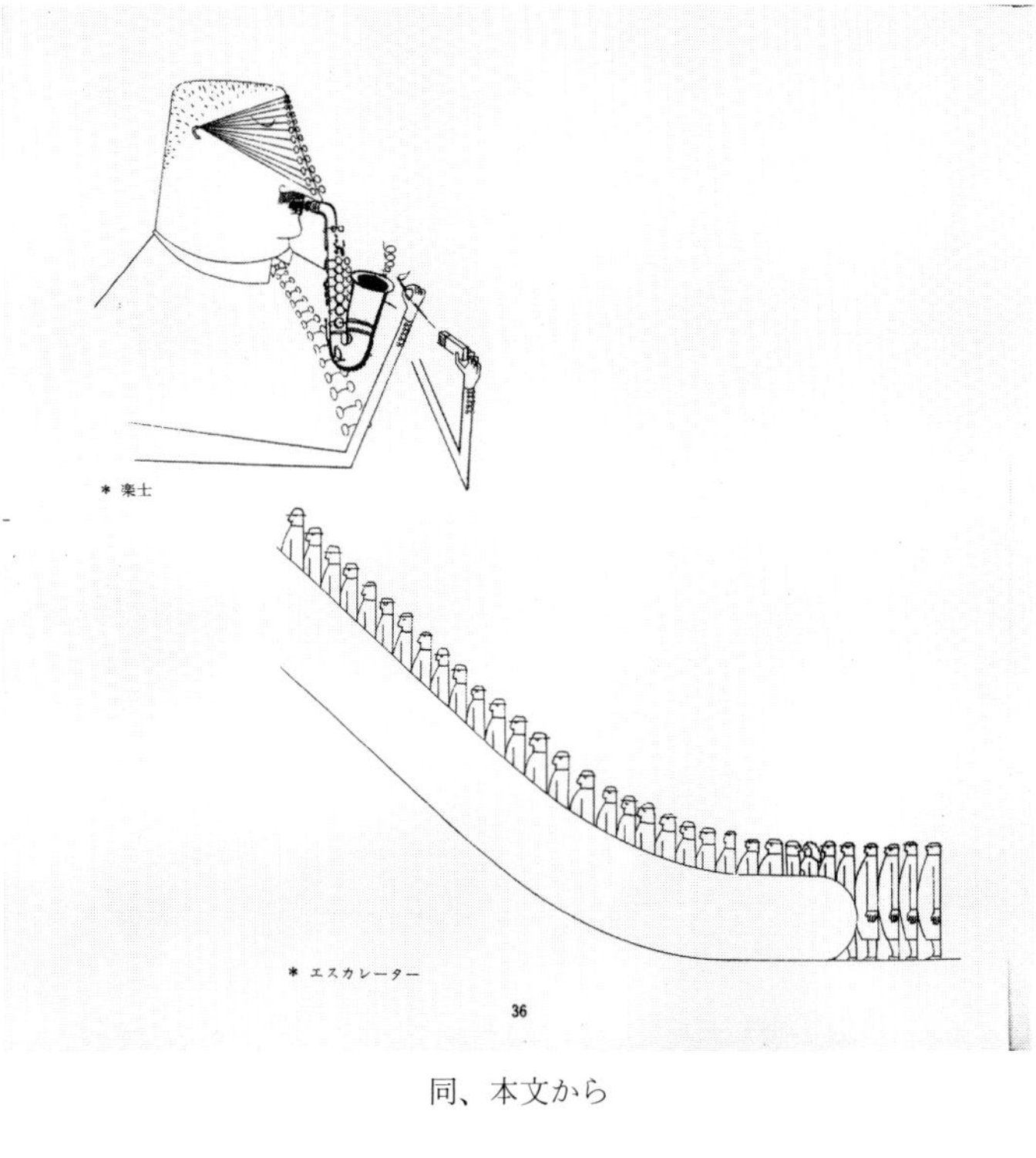

同、本文から

真鍋博『動物園』表紙

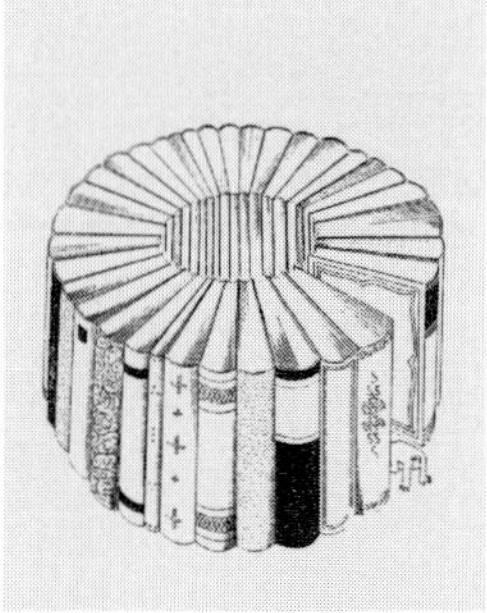

同、本文から

『立原道造の生涯と作品』は別項（一六四頁参照）で記すように、国会図書館本には特装版の貼り奥付（別紙を貼り込む形の奥付）がないため、納本された二冊を見ただけでは判別がつかないが、昭和三二年一月二四日の受入印の本は最初に制作した角背上製の紙表紙本で（ただし国会図書館の製本に改装されている）、昭和三二年九月五日の受入印のある本は特装版であろう。

国会図書館に所蔵されている書肆ユリイカの図書は平成二一年八月現在で一九九タイトルあるが、同じタイトルで二つの項目に採られているものが二点、逆に二冊を一項目にまとめてあるものが二点あり、さらに項目はあるが図書そのものが行方不明のものが一点あるので、この検索で図書は一九八点となる。しかし前述したように奥付にユリイカの名称のない四点があるため、図書数の合計は二〇二点と考えるべきだろう。

同じタイトルで二つの項目になっているものは『ランボオ詩集』（昭和二四年）と『人間キリスト記』（昭和二四年）で、これは出版年が西暦表記のものと元号表記のものというだけの違いである。なぜ別項目になっているのかは不明である。二冊を一項目にまとめてあるものは、入沢康夫『倖せそれとも不倖せ』（昭和三〇年）の正篇と補篇、『現代詩全集』（昭和三四年）の第一巻と第二巻である。『倖せそれとも不倖せ』の補篇には奥付がなく、『現代詩全集』の第一巻は奥付に発行年月日の記載がないからで、整理の都合上まとめたのだろう。『倖せそれとも不倖せ』は袋入りでセット販売されたので発行年月日は同じと見なして間違いない。一方、『現代詩全集』のほうは、第二巻の発行日は昭和三四年六月三〇日であるが、第一巻の発行日（本そのものに記載はない）は実は昭和三四年五月一〇日である（一七五頁参照）。しかしこれは別の本を見ないとわからないことなので、国会図書館の処理の方法はやむを得ない。

さて、それぞれの本に複本がかなりあり、おそらく図書の総冊数は二八七冊と思われる。このうち関西館所蔵本が三二点三三冊、国際子ども図書館所蔵本が一点一冊ある。

ただし、どの本までを書肆ユリイカの出版物と見なすかは悩ましいところである。辻井喬『異邦人』（昭和三六年）は、伊達が亡くなった後の発行（国会図書館所蔵本の奥付の発行年月日は昭和三六年七月二〇日）で、そのつくりからしても発売元として名の出ている昭森社の編集制作のように思えるが、発行所として書肆ユリイカの記載があるので、本書はカウントされている（本書には書肆ユリイカ名しか記されていない別奥付の本があり、東京都立多摩図書館に所蔵されている。一一三頁参照）。一方で、ヨシダヨシエ詩・岡元信治郎画『ぶるる』（昭和三三年）は、背に「ユリイカ」の表記があるものの奥付には「亜紀社」の名しかないため、国会図書館では書肆ユリイカの出版物とは見なされていない。梅田良忠『ちいさいものたち』（昭和三五年）は、『詩人たち　ユリイカ抄』（平凡社ライブラリー、平成一七年）の「刊行図書目録」に採録されている本とは別の、アポロン社版しか所蔵していないため、これも数には入っていない。

国会図書館にある本は、納本、購入、寄贈、他の機関からの移管、のいずれかによって収蔵されている。

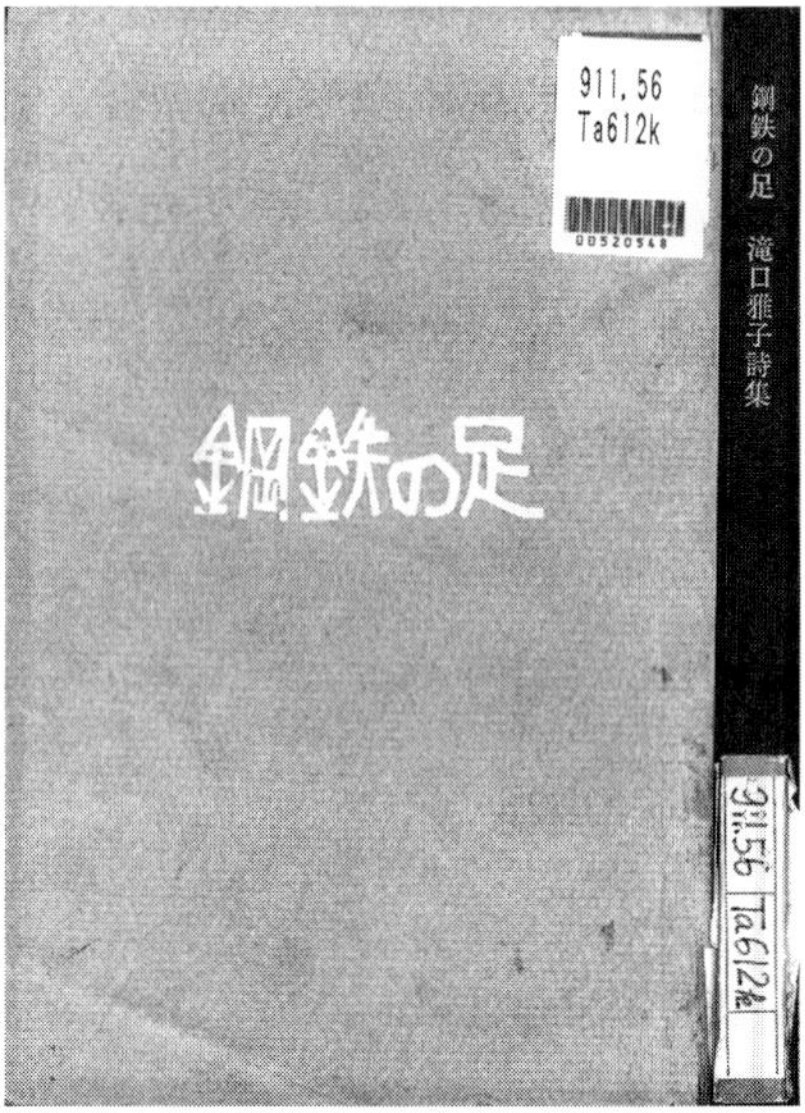

滝口雅子『鋼鉄の足』初版、表紙・背表紙

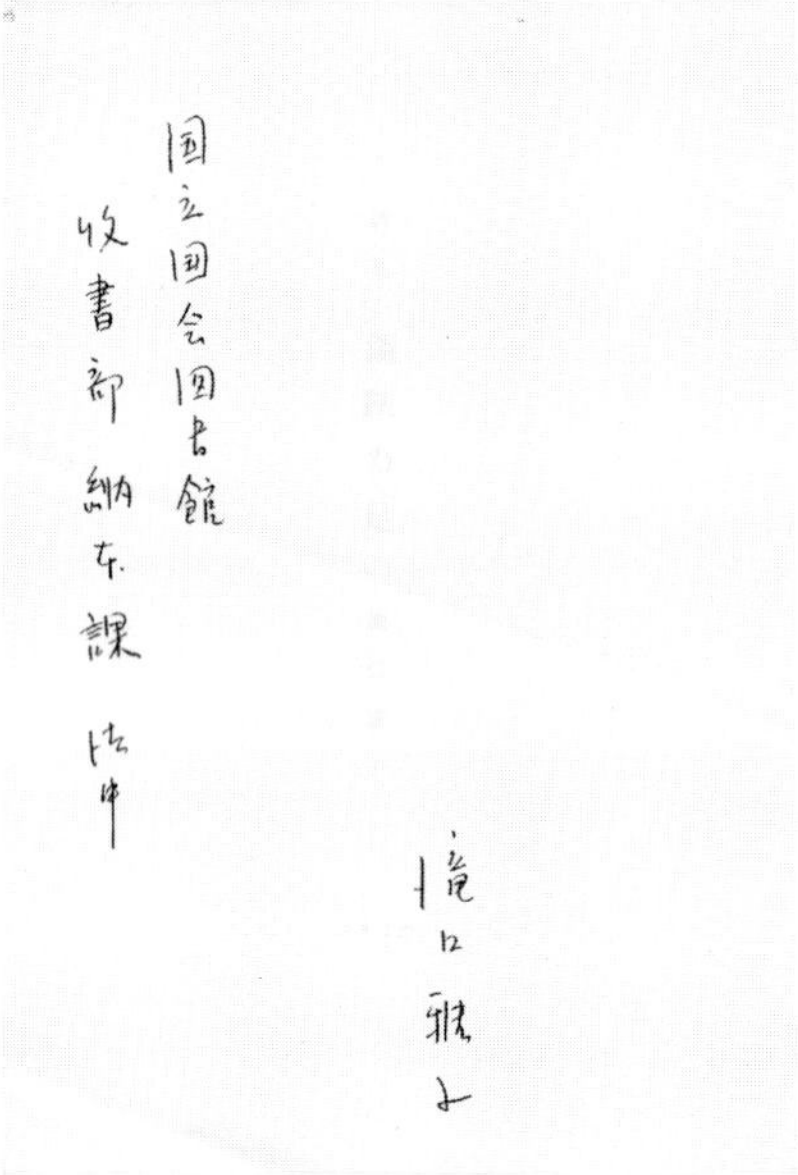

同、納本のための署名

受入に際しての登録手続きで押される印は時代につれて変化しているようだが、書肆ユリイカの本に関しては、日付入りの国会図書館の受入印がたいてい本扉の裏付近にあり、寄贈本なら受入印の近くに寄贈印が、納本された本であれば奥付付近に納本印がある。上野図書館から関西館に移った図書では、上野図書館のスタンプが小口に押されていることがあり、ほかに見返しや小口に日付印が複数個押されているものがある。日付のみの印については、何の日付なのか今のところ不明である。

スタンプ印はほかにも様々なものがあり、東京本館所蔵本の受入印上方の請求記号付近に、「B」(『魚と走る時』など)や「＊」(『シュルレアリスム辞典』など)の赤いスタンプが押されているものもある。「＊」については「東京本館に受け入れた図書で、いずれ上野図書館でも購入したほうがいいと判断されるものに押していた」という回答があった。

そこにある書物がどのような経緯でどこからやってきたのか、流転の足跡をたどることで出版当時の事情につながる手がかりの得られることがある。そのためこうした受入時の押印の意味も詳しく知りたいところだが、事務手続きの範疇に入ることがらなのでまず公開されておらず、記録が残されていないことも多いようで、特にこのような古い時代のことについては、国会図書館に質問しても明確な答えが返ってくることが少ない。

さて、書肆ユリイカが出版を始めたのは昭和二三年二月の原口統三『二十歳のエチュード』からである。しかし現在国会図書館にある書肆ユリイカ版『二十歳のエチュード』は、昭和二三年七月発行の第二版（第二刷）が一冊あるだけで初版（初刷）はない。この本の奥付には「割当事務庁譲渡図書」という楕円印が押してあり、これは納本された本ではない。山下信庸『わが国の出版物の納本制度について』（国立国会図書館、昭和四三年）によれば、当時、新聞出版用紙割当事務庁が、用紙割当の参考資料として新聞と出版物を納入させていた二部のうちの一部を、納本不振を補うものとして国会図書館に移管することになったという。「割当事務庁譲渡図書」の印のある本は、こうした経緯の本である。

書肆ユリイカ創業当時の本があまり納本されていないのは、納本制度の成り立ちと大きな関係がある。

納本制度は、戦前は出版法によって検閲のために厳しく実施されていたが、敗戦とともにそれが廃止され、昭和二三年二月になって、国立国会図書館法第二五条の規定による新しい納本制度がスタートした。出版物は「発行の日から三十日以内に」一部を国会図書館に納入しなくてはならないこととなったが、実行は円滑にはいかなかった。新しい納本制度の認知度が高まらず、また知られても戦前の検閲制度への反感があったことも大きな要因のようだ。納本の目的が「文化財の保護」へと一変したことで強制力が低下したこともあるだろう、実際、納本しなかった場合の罰則規定は一応あるものの、これは平成の現在に至るまで適用されたことは一度もないのだから、戦後すぐのインフレの時期、財政的にも苦しい出版社が進んで協力するということにはならなかった。

こうした状況を改善するべく、出版界の取り組みによって取次店を通じて納本を行う体制が作られた。それが正式にスタートしたのが昭和二六年四月一日である。出版社は、取次店に出版物を見本として提出する際、納本分も一冊加えて出すという方式で、取次店の二大大手である東販（東京出版販売、現・トーハン）と日販（日本出版販売）とが半年交替で納入業務に当たることになった。その後、一般出版物が納本されるルートは、①取次ルート、②地方・小出版流通センター経由、③各出版社からの直接納入、④寄贈という四種となり、この①の取次ルートが全納入出版物の約八割を占めているようだ（『出版ニュース社の五十年』出版ニュース社、平成一二年）。

それでは、書肆ユリイカの本は、どのような形で国会図書館に納本されていたのだろうか。その詳細を探るべく、所蔵本の中の納本された本を、受入印の日付ごとにまとめると次のようになる。

ユリイカの出版物の国会図書館への納本状況

・23〜25年……納本なし
・26年……納本開始、3回7冊
26・11・1（5冊）……中村真一郎詩集、無花果の実、なよたけ（2刷）、廃墟、ジュリアン・デュヴィヴィエ作品集（13か月分）
26・12・3（1冊）……浮燈台
26・12・17（1冊）……詩暦
・27年……納本2回3冊
27・8・25（1冊）……天命（1刷）
27・10・16（2冊）……ある「ひろさ」（2冊）
・28年……納本2回2冊
28・1・26（1冊）……飢えた皮膚
28・4・6（1冊）……天命（2刷）
・29年……納本4回13冊
29・2・13（4冊）……詩、鬼、他人の空、明日（昭和28年発行分）
29・4・23（2冊）……あまだれのおとは…、四季
29・9・25（6冊）……紫の時間、アルビレオ詩集、距離（普及版）、子供の情景、峠、戦後詩人全集・第1巻（3か月分）

29・11・12（1冊）……戦後詩人全集・第2巻

・30年……納本11回23冊

30・1・5（6冊）……距離（限定版）、浅蜊の唄、戦後詩人全集・第2巻、歩行者の祈りの唄、樹、子供の恐怖（4か月分）

30・1・12（1冊）……戦後詩人全集・第4巻

30・1・27（1冊）……旅人の悦び

30・2・10（1冊）……館と馬車

30・3・10（1冊）……戦後詩人全集・第3巻

30・8・18（1冊）……壁画

30・9・1（3冊）……現代詩試論、宮沢賢治、狼がきた（いずれも「ユリイカ新書」）

30・10・20（6冊）……死者の書、四つの蝕の物語、秋風琴、遁走曲、石に寄せて、はくちょう（3か月分）

30・11・5（1冊）……山脈

30・11・17（1冊）……戦後文学の旗手

30・11・24（1冊）……現代詩のイメージ

・31年……納本3回37冊

31・4・5（24冊）……海の怒り、蟻の列、島の章、サボテン、戦後詩人全集・第5巻、壁画、倖せそれとも不倖せ・正篇・補篇、狼がきた、四つの蝕の物語、遁走曲、はくちょう、わが母音、人間、戦後文学の旗手、深夜のオルゴール、逃げ水、愛と死の歌、不確かな朝、不思議な時計、ジャック・プレヴェール詩集、死、現代詩試論、宮沢賢治（13か月分）

31・8・16（8冊）……独裁、絵姿女房、花火、アンリ・ミショオの発見、漂鳥、佝僂の微笑、宇宙塵、風土（3か月分）

31・10・25（5冊）……記憶と現在、石女遺文、未知、佐々木好母詩集、花は地にむいて咲く（2か月分）

・32年……納本3回17冊

32・1・24（5冊）……詩の心理学、立原道造の生涯と作品（1刷）、森の美女、放浪日記、愛しあふ男女（2か月分）

32・5・16（3冊）……らいおん物語、山本太郎詩集、カリプソの島（1か月分）

32・9・5（9冊）……10枚の地図（初版）、ぼくたちの未来のために、山本太郎詩集、ロートレアモン全集・第1巻、蝙蝠、美に向って矢を射る、パウロウの鶴、雪の宿、立原道造の生涯と作品（2刷特装本）（8か月分）

・33年……納本8回24冊

33・3・27（4冊）……停車場、吉本隆明詩集、ロルカ選集・第2巻、生徒と鳥（4か月分）

33・5・8（1冊）……エロチシズム

33・5・29（1冊）……ロートレアモン全集・第3巻

33・6・5（3冊）……エロチシズム、生徒と鳥、寝台と十字架（2か月分）

33・7・17（1冊）……稲垣足穂全集・第16巻

33・8・3（1冊）……夏至の火

33・8・14（12冊）……汎神論、冬の虹、シュルレアリスム辞典、詩人の設計図、黒田三郎詩集、生きものの歌、湖上の薔薇、綱渡り、ロルカ選集・第1巻、にぎやかな森、ランボオと実存主義、魚と走る時（3か月分）

33・12・25（1冊）……ロルカ選集・第3巻

・34年……納本7回25冊（雑誌1回1冊の納本を除く）

34・1・14（1冊）……ぶるる

34・2・5（5冊）……カミングズ詩集、ルネ・シャール詩集、迂魚の池、空の記憶、僧侶（3か月分）

34・3・5（1冊）……氷つた焔

34・5・14（8冊）……ロートレアモン全集・第2巻、抒情と形象、薔薇、遭遇歌とその周辺、動物園、壺の中、ゴ

ットフリート・ベン詩集、稲垣足穂全集・第13巻（4か月分＋1冊）

34・5・26（1冊）……現代批評1巻2号（雑誌）

34・8・3（8冊）……いつかの砂漠の物語、別れの時、動物園、壺の中、中原中也研究、いやな唄、現代詩全集・第1巻、現代詩全集・第2巻（5か月分）

34・10・26（1冊）……現代詩全集・第3巻

34・12・7（1冊）……ロルカ選集・別巻

・35年……納本6回35冊

35・1・18（1冊）……日本詩集1960

35・2・1（10冊）……稲垣足穂全集・第12巻、現代詩全集・第4巻、YORUを待つ、ロルカ選集・別巻、湖畔の歌、ラングストン・ヒューズ詩集、蟠花、場面、黒眼鏡、日本詩集1960（3か月分）

35・2・8（1冊）……プリュームという男

35・3・7（3冊）……夜が生れるとき、現代詩全集・第5巻、始祖たちの森（2か月分）

35・7・25（2冊）……現代詩全集・第6巻、からんどりえ

35・10・17（18冊）……吉岡實詩集、生と死のうた、夜が生れるとき、飯島耕一詩集、みどりいろの羊たちと一人、雪まつり、木馬がのった白い船、現代詩全集・第6巻、収穫祭、掟、屋根が空をささえている、ひとつの魔法、nadaの乳房、金子光晴全集・第1巻、闘技場、偶像、少年聖歌隊、ディラン・トマス詩集（13か月分）

・36年……納本2回15冊

36・4・10（9冊）……私の前にある鍋とお釜と燃える火と、ポケットの中の孤独、稲垣足穂全集・第2巻、方程式、ゴリラ、キャスリン・レイン詩集、黒い微笑、現代フランス詩人ノート、大岡信詩集（2か月分＋1冊）

36・6・12（6冊）……狼がきた、山脈、アンリ・ミショオの発見、風土、安東次男詩集、籠（最後の納本）

国会図書館には、同じ書名の図書で二冊以上あるものがあるため、書名の点数より冊数のほうが多くなる。全部の出版物を所蔵しているわけではないので、国会図書館に所蔵のあるものだけの点数と冊数を発行年ごとに示すと、次の一覧の上段のようになる。

一年ごとの納本回数と冊数を下段に示した。一回の納本で二冊以上納めていることがあるため、納本回数より納本冊数のほうが多くなる。また前記のように、発行してすぐには納本していないことが多いので、年ごとの所蔵冊数と納本冊数は一致しない。

国会図書館所蔵本の図書についての発行状況と納本状況

23年4点4冊／納本なし
24年2点5冊／納本なし
25年3点7冊／納本なし
26年4点10冊／納本3回7冊
27年4点11冊／納本2回2点（3冊）
28年4点12冊／納本2回2冊
29年16点39冊／納本4回13冊
30年34点（他に記録のみある本1点あり）47冊／納本11回23冊
31年25点28冊／納本3回37冊
32年13点17冊／納本3回17冊
33年34点38冊／納本8回24冊
34年28点33冊／納本7回25冊（雑誌1回1冊の納本を除く）
35年29点34冊／納本6回35冊
36年2点2冊／納本2回15冊

計２０２点２８７冊／計納本51回２０１冊（雑誌1回1冊の納本を除く）

発行した年の点数と納本冊数が一致しないのは、本を発行してすぐに納本していないからで、ものによっては発行後数年経ってから納入しているものもある。

国会図書館には、雑誌は『律』『現代批評』『現代叢書』『ユリイカ』『灰皿』『鰐』『世代』の七点の所蔵があるが、納本印のあるのは『現代批評』一巻二号の一冊のみである。『灰皿』は発行のたびごとに国会図書館に入っているが納本印はない。『鰐』は一〇号全部の表紙ひらに同じ昭和五二年二月一六日の受入印があり、全号まとめて入ったと思われる。『ユリイカ』は昭和三一年一〇月から三六年二月まで計五三号も発行しているが一度も納本されておらず、所蔵されているある号の裏表紙には旧蔵者のものと思われる記名もあることから、この雑誌は古書購入と見られる。これらの状況から、伊達にはおそらく雑誌については納本するという意識自体が起こらなかったように思われる。

図書のほうは、納本された本だけでなく所蔵本全部を対象に、『詩人たち ユリイカ抄』収載の「書肆ユリイカ出版総目録」の「刊行図書目録」と照合すると、発行されたが国会図書館に所蔵がないものが二五点ある。この目録自体にいささか遺漏があり、目録にないが筆者が把握しているものも加えると、三一点程度が所蔵されていないようだ。

たとえば詩集では福田正次郎『ETUDES』（昭和二五年）、中村稔『夜と海の歌』（昭和三一年）、田中清光『黒の詩集』（昭和三四年）、笠原三津子『雲のポケット』（昭和三五年）など二一点が、詩画集では飯島耕一詩・伊原通夫画『ミクロコスモス』（昭和三二年）などが、そして他にも安原喜弘『中原中也の手紙』（昭和二五年）、杉本春生『抒情の周辺』（ユリイカ新書、昭和三〇年）といった図書が欠けている。また前述したように岸田衿子『忘れた秋』（昭和三〇年）は、いったん収蔵されたものの、その後、行方不明となっている。

納本は初版を一回すればよいはずだが、書肆ユリイカの本の場合、同じ本が複数回または複数冊納本されているケースがある。納本された本が三冊あるものが一点、二冊あるものが二一点の計二二点である。

三冊あるものは関根弘『狼がきた』（ユリイカ新書、昭和三〇年六月三〇日発行）で、受入印の日付は昭和三〇年九月一日、昭和三一年四月五日、昭和三六年六月一二日の三種類である。

二冊納本されているもののうち、受入印の日付が同じ「二七年一〇月一六日」で、つまり同時に二冊納本したと思われるのが庄司直人『ある「ひろさ」』（昭和二七年六月一日発行）である。なぜ二冊同時に納本したのかは不明である。

二回以上納本している理由は、以前納本したことを忘れて再度納本した可能性もあるが、何らかの意図があって行っている場合もあるようだ。そのうち、藤原定『距離』と田中清光『立原道造の生涯と作品』については、後日限定版・特装版を制作したので納めたということは前述した。他に考えられるのは、増刷した本を納本している場合である。これが実は大変わかりにくい。書肆ユリイカの出版物は増刷しても奥付にその表示を入れないばかりか、発行年月日もそのままで制作しているケースが多いからである。

国会図書館所蔵本で増刷表示のある書肆ユリイカ本は、原口統三『二十歳のエチュード』第二版（昭和二三年七月一五日発行）、加藤道夫『なよたけ』再版（第2刷、昭和二六年六月五日発行）、真鍋呉夫『天命』再版（第2刷、昭和二七年一〇月二〇日発行）の三点のみである。詩集は売れないので増刷はほとんどないと出版界では思われがちだが、実はたとえ少部数であっても書肆ユリイカの出版物で増刷したものが何点かある。別項「様々な造本の田中清光『立原道造の生涯と作品』」（一六四頁参照）でも書いたように、印刷面をつぶさに調べることで、増刷したかどうかはある程度判別できる。

増刷に際して、本にその表示をしようとすれば、奥付の発行年月日の訂正だけをするにしても、奥付頁を新規に組版するか日付部分の象嵌訂正を行うかして、さらに紙型取り・鉛版作成という作業が必要になる。これを手間も費用もかかるからと、初版の時のままの鉛版または紙型を流用して印刷・製本してしまうことが多かったと思われる。

また、詩書の出版は利益が少ないどころか経費ばかりがかさむことも事実で、増刷したことが判明すると著者に印税を支払う必要が生ずる場合、その事実を明確にはしたくないという思惑から、奥付の発行年月日を訂正しないで増刷したこともあったのではないだろうか。著者への印税の支払い状況は不明だが、新人詩人の場合は特に、本を出版してもらえるだけで充分満足で、版元の伊達にお金を請求するケースは、書肆ユリイカの場合ほとんど皆無であったろう。

二冊以上納本されている図書二二点のうち、奥付の発行年月日や造本も同じでありながら、増刷したと思われるものが二点ある。『狼がきた』（昭和三〇年六月三〇日発行）の納本三冊のうち、最後の昭和三六年六月一二日受入分は増刷本である。また『現代詩全集』第六巻（昭和三五年三月二〇日発行）の納本二冊（昭和三五年七月二五日、昭和三五年一〇月一七日）のうち、後の一〇月一七日受入分は増刷本である。この二点は、活字組版で紙型を取った場合、別本の版面の大きさを比較して、大きさが異なれば、小さいほうが後に印刷された本だと判断できることによる。

納本日一覧を見て気がつくことは、まず納本を始めたのが出版開始後三年以上経ってからだということである。最初

藤原定『距離』特装限定版、表紙

同、肉筆挿画

同、限定番号表示

＊藤原定氏の著作権継承者の所在が不明で、国会図書館本の使用許諾を得ることができなかったため、本書は征矢哲郎氏所蔵本を参考図版として掲載する。なお国会図書館本は第 11 番本で、肉筆挿画はこの図版とは別の絵が入っている。

に納本された本の受入印の日付は昭和二六年一一月一日で、この時『中村真一郎詩集』(昭和二五年九月一日発行)、『無花果の実』(昭和二五年一二月三一日発行)、『なよたけ』再版(第2刷、昭和二六年六月五日発行)、『廃墟』(昭和二六年八月三一日発行)、『ジュリアン・デュヴィヴィエ作品集』(昭和二六年一〇月一五日発行)の五点がおそらく同時に納本されている。奥付の発行日を一応信用しておくと、約一年間で発行された本を一括で提出したことになる。

前述したように戦後の納本制度が施行されても出版社の協力が思わしくなく、取次ルートの納本体制を開始したのが昭和二六年四月である。書肆ユリイカの出版は限定版も多く発行部数自体が大変少ないので、そもそも取次店と取引があったかどうか。

神奈川近代文学館所蔵の『SIX』第一号(SIXの会、昭和三二年七月、一一九頁)は飯塚書店、国文社、甲陽書房、的場書房、昭森社、そして書肆ユリイカという、詩書の出版を手がける六社が協力して発行したA6判二〇頁の小さなPR誌であるが、その本文最終頁に「風をおくる」と題する編集後記的な一文がある。そこに詩書の出版流通について、「わが国では(略)、入門書などのほかは、詩集を出版してもなかなか配給会社が扱わない、扱ってくれても、書店の棚へ並ばない。そこで三百か五百部刷って半分以上は詩人の周囲にまかれ後の僅かが註文読者の手にわたるだけです。(略)市場へ出ないのは詩集を扱っては配給会社も小売店も経営がなりたたないからです」とある。

書いたのはおそらく、奥付に発行代表者として名前の記されている森谷均(昭森社)ではないかと思われるが、ここに参加した版元はいずれも同じような状況であったろう。

書肆ユリイカが発行していた詩誌『ユリイカ』に掲載されている出版案内や巻末編集後記を見ていくと、流通にかかわる記述が散見される。

「創刊号は発売と同時に本社品切となり御迷惑をおかけした。書店に月極の予約されるようおすすめする。」(昭和三一年一一月号、編集後記)、「店頭販売はいたしませんから書店に御申込みになるか小社へ直接御註文下さい。」(昭和三二年四月号、裏表紙『山本太郎詩集』出版案内)、「限定本ですので書店または小社へお申しこみ下さい。」(昭和三五年一二月号、表3『金子光晴全集』『稲垣足穂全集』出版案内)という記述から、書肆ユリイカの出版物は、全国の書店の店頭に自動的に並ぶわ

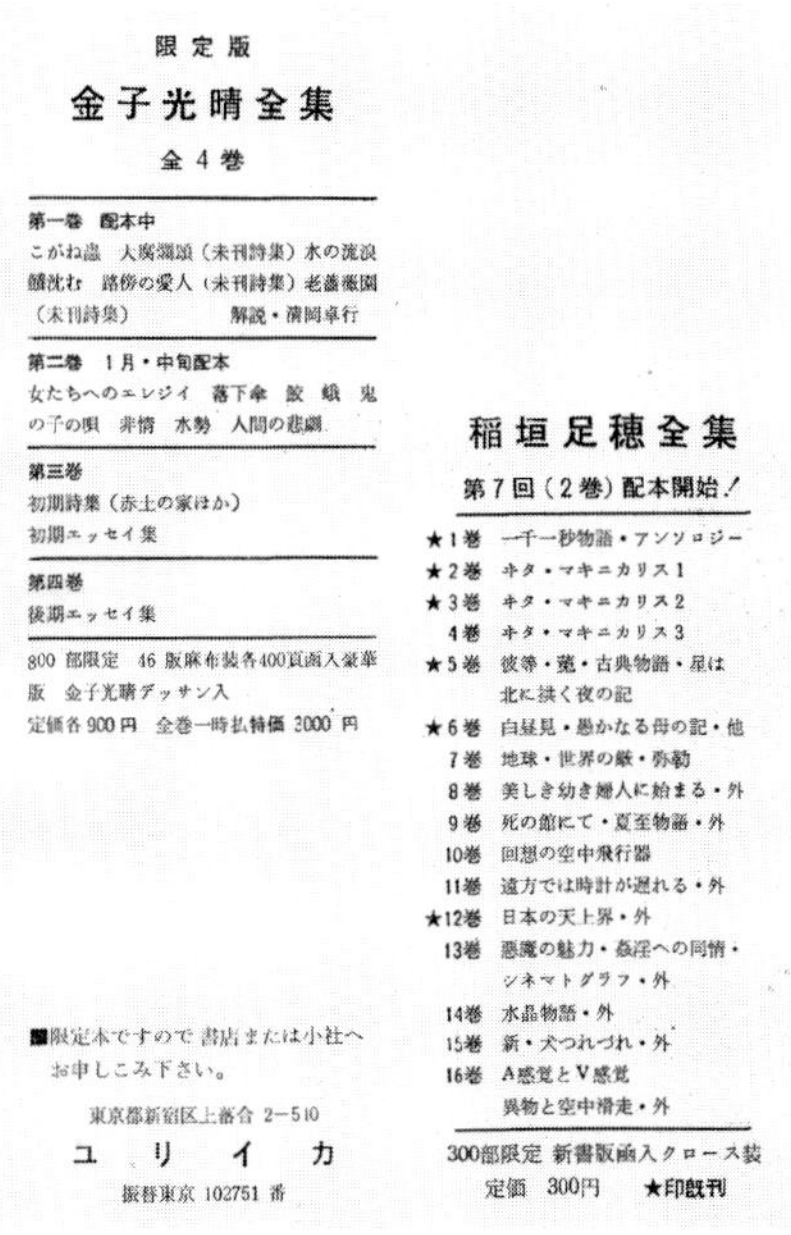

限定版

金子光晴全集

全4巻

第一巻　配本中

こがね蟲　大腐爛頌（未刊詩集）水の流浪　鱶沈む　路傍の愛人（未刊詩集）老薔薇園（未刊詩集）　解説・清岡卓行

第二巻　1月・中旬配本

女たちへのエレジイ　落下傘　鮫　蛾　鬼の子の唄　非情　水勢　人間の悲劇

第三巻

初期詩集（赤土の家ほか）

初期エッセイ集

第四巻

後期エッセイ集

800部限定　46版麻布装各400頁函入豪華版　金子光晴デッサン入

定価各900円　全巻一時払特価3000円

■限定本ですので書店または小社へお申しこみ下さい。

東京都新宿区上落合2−510

ユ　リ　イ　カ

振替東京102751番

稲垣足穂全集

第7回（2巻）配本開始！

★1巻　一千一秒物語・アンソロジー

★2巻　キタ・マキニカリス1

★3巻　キタ・マキニカリス2

4巻　キタ・マキニカリス3

★5巻　彼等・蒐・古典物語・星は北に拱く夜の記

★6巻　白昼見・悠かなる母の記・他

7巻　地球・世界の厳・弥勒

8巻　美しき幼き婦人に始まる・外

9巻　死の館にて・夏至物語・外

10巻　回想の空中飛行器

11巻　遠方では時計が遅れる・外

★12巻　日本の天上界・外

13巻　悪魔の魅力・磊涅への同情・シネマトグラフ・外

14巻　水晶物語・外

15巻　新・犬つれづれ・外

16巻　A感覚とV感覚　異物と空中滑走・外

300部限定　新書版函入クロース装

定価　300円　★印既刊

同、昭和35年12月号、表3

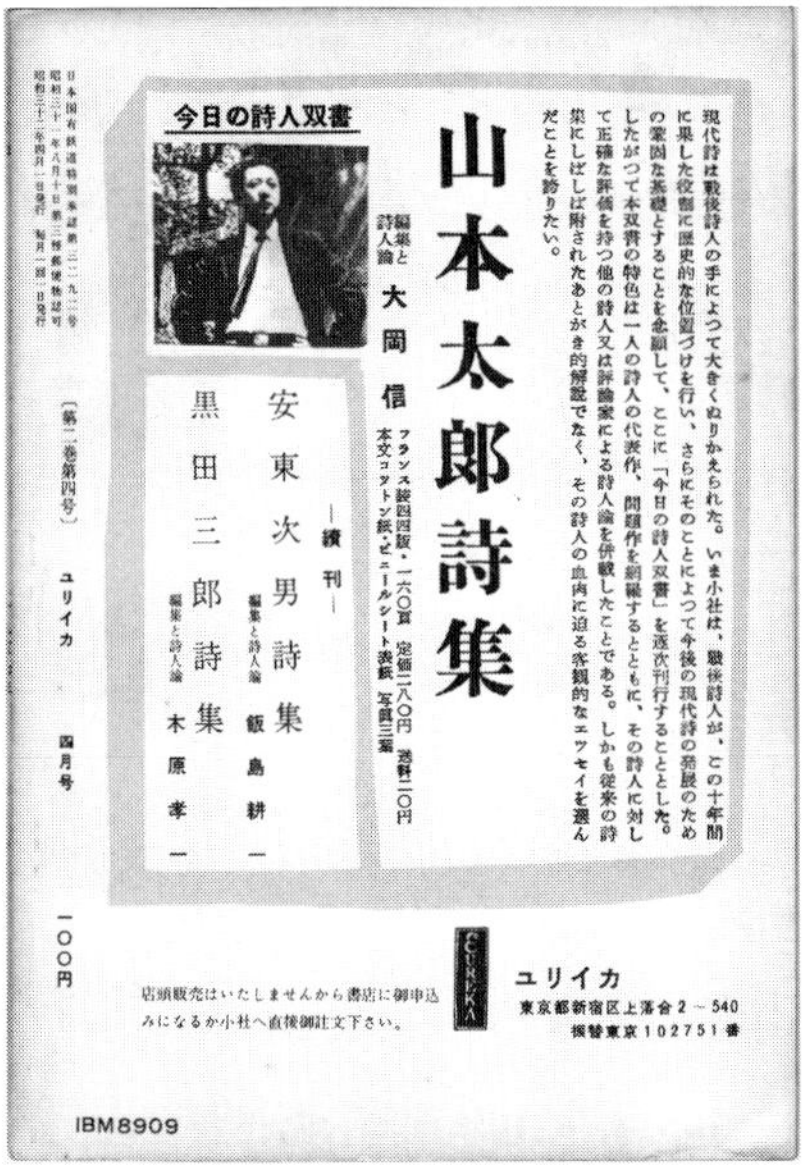

今日の詩人双書

山本太郎詩集

編集と詩人論　大岡信

フランス装四六版・一六〇頁　定価二八〇円　送料二〇円

本文コットン紙・ビニールシート表紙　写真三葉

現代詩は戦後詩人の手によつて大きくぬりかえられた。いま小社は、戦後詩人が、この十年間に果した役割に歴史的な位置づけを行い、さらにそのことによつて今後の現代詩の発展のための強固な基礎とすることを念願して、ここに「今日の詩人双書」を逐次刊行することとした。したがつて本双書の特色は一人の詩人の代表作、問題作を網羅するとともに、その詩人に対して正確な評価を持つ他の詩人又は評論家による詩人論を併載したことである。しかも従来の詩集にしばしば附されたあとがき的解説でなく、その詩人の血肉に迫る客観的なエツセイを選んだことを誇りたい。

—續　刊—

安東次男詩集　編集と詩人論　飯島耕一

黒田三郎詩集　編集と詩人論　木原孝一

〔第二巻第四号〕　ユリイカ　四月号　一〇〇円

店頭販売はいたしませんから書店に御申込みになるか小社へ直接御註文下さい。

EUREKA

ユリイカ

東京都新宿区上落合2〜540

振替東京102751番

IBM8909

『ユリイカ』昭和32年4月号、裏表紙

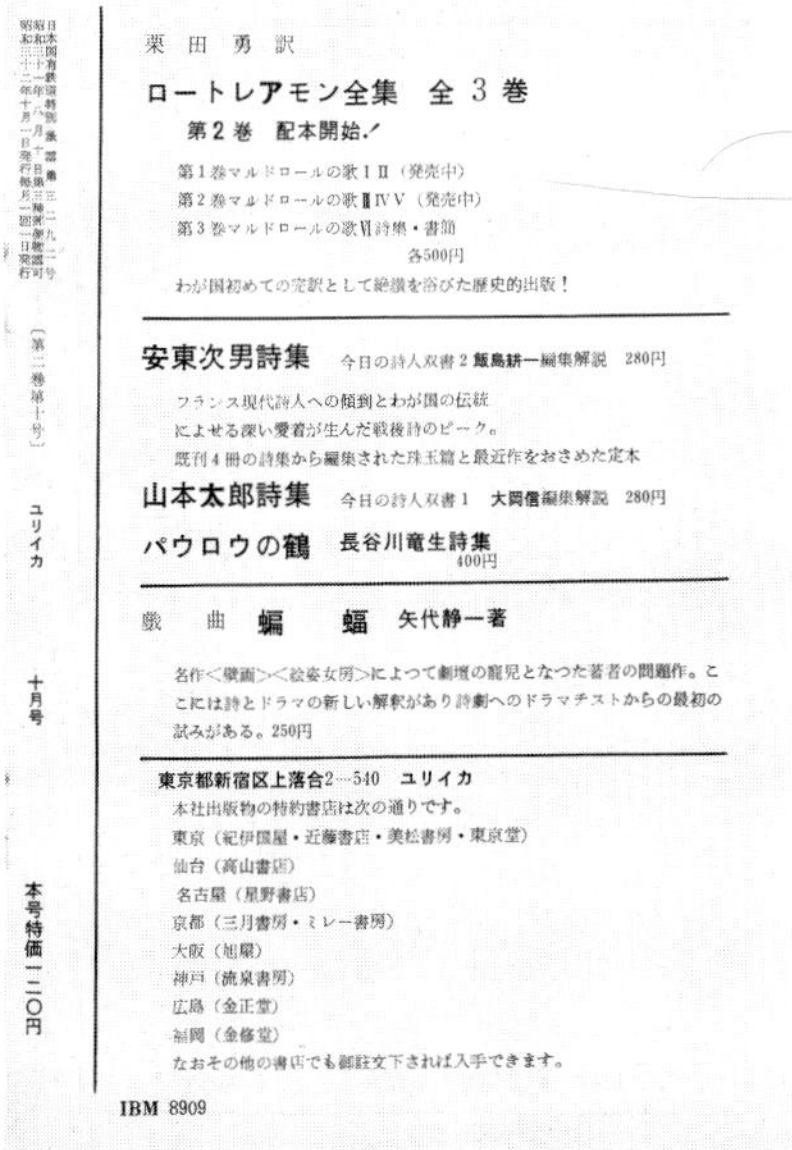

栗田勇訳

ロートレアモン全集　全3巻

第2巻　配本開始！

第1巻マルドロールの歌ⅠⅡ（発売中）

第2巻マルドロールの歌ⅢⅣⅤ（発売中）

第3巻マルドロールの歌Ⅵ詩集・書簡

各500円

わが国初めての完訳として絶讃を浴びた歴史的出版！

安東次男詩集　今日の詩人双書2 飯島耕一編集解説　280円

フランス現代詩人への傾倒とわが国の伝統によせる深い愛着が生んだ戦後詩のピーク。

既刊4冊の詩集から編集された珠玉篇と最近作をおさめた定本

山本太郎詩集　今日の詩人双書1　大岡信編集解説　280円

パウロウの鶴　長谷川竜生詩集　400円

戯曲　蝙蝠　矢代静一著

名作＜壁画＞＜絵姿女房＞によつて劇壇の寵児となつた著者の問題作。ここには詩とドラマの新しい解釈があり詩劇へのドラマチストからの最初の試みがある。250円

東京都新宿区上落合2…540　ユリイカ

本社出版物の特約書店は次の通りです。

東京（紀伊國屋・近藤書店・美松書房・東京堂）

仙台（高山書店）

名古屋（星野書店）

京都（三月書房・ミレー書房）

大阪（旭屋）

神戸（流泉書房）

広島（金正堂）

福岡（金修堂）

なおその他の書店でも御註文下されば入手できます。

〔第二巻第十号〕　ユリイカ　十月号　本号特価一二〇円

IBM 8909

同、昭和32年10月号、裏表紙

けではないことがわかる。ただし、書店から注文すれば取寄せは可能であった。

また、「本社出版物の特約書店は次の通りです。東京（紀伊国屋・近藤書店・美松書房・東京堂）仙台（高山書店）名古屋（星野書店）京都（三月書房・ミレー書房）大阪（旭屋）神戸（流泉書房）広島（金正堂）福岡（金修堂）なおその他の書店でも御註文下されば入手できます。」（昭和三二年一〇月号、裏表紙『ロートレアモン全集』他の出版案内）とあって、この案内の出た昭和三二年頃には、何軒かの常備店もできたことがわかる。

『戦後詩人全集』第五巻（昭和三〇年）に挟み込まれている「ユリイカ新書刊行に際して」という一枚ものの案内にも、「購入方法　原則として店頭販売はいたしません。お手数でも最寄りの書店に御註文下さるか直接小社へ御送金下さい」とあり、限定本ではなくある程度発行部数の多かったはずの新書でさえも、取次店から自動的に配本されることはなく、特定書店の店頭以外では並ばなかったという書肆ユリイカの流通事情が読み取れる。

『ＳＩＸ』にもある通り、書肆ユリイカ出版物の配本は、基本的に「配給会社」（取次店）を利用せず、発行した詩集のかなりの割合の本は著者のものとなってほうぼうへ配られ、残りの僅かは注文があると出荷されたものと思われる。現在、文学館に所蔵されているものや古書店で販売されている書肆ユリイカの本に著者からの献呈署名入本が多いのも、その流通ルートを裏付けるものだろう。

しかし書肆ユリイカが取次店経由の配本を行っていなかったにしても、伊達はもともと前田出版社の編集者だったこともあり、また国会図書館からは昭和二三年五月と九月、そして二四年にも、直接納本の依頼状を全国約六千の新聞社や出版社、学会などにあてて送っており、新しい納本制度が始まったという情報くらいは得ていたはずである。ただ、おそらく伊達が納本を思い立った昭和二六年当時、既に初期の出版物は在庫がなく、前年発行の『中村真一郎詩集』から納本することになったと思われる。『なよたけ』（昭和二六年四月五日一刷、昭和二六年六月五日二刷）についても、国会図書館に納本されたのが再版（二刷）だけであるのは、ちょうど一刷は売り切った後だったからなのだろう。

国会図書館法の納入規定では、発行して三〇日以内に納本することになっているから、本によってはもっと早い時期に納本するべきところだが、この後も同様に複数冊をある程度まとめて提出しているケースが多い。図書を一冊ずつ提出していることも二五回あるが、他は一度に複数冊提出していて、二冊三回、三冊四回、四冊二回、五冊四回、六冊四回、八冊三回、九冊二回、一〇冊一回、一二冊一回、一八冊一回、二四冊一回という内訳になる。最も多い二四冊もの図書を一度に提出したのは昭和三一年四月五日の受入印のあるグループで、『海の怒り』（昭和三〇年二月一五日発行）から『宮沢賢治』（昭和三一年二月二九日発行）まで、これもちょうどほぼ一年分の出版物となる。他の複数冊の納本についても、奥付の発行日を参照してみると、三か月分または一年分の刊行図書をまとめて提出していることが多い。

このように、ある程度の期間の発行物をまとめて納本することが多い状況から推察すると、書肆ユリイカの納本は取次店経由ではないと思われる。

取次ルートの一括納本制が始まって、大手出版社の納本は軌道に乗ったものの、それ以外の出版物は納本されないケースも多く、国会図書館では出版社に対して頻繁に納本依頼状の発送を行っていた。毎日国会図書館に納本される二五〇冊（一日平均）もの雑誌の新刊紹介記事や受贈図書雑誌欄、出版広告欄をチェックしては納本依頼を行っていたという（青木実「一般納本の諸問題」、『図書館研究シリーズ』第五号「国立国会図書館の収書」、国立国会図書館、昭和三七年三月）。

伊達のもとにもこうした依頼状が届き、そのたびに伊達本人または関係者が、国会図書館へ直接持参するか郵送するかしていたのではないだろうか。なお、納本する本に対して、ある程度の金額は支払われる。昭和二六年三月の第六回代償金委員会で検討された結果、一律「定価の五割」を支払うのが妥当だという基準が示されている。

伊達が亡くなったのは昭和三六年一月一六日であり、伊達が関わった納本は遅くとも昭和三五年一〇月一七日受入の一八点のグループまでと思われる。その後の納本は伊達の病没後になるので、周囲の別の関係者が行ったはずである。納本の記録のような書き付けがあったのか、または国会図書館からの納本依頼状に従ったものかは不明ながら、昭和三六年四月一〇日受入分のグループは、伊達の生前最後の納本のうちで最も発行日の遅い最終刊行物であった『少年聖歌隊』と『ディラン・トマス詩集』（ともに昭和三五年八月三〇日発行）の直後の発行日を有する『ポケットの中の孤独』（昭和三五年一〇月一〇日発行）以後の本をまとめている。ただし、石垣りん『私の前にある鍋とお釜と燃える火と』（昭和三四年一二月一〇日発行）だけは、それまでに納本していなかった本を、この時加えたものと見られる。

書肆ユリイカの最後の納本である昭和三六年六月一二日分の六冊の中では、新刊本は山本道子『籠』（昭和三六年発行、月日は記載がないため不明）だけだったはずである。『狼がきた』は増刷本、『安東次男詩集』は納本もれであるが、その他の三冊は既に納本されており、なぜ再度提出したのかは不明である。いずれにせよこの時の納本は伊達の没後五か月が経過しており、書肆ユリイカの在庫本の精算も終了していると思われるので、この時も誰か別の関係者が行ったはずである。

以上、納本の観点から若干の考察を行ってきたが、このように国立国会図書館所蔵の資料群は、保存方針がやや残念な点はあるものの、他の機関の資料にはない大変貴重な情報が多々含まれており、出版研究には欠かせない好材料である。これらをつぶさに検証していくことで、様々なことが判明する。

国立国会図書館　東京本館
満一八歳以上の者が入館・利用可能
九時三〇分〜一九時（土〜一七時）日祝・第三水曜休
〒一〇〇‐八九二四　千代田区永田町一‐一〇‐一
電話〇三‐三五八一‐二三三一
東京メトロ「永田町」駅から徒歩五〜八分
http://www.ndl.go.jp/index.html

東京都立中央・多摩図書館

東京都立図書館は明治四一年に開館した東京市立日比谷図書館に端を発し、中央図書館は昭和四八年、港区南麻布の有栖川宮記念公園内に、都立日比谷図書館の蔵書を引き継いで開館した。昭和六二年には、雑誌と児童・青少年資料を中心とした多摩図書館が開館、日比谷図書館は平成二一年三月末日をもって閉館した。

国立国会図書館では、一度に閲覧できる資料は図書と雑誌が各三冊までという制限があり、閲覧中の資料を返却しないと別の図書や雑誌を請求することができない。それに比べて、東京都立中央図書館では、閉架図書は一二冊まで出してもらえるので、大変利用しやすい図書館である。ここにも書肆ユリイカの出版物が所蔵されている。

蔵書検索で出版者の項目に「ユリイカ」と入力して検索すると六〇点の図書が出てくるが、他社の出版物と雑誌『世代』複製版を除くと、書肆ユリイカの純粋な出版物は五〇点になる。このうち一点に複本があり、奥付に「ユリイカ」名のない『稲垣足穂全集』第六巻（昭和三三年）を加えると計五二冊所蔵されていることになる。現在、中央図書館と多摩図書館とに所蔵が分れており、書肆ユリイカの出版物は詩集を中心に四一点四二冊が多摩にあり、残りの一〇点が中央にある（平成二一年八月現在）。

『吉岡實詩集』（昭和三四年）、『カミングズ詩集』（昭和三三年）、『ルネ・シャール詩集』（昭和三三年）、『キャスリン・レイン詩集』（昭和三五年）、嶋岡晨『偶像』（昭和三五年）、立原えりか『木馬がのった白い船』（昭和三五年）などは図書館製本に改装されており、ジャケットの残っているものもほとんどないが、吉岡実『僧侶』（昭和三三年）、渋沢孝輔『場面』（昭和三四年）、宗左近『黒眼鏡』（昭和三四年）、伊藤海彦『黒い微笑』（昭和三五年）、多田智満子『闘技場』（昭和三五年）、田中清光『収穫祭』（昭和三五年）、山本太郎『ゴリラ』（昭和三五年）などの名作が収蔵されている。

岡本喬『ヒメジョオンの蝶』（昭和三三年）には複本があるが、どちらにもジャケットが残っていて、一冊はデザイナーの高橋錦吉に宛てた、著者献呈署名入の極美本である。奥付下方に「ひびやこども室」の印があり「児童資料」の扱いとなっているものの、現在では閉架図書となっているためあまり手にする利用者がいないせいか、保存状態が格別に良い。

辻井喬『異邦人』（昭和三六年）は、国会図書館所蔵本も筆者所蔵本もともに、「発売所　昭森社」「1961. 7. 20」と印刷された貼り奥付がついているが、都立多摩図書館には、「１９６１年1月1日」の発行日を持ち「昭森社」の名前の入っていない別奥付（一一三頁）の本が所蔵されている。この二種類の奥付から言えることは、おそらく都立所蔵本が最初の形であったが、伊達の死に伴って、在庫本を昭森社で販売することとなったのだろう、急遽別紙で昭森社の名前入りの奥付を作り、もとのユリイカだけの奥付頁は切り去って昭森社版の奥付を貼り込むこととしたと考えられる。ちなみに、国会図書館本は納本された本ではなく、受入印の日付は昭和三六年一〇月九日、都立（東京都立日比谷図書館）の受入印の日付は昭和三六年一一月三〇日である。

多摩図書館で所蔵する詩集の中には、署名入本や寄贈本がある。

安東次男『死者の書』（昭和三〇年）には、前見返しに「丸谷才一様　恵存」というペン書きがある。

岡本喬『ヒメジョオンの蝶』表紙
（以下 114 頁まで、東京都立多摩図書館所蔵）

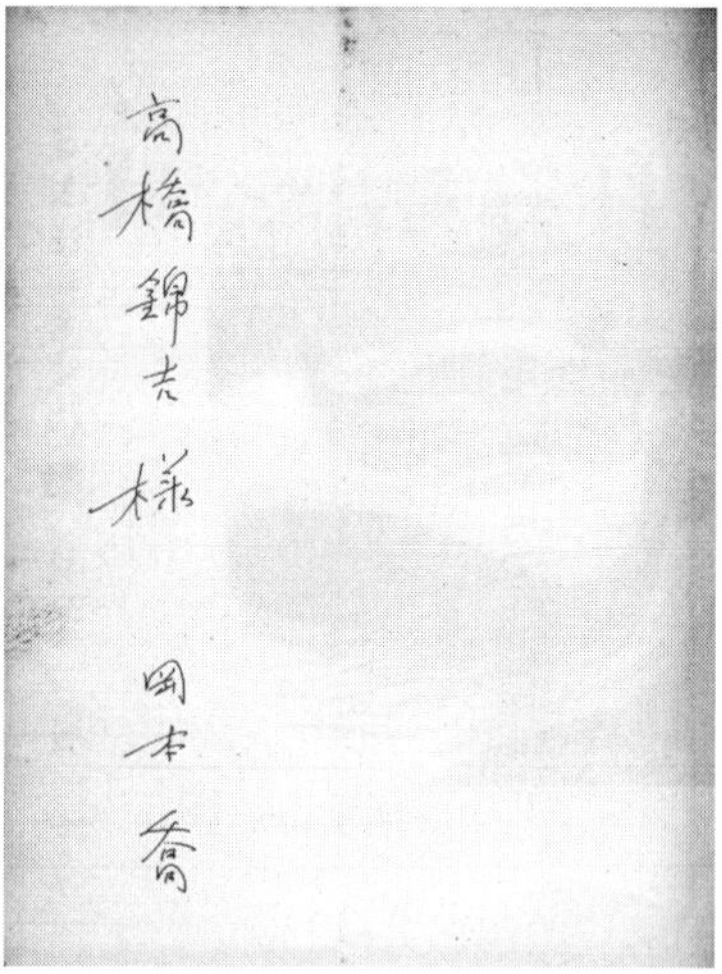

同、見返しの献呈署名

安東次男『死者の書』献呈署名

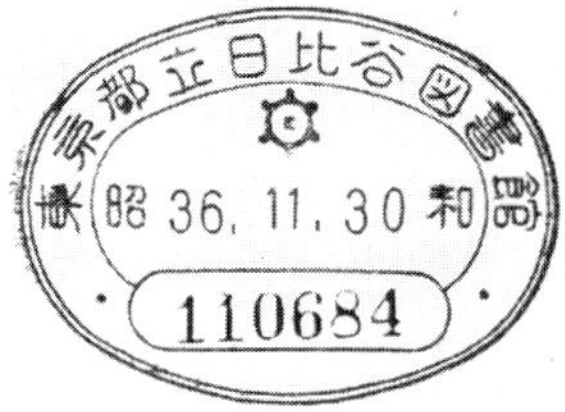

同、
東京都立日比谷図書館受入印

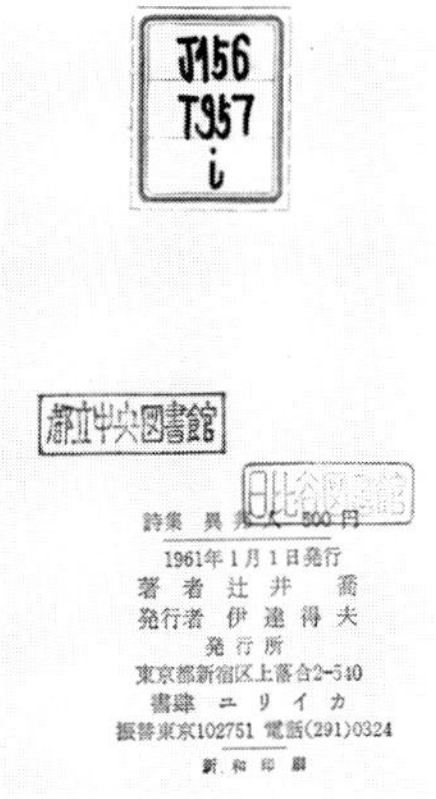

辻井喬『異邦人』奥付

同、見返しの旧蔵印

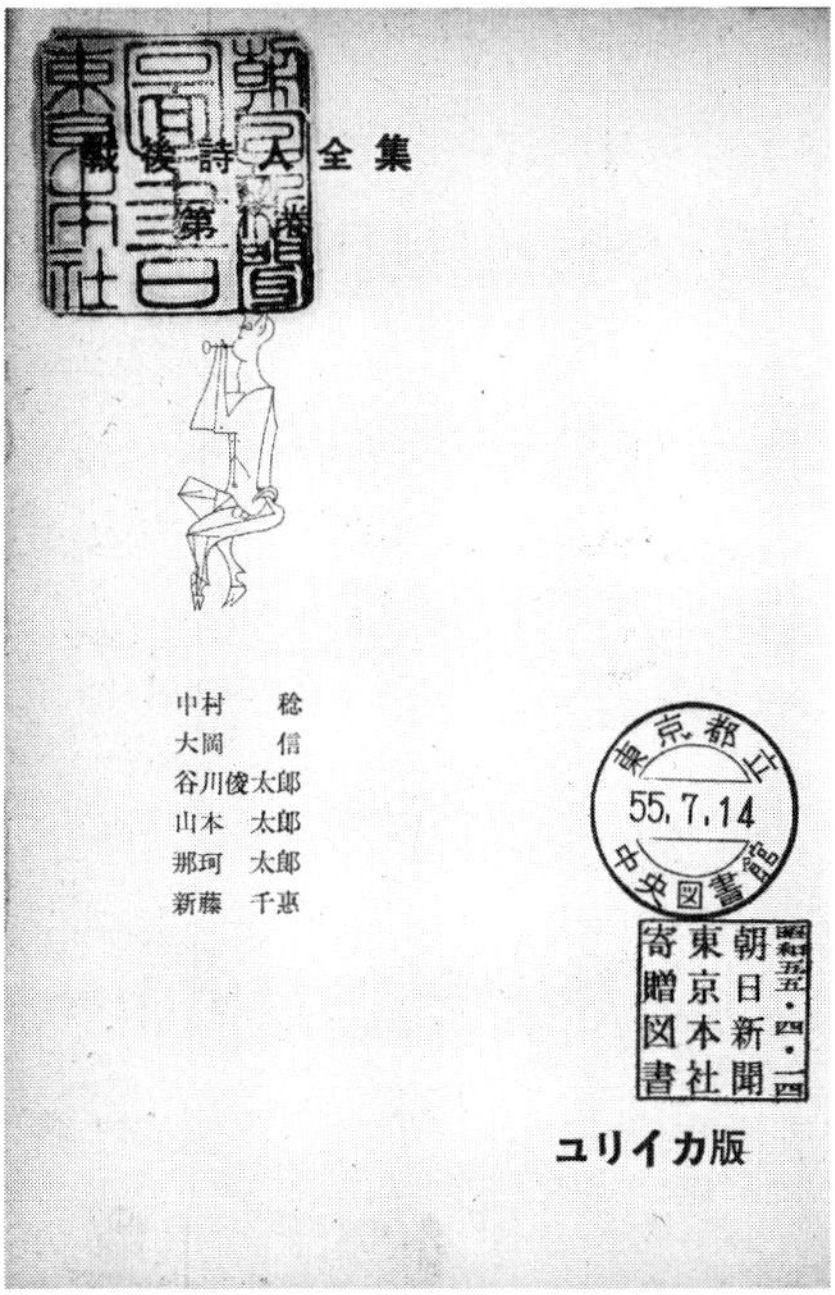

『戦後詩人全集』第1巻本扉

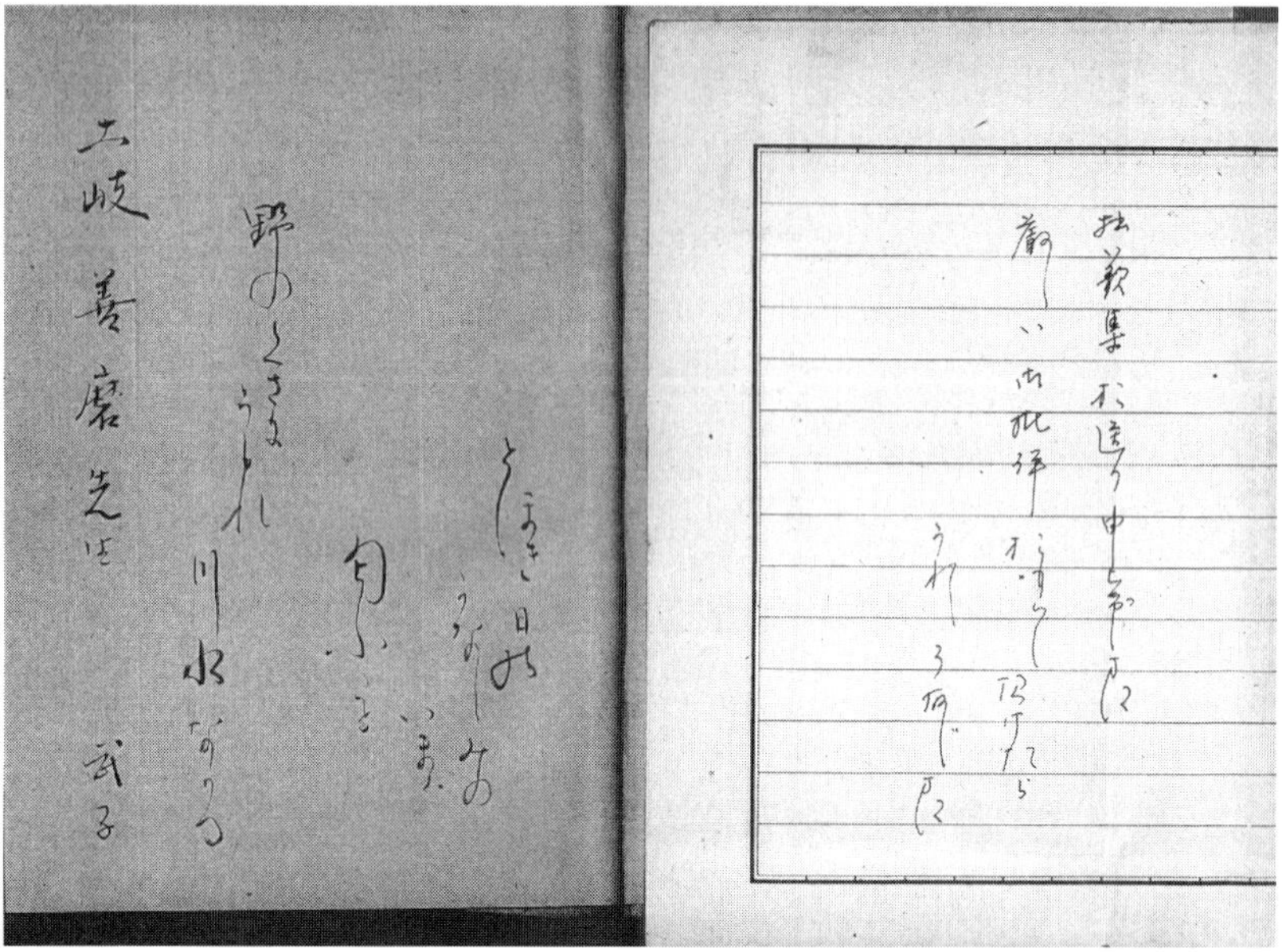

黒沢武子『冬の虹』見返しの献呈署名と書状

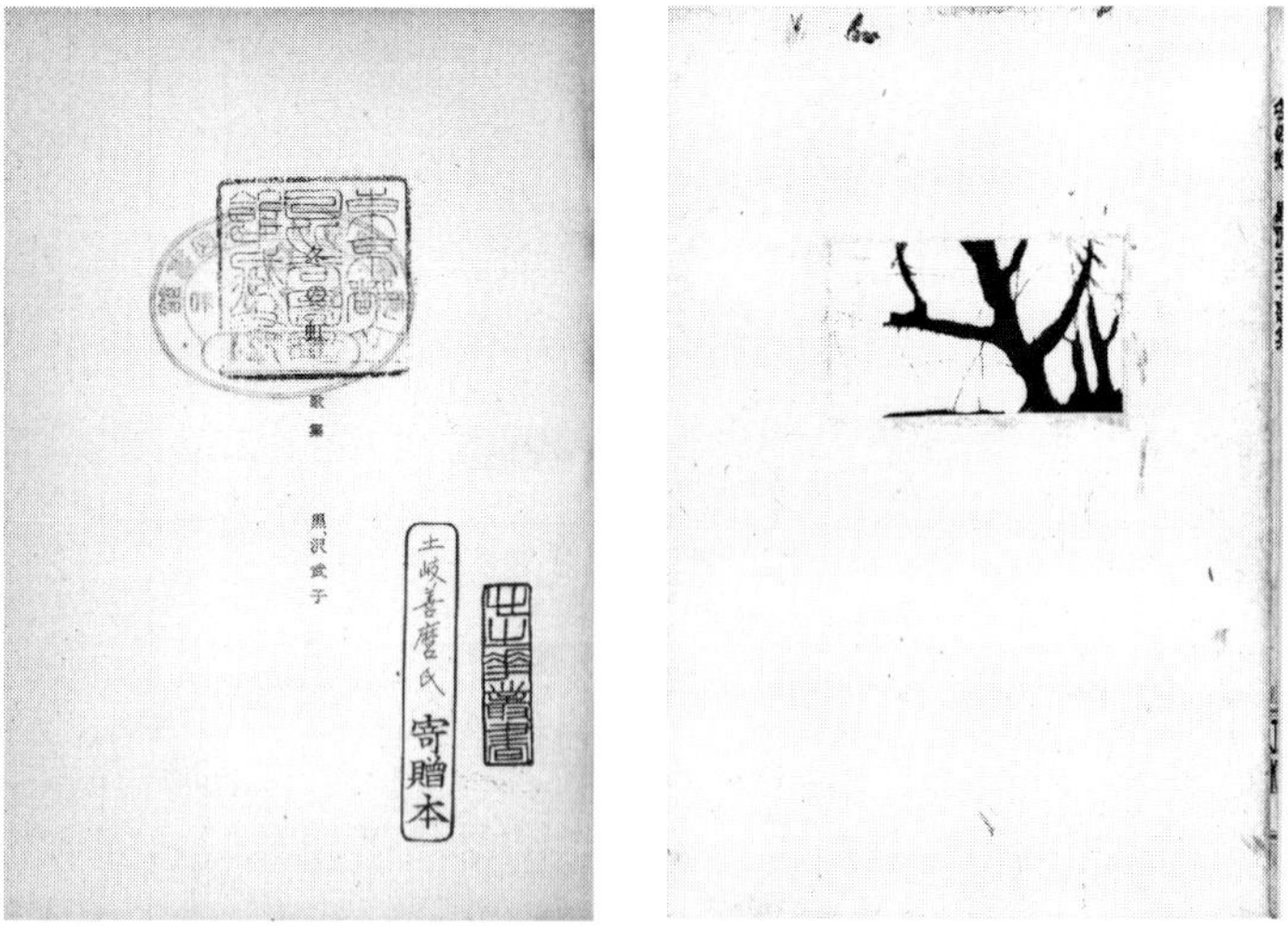

同、表紙（右）と本扉（左）

寄贈本には次のようなものがある。石原八束『秋風琴』（昭和三〇年）は著者寄贈本、多田智満子『花火』（昭和三一年）はフランス文学者の森本和夫寄贈本、明日の会『ぼくたちの未来のために』（昭和三一年）はやはりフランス文学者で都立日比谷図書館長も務めた杉捷夫からの寄贈本である。歌人であり、やはり日比谷図書館長を務めた土岐善麿からは、加藤克巳『宇宙塵』（昭和三一年、献呈署名入）、森岡貞香『未知』（昭和三一年）、前田透『断章』（昭和三二年、献呈署名入）、東博『蟠花』（昭和三四年）、黒沢武子『冬の虹』（昭和三三年）の五冊の歌集が寄贈されている。

『冬の虹』には、前見返しに美しい墨書で「とほき日のかなしみのいまは匂ふこと　野のくさにうもれ川水なかる武子」と分かち書きされていて、「拙歌集お送り申上げます　厳しい御批評おもらし頂けたらうれしう存じます」という土岐善麿にあてたペン書きの書状が貼付されている。著者は実践女子大学の卒業生であり、その図書館にも「母校図書館に　昭和十二年三月の一卒業生として　著者」という但し書きとともに、やはりこの同じ歌が書き付けられた『冬の虹』が寄贈されている。

多摩図書館には『戦後詩人全集』が第一巻（昭和二九年）のみ所蔵されているが、本扉に「昭和五五・四・一四　朝日新聞東京本社寄贈図書」という方印があり、前後の見返しには「朝日新聞東京本社調査部　29・9・7」という円印が押してあることから、これは朝日新聞東京本社調査部旧蔵本である。土岐善麿は朝日新聞社に勤務していたことがあり、本書もそのゆかりの一冊であるかもしれない。

都立日比谷図書館の元館長の旧蔵本は、この図書館ならではのコレクションと言えるだろう。

東京都立中央図書館
一〇時〜二一時（土日祝〜一七時三〇分）第一木曜・第三金曜休
〒一〇六 - 八五七五　港区南麻布五 - 七 - 一三
電話 〇三 - 三四四二 - 八四五一
東京メトロ「広尾」駅から徒歩八分
http://www.library.metro.tokyo.jp/12/index.html

東京都立多摩図書館
九時三〇分〜一九時（土日祝〜一七時）第一木曜・第三日曜休
〒一九〇‐八五四三　立川市錦町六‐三‐一　東京都多摩教育センター内
電話〇四二‐五二四‐七一八六
ＪＲ「西国立」駅から徒歩一〇分
http://www.library.metro.tokyo.jp/14/index.html

神奈川近代文学館

国立国会図書館や都立図書館の所蔵本は、前項で記したように、函やジャケットがなかったり図書館製本が施されたりして、原装をとどめていないものが多い。状態の良い本を見てみたい方は、文学館へ行くことをおすすめする。

神奈川近代文学館の所蔵資料は、神奈川近代文学館のサイトから、書名や著者名だけでなく、「装幀・挿画者名」など様々な条件で検索することができる。この検索機能は優れものだ。「神奈川近代文学館資料検索」のページで「出版者」に「書肆ユリイカ」と「ユリイカ」を二枠に「OR」で入力すると、図書二三三件（重複あり）と雑誌一一件がヒットする（平成二一年八月現在）。

目録の採り方はそれぞれの館ごとに方針があって、神奈川近代文学館は国会図書館とは少々異なる。国会図書館は、同じ著者の同じ書名で同じ出版社から出された同じ発行年月日の本は、限定版と普及版という明らかな違いがあっても一項目にまとめていたが、神奈川近代文学館は別々に立項している。もっとも、書肆ユリイカの本は、限定版一種類しか出していないことも多く、そうなると著録担当者が複数冊の同じ本を「限定版」として採った場合と「限定版」としては採らなかった場合とで別の項目ができてしまうことになる。神奈川近代文学館の検索結果では、こうした形で重複分も別本となっているケースが一〇点以上ある。更に、項目は一点であっても複本のあるケースも大変多く、正確な所蔵冊数は把握できない。

文学書の所蔵量が豊富であることは言を俟たないが、福田正次郎『ETUDES』（昭和二五年、「ユリイカ通信」第二号の挟み込みあり）、飯島耕一『他人の空』（昭和二八年）、山本太郎『歩行者の祈りの唄』（昭和二九年）、栗田勇『サボテン』（昭和三〇年、加藤正「エッチング作者として」一葉挟み込みあり）、安東次男『死者の書』（昭和三〇年、正誤表つき）、小山正孝詩・駒井哲郎画『愛しあふ男女』（昭和三二年）、吉岡実『僧侶』（昭和三三年）、清岡卓行『氷つた焔』（昭和三四年）など、書肆ユリイカの代表的出版物と見られるものはかなりの規模で所蔵されている。

所蔵本の中でも、門田育郎編『麦の穂の子』（昭和三一年）は珍本と言えるだろう。「宮城県不動堂中学児童詩集」というサブタイトルがついており、中学生の詩文集である。中学校の教員を務める門田が、受け持ちの生徒に書かせた詩をまとめた一冊で、ちゃんと「150円」という定価表示がある。門田は昭和二九年に『失落の湖』、昭和三〇年に『海の怒り』という詩集を書肆ユリイカから出版しており、その縁で本書も書肆ユリイカから発行することになったのだろう。

所蔵本には複本も多く、『中村真一郎詩集』（昭和二五年）は、野間宏・寺田透・城左門・坂本一亀の各氏に宛てられた献呈署名入り本四冊の所蔵があり、『ランボオ詩集』（昭和二四年）は初刷一冊と二刷二冊がある。

『吉岡實詩集』（「今日の詩人双書」第五巻、奥付の発行日は昭和三四年八月一〇日）は三冊所蔵しており、奥付の発行年月日は同じだが、制作時期が全部異なるようだ。印刷面の比較（一〇五頁参照）などから、次のような順だろうと推測できる。

- 一冊目（昭和三四年八月発行）……富本憲吉文庫所蔵本。奥付裏に「今日の詩人双書」第四巻までのラインナップが記されたリスト（広告）が掲載されている。
- 二冊目（昭和三四年八月から三五年一〇月までの間に制作。本書と同版である国会図書館本は、一〇一頁に記したように、昭和三五年一〇月一七日に、一三か月分の発行日の出版物一八冊がまとめて納本されたうちの一冊として受け入れられている。したがって本書も、納本受入印の日付までの期間のうちのどこかの時点で制作されたものと考えられる）……坂本一亀旧蔵本。国立国会図書館本と同版。奥付裏の双書広告なし。
- 三冊目（昭和三六年に制作？）……木村嘉長旧蔵本。本文の版が縮み、後刷本（増刷）である。「詩壇に最大の波紋を投げた問題の詩集「僧侶」全篇収録！」という帯つき。吉岡から詩人木村にあてて昭和三七年に寄贈したもの。

また雑誌も国会図書館には所蔵のない『ＳＩＸ』（ＳＩＸの会）創刊号（昭和三二年七月号）のほか、『今日』（存七冊）、『現在』（存一三冊）、『現代叢書』（存四冊）、『現代批評』（五冊揃）、『世代』（存一〇冊）、『灰皿』（存三冊）、『ユリイカ』（五三冊揃）、『律』（存二冊）、『鰐』（存九冊）などがあり、いずれも合本にしてしまわず、発行当時の原装そのままで保存しているところが貴重である。

中村稔『無言歌』覆い帙

門田育郎編『麦の穂の子』表紙
（以下 121 頁まで、
県立神奈川近代文学館所蔵）

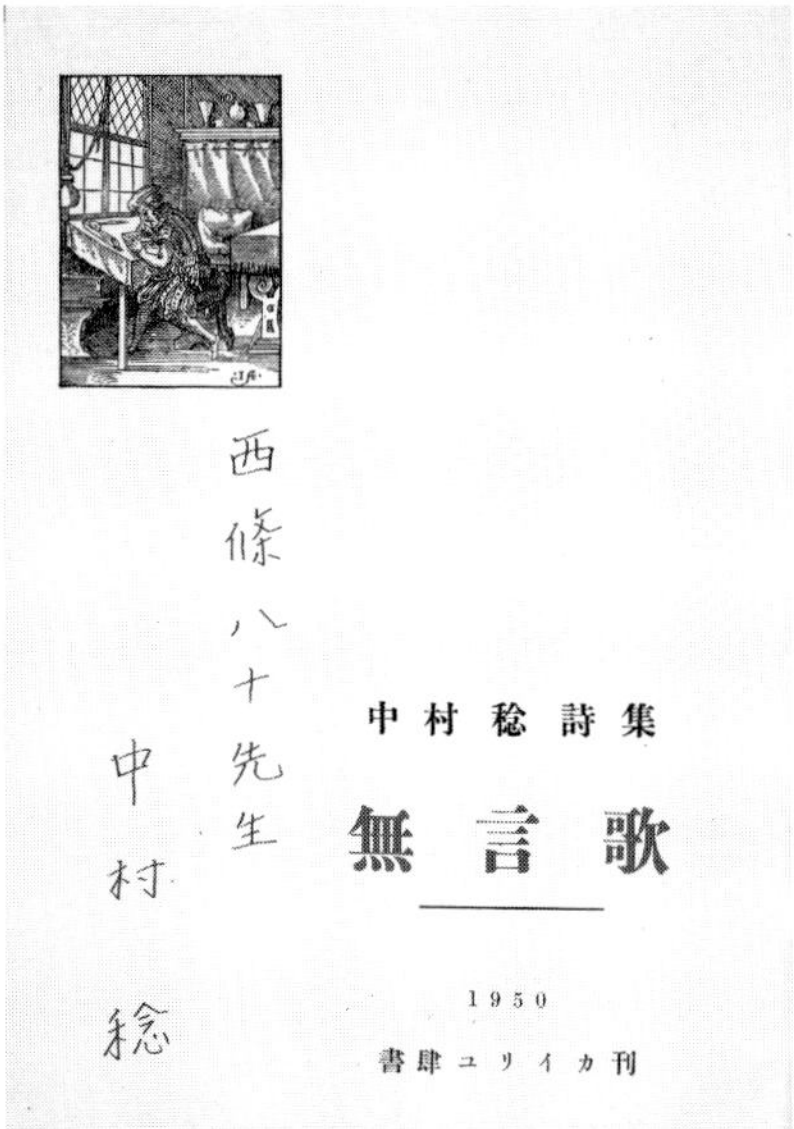

同、献呈署名入の本扉

『SIX』創刊号、表紙

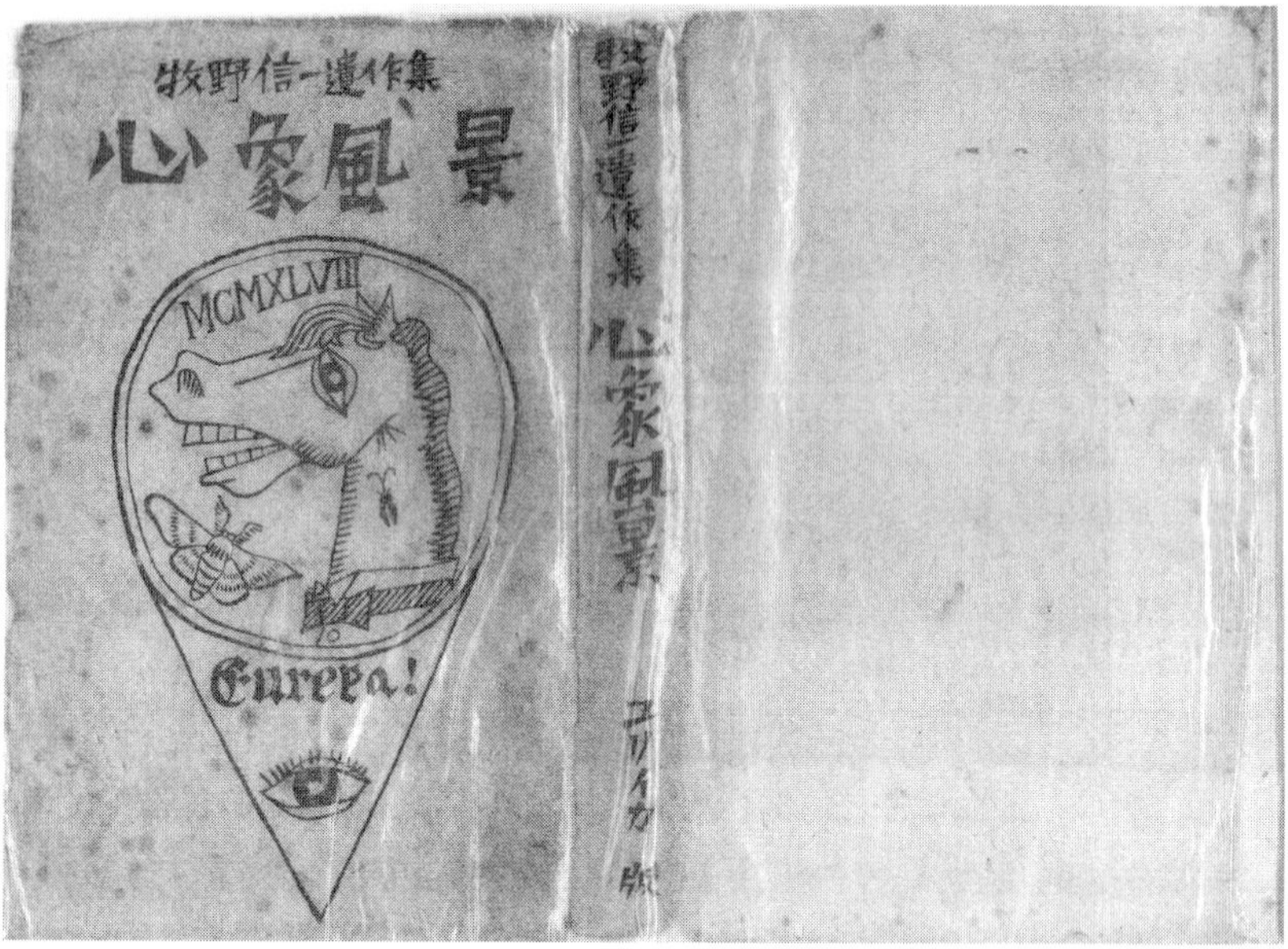

牧野信一『心象風景』ジャケット

同、表紙と背表紙

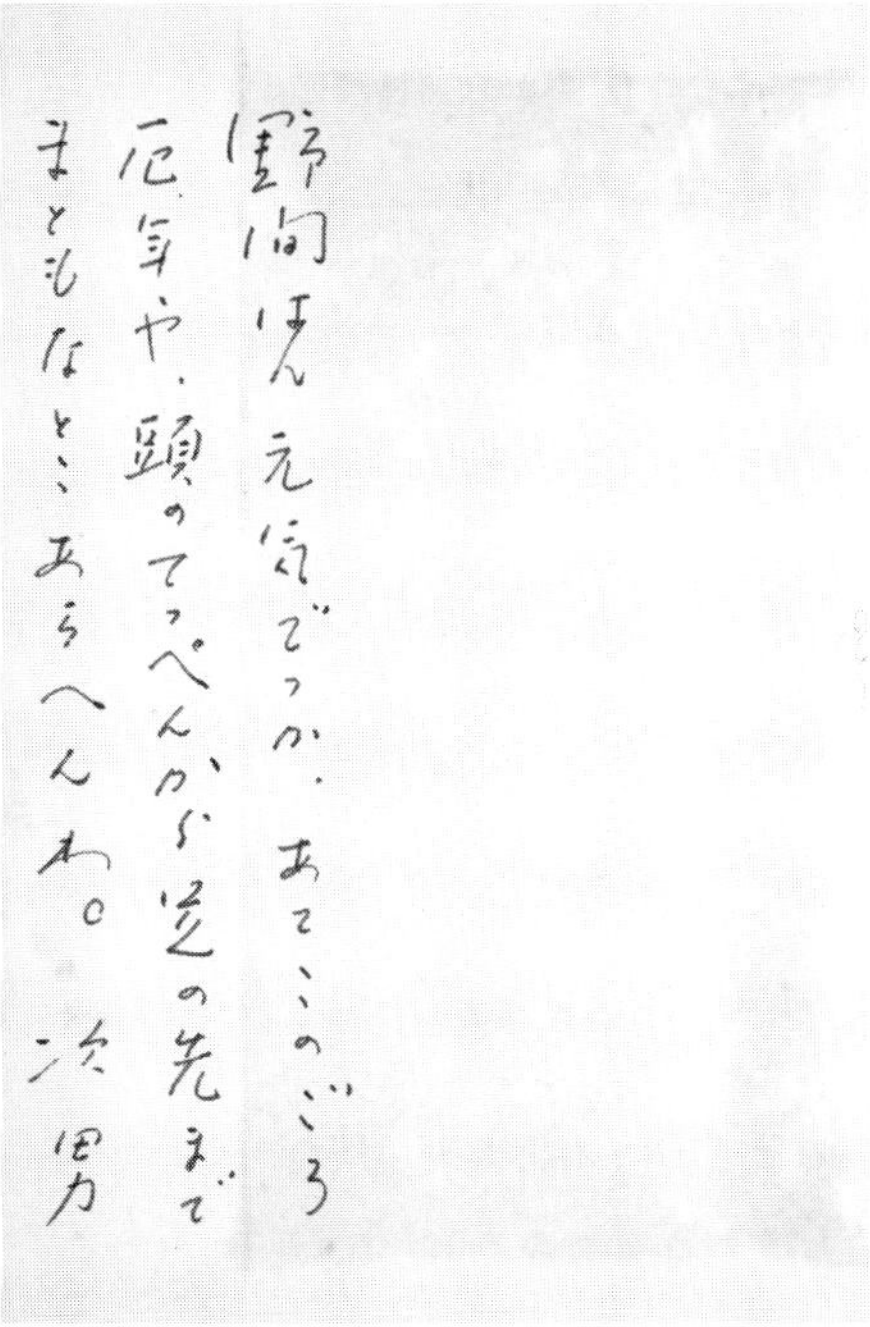
野間はん 元気でっか。あてこのごろ
厄年や、頭のてっぺんから足の先まで
まともなとこあらへんわ。 次男

安東次男『現代詩のイメージ』
野間宏への献辞

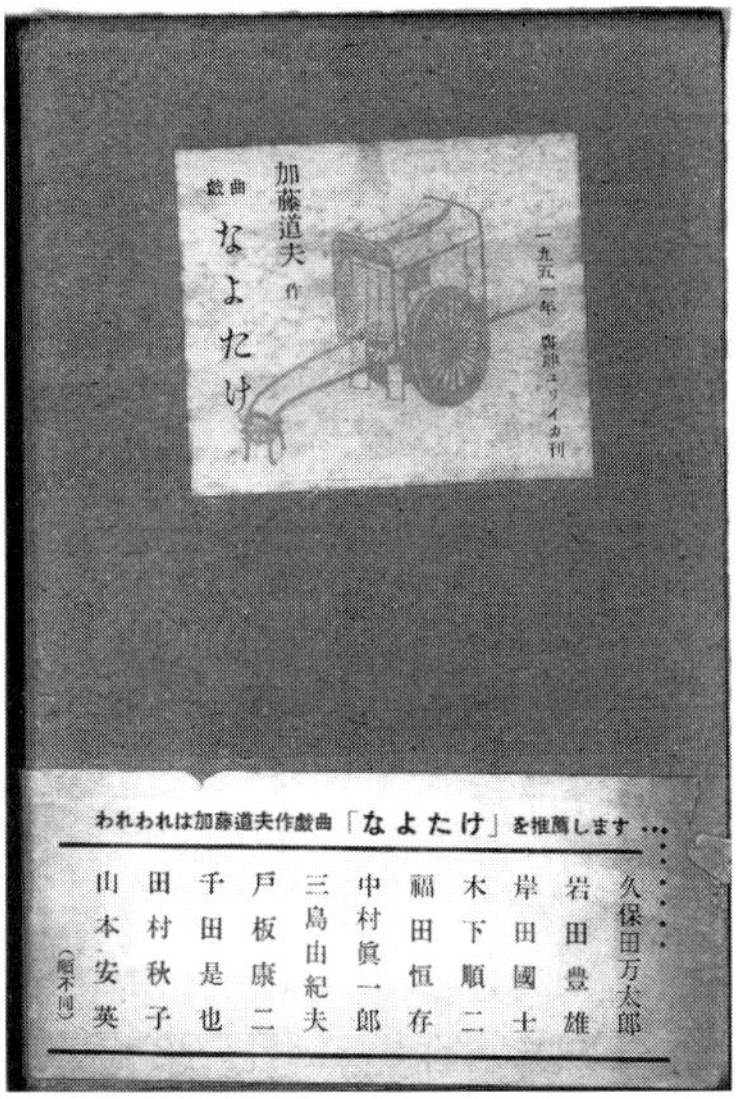

加藤道夫『なよたけ』１刷、帯つき函

真鍋呉夫『天命』２刷、帯つきジャケット

なかでも『ＳＩＸ』創刊号は大変珍しい。国会図書館の項（一〇六頁）でも記したようにＡ６判二〇頁の小さなパンフレットで、書肆ユリイカなど六つの出版社が協力して発行した、いわばＰＲ誌である。詩の本は売れないので、取次店も扱ってくれない、読者の手もとに届かない、という苦しい状況にあって、「なんとかして大衆の手に渡るようにしたい」という思いからこの版元が協力して「ＳＩＸの会」を作ったという一文が巻末にある。村野四郎「詩劇について」、安東次男「「六月のみどりの夜わ」のこと」、のほか、各社の出版物案内を載せている。

文学館所蔵資料の重要な特色として、作家や詩人からの一括納入コレクションが多いため、作家旧蔵本で献呈署名や識語などがあるものが多く、本そのものは同じでも、自筆書き入れという付加価値が個別に加わっているということがあげられる。神奈川近代文学館の書肆ユリイカの本は、愛書家垂涎の存在と言えるだろう。

贈り先の著名人たちは野間宏、大岡昇平、広津和郎、三井ふたばこ、木島始、寺田透、近藤東、中島可一郎など錚々たるメンバーで、献呈署名に添えられている言葉がまた興味深い。

里見一夫『月曜から月曜へ』（昭和三四年）「詩集へのご感想をいただければ幸いです」（近藤東宛、ペン書きメモの挟み込み）

『中村真一郎詩集』（昭和二五年）「野間宏ニ　友情ト感謝ヲ以テ　中村真一郎」（本扉にブルーブラックのペン書き）

石垣りん『私の前にある鍋とお釜と燃える火と』（昭和三四年）「はじめて詩集をこしらえました。貧しい内容でございますが、御覧いただけますならしあわせに存じます」（野間宏宛、活版印刷の名刺に黒ペンで添え書きして挟み込み）

太田浩『停車場』（昭和三二年）「本日御詩集落掌しました。ゆっくり拝読させていただきます。旧拙著御送りします。いつも、酔っていて失礼します」（宛先不明、ペン書きメモの挟み込み）

杉本春生『抒情の周辺』（昭和三〇年）「突然拙ない一本を御届け致します。現在〝地球〟で、細々と詩論めいたことをかいて居りますが、色々と御批判賜れば幸甚と存じます。長いあいだ療養して居りますので、視野がせまくその点からも、今後きびしいご難疑を御願い致します。かしこ」（野間宏宛、ブルーブラックのペン書き箋一葉挟み込み）

安東次男『現代詩のイメージ』（昭和三〇年）「野間はん元気でっか、あてこのごろ厄年や、頭のてっぺんから足の先ま

でまともなとこあらへんわ。次男」（野間宏宛、見返しに青ペン書き）
岸田衿子『忘れた秋』（昭和三〇年）「段々畑では　皆で旗を考案してる　それで動物たちは　国境でいつも迷っている
衿子」（藤田圭雄宛、挿画印刷頁のペン画下方に青ペン書き）

また、著者または関係者が施した何らかの痕跡のあるものがある。

たとえば『安東次男詩集』（昭和三一年）の三井ふたばこ宛献呈署名入本には、本文中に数か所、著者自筆と思われる黒ペンの誤植訂正の書き入れがあり、中原中也訳『ランボオ詩集』初刷（昭和二四年）の解説にも、やはりペン書きの修正が数か所ある。『ランボオ詩集』については、「彼はヴェルレーヌの詩は一行も訳してゐない」の「一行も」を「あまり数多くは」とするなど内容に関わる修正であることから、これはおそらく解説者・大岡昇平の自筆によるものと思われる。

『大岡信詩集』（昭和三五年、解説者・寺田透から久保覚宛献呈署名入本）では、おそらく当時現代思潮社の編集者だった久保が編集作業に使用したのだろう、寺田の解説「大岡信につき」のうち後半の一八頁分が切り取られている。作家たちがこの書物に触れたという痕跡を、直に感じ取れるのは感動的な体験である。ただし、ここの複写規定は通常複写では自筆資料をコピーできないことになっているため、普通に依頼しても著者の自筆部分（署名や書き入れなど）は白紙で隠されてしまい、手もとにとどめることはできないので、念のため。

ここでは受け入れ時の本の状態を極力維持する方針なので、中村稔『無言歌』（昭和二五年）の覆い帙や吉岡実『僧侶』（昭和三三年）の函も、飯島耕一『わが母音』（昭和三〇年）や牧野信一『心象風景』（昭和二三年）のたれつきジャケットも、さらには安部公房『飢えた皮膚』（昭和二七年）の真っ赤な細い斜め帯も、ちゃんと健在である。加藤道夫『なよたけ』（昭和二六年）一刷の帯つき函や真鍋呉夫『天命』（昭和二七年）再版（第二刷）の帯つきジャケットも珍しい。『心象風景』は所蔵する三冊のうちの一冊だけにジャケットがあるが、これは和紙に木版刷りと思われるもので、かなり傷んではいるもののよくぞ残っていたと感嘆せずにいられない。

こうした貴重かつ稀少な資料に触れる際は、言うまでもないことだが閲覧行為が破損や汚損につながらないよう、細心の注意を払うことが必要である。閲覧室内で飲食や喫煙などを行わないことは当然だが、資料に触れる前に手をよく洗う、資料を伏せて置いたり重ねて見たりしない、資料の間に所定の付箋以外の物（筆記用具など）を挟まない、筆記にはエンピツ以外は使わない、アクセサリー類は外すなど、節度ある態度を心がけたいものだ。

神奈川近代文学館
九時三〇分〜一八時三〇分（土日祝〜一七時）月曜休
〒二三一-〇八六二　横浜市中区山手町一一〇
電話〇四五-六二二-六六六六
みなとみらい線「元町・中華街」駅から徒歩一〇分
http://www.kanabun.or.jp/

日本近代文学館

神奈川近代文学館と同様、日本近代文学館の所蔵資料も、文学者旧蔵コレクションが多く、状態の良いものや著者の献呈署名が入っている貴重な本が大量にある。

ただ、平成二一年八月現在、図書の所蔵情報の多くがいまだデータ化されておらず、館内出納カウンター前のフロアに並ぶカード目録で調べなくてはならない（雑誌についてはネットで検索できる）。昨今の急激なデジタル化により、公共図書館や大学図書館などのほとんどが自宅に居ながらにしてネットで所蔵状況を確認できるようになってしまったため、その環境にない日本近代文学館の利用はいささか不便に感じられる。

特定の資料を探しているなら、所蔵の有無は電話で確認してもらうことができるものの、カード目録も書名目録と著者名目録のみなので、「書肆ユリイカの出版物」という条件で図書を探すことは大変難しく、何点くらい所蔵されているのか、その全貌を摑むことも容易ではない。

来館してからの所蔵調査時間を短縮するべく、筆者は事前に書肆ユリイカ出版物の目録を作成し、著者名の五十音順目録を自作して持参、著者名のカード目録を端から調べていったが、目録の中には大量の全集や叢書のカードが含まれており、これに行く手を阻まれた。叢書内掲載作が著者名目録に含まれているのは、特定の作家について掘り下げて調べる時には大変有用だが、単行本の有無を確認する際には、この厖大な枚数のカードの間に埋もれてしまい、見落としが発生するのである。

同じ詩人の著作が多くあるため、著者名目録で調べればカードボックスの間を歩き回る量が少なくてすむと考えたが、これなら書名の五十音順目録を作ったほうがよかったかも知れない。

結局、著者名目録で発見できなかった本については、改めて、書名目録のあちらこちらを歩き回って探していくこと

『中村真一郎詩集』口絵と本扉
（以下 128 頁まで、日本近代文学館所蔵）

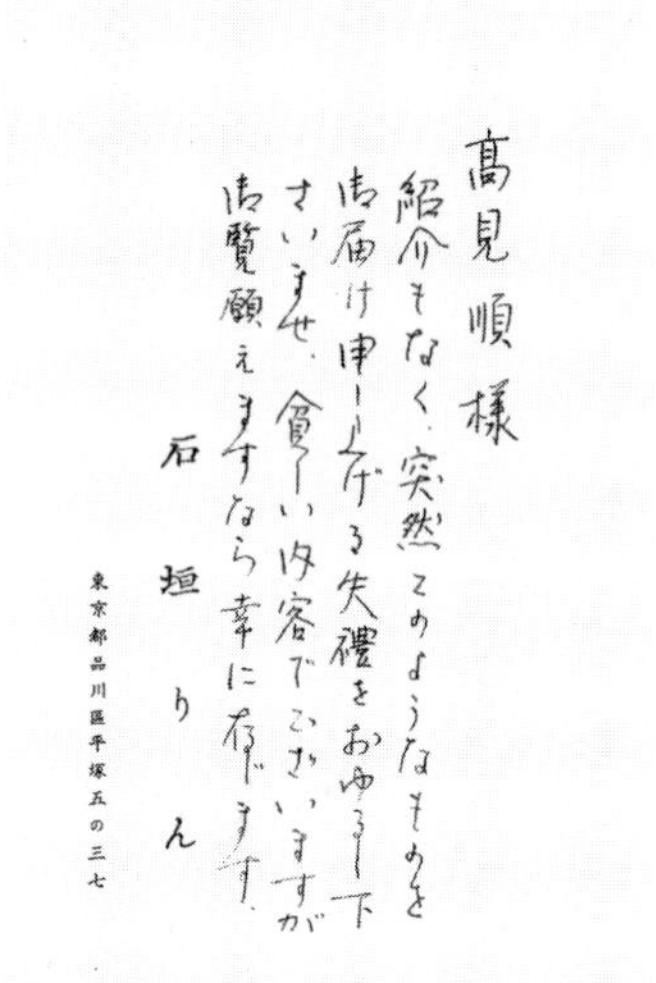

石垣りん『私の前にある鍋と
お釜と燃える火と』貼付名刺

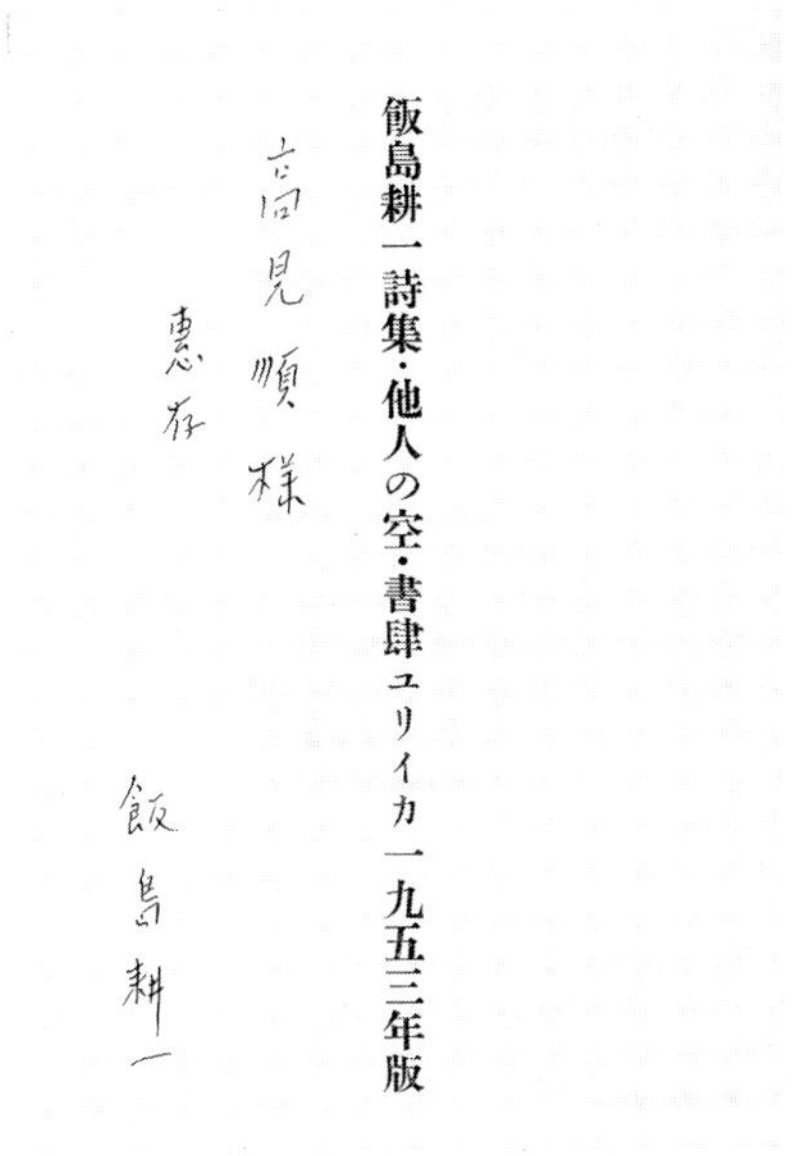

飯島耕一『他人の空』本扉

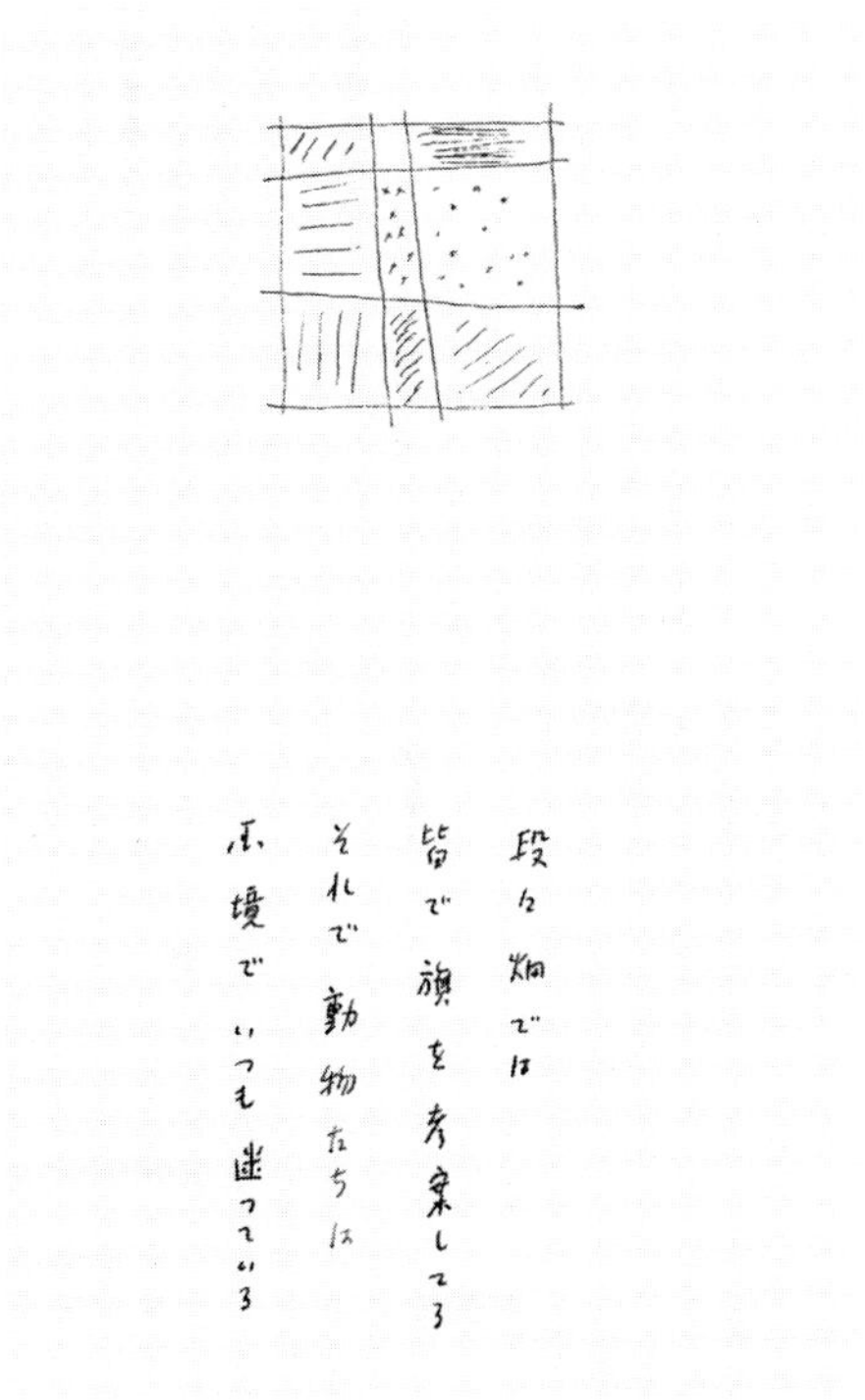

岸田衿子『忘れた秋』詩の書き入れ
（高見順宛献呈署名入本）

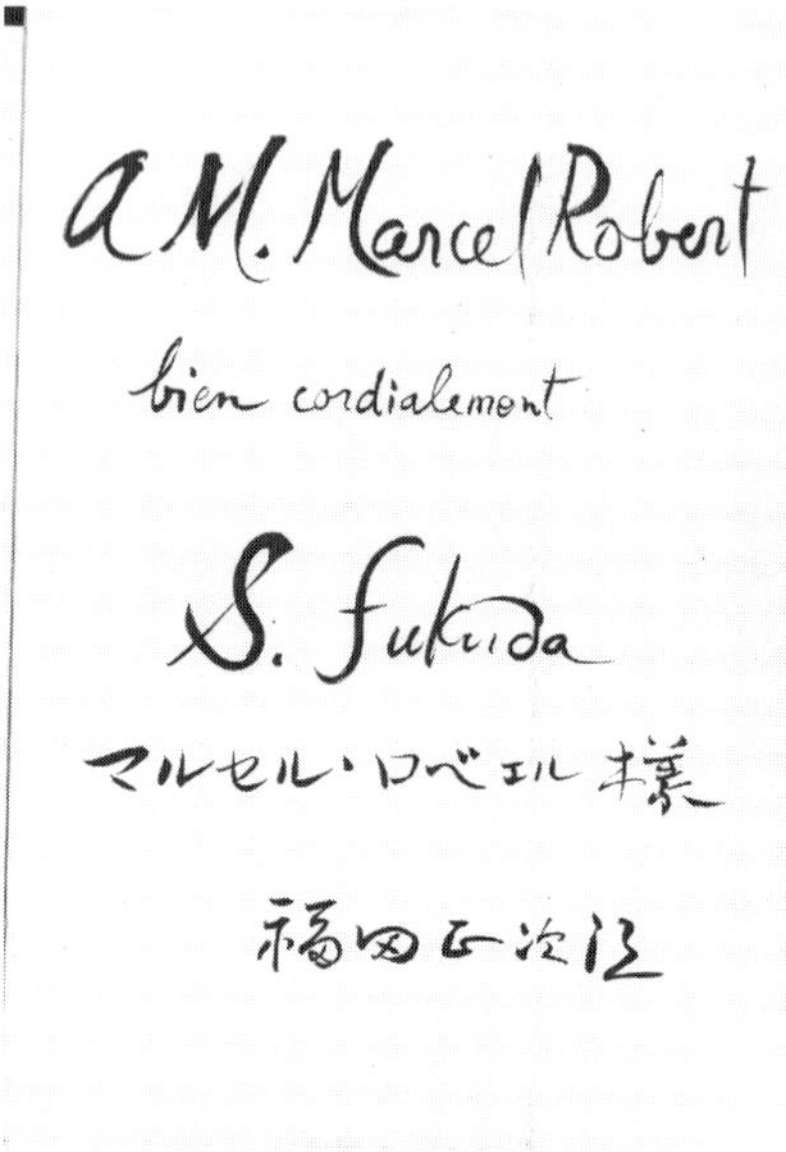

福田正次郎『ETUDES』見返しの献呈署名

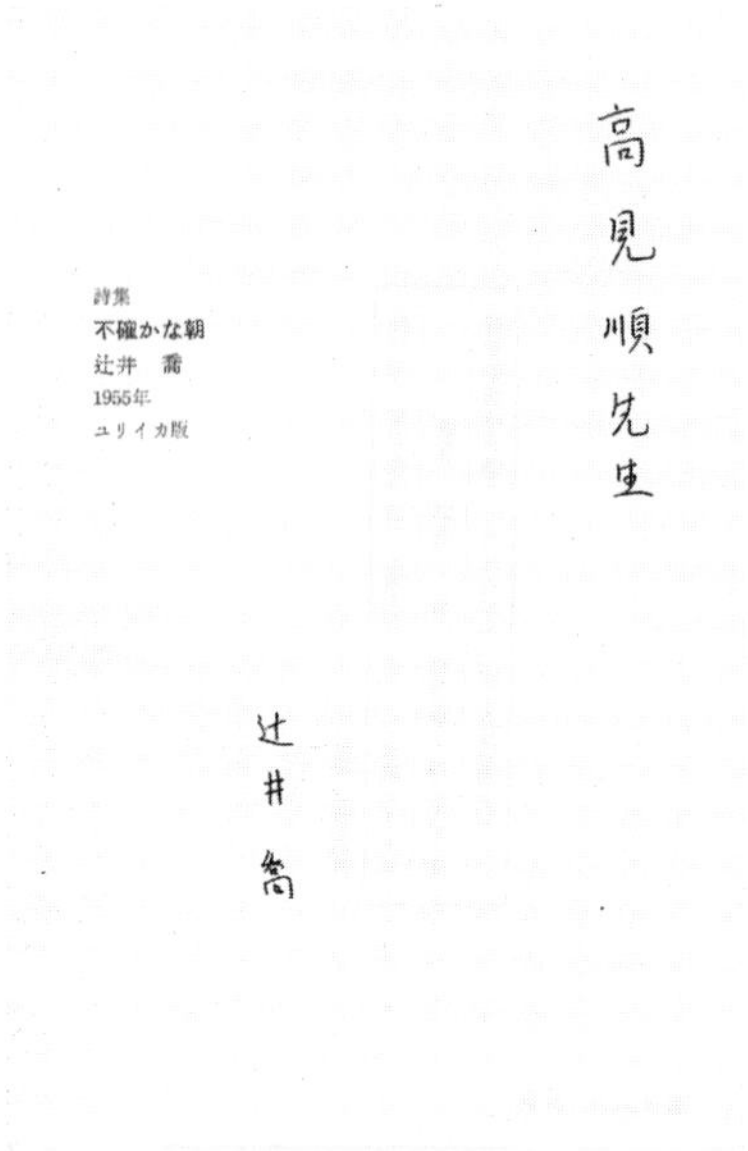

辻井喬『不確かな朝』本扉

『灰皿』創刊号表紙、装画は伊原通夫

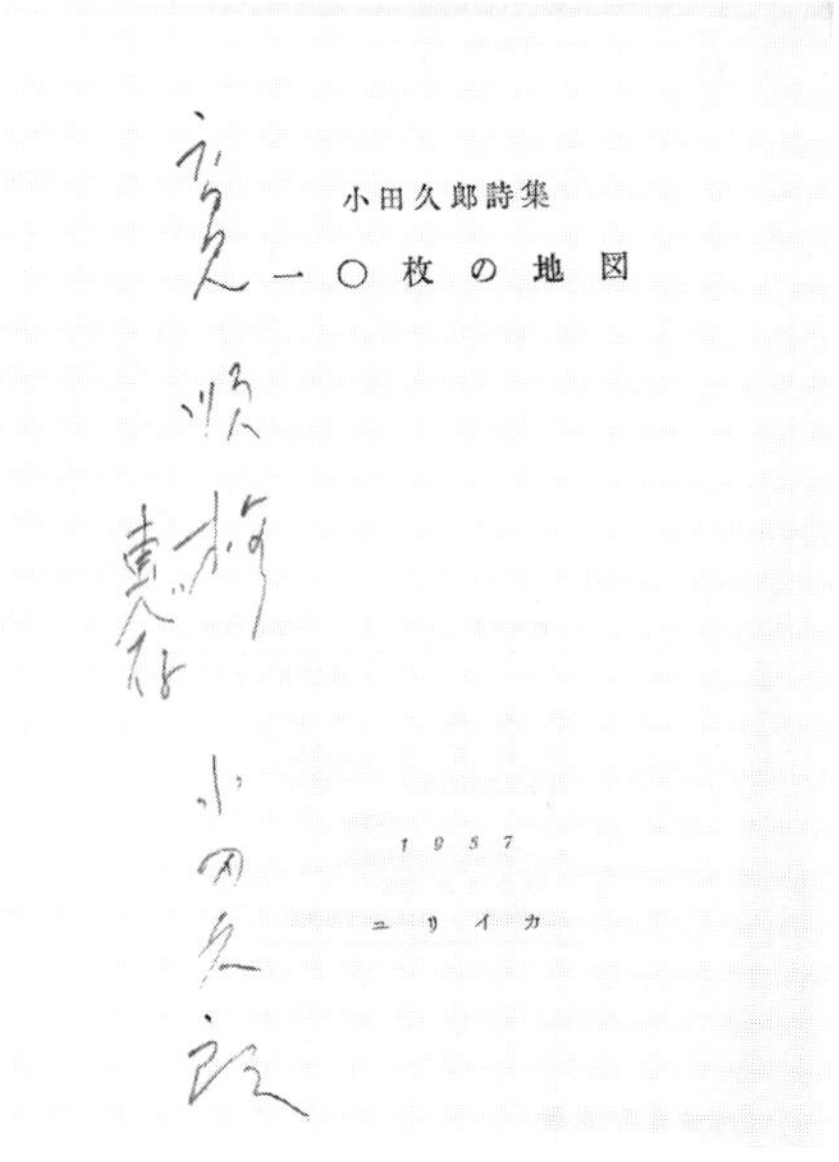

小田久郎『一〇枚の地図』改版、本扉

になり、長い時間を要した。

新収資料等についてはデータ化しており、館内の検索機で調べることができる。また現在、全資料のデータを入力中だそうで、平成二二年から漸次インターネット検索ができるよう整備しているとのことであった。

そのような次第で、書肆ユリイカの出版物が何点所蔵されているのかは現時点では不明ながら、福田正次郎（那珂太郎）『ETUDES』（昭和二五年）、飯島耕一『他人の空』（昭和二八年）、入沢康夫『夏至の火』（昭和三三年）、山本太郎『ゴリラ』（昭和三五年）、清岡卓行『氷つた焔』（昭和三四年、函つき）、大岡信『記憶と現在』（昭和三一年）、小田久郎『一〇枚の地図』改版（昭和三一年）、栗田勇『サボテン』（昭和三〇年）、宗左近『黒眼鏡』（昭和三四年）、安部公房『飢えた皮膚』（昭和二七年）などの代表的出版物は所蔵されている。

特筆すべきは高見順のコレクションがその多くを占め、この保存状態が驚くほどよいことである。平林敏彦『種子と破片』（昭和二九年）や山本太郎『歩行者の祈りの唄』（昭和二九年）などに函があるのをはじめ、『中村真一郎詩集』（昭和二五年）にはなんと茶色のスピン（ひも栞）までが残っている。高見順旧蔵本ではないが、岸田衿子『らいおん物語』（昭和三二年、中島健蔵宛献呈署名入り本）は覆い帙つきの美本、滝口雅子『鋼鉄の足』改版（昭和三五年一二月）には「第一回室生犀星賞受賞！」というオレンジ色の帯がある。

献呈署名入本ももちろんあり、『中村真一郎詩集』（昭和二五年）には「詩人高見順ニ初心ノ羞ヒヲ以テ」（青ペン書き）、石垣りん『私の前にある鍋とお釜と燃える火と』（昭和三四年）には神奈川近代文学館所蔵本と同様、活版刷りの名刺の右脇に丁寧な細いペン書きで「高見順様　紹介もなく、突然このようなものを御届け申し上げる失礼をおゆるし下さいませ。貧しい内容でございますが御覧願えますなら幸に存じます」と記してあり、岸田衿子『忘れた秋』（昭和三〇年、高見順宛献呈署名入）には、これもやはり神奈川近代文学館本と同様に印刷カットの下に「段々畑」の詩の自筆ペン書き入れがある。

高見の習慣だったのか、西村宏一『飛驒まで』（昭和三三年）は送られてきた封筒の差出人の住所氏名部分を切り取って本に挟んである。堀内幸枝『不思議な時計』（昭和三一年）にも、同じく封筒の差出人部分と、本書の裏表紙に貼られているのと同じ池田龍雄による時計のイラスト入り貼込み紙に住所氏名のスタンプを押したものも挟み込んである。この紫色のスタンプ印のある紙片は、堀内が添えて贈ったものであろう。

高見順は、昭和三七年頃から伊藤整、小田切進、稲垣達郎らとともに日本近代文学館の設立に心を砕いていたが、昭和三九年、雑誌一七〇〇種二五〇〇〇冊を館に寄贈、これは高見自身が戦前から多くの同人雑誌に関わっており、雑誌資料の重要性を認識していたことによる。高見は日本近代文学館の初代理事長を務めたが、癌に倒れ、昭和四〇年、館の起工式の日に亡くなった。

その後、図書一三〇〇〇冊余りのほか原稿・草稿類約三四〇点、書簡類約四四〇〇通が寄贈され、館の根幹をなす資料となっている。高見順文庫の図書のうち、日本文学の作品は五六〇〇冊余りで、戦後作家の作品や詩集が数多い。そして献辞や署名入りのものが珍しくないのである。

なお吉岡実『僧侶』（昭和三三年）は、著者から日本近代文学館へ直接寄贈された本である。

福田正次郎『ETUDES』の見返しには、「A M. Marcel Robert bien cordialement S. Fukuda マルセル・ロベエル様 福田正次郎」と流麗な毛筆で記してある。毛筆で横書き、それもフランス語の献呈署名は珍しい。

日本近代文学館では原装の保存を心がけていて、函やジャケットなどの外装を廃棄はせず、請求記号のラベルも資料に直に貼らないで、本にグラシンやセロファンをかけ、その上に貼っているものが多い。ただ、筆者が閲覧した『稲垣足穂全集』などは、外れるのを防ぐためにセロファンをセロテープで止めてあり、劣化したテープが見返しにシミを作っていた。テープ止めは複数箇所あって、何本かは旧蔵者が施した可能性もあるが、このように保存のためと判断して行ったことがかえって仇になるケースもあるので、注意が必要である。

雑誌は『今日』（一〇冊揃）、『現在』（存一四冊、うち三冊はコピー資料）、『現代叢書』（存三冊）、『現代批評』（五冊揃）、『灰皿』（存四冊）、『ユリイカ』（五三冊揃）、『律』（存二冊）、『鰐』（一〇冊揃）、『世代』（存一三冊、ほかに複製の一七冊揃・別冊解説つきあり）などがある。合本にしてしまわず、一冊ごとの形でそのまま保存している姿勢には頭が下がる。

書肆ユリイカが発行するような薄冊の冊子は特に整理保存に手間がかかるので、通常の図書館では合本にされることがほとんどである。合本にしたほうが管理する側は楽であるが、外装の背に印刷された情報は消え去り、複数冊を合体させて硬い表紙を取り付けることで開きは悪くなり、のどの方は非常に見づらくなる。また、原装の製本構造が中綴じであったか平綴じであったか、または未綴じであったかもわからなくなってしまう。一冊ずつのままの状態であったほうが、発刊当時の雰囲気を感じ取ることもでき、また筆者のように製本構造の研究をする者にとっては、貴重な情報と価値を有する存在ともなるので大変有り難いことだ。今後もこの方針はぜひとも貫いて欲しいものである。

神奈川近代文学館や日本近代文学館で閲覧していると、これまで、そこにある書物に人々が細やかな心遣いを持って接してきたことが伝わってくる。今まで多くの人々によって大切に扱われてきた書物だとわかれば、次に閲覧する利用者も自然と丁寧な扱いをするようになるのではないだろうか。

日本近代文学館
満一八歳以上の者が入館・利用可能、閲覧料金一人一日三〇〇円
九時三〇分〜一六時三〇分　日曜・月曜・第四木曜休
〒一五三-〇〇四一　目黒区駒場四-三-五五　駒場公園内
電話〇三-三四六八-四一八一
京王井の頭線「駒場東大前」駅から徒歩一〇分
http://www.bungakukan.or.jp/

＊以上の利用の条件や状況は平成二一年八月現在のものである。資料の劣化や破損などにより、利用方法が変更されたり、制限されたりする場合がある。不明な点は各館にお尋ねいただきたい。

また、ここに述べた資料はいずれも出版から既に五〇年の時を経過しており、本文紙や函などの素材が傷んでいたり製本が壊れていたりすることがある。特に書肆ユリイカの出版物は戦後すぐの経済事情が厳しい時代に制作され、使用された用紙が酸性紙であるケースも多いため、大正時代や昭和初期の資料などよりも、よほど破損しやすいのが現状で

ある。本を落としたり、本文を開きすぎたりなどの衝撃だけで、予想以上にたやすく綴じが壊れたり用紙が破れたりすることがある。紙素材自体がもろいことから、この時代の書物は修復も大変困難である。

貴重な資料であると同時に、壊れやすいという危険も多々はらんでいるため、閲覧時の取扱いには充分な留意をお願いする次第である。

3

書肆ユリイカの本を調べる

一　前田出版社はいつまであったか

伊達の遺稿をまとめた『詩人たち　ユリイカ抄』（平凡社ライブラリー、平成一七年）には、出版活動の折々に詩人たちと繰り広げたエピソードが数多く記されている。本書には詩人やその関係者、詩集の名なども実名で登場するので、それぞれの本が世に出るにあたっての本当のできごとが書き記されていると思いがちだが、出版物の実物を手にして見ると、どうも事実と食い違う点が多いとわかってくる。

前田出版社にいた伊達が書肆ユリイカとして独立することになった経緯を、伊達は本書冒頭の「「余は発見せり」」の中で次のように書いている。

「［昭和］二十二年の暮、ぼくのつとめ先は、尨大な返本を屑屋に叩き売って倒産した。ぼくは個人で出版をつづけようと考えた」、そして「ぼくが始める出版の最初の仕事として『二十歳のエチュード』を改版して出」すことになった、と。

書肆ユリイカ最初の出版物である『二十歳のエチュード』の初版（第一刷）を見ると、奥付の発行年月日は「1948, 2, 25」（図1―1）となっている。昭和二二年の暮に前田出版社が倒産、書肆ユリイカとして独立してから本を制作すれば、翌二三年の二月下旬に出版という時間経過は辻褄が合うように思える。

ところが、前田出版社の出版物を調べると、昭和二三年の出版物が何点かあるのだ。まずは、前田出版社が実際にはいつ頃まで出版活動を行っていたか、つまり会社がいつ頃まであったのかであるが、この点については、既に長谷川郁夫『われ発見せり』（書肆山田、平成四年）や中村稔『私の昭和史・戦後篇』（青土社、平成二〇年）で記されている情報に加えて、別の調査からも検討を重ねてみたい。

インターネットに接続し、国会図書館の蔵書検索・申込システムNDL・OPACで出版者に「前田出版社」と入力して検索するだけでも、数点の出版物がヒットする。発行したのが昭和二三年の何月なのかまではOPAC情報に出てこないが、同社発行の雑誌『文壇』で所蔵されているうちの最後の号である第二巻第四号は「昭和23・5」とある。このあたりまでは、前田出版社は存続していた可能性があるわけだ。

『二十歳のエチュード』の奥付の二月二五日よりも大幅に遅い年月日の出版物があるなら、「二十二年の暮」に前田出版社が倒産してから伊達が書肆ユリイカを興したという記述は、事実と反することになる。しかし奥付の発行年月日は鵜呑みにできないので、本や雑誌の実物を可能

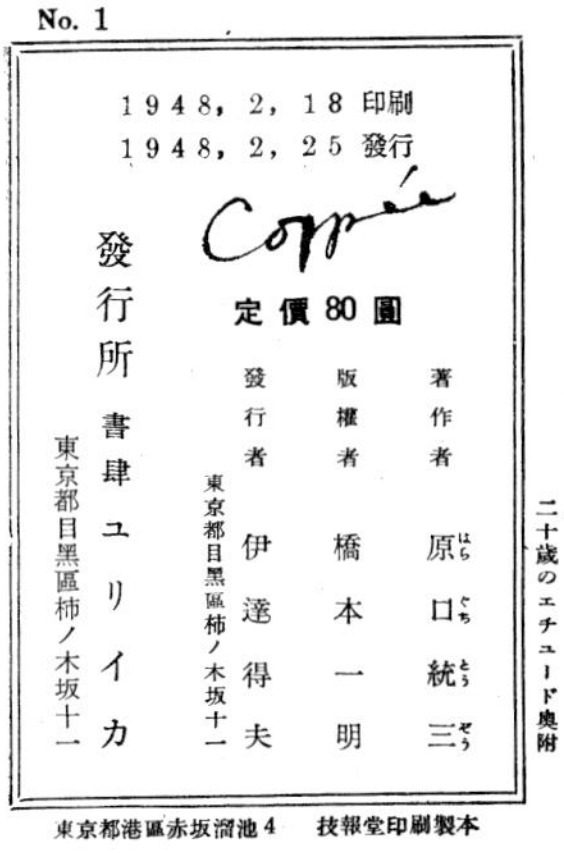
No. 1

1948，2，18 印刷
1948，2，25 發行

Coppée

定價80圓

著作者 原《はら》口《くち》統《とう》三《ぞう》
版權者 橋本一明
發行者 伊達得夫
東京都目黒區柿ノ木坂十一

發行所 書肆ユリイカ
東京都目黒區柿ノ木坂十一

東京都港區赤坂溜池4 技報堂印刷製本

二十歳のエチュード奥附

図1-1 書肆ユリイカ版
『二十歳のエチュード』初版、奥付

な限りたくさん見て検討する必要がある。

雑誌『文壇』は、昭和二三年五月発行号が最終号とは限らないので、Yahoo! JAPANの検索サービスで「文壇　前田出版社」と入力して調べると「プランゲ文庫雑誌コレクション」の明細リストがヒット、第二巻第五号（昭和二三年六月）までは存在するらしいとわかった。これはマイクロフィッシュを国会図書館で閲覧することができる。

国会図書館へ行き、通常閲覧のできる『文壇』の最終所蔵号、第二巻第四号を請求して、「昭和二十三年四月十日発行」という奥付を一応複写しておく（図1―2）。それから四階の憲政資料室で、プランゲ文庫資料閲覧のための申請書に記入して資料請求する。マイクロ複写の申請書をさらに記入して、やっと複写が可能になる。『文壇』第二巻第五号の発行年月日は、「昭和廿三年六月一日」（図1―3）であった。

単行本では同館に宮沢賢治等著『みんな天を目指して』と宇野浩二等著『月夜に森の中では』の二冊があるはずなので、この二冊を請求しようとして館内の検索機で入力するが、なぜか出てこない。中央カウンター右脇の案内所で尋ねると、所蔵しているのは国際子ども図書館だという。自宅のパソコンで国会図書館のOPACを使う時、調べる対象館があらかじめ東京本館・関西館・国際子ども図書館の三館全部の設定となっているので、うっかりしていた。データがヒットしたからといって、実物が東京本館に全部あるわけではなかったのだ。

なんとか場所を移動せずに複写物を入手できないかと考え、人文総合

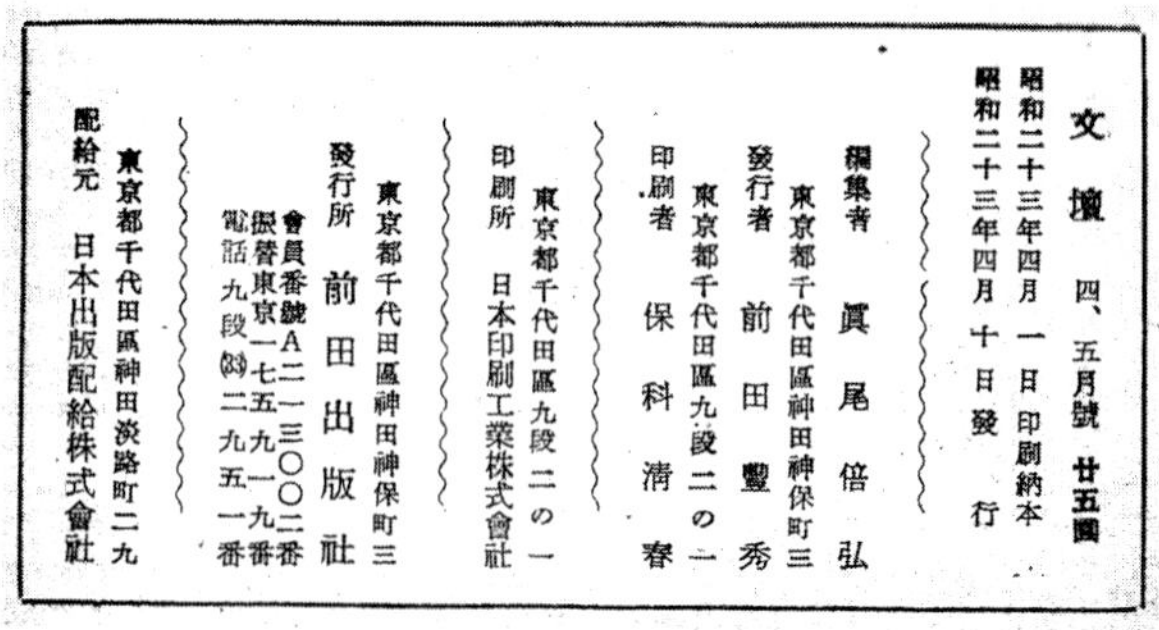
文壇　四、五月號　廿五圓
昭和二十三年四月　一日　印刷納本
昭和二十三年四月　十日　發　行
編集者　眞尾倍弘
東京都千代田區神田神保町三
發行者　前田豐秀
東京都千代田區九段二の一
印刷者　保科清春
東京都千代田區九段二の一
印刷所　日本印刷工業株式會社
東京都千代田區神田神保町三
發行所　前田出版社
會員番號A二一三〇〇二番
振替東京一七五九一九番
電話九段(33)二九五一番
東京都千代田區神田淡路町二九
配給元　日本出版配給株式會社

図1-2　『文壇』第2巻第4号、奥付（国立国会図書館所蔵）

青土社

刊行案内

No.79　Summer 2009

■ 小社の最新刊は月刊誌「ユリイカ」「現代思想」の巻末新刊案内をご覧ください。

■ ご注文はなるべくお近くの書店にてお願いいたします。

■ 小社に直接ご注文の場合は、下記へお電話でお問い合わせ下さい。

■ 定価表示はすべて税込です。

東京都千代田区神田神保町1-29市瀬ビル
〒101-0051　　TEL03-3294-7829

情報室のネット接続できるパソコンから国会図書館のサイトにログインして二点の郵送複写を依頼する。一度は受け付けられたものの、結局は資料劣化のため複写してもらえないことが判明、そこで館内から子ども図書館に電話して、奥付の年月日と図書館への受入経緯と時期が知りたいだけであることを伝えると、「書誌事項調査ということで承ります」と、文書で回答を郵送してくれることになった。

前田出版社の昭和二三年の出版物である『みんな天を目指して』と『月夜に森の中では』は、「日本児童文学選」というシリーズである。こ

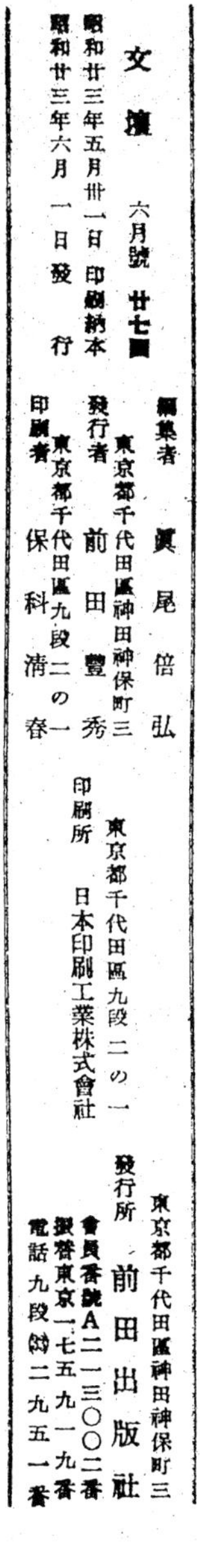
文壇 六月號 廿七圓
昭和廿三年五月廿一日 印刷納本
昭和廿三年六月 一日 發 行
編集者 眞尾倍弘
發行者 東京都千代田區神田神保町三 前田豊秀
印刷者 東京都千代田區九段二の一 保科清春
印刷所 東京都千代田區九段二の一 日本印刷工業株式會社
發行所 東京都千代田區神田神保町三 前田出版社
會員番號A二一三〇〇二番
振替東京一七五九一九番
電話九段(33)二九五一番

図 1-3
『文壇』第 2 巻第 5 号、奥付
（国立国会図書館所蔵）
プランゲ文庫雑誌マイクロフィルムより転載。
原本はメリーランド大学図書館プランゲ文庫所蔵。

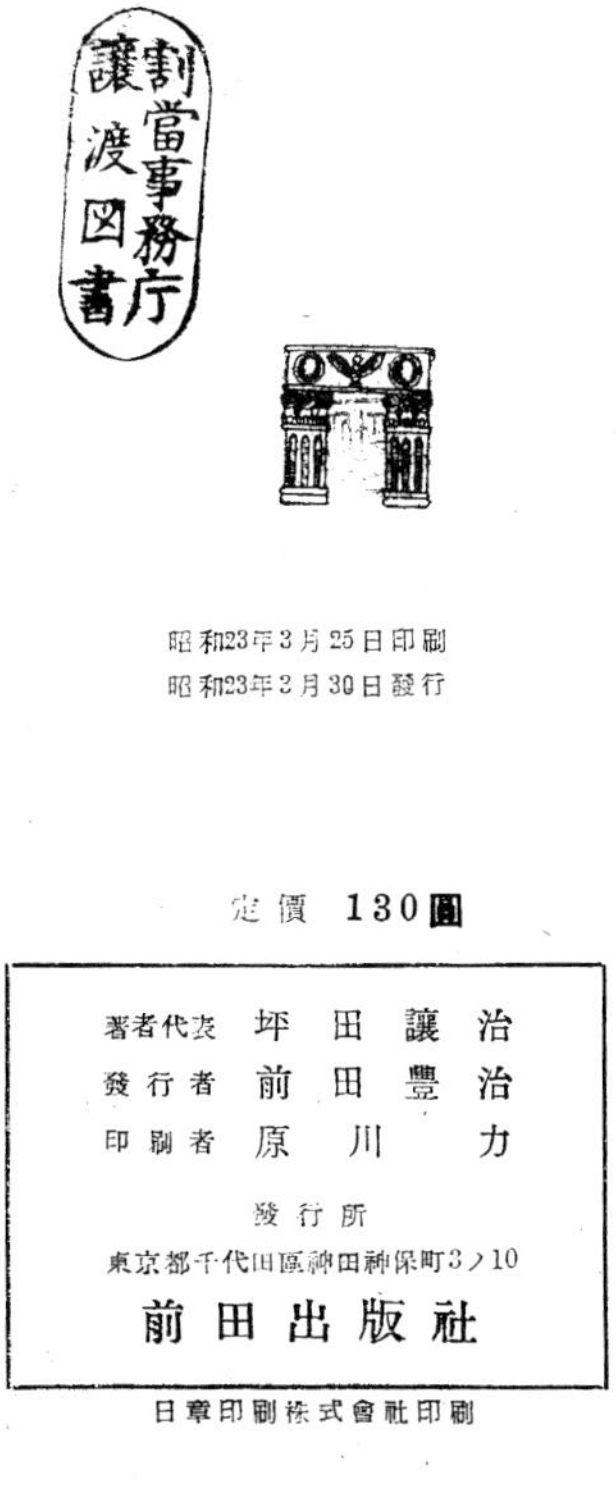
割當事務庁
讓渡図書

昭和23年3月25日印刷
昭和23年3月30日發行

定價 130圓

著者代表 坪田譲治
發行者 前田豊治
印刷者 原川力
發行所
東京都千代田區神田神保町3ノ10
前田出版社

日章印刷株式會社印刷

図 1-4 『みんな天を目指して』奥付
（国際子ども図書館所蔵）

れは複写した雑誌『文壇』の裏表紙などにも出版広告が出ていて、国会図書館には所蔵されていない『わかくさの童子ら』というもう一冊の本もあったことがわかる。

国立情報学研究所の大学図書館蔵書検索サービスNACSIS Webcatで所蔵情報を調べると、『わかくさの童子ら』は茨城大学附属図書館と大阪教育大学附属図書館にあることが判明する。茨城大学附属図書館に電話で郵送複写について尋ねると、最寄の公共図書館から依頼するように言われ、横浜市港北図書館に電話で頼む。

国際子ども図書館所蔵の『みんな天を目指して』の複写物が届く。奥付の発行年月日は「昭和23年3月30日」であった（図1―4）。国会図書館所蔵本は納本された本の場合、日付印があれば、その時期には間違いなく本ができあがっていたこと、同時に出版社も存在していた可能性が高いことが推測できる。それを期待して、まず国会図書館本をチェックするわけだが、昭和二三年というと、本書九七頁に記したように、ちょうど戦後の新しい納本制度が創設されたばかりの時期で、新制度がまだ浸透していない。戦前は検閲のための納本が厳しく義務づけられていたので、この日付印が信頼できる証拠として使えるのだが、終戦直後のこの時期のものについては、確実な拠り所となる情報が少ない。『みんな天を目指して』も、奥付に「割当事務庁譲渡図書」という、用紙割当を管轄する機関を経由した資料であることを示す楕円印（九七頁参照）があるだけで、納本印はもちろん日付印もないため、受入時期はよくわから

図1-5　『月夜に森の中では』表紙（日本近代文学館所蔵）

昭和23年5月25日印刷
昭和23年6月1日發行

定價130圓

著者代表　宇野浩二
發行者　前田豊秀
印刷者　小坂孟

發行所
東京都千代田區神田神保町3ノ10
前田出版社

図1-6　同、奥付

ない。
『月夜に森の中では』についての調査回答も届く。奥付の発行年月日は「昭和23年6月1日」で、納本印はないとのこと。文書には「国立国会図書館収集書誌部の調査によりますと、昭和二三年九月八日に書店から購入し、受け入れたとのことです」とあり、これは貴重な情報だ。倒産した出版社の本が書店の店頭に残っていることも有り得るが、九月上旬には前田出版社の本をまだ新刊書店の店頭で販売していたことになる。その後、本書が日本近代文学館にもあることが判明、実物を確認した(図1―5・1―6)。

また、茨城大学附属図書館からは『わかくさの童子ら』の複写物が横浜市港北図書館に届く。奥付の発行日は「昭和23年12月1日」(図1―7)である。

受入方法も質問しておいたが、この本に関しては昭和六二年に渥美書房(早稲田の古書店)から古書で購入したものだそうだ。発行されてからずっと後になって古書で購入したのでは、残念ながら手がかりにならない。しかし、一二月一日という日付を信用するなら、奥付の発行日は実際の配本よりやや後の日付にするのが出版界の通例だから、一一月頃まではまだ版元が存在していた可能性は高い。

長谷川郁夫『われ発見せり』(書肆山田、平成四年)にある前田出版社についての記述によると、『文壇』以外にも『トップ』という、ゴシップやスキャンダルをあつめたカストリ雑誌を出していた」という。

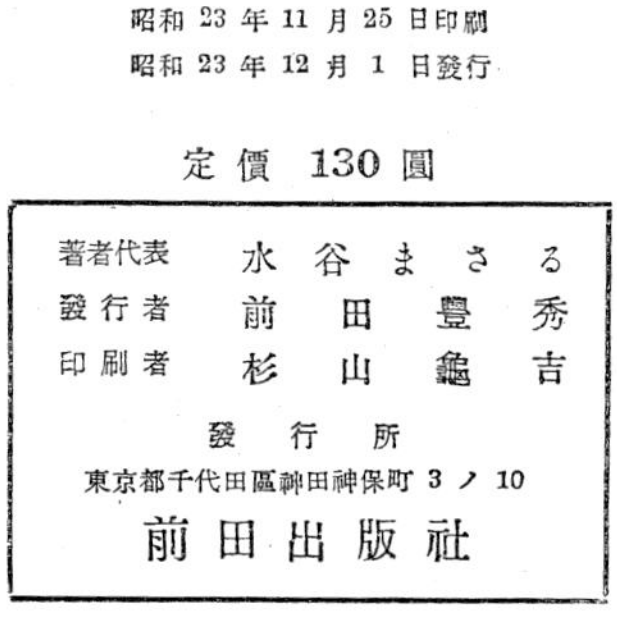
昭和 23 年 11 月 25 日印刷
昭和 23 年 12 月 1 日發行

定價 130 圓

著者代表 水谷まさる
發行者 前田豊秀
印刷者 杉山龜吉

發行所
東京都千代田區神田神保町 3 ノ 10
前田出版社

図 1-7 『わかくさの童子ら』奥付
(茨城大学附属図書館所蔵)

カストリ雑誌は粗悪な作りの娯楽雑誌で、保存性も低い。その反面、マニアには人気が高いので、国会図書館などの公共図書館には所蔵が少ない。「トップ　前田出版社」でYahoo!で検索すると、「高橋新太郎文庫」の「カストリ雑誌・艶本コレクション」というリストがヒット。第一巻第二号（昭和二一年七月一日）、第二巻第一号（通巻第四号、昭和二二年四月一〇日）、第三巻第四号（通巻第一三号、昭和二三年七月一日）の三冊の情報があった。三冊のうち第一巻第二号は出版社名が前田出版社だが、他の二冊は「トップ社」である。後半の号が前田出版社と関係があるのかどうかは、やはり実物を見ないとわからない。

雑誌の専門図書館として知られる大宅壮一文庫に電話して所蔵を尋ねると、昭和二二年の号を二冊と二三年一月号の三冊があるという。閲覧に行こうかどうしようかと迷いつつ、東京都古書籍商業協同組合のサイト「日本の古本屋」で検索すると、まさにその頃発行された『トップ』が一五点ほど出てきた。最も在庫を多く持っている古書店が、探偵小説などに力を入れている西村文生堂で、筆者の自宅から東急東横線一本で行ける「自由が丘」駅からすぐである。さっそく電話して在庫している号を全部取り置きしてもらって行ってみた。

そこにある号は、版元名はすべて「トップ社」で、住所は何種類かあるものの発行者の名前はいずれも前田豊秀、前田出版社の発行者と同一人物である。昭和二二年六月二五日発行の臨時増刊号には、前田出版社版『二十歳のエチュード』の広告も、比較的大きく載っている（図1—

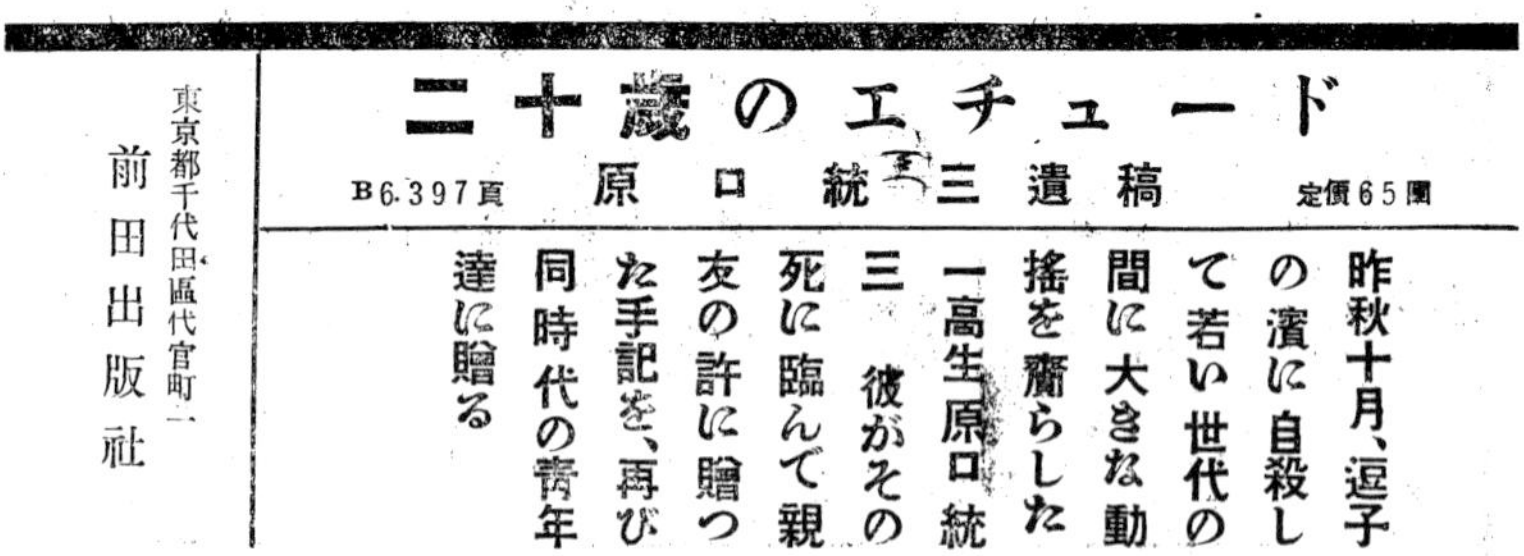

図1-8 『トップ』臨時増刊号（昭和22年6月発行）広告

8）。これは前田出版社と深い関わりがあると見ていいだろう。在庫の中で最も後の号は第三巻第四号（図1―9）で、発行年月日は昭和二三年七月一日だ（図1―10）。この号など数冊を購入する。

この後さらに、史録書房という古書店から『トップ』第四巻第二号を入手した。発行年月日は昭和二四年六月一日（図1―11）である。記事傾向や体裁、挿画家や表紙ロゴなどもほぼ同様だし、巻号情報からするとトップ社の『トップ』に続いているように見える。しかし出版社は東京書館（文京区柳町）で発行人は伊藤寿子へと変更されていた。

「東京書館」についての手がかりを得るべく、国会図書館のOPACで調べると、明治二六年の『新定作文』から昭和五八年の『道徳現象考』まで九冊がヒット。昭和二二年発行の浅田一『性的犯罪者』は『トップ』と傾向が似ているように思われたが、国会図書館で閲覧すると、

図1-9　同、第3巻第4号、表紙

トップ　第十三號
定價30圓
購讀料概算 半年百十八圓
昭和二十三年六月廿五日印刷
昭和二十三年七月一日發行
第三巻第四號（毎月一回一日發行）
發行者　前田豐秀
編集者　前田房、次
東京都千代田區神田神保町一ノ三
發行所　トップ社
東京都千代田區代官町二國際文化會館内
編集所　トップ社編集部
電話丸の内(23)二八八一―二八二三
東京都新宿區市谷加賀町一ノ一二
印刷所　大日本印刷株式會社
東京都新宿區市谷加賀町一ノ一二
印刷人　小坂孟

図1-10　同、第3巻第4号、奥付

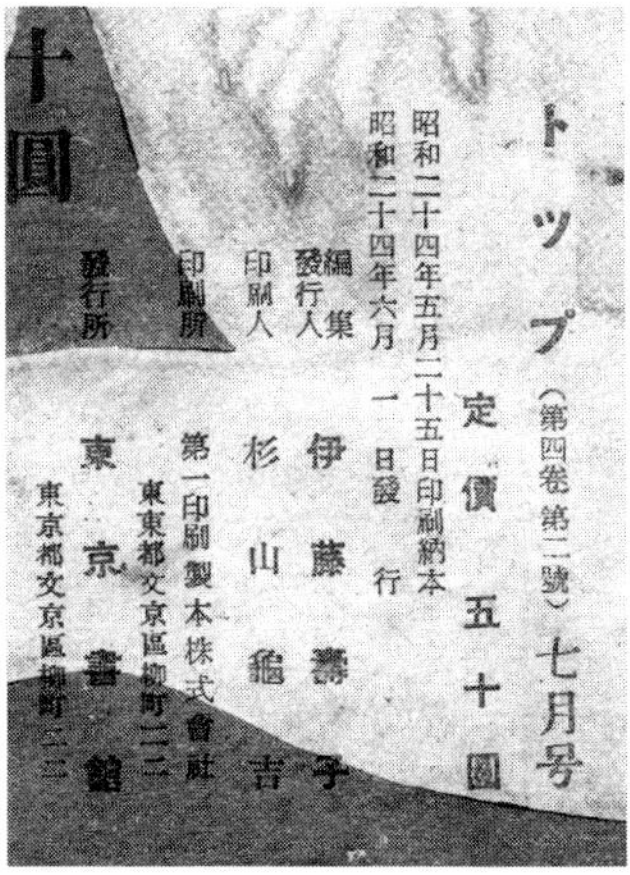
トップ（第四巻第二號）七月号
定價五十圓
昭和二十四年五月二十五日印刷納本
昭和二十四年六月一日發行
編集 發行人　伊藤壽子
印刷人　杉山龜吉
印刷所　第一印刷製本株式會社
東京都文京區柳町二二
發行所　東京書館
東京都文京區柳町二三

図1-11　同、第4巻第2号、奥付（裏表紙）

東京書館の出版物ではなく、版元名は「東洋書館」である。最初の受入時の目録カードで「東京書館」と記載ミスをしたものだった（国会図書館にそのむね指摘すると、OPAC情報が訂正され、その後、「東京書館」で検索してもこの本は出てこなくなった）。詳しくは不明ながら、この「伊藤寿子」名義の版元は、前田出版社とは別会社のように思われる。

ちなみに、この他の図書（昭和四二～五三年発行）の発行所である「東京書館」について、共通しているのは所在地が「文京区本郷」で、編集者または発行者に水岡道三または山本とし子の名があるということ。出版傾向は、指圧など健康に関する本ばかりである。Yahoo!電話帳で「東京書館」を調べると、現在も「東京書館健康堂」の名称で、文京区本郷五丁目に実在する。電話して確認すると、戦前から健康書の出版を手がけているそうで、「伊藤寿子」名義の東京書館や前田出版社とは、つながりはないとのことであるが、詳細はわからない。

ミステリ本に詳しい知人が江戸川乱歩『幻影城』（双葉文庫、平成七年）に『トップ』について記述があると教えてくれたので見ると、「探偵小説雑誌目録」の中に、「創刊昭和二一年　終刊昭和二三年七月号」と記されている。山本明『カストリ雑誌研究』（中公文庫、平成一〇年）の「カストリ雑誌・風俗史年表」には、トップ社の『トップ』は第三巻第四号まで七冊が登場し、その後は東京書館の第四巻第二号だけが記されていた。更にその後、若狭邦男『探偵作家追跡』（日本古書通信社、平成一九年）にこの雑誌の終刊号についての記述があることを教えられ、買い求めた

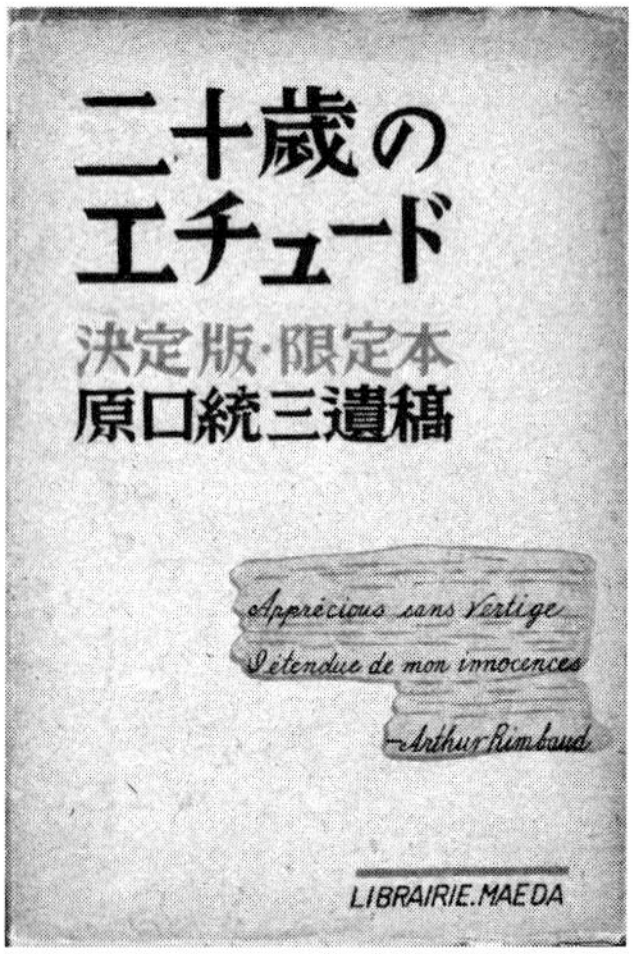

図 1-12　『二十歳のエチュード』前田出版社版、第３版（第３刷）表紙

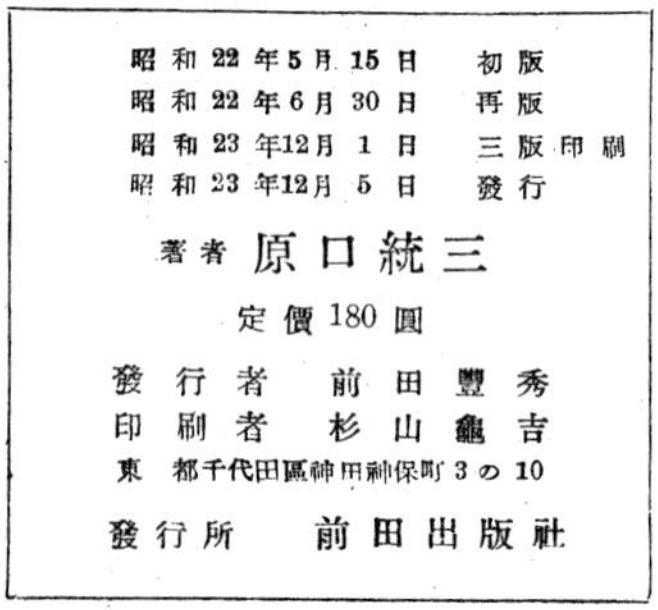
昭和 22 年 5 月 15 日　初版
昭和 22 年 6 月 30 日　再版
昭和 23 年12月 1 日　三版印刷
昭和 23 年12月 5 日　發行

著者　原口統三

定價 180 圓

發行者　前田豐秀
印刷者　杉山龜吉
東京都千代田區神田神保町 3 の 10
發行所　前田出版社

図 1-13　同、奥付

ところ、昭和二五年一二月発行の「トップ増刊号」一一月号（第四巻第一〇号）まで実物が確認できたむね記されていた。ただし本書には発行元についての記述がないため、前田出版社との関連は不明である。

ところで、昭和二三年、前田出版社からはもう一冊本が出ている。新刊本ではない。『二十歳のエチュード』の第三版（正確には第三刷、図1—12）である。版元は前田出版社、発行人は前田豊秀、そして奥付の発行年月日は昭和二三年一二月五日（図1—13）。実はこれは、増刷本でありながら「決定版・限定本」と銘打ち、自殺した著書が本書の出版を委ねた橋本一明に無許可で制作発売してしまった、問題の多い一冊である。

国会図書館にはこの第三版が二冊所蔵されている。どちらもやはり納本された本ではなく、一冊だけに昭和二四年一月五日の日付の入った購入印が押されている（図1—14）。発行年月日から一か月しか経っていないので、おそらく新刊書店で購入されたものだろう。

この購入日当時、前田出版社自体がどういう状況だったか知るすべはないが、本書は頁を取り違えて印刷してある部分があり、また奥付は別紙に印刷したものを貼り込んであるのだが、筆者の手もとにある本はそれが上下逆さまに貼られており、粗悪な作りの本書はまさに末期的症状を露呈している。この本の状態を見るにつけても、これが文字通り、前田出版社の最末期の出版物だったのではないかと思われてならない。

昭和二三年一二月の発行日の本が本書と『わかくさの童子ら』と二点確認できるので、一一月上旬頃までは会社もなんとか存続していたので

図1-14　同、国会図書館所蔵本に押されている購入印

はないだろうか。つまり、書肆ユリイカ版『二十歳のエチュード』を同年二月二五日付の発行日で出版している伊達得夫が、前田出版社に倒産まで在社していたとは考えにくい。会社が倒産するよりずっと前に、伊達は前田出版社を退職し、独立したはずである。ただ、そうすると『二十歳のエチュード』が同時に二つの出版社から販売されたことになり、大変複雑な問題が露顕することになる。それで、あたかも倒産してから独立したかのように伊達は「「余は発見せり」」で書いたのだと思われる。『二十歳のエチュード』の出版については、『定本 二十歳のエチュード』（ちくま文庫、平成一七年）に掲載されている伊達得夫の貴重な書簡や、『合本 二十歳のエチュード』にある橋本一明の跋文などの資料があるため、詳しくは次項に譲る。。

二　伊達得夫と『二十歳のエチュード』の出版

昭和二一年一〇月三〇日付の『朝日新聞』朝刊コラムおよび『帝国大学新聞』の記事で、第一高等学校に在学中の原口統三の死と遺稿の存在を知った伊達得夫は、原口の友人だった橋本一明を訪ね、出版させて欲しいと申し出る。当時、伊達は前田出版社の書籍担当の編集責任者であった。

『二十歳のエチュード』は一九歳の秋に逗子海岸で入水自殺を遂げた原口の、純粋精神を追求した断章であり、その著作誕生の衝撃性とも相まって大変よく売れた問題作だが、伊達の記述と事実の間にはやや食い違いがあるようだ。その意味について考えてみよう。

伊達の『詩人たち ユリイカ抄』の回想「「余は発見せり」」には、次のように書かれている。

「原口統三遺稿集『二十歳のエチュード』は、翌〔昭和二二〕年六月、M出版社から初版五千部が発行され、あっという間に売切れた」（図2―1）。「六月」と書かれているが、実物の前田出版社版初版の奥付の発行日は昭和二二年五月一五日である（図2―2）。あるいは、奥付では五月としたものの実際にできあがったのが六月にずれ込んだのかもしれない。この『二十歳のエチュード』は、四六判（天アンカット）三八四頁、定価六五円であった。

薄い紙ジャケットのひらはフランス語表記のみで、フランスの文芸書を模したデザイン、表紙は書き文字で仏文タイトルのみ（図2―3）、別丁本扉の文字だけが和文で、これはおそらく伊達の書き文字であろう。前後の見返しには、ピカソのデッサン「フランコの嘘」が印刷された。奥付に「版権者　橋本一明」「編集者　伊達得夫」と記載され、筆者の手もとにある本の検印紙には「Coppée」という橋本によるペン書きのサインがある（図2―4）。日本近代文学館（山田正一文庫）所蔵本の検印紙のペン書きサインは「Mephisto」となっていて、筆者の手もとにもそうした本があり、（図2―5）、サインにバリエーションがあったことがわかる。「Coppée」の意味は不明ながら、「Mephisto」のほうは原口

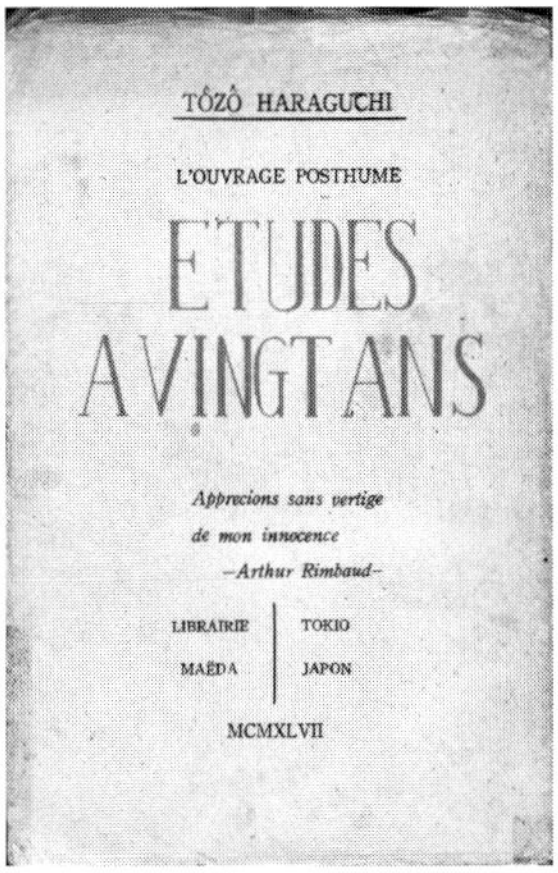

図 2-1 『二十歳のエチュード』
前田出版社版、初版ジャケット

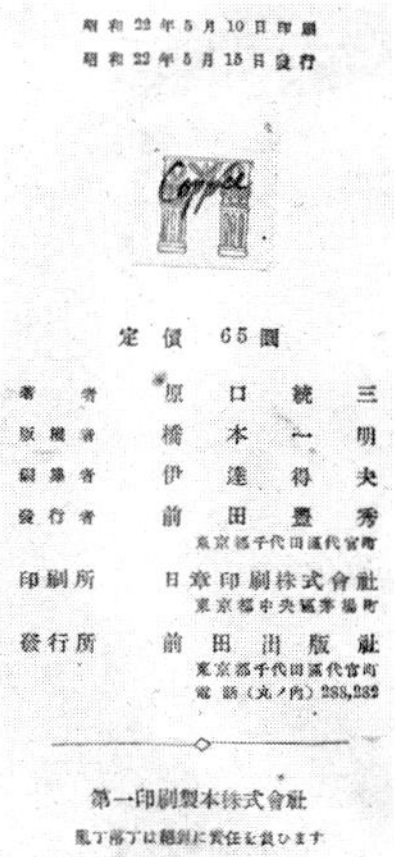
昭和22年5月10日印刷
昭和22年5月15日發行

定價　65圓
著者　原口統三
版權者　橋本一明
編集者　伊達得夫
發行者　前田豊秀
東京都千代田區代官町
印刷所　日章印刷株式會社
東京都中央區茅場町
發行所　前田出版社
東京都千代田區代官町
電話（丸ノ内）288,282
第一印刷製本株式會社
亂丁落丁は絶對に責任を負ひます
図 2-2　同、奥付

をファウスト博士に、伊達をサタンに、そしてサインした橋本自身はサタンの従者メフィストフェレスに見立てる意が込められたものと考えられる。

「『余は発見せり』」では、初版売切れ後のことがこう続く。「が、追いかけて再版、というわけにはいかなかった。紙が当時は簡単に手に入らなかったからだ。それでも、その年の秋に再版五千部が出され、それも瞬く間に売切れた」。「秋に」出たと書かれている第二版は、奥付によれば六月三〇日の発行で定価七〇円である。「秋」と「六月三〇日」とでは、やや隔たりがある。実際は一か月余りしか経っていないのに、数か月もの時間が必要だったと書かれているように思われる。

この第二版では、巻末の「跋に代へて」(橋本一明)が全面的に書き直され、別丁本扉はジャケットに雰囲気の似た、仏文を基調とするデザインに変更された。

そして伊達は「二十二年の暮、ぼくのつとめ先は、彪大な返本を屑屋に叩き売って倒産した。ぼくは個人で出版をつづけようと考えた。神保町の喫茶店ランボオの片隅で、ぼくはコーヒーを前に橋本一明と対座していた。ぼくが始める出版の最初の仕事として『二十歳のエチュード』を改版して出さしてほしいと申し入れたのだ」と続けている。

しかし前項に記したように、前田出版社は実際には「二三年後半までは存続していた。したがって、長谷川郁夫『われ発見せり』で考察されているように、「二十二年の暮」というのは、伊達が前田出版社を退職

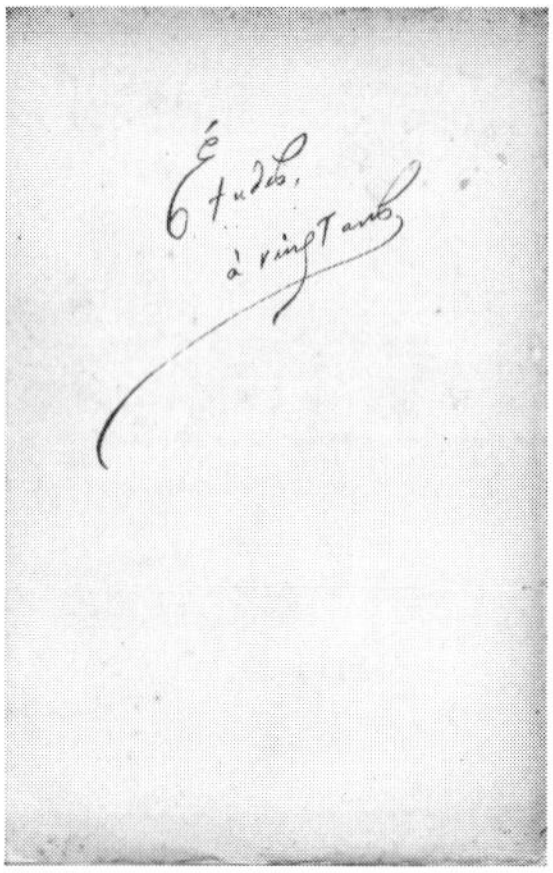

図 2-3 『二十歳のエチュード』
前田出版社版、初版、表紙

図 2-4 同、検印紙サイン

して書肆ユリイカを興す決意をした時期だというのが実際のところのようだ。

書肆ユリイカのスタートとして翌二三年二月、出版されたのが『二十歳のエチュード』である（定価八〇円、発行日は昭和二三年二月二五日）。紙ジャケットにはピカソのデッサン「フランコの嘘」を使い（図2—6）、表紙と本扉（共紙《ともがみ》）は仏文の活字組のみ。天と前小口をアンカットにし、本文組は前田版が五号三六字詰一三行だったのを九ポ四三字詰一六行で新規組版したため、最終ノンブルは二〇四頁で束《つか》が約半分になった。

組版印刷のデジタル化が進んだ現在では想像もつかなくなってしまったが、昭和のこの時代は、書物の中の文字は活字を一本一本拾い集めて頁ごとに組み上げ、度重なる校正に伴う活字差し替え作業を経て、印刷用の凸型原版（鉛版《えんばん》）を作るための「紙型《しけい》」という凹型版を作成した。

伊達の書くように前田出版社が倒産していて、もし『二十歳のエチュード』の紙型を伊達が入手できていれば、書肆ユリイカ版『二十歳のエチュード』は、本文組版も頁数も前田版と同じになったはずだ。事実はこの時期に前田出版社はまだ存続していたのだから、伊達が紙型を持ち出せようもない。したがって、新規に組版せざるを得なかった。

出版物にも経済原則が働くため、後で出されるものは、判型でも組版でも頁数でも小さく少なくなるのが常である。同じものを再度作成しようとすれば、少しでも手間を省いて経費は安くあげたい、短期間で作りたい、頁数を減らすことで用紙も節約しよう、ということになる。本書

図2-5　同、検印紙サイン

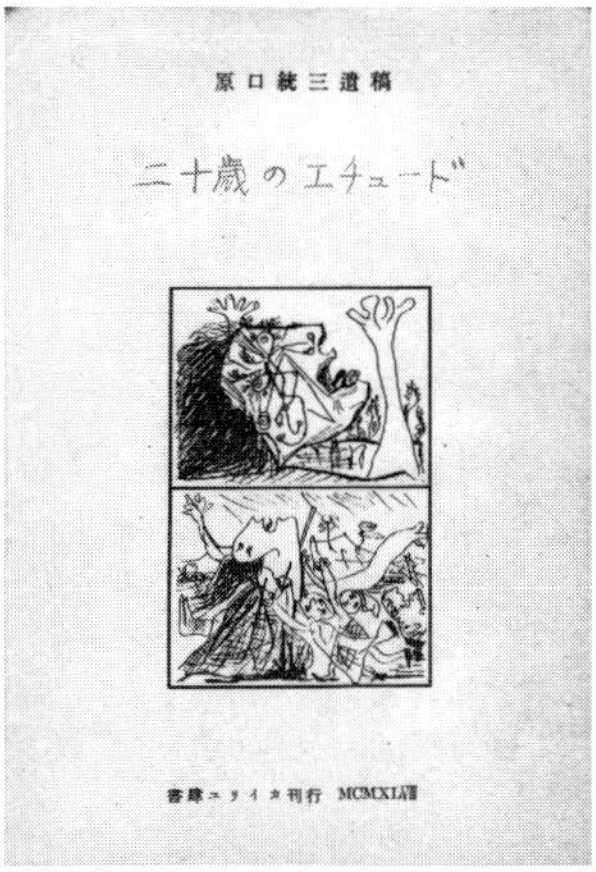

図2-6『二十歳のエチュード』
書肆ユリイカ版、初版、ジャケット

は、判型はやや大きくなったものの使用活字は小さくして、一頁あたりの文字量を四六八字から六八八字へと約一・四七倍に増やしている。

なお、本書の貼り奥付（別紙に印刷した奥付を貼り込んであるもの）には前田版の初版（第一刷）・第二版（第二刷）と同様、「版権者　橋本一明」と記載し、橋本が「Coppée」と直にサインした（図2―7。図2―8のように橋本の印のものもある）。

このユリイカ版初版には「読者の皆様へ」と題する挟み込みチラシがあり、これが実質的な伊達の「書肆ユリイカ設立宣言」とも言える内容になっている。

「本書の著者原口統三は、一昨年十月、第一高等学校に在学のまゝ逗子の海に入水しました。残された遺書はこの「二十歳のエチュード」一巻でありました。本書は、昨年夏初版を前田出版社から刊行し、大きな反響を呼んだものです。（略）此辺に再び版を改めて刊行する所以は、この「強烈な文字」に一人でも多くの方々が触れ、そしてそのことに依つて新らしい反省を加へて頂きたいからに外なりません。

本社は前記前田出版社から独立し、第一回出版として本書を世に送るものであります。尚つづいて、同じ著者の遺書及び書簡集「死人覚え書」を刊行いたします。」

そして「原口統三遺書及書簡集／死人覚え書　二月下旬刊行予定／定価七〇円　送料一〇円／附、原口統三について……………真下信一、森有正、中村光夫その他」とある。「二月下旬」に予定されたこの『死人

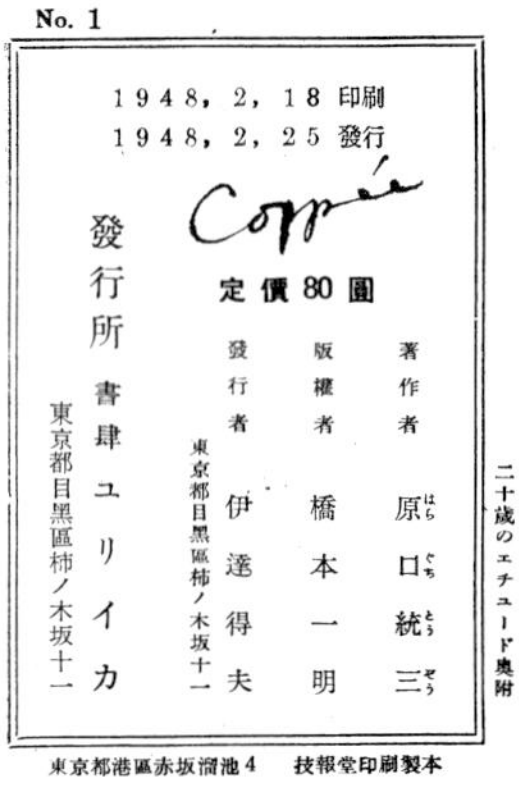

No. 1
1948, 2, 18 印刷
1948, 2, 25 發行
Coppée
定價80圓
著作者　原《はら》口《ぐち》統《とう》三《ぞう》
版權者　橋本一明
發行者　伊達得夫　東京都目黒區柿ノ木坂十一
發行所　書肆ユリイカ　東京都目黒區柿ノ木坂十一
二十歳のエチュード奥附
東京都港區赤坂溜池4　技報堂印刷製本

図2-7　『二十歳のエチュード』書肆ユリイカ版、初版、奥付

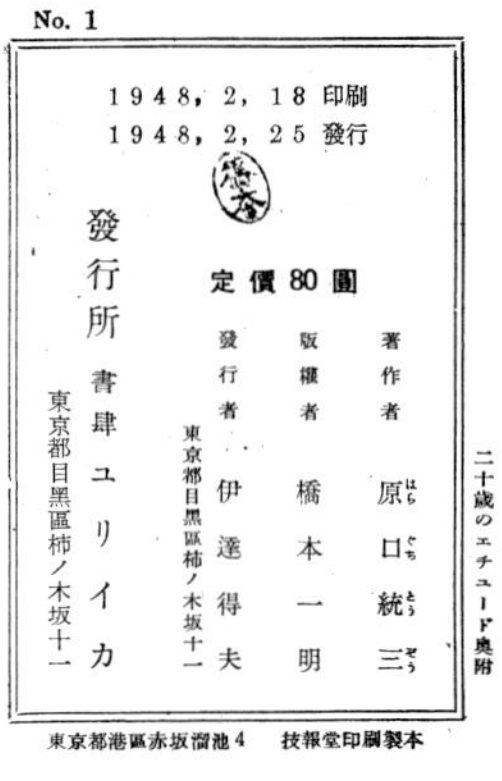

No. 1
1948, 2, 18 印刷
1948, 2, 25 發行
定價80圓
著作者　原《はら》口《ぐち》統《とう》三《ぞう》
版權者　橋本一明
發行者　伊達得夫　東京都目黒區柿ノ木坂十一
發行所　書肆ユリイカ　東京都目黒區柿ノ木坂十一
二十歳のエチュード奥附
東京都港區赤坂溜池4　技報堂印刷製本

図2-8　同、奥付

覚え書』は、四月に出版される（口絵。発行日は昭和二三年四月一〇日、定価九〇円）。ジャケットひらの絵は岡本太郎である。

書肆ユリイカ版『二十歳のエチュード』は同年九月三〇日付の第三版（定価一一〇円）まで存在を確認することができ、よく売れていたようだ。なお、この「三版」もその前の「二版」も、どちらも組み直した改版ではなく、ユリイカ版初版の増刷である。筆者の手もとにある「三版」の奥付には「橋本」の朱印が押されている（図2―9）が、初版奥付の橋本印（図2―8）とは別の印である。

この当時、前田出版社は経営が悪化していたようだが、一二月になって『二十歳のエチュード』第三版を「決定版・限定本」と銘打って発行する（発行日は昭和二三年一二月五日、定価一八〇円）。フランス装風の表紙のひらが初版の筆跡とはまったく趣きを異にする描き文字とカットでデザイン（一四二頁の図1―12）され、別丁本扉は初版の和文のものに戻された。アンカットだった天小口は仕上げ断ちされ、見返しのピカソはなくなり、橋本の跋が全文削除された。それにもかかわらず、目次には「跋に代へて（橋本一明）」という橋本の名前入りの項目が残ってしまっている。跋の本文を削除するなら、こちらも消さなければならないところだ。

そもそも「限定本」というのは限定数だけ作って増刷しないことを指すのだから、実は増刷版である「第三版」にこの言葉を表示するのは珍妙な話である。伊達は前田出版社を退職しているので、初版と第二版の奥付にあった「編集者　伊達得夫」の一行がないのは当然だが、「版権

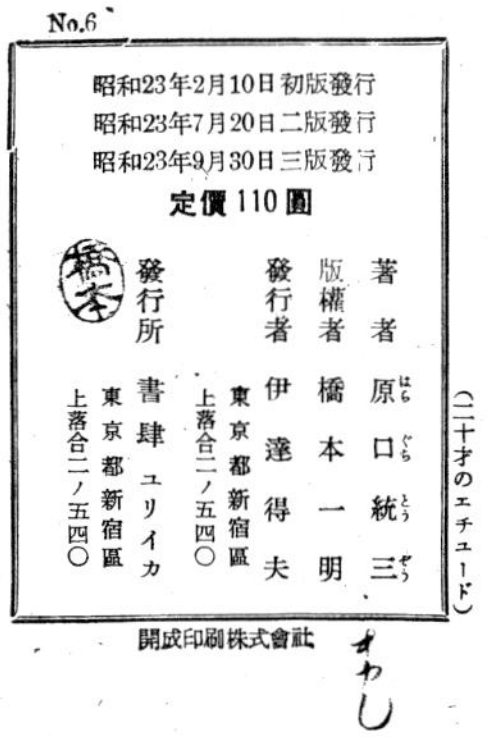
No.6

昭和23年2月10日初版發行
昭和23年7月20日二版發行
昭和23年9月30日三版發行
定價110圓

著者　原口統三
版權者　橋本一明
發行者　伊達得夫　東京都新宿區上落合二ノ五四〇
發行所　書肆ユリイカ　東京都新宿區上落合二ノ五四〇

開成印刷株式會社

（二十才のエチュード）

図2-9　同、第3版（刷）奥付

者　橋本一明」の一行も消されていて、なにより、検印紙が貼り込まれていないのが不自然だ。おまけに三四二頁と三四三頁の本文を取り違えて刷ってしまうミスまで犯している（『二十歳のエチュード』研究者である柴諭氏のご教示による）。いくら担当編集者退職後の出版物とはいえ、お粗末な話である。

定価が初版六五円・二版（二刷）七〇円に比べて一八〇円と上がっているのは、昭和二二年から二三年にかけての急激なインフレのためと思われるものの、本のあちこちを見るだけで、いかにも胡散臭い雰囲気が感じられるこの一冊は、実は版元と著者代理人側の信頼関係が失われた増刷発行であった。『定本　二十歳のエチュード』（ちくま文庫、平成一七年六月）に、この前田版第三版を手にした伊達が橋本宛に書いた貴重な書簡が掲載されている。

「今日、シブヤの書店で、前田版二十才のエチュードを見ました。検印はしてありません。書店の話では、昨日（26日）に配本された由。／おそらくすでに全国的にばらまかれたものと思はれます。至急、著作家組合に提言すべきと思ひます。」（昭和二三年一二月二七日消印の速達葉書）

前田版第三版が、著者から出版を委ねられた橋本の意に添わぬ出版であったことは、この翌二四年一二月、書肆ユリイカが出版した『合本二十歳のエチュード』（定価一九〇円、図2―10）に橋本が寄せた跋文「新しいエチュードのための跋」の中で記されている。

「友が死んでから三年になる。赤城の白樺の杭は苔を厚くし、エチュードは版を重ねた。（略）一九四八年末に始つたエチユードを続る不祥事を簡単に訴えておこう。僕に果し得る友の遺言を全く果した後、僕はもうエチユードによつて『金儲け』をする必要も義務もないように感じた。（略）僕自身（略）エチユードの内容について考えさせられていた。（略）そう思つている所に最初の出版社である××出版社から三版《ママ》したい旨の申し込みがあつた。勿論僕は断つた。ところが、申し込んで来た時には既に印刷を完了していた同出版社では、僕の跋文を除き、決定版限定本と銘打つて三千部を無検印出版してしまつた。これは大変僕を怒らせたので、当然同出版社は僕の相手取る所となつた。」

もともと『二十歳のエチュード』は前田出版社が発行していた本なので、増刷するのに問題はないはずだった。第二版と同様、本文の印刷を完了して橋本に了解を求めたところ、拒絶されてしまい、前田出版社はしかたなく橋本の跋の部分の含まれた最終折のみを作り直したようだ。

第三版は、頁を節約するために前付けの中扉や原口の略歴など数か所の削除を行っており、そのために最終折の頁数が第二版より八頁少なく、三六三頁から始まる八頁折で済んでいる（通常は一折が一六頁で作られている）。本来なら奥付も本文紙に組版印刷するが、本文最終頁が三七〇頁で、これがちょうどこの折の最終面であるため、最後の葉に奥付を入れることができなくなってしまった。こうした場合、奥付を印刷した一丁（一枚）を糊で貼り込むことが多いが、本書はそれも節約して、三七〇頁の対向の後ろ見返しに「貼り奥付」としている。

橋本の記したように、増刷を打診した際にはもう印刷が終わっていたとすると、目次部分に橋本の項目が残ってしまったことに合点がいく。最終折の刷り直しは仕方がないとしても、この一行の削除だけのために一折一六頁分を刷り直すのは、どう考えても避けたかったに違いない。そうかと言って白紙を貼ったり抹消線を引いたりしようものなら、手間もかかるしかえってその部分が目立ってしまう。したがって、この第一折は修正しないままにした。目次に橋本の項目が残ったのは、「うっかりミス」というよりも、こうした判断からあえて残さざるを得なかった結果だと思われる。

ちくま文庫版には更に、昭和二三年一二月三〇日付の伊達から橋本に宛てた速達葉書の文面も掲載されている。内容は、著作家組合に赴いた報告と今後の行動についてのもので、前田出版社を告訴するべく、まずは配本した第三版の回収を要求すること、紹介してもらった弁護士に会うにあたり、前田出版社と交わした出版契約書を持参すべきことを認《したた》めている。

それにしても、出版契約書があったとは意外であった。日本の出版社は、こうした契約書類の作成については大変杜撰であるのが常だからだ。契約書の文面がどういうものだったか非常に興味のあるところだが、残念ながらそこまでは記されていない。

前述のように書物の初版の出版にあたって、版元は組版や紙型の作成などに多大な費用を投じている。確かに橋本の意向に反して前田出版社が増刷したのはいけないことであったろうが、紙型も有している版元が増刷したことに対して、告訴して勝てるものだろうか。

中村稔もこの件に関して、『私の昭和史・戦後篇』（青土社、平成二〇年）に「出版契約書があったとすれば、出版権設定にせよ、出版許諾にせよ、短くとも三年間ほどの期間、増刷、改版の権利をふくむ、独占的出版の権利が与えられるのが通常である。出版社の側からみれば、危険を冒して出版したところ、売行が良かったからといってすぐ他社から同じ著作物が出版されるのであれば、出版業は立ちゆかない。出版契約書は主として出版社のそうした権利を守るために作成されるのである。橋本が書肆ユリイカを創業した伊達得夫に『二十歳のエチュード』の出版を許諾したことは、おそらく前田出版社との契約義務に違反した行為であったろう」と書く。つまり客観的に見れば、書肆ユリイカ側と前田出版社側の、どちらにも非があった。

『合本 二十歳のエチュード』（図2―10）の橋本の跋文には、「中島健蔵先生を始め、著作家組合の方々の御尽力」のおかげで、最終的には橋本側が「使いものにならないエチユード初版の紙型」を得たことが記されている。確かに、書肆ユリイカも既に前田出版社とは別途、本文組版を新規に行ったので、今更前田版の紙型を入手したところで使うことはない。しかし、この紙型がもし他者の手に渡れば、ゼロから活字を拾い始める手間も資金も必要ないので、容易に海賊版を出版することが可能になってしまう。この危険を回避するためには、間違いなく処分する必

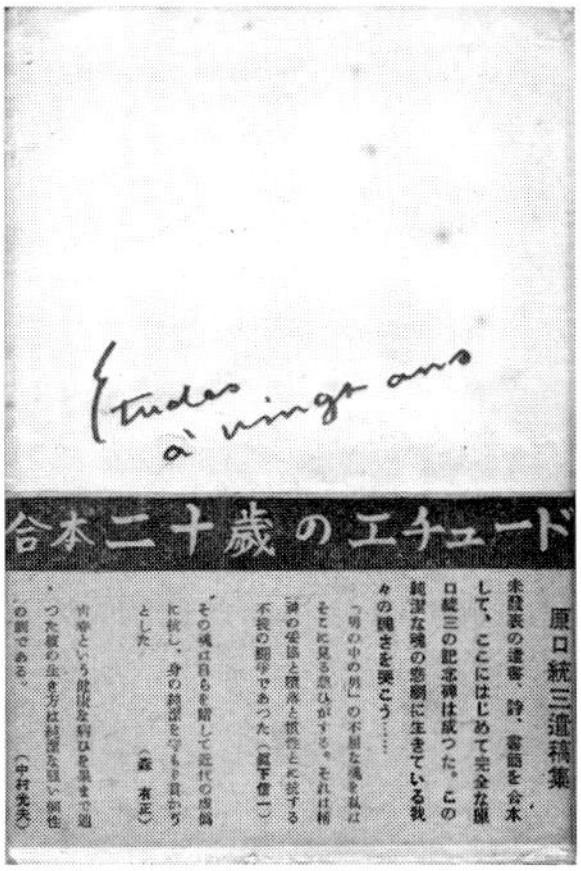

図2-10 『合本 二十歳のエチュード』書肆ユリイカ版、表紙

要がある。橋本の文では、もらっても仕方がないものを得たようなニュアンスで書いているが、前田側からこの紙型を取り上げることには、今後、前田が実質的に『二十歳のエチュード』の出版はできなくなるという極めて重要な意味があった。

ちくま文庫版に掲載されたもう一通の葉書が、昭和二四年九月二一日付の伊達から橋本宛のもので、合本の編集制作案が記されている。構成については置くとして、造本デザインに関して次のような提案がある。

「表紙は、赤城の写真手に入らないかも知れませんし、グラビヤは日数も金もかゝって大変ですから、最初のプランであったペン字の表題（フランス語）を銀で出すことにしましょう。いかゞですか。表紙の紙は極上紙を使ひます。故人の写真と一諸《ママ》に「死人覚え書」を凸版で口絵にしたいと思ひますから、原稿を借用させて下さい。」

実際にできあがった合本を見ると、「赤城の写真」は見つからなかったようで、表紙はフランス語のペン字、ただし「銀」ではなく「金」の箔押しとなった。口絵も「死人覚え書」の原稿は間に合わなかったらしく、原口の写真のみが写真凸版で印刷されている。

本書に挟み込まれたチラシ「ユリイカ通信 1949. 12. 5 No.1」（図2―12）に、「合本二十歳のエチュード発刊に際して」として伊達は、「昨冬某出版社［前田出版社］がこの「二十歳のエチュード」を著者の遺族や旧友の意志を無視して無断出版の暴挙に出、識者の指弾の的となつたが、ようやく問題も落着したので、小社としてもこれを機会に「旧版

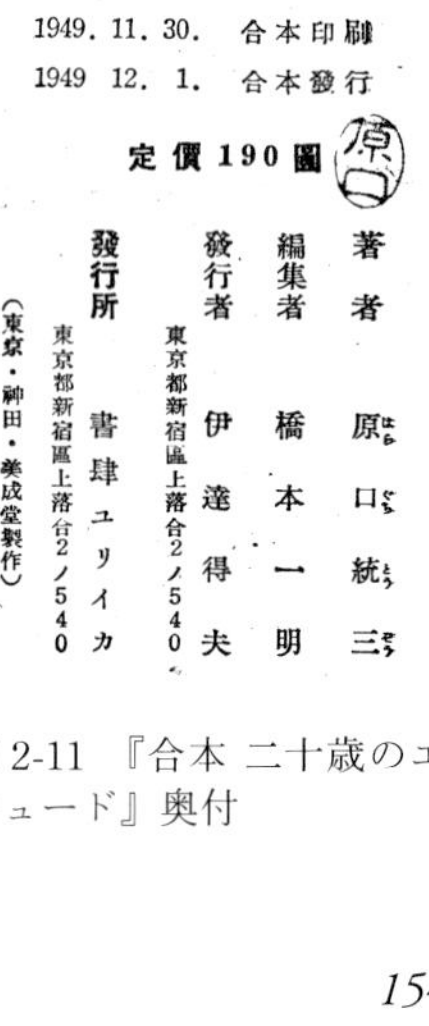
1949. 11. 30. 合本印刷
1949 12. 1. 合本發行
定價190圓
著者 原《はら》口《ぐち》統《とう》三《ぞう》
編集者 橋本一明
發行者 伊達得夫
東京都新宿區上落合2ノ540
發行所 書肆ユリイカ
東京都新宿區上落合2ノ540
（東京・神田・美成堂製作）

図2-11 『合本 二十歳のエチュード』奥付

二十歳のエチュード」及び「死入《ママ》覚え書」を絶版とし、ここに「合本二十歳のエチュード」として、完璧《ママ》な遺稿集を編み直した。出版界のさまざまな起伏を経て、始めて天才原口統三の記念碑を完成し得たことを小社は誇とするものであるが、同時にまたこれだけのことに空しく三年もの歳月を待たねばならなかつたことを故人の霊にわびたいと思う」と書いている。前田版第三版出版のことで紛糾したものの、一年がかりでなんとか決着に至ったというわけだ。

　こうして見てくると、あたかも伊達の出版人生再スタート地点の回想として描かれたかのように見える「「余は発見せり」」は、現実を題材にしてはいるものの、実際は時期や事実にアレンジを加えて仕上げた、美しい一篇の「物語」だと見ることができる。『詩人たち』には事実が述べられていると思われがちだが、このような次第で全面的に信じることはできない。『二十歳のエチュード』についてだけでなく、他のエピソードにもこうした面があるので注意が必要である。

　蛇足ながら『二十歳のエチュード』奥付の検印・署名について整理しておくと、次のようになる。前田出版社版初版・第二版の検印紙およびユリイカ版奥付には橋本のサインまたは印があり、前田版第三版には検印がなく、ユリイカ版『死人覚え書』検印紙と『合本 二十歳のエチュード』奥付には原口の印（図2―11）がある。

　なお『二十歳のエチュード』は昭和二四年一二月の書肆ユリイカ版合本刊行の後、昭和二七年六月には角川文庫として刊行され、昭和四五年

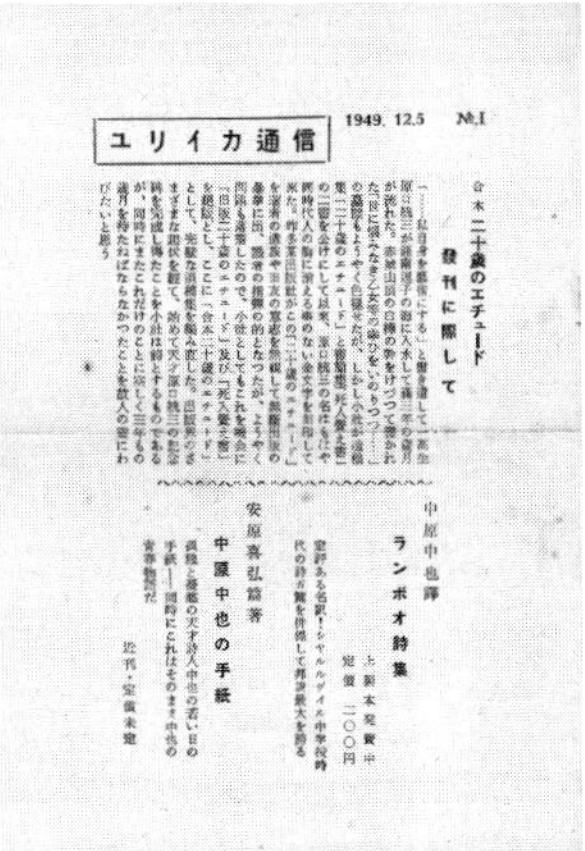

図 2-12 「ユリイカ通信」No.1

一月に改版後、数十回増刷されて絶版となった。昭和二一年一〇月二五日に入水自殺した原口統三の著作権の保護期間は、現行の著作権法では昭和二二年一月一日から起算して五〇年経った平成八年一二月三一日で終了となっており、平成一三年一〇月、角川文庫版を元に光芒社がB６判で刊行した。さらに平成一七年六月になって、日本近代文学館に所蔵されている原本ノートにあたりつぶさに本文校訂を行って注も施し、書簡や写真などの関係資料もふんだんに盛り込んだ、まさに決定版とも言うべき『定本 二十歳のエチュード』が、ちくま文庫から刊行された。

三　長岡輝子『詩暦』の発行年

女優・長岡輝子の『詩暦《うたごよみ》』（図3―1）は、奥付を見ると「1946年6月10日印刷発行」（図3―2）とある。

書肆ユリイカの最初の出版物は、前項で記したように、原口統三の『二十歳のエチュード』である。この『二十歳のエチュード』初版奥付の発行日は「1948, 2, 25」（一四八頁の図2―7）となっている。するとつまり、『詩暦』は書肆ユリイカが創業するより二年も前に出された本、ということになってしまう。

一体どうしてこんなことが起こったのだろうか。本項の課題は、この不思議を解明することである。

『詩暦』は、A５判角背上製本だが、川上澄生の和紙摺り木版画のジ

図3-1 『詩暦』ジャケット
木版装画・川上澄生

頒價500圓

1946年6月10日印刷發行
著者　長岡輝子
發行者　伊達得夫
發行所
東京都新宿區上落合2～540
書肆　ユリイカ

神田・古市印刷所

図3-2 同、奥付

ャケットがかかっている。本扉（図3―3）も挿画（図3―5〜3―8）も川上のオリジナル木版画で、本文挿画は別紙の和紙に摺って七点も貼り込み、大変贅沢な限定本である。

書肆ユリイカは詩集をメインとする版元であり、いつも出版資金の捻出に苦労していたことが伊達得夫の『詩人たち』や周囲の証言などから窺える。仮に裕福な著者かスポンサーが『詩暦』の出版に資金提供をしたとしても、一九四六年六月といえば敗戦後の大混乱期だ。よりによってこんな時期に、頒価五〇〇円、限定二〇〇部という豪華な詩画集を出版することができただろうか。

考えられるのは、奥付の発行年が、何らかの原因で誤って記載されたケースである。

実際に本ができた時期を探り出すべく、まずは『日本出版年鑑』（日本出版協同）を調べてみる。『詩暦』と『二十歳のエチュード』が見つかれば、発行年が特定できるからである。

昭和二一年発行の書籍が載っている「昭和二一年版」を見るが、『詩暦』はない。

二二年発行書籍が掲載された「昭和二三年版」には、前田出版社版の『二十歳のエチュード』は載っていた。伊達が書肆ユリイカを興す前に在籍していた、前田出版社で出した旧版である。

二三年発行書籍が載っているべき「二四年版」は、戦後の混乱のために残念ながらこの年鑑自体が発行されていない。再開された「二五年

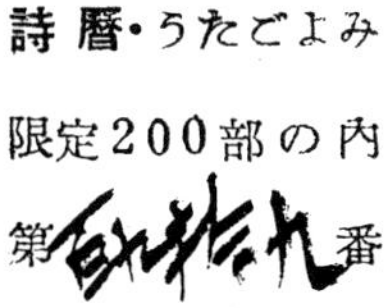

図3-4　同、限定番号表示

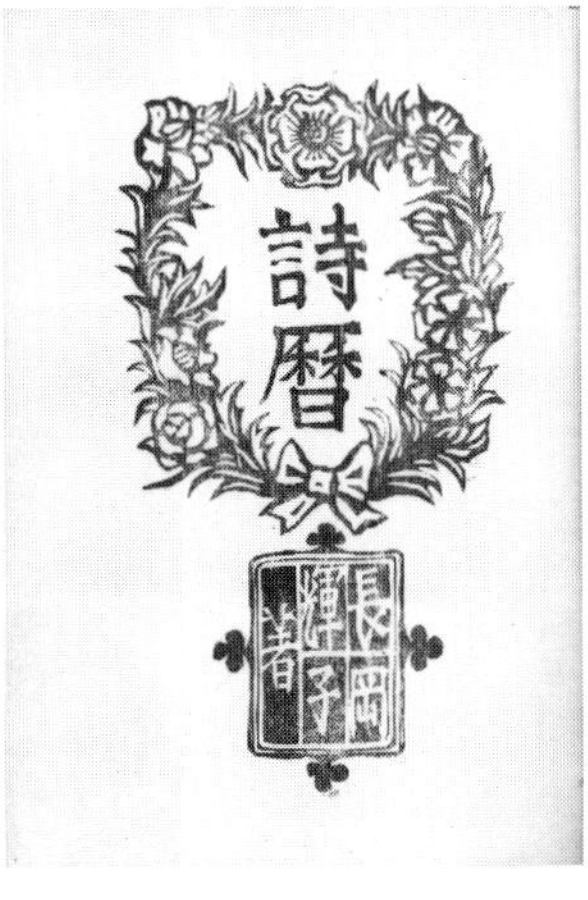

図3-3　同、本扉　木版・川上澄生

図 3-7　同、「和讃」挿画
木版・川上澄生

図 3-5 『詩暦』「ボルディゲラ村の印象」
挿画　木版・川上澄生

図 3-8　同、「岩内の朝」挿画
木版・川上澄生

図 3-6　同、「あこがれ」挿画
木版・川上澄生

版」以降も何冊か見てみたが、書肆ユリイカ版のこの二冊はどちらも見つけることができなかった。

しかし、旧版の『二十歳のエチュード』が昭和二二年に発行された時、伊達はまだ前田出版社にいたのだから、そのさらに前年、書肆ユリイカの名前で、『詩暦』が出るはずがないことだけは確かである。

前田出版社の『二十歳のエチュード』の奥付の発行日は、前述したように初版が昭和二二年五月一五日で、再版（第二刷）が同年六月三〇日。この年の末に伊達は前田出版社を辞し、書肆ユリイカとしての出版活動を『二十歳のエチュード』の新版でスタートしたことは、前項で記した通りである。

本の発行時期を推察する方法はもう一つある。それは、国立国会図書館に納本された本の、受入印の日付を確認することだ。

早速国会図書館を訪れ、試しに端末機で書肆ユリイカの発行書籍を、出版年の逆順（古い順）配列で表示させてみる。するとやはり、『詩暦』がトップに出てきた。『二十歳のエチュード』より『詩暦』が先に出版されたことになっている。ともあれ、『詩暦』と『二十歳のエチュード』を閲覧する。

『二十歳のエチュード』の書肆ユリイカ版は、原本劣化のため出てきたのはマイクロフィルムであった。それも、納本された本ではなく、「割当事務庁譲渡図書」という楕円印が捺された昭和二三年七月発行の二刷本（図3―9）。国会図書館の受入印の日付は、昭和二五年三月三一日（図3―10）である。
『二十歳のエチュード』にはもう一冊、閲覧不可本があったので、図書課別室に行って請求する。国会図書館には膨大な蔵書がある。複本がある場合、マイクロフィルムの撮影は保存状態の比較的良いほうを撮ることがあり、それが必ずしも納本された本でない場合がある。「閲覧不可本」が、ことによるとマイクロ撮影していない別本で、それが納本された本の可能性もあるのだ。これは現物を見ないとわからない。しかし、残念！　出てきた実物はマイクロ撮影された本の原本であり、つまりこの二冊は同じものであった。図書課別室の館員にも尋ねたが、結局、納本された本は見つからなかった。

念のため、前田出版社版の『二十歳のエチュード』二冊も閲覧する。やはりどちらも原本劣化のため、出てきたのはマイクロフィルムである。しかしこれらも納本された本ではないようだ。一冊には、昭和二四年一月五日の日付のある購入印が捺されているが、もう一冊からは日付印は見つからない。そしてこの二冊は両方とも、伊達が退社した後の前田出版社で作成した第三版（昭和二三年一二月発行の第三刷）であった。

結局、『二十歳のエチュード』は前田出版社版も書肆ユリイカ版も、納本された本の所蔵が現在、一冊もない。

九七頁に記したように、書肆ユリイカが納本を始めたのは昭和二六年一一月受入分からで、それ以前の六点（複本があるため計八冊）は、「割当事務庁譲渡図書」印のある本が四冊、購入印のある本が二冊で、他の

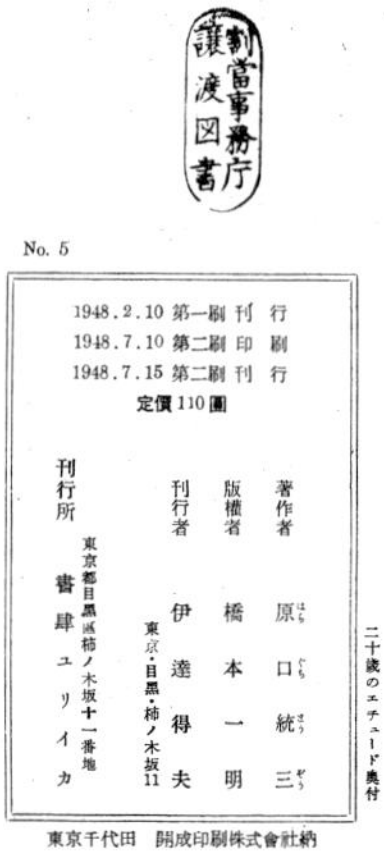
割當事務庁譲渡図書

No. 5

1948.2.10 第一刷刊行
1948.7.10 第二刷印刷
1948.7.15 第二刷刊行
定價 110圓

著作者　原《はら》口《ぐち》統《とう》三《ぞう》
版權者　橋本一明
刊行者　伊達得夫　東京・目黒・柿ノ木坂11
刊行所　書肆ユリイカ　東京都目黒區柿ノ木坂十一番地

東京千代田　開成印刷株式會社納

二十歳のエチュード奥付

図3-9　『二十歳のエチュード』第2版、国立国会図書館所蔵本の奥付

図3-10　同、受入印

二冊は、このどちらの印も、また納本印もない。つまり、『二十歳のエチュード』が発行された時期に、伊達はまだ納本を開始していなかったようだ。

国会図書館所蔵の『詩暦』は、二点あるうちの一点が納本された本であった。納本印がある本の受入印の日付は、昭和二六年一二月一七日（図3―11）である。納本された本ではない別の方の一冊は、寄贈の表示もないので購入本と思われるが、不思議なことに、こちらの本の受入印も、同じ日付になっている。印の下のナンバリングや限定番号も数字が近く、つまりこの二冊は同時に国会図書館に入った本だと思われる。

戦前は、出版物の検閲制度のため、「発行の日より到達すべき日数を除き三日前」までに納本するよう厳しく義務づけられていたが、戦後は「発行の日から三十日以内に」納めればよい、と緩和された。

それにしても、『詩暦』に印刷されている発行日は「6月10日」である。受入印の日付は「12・17」だから、もし発行されたのが受入印の年と同じ昭和二六年だったと仮定しても、半年も経っている。

長谷川郁夫の『われ発見せり』によると、中村真一郎が処女詩集を書肆ユリイカから出版することになり、伊達と校正刷りの受け渡しなどのやり取りをするうち、中村の近所にいた長岡の家に二人で訪れるようになったそうだ。そうした交流から、『詩暦』出版の計画が生まれたという。

『中村真一郎詩集』（図3―12）の発行年月は、奥付によれば昭和二五

図3-11　『詩暦』国立国会図書館所蔵本の受入印

年九月（図3―13）だから、『詩暦』が奥付に記載された昭和二一年に出版されることは、証言と矛盾する。証言通りとすれば、『詩暦』の出版が具体化したのは、早くてもその翌年の二六年頃と考えて良いのではないだろうか。

　ところで、本を集め始めると、関連した資料が続々と手に入るようになる。『詩暦』を古書で買ってからしばらくして、懇意にしている青猫書房の古書目録に『詩集の川上澄生』という本が掲載され、注文して入手することができた。本書は平成一一年四月から九月まで、鹿沼市立川上澄生美術館で催された「詩集の川上澄生」という美術展に合わせて作成された展示図録である。この美術館の図録はどれも大変楽しい造りで、なかでもこの『詩集の川上澄生』は、なんと『詩暦』の完全複製本を作成し、展示図録の冊子と一緒に函に納めてあるという、前代未聞の豪華図録なのだ（図3―14）。

　『詩暦』複製本の巻末には、著者の長岡輝子が「川上澄生と『詩暦』について」と題する一文を寄せている。これを読んだところ、長岡自身が、書肆ユリイカで『詩暦』を出すことになった経緯と、発行年について触れているくだりを発見した。

　戦時中、長岡は自分の詩に、北海道に疎開していた川上澄生から版画を彫ってもらっていた。敗戦後数年経ち、大森臼田坂上に住む長岡は、同じ大森の山王にいた中村真一郎と知り合ったことで、その詩が伊達得夫の手に渡り、川上の版画を収めた『詩暦』の出版の話が実現したそう

図3-12『中村真一郎詩集』ジャケット

頒價 200 円
1950 年 9月1日發行　　限定 300 部
著者　中村眞一郎　　發行者　伊達得夫
東京都新宿區上落合 2～540　書肆 ユリイカ 刊行
（井上印刷社★田中製本所）

図3-13　同、奥付

だ。長岡は『詩暦』を最初から自費出版として出すつもりだった。資金は初めて出演した映画『風にそよぐ葦 後編』の出演料。映画は昭和二六年三月一〇日から東映の配給で公開され、出演料を手にしたのもその頃と思われる。

長岡は当時を振り返り、発行年について述懐する。「これは推測の域を出ませんが、昭和二十六年を一九四六年とカン違いして刷ってしまってておこったことではないでしょうか。昭和二十六年なら、私が映画に出演した年とも話の辻褄はあうのですが。」

つまり、これはどうやら、伊達得夫が奥付を作る際、昭和二六年をうっかり西暦の一九四六年と勘違いしたことで生じた珍現象であるらしい。確かに、昭和二六年という発行年ならすべて納得がいく。

ここからは筆者の推測だが、発行年は昭和二六年として、実際に本ができあがったのは奥付にある六月ではなく、もっと後の、一二月に近い時期だったのではないだろうか。第二章「国立国会図書館」の項で述べたように、『詩暦』発行当時は必ずしも本ができてすぐには納本していないと思われるが、本書は複数点数の別の本とまとめて納本されたものではなく、購入本かとも思われるもう一冊の同じ『詩暦』と同時に受け入れられていることから、本のできあがった時期は、納本時期に比較的近いと考えられる。

もちろん、当初は六月発行の予定だったろう。しかし木版画の別紙を貼り込み、限定番号を書き入れ、木版二色摺りのジャケットをかけるな

図 3-14　鹿沼市立川上澄生美術館展示図録『詩集の川上澄生』(『詩暦』複製本入り、平成 11

ど、手間のかかる作業のために遅れが生じたことが想像できる。

四　様々な造本の田中清光『立原道造の生涯と作品』

国立国会図書館には、田中清光著『立原道造の生涯と作品』が数冊所蔵されている。

昭和三一年に書肆ユリイカが出版した本と、昭和四〇年に麦書房が発行した本の二種類で、そのうちユリイカ発行本は現在、国会図書館に二冊ある。この二冊は奥付はまったく同じなのに、本の随所に違いがある。ちなみに、どちらも奥付に納本印が捺され、納本された本だとわかる。この二冊の本は同じ本なのか、はたまた違う本なのか？　また、微妙に違う二冊が、なぜ両方とも納本されたのだろうか？

この二冊は、どちらの本も請求記号が「911.52/Ta948Tt」である。ID413198の本は青いクロスで図書館製本されており、原装の状態はわからない。ID433641の本は角背上製本で、背が白いクロスで書名などの背文字が金箔押しされ、表紙のひらは青いミューズコットン紙を用いたおしゃれな継ぎ表紙である。再製本された本は、本扉の次に立原の写真を印刷した口絵が挿入されているが、継ぎ表紙本は写真口絵が本扉の手前に、向き合うようにして綴じられている。本扉の用紙が異なり、この二冊は第二部の扉の組みが異なる別版である。綴じの順番と印刷が異なるので、製本も印刷も別の時期であるはずだ。奥付は二冊とも同版で

図4-1　『立原道造の生涯と作品』上製継ぎ表紙本、本（左）と貼函

発行日は「1956. 10. 30」になっているが、実際はどちらかの制作時期がこの日でない可能性が高い。では、それは一体どちらの本で、いつ制作されたものなのだろうか。

この二冊の異版の存在を知ってから私は、古書目録で書肆ユリイカ版『立原道造の生涯と作品』を見つけるたびに、見境なく注文しては購入した。奥付が同じうえに、どのようなバリエーションがどれだけあるのかもわからないから、ひたすら買うしかなかったのである。幸い何万円もする本はなかったので、根気よく買い続けて八年が経ち、手元に七冊の書肆ユリイカ版『立原道造の生涯と作品』が集まった。

奥付の日付は七冊とも国会本と同じ「1956. 10. 30」である。中に一冊だけ、年月日の上に「壱千九百五拾七年拾弐月弐拾五日　発行」と印刷した紙片が貼り込まれたものがあるが、これも紙の下には他の本と同じ印刷文字があり、奥付それ自体は同版である。七冊の本の外装を比べると、四種類あることがわかった。1貼函入り角背上製継ぎ表紙本（図4―1）、2段ボール函入り角背上製紙表紙本（図4―2）、3並製ジャケット装の本（図4―3）、4フランス装風表紙の本（図4―4）である。

制作時期の手がかりを求めて本をよく見ると、3の本のジャケットのひら、著者名の下に「1957」の文字が、また4の本には本扉が二枚あり、最初の扉の下方に「1958」とあるのが見つかった（図4―5）。1の本には奥付に「壱千九百五拾七年拾弐月弐拾五日　発行」の貼り紙があるので、整理すると次のようになる。

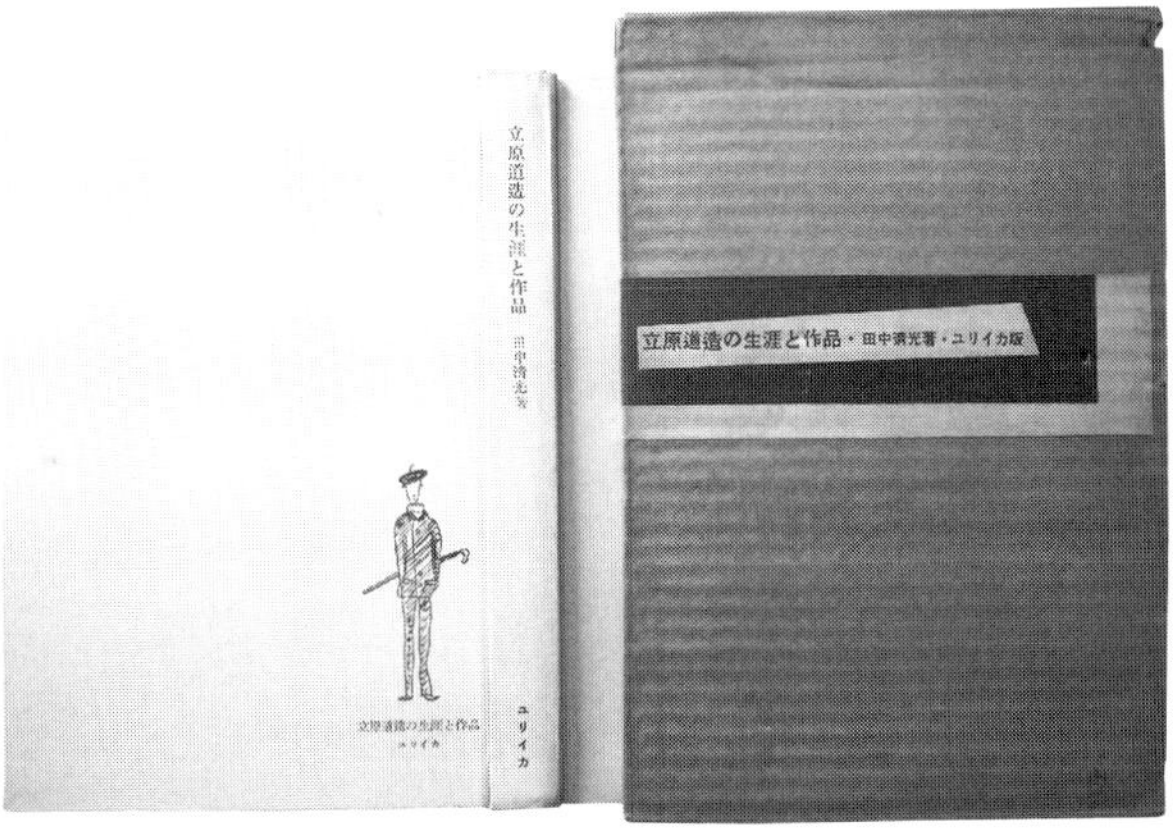

図4-2　同、上製紙表紙本、本（左）と機械函

1　上製継ぎ表紙本……昭和三二年一二月二五日（図4―6）
2　上製紙表紙本……奥付（昭和三一年一〇月三〇日）以外に手がかりなし（図4―7）
3　並製ジャケット装の本……昭和三二年（図4―8）
4　フランス装風表紙の本……昭和三三年（図4―9）

――3は年号しかわからないため、同年一二月の1とどちらが早いか、外装を見ただけでは判断がつかない。現時点では取りあえず、2（昭和三二）／3・1（昭和三二）／4（昭和三三）という順序になるのではないか、としておく。

次に、印刷されている紙面の状況を調べることで、それぞれの制作時期の順番を推理することにしよう。本書は活版で印刷されているので、四点の本の同じ部分の印刷状況を比べれば、様々なことがわかって来る。

図4―10（1～4）では、最初の文字「た」が、2以外はすべて右側へ飛び出してしまっている。活版印刷では、一字ずつ別々の活字を組み合わせてページごとにまとめ、版面の周囲にも行間を構成するインテルを埋めて固定して、印刷原版を作り上げる。インテルは字詰めより少し短く作られているので、固定が緩むと端にある活字が飛び出すことが起こるのだ。

他の部分の印刷面を見ると、2に比べて314のほうが版の傷みが激しいので、まず最初に2を印刷し、その後314を刷ったのであろう。

活版印刷では、組み上げた活字そのものに直接インキを付けて刷るこ

図4-3　『立原道造の生涯と作品』並製ジャケット装本

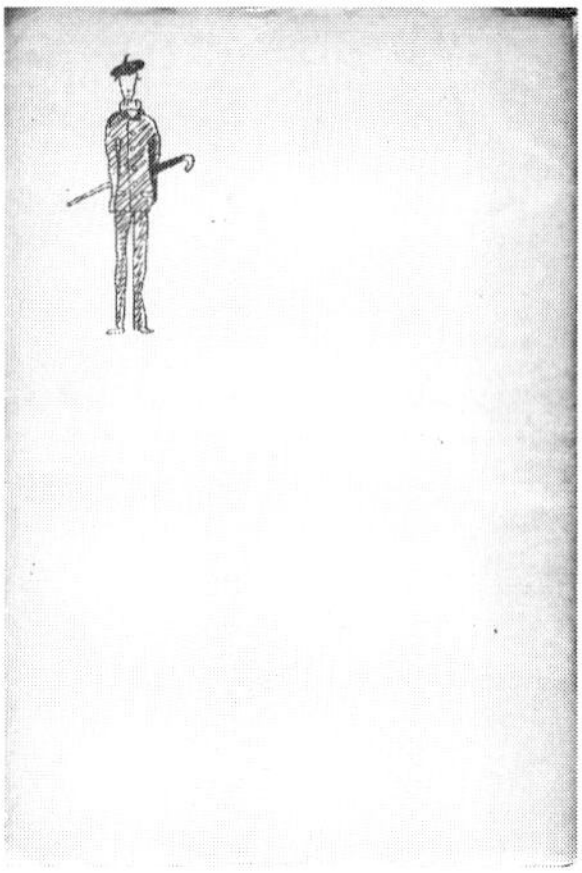
図4-4　同、フランス装風表紙本

とはあまりない。なぜなら、組んだ活字を本一冊分、丸ごと全部保存しておくのは大変だからである。実際には、組み上がった活字版の表面に和紙を押しつけて雌型（凹型）の版を作っておき（紙型《しけい》）、印刷する時はこの版に鉛を流し込んで凸型の「鉛版《えんばん》」を作り、これで刷る。紙型を取った後の活字はばらして元に戻し、後日、別の組版に再使用する。鉛版も印刷が終わると溶かして、また別の鉛版製作に使われる。

組版後、紙型を取って鉛版で印刷したとすると、「た」はすべての刷で飛び出すか、または後刷の段階で気がつけば修正するはずである。しかし、先に印刷されたと思われる2で正常なのに後刷で飛び出したということは、2は鉛版ではなく活字組版そのもので印刷された、つまり原版刷りされて、その印刷後に紙型が取られたと考えられる。紙型取りの際に「た」が飛び出したが、それに気づかないまま紙型を取ってしまったのだろう。

本来は紙型だけ保存すればよいが、鉛版も保存して再使用することがあった。鉛版はよく傷がつくので、その傷み具合を調べると印刷順の見当がつく。3 1 4の印刷面を見ると、3と1はまったくと言っていいほど文字の傷や刷りムラの状態が同じである。4は、3と1に比べて傷みがひどく刷りも悪い。つまり3と1は同じ時に印刷されたもので、4はそれからしばらく経って、同じ鉛版を使って再度印刷されたものだと考えられる。

図4―11（1〜4）は第二部の扉だが、3と1は同版で、2と4はそ

立原道造の生涯と作品
田中清光
ユリイカ
1958

図4-5　同、フランス装風表紙本の１枚目の本扉

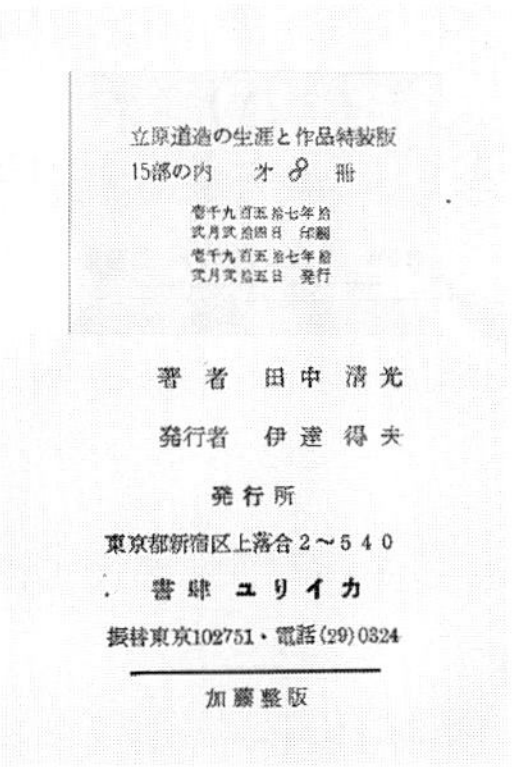
立原道造の生涯と作品特裝版
15部の内　オ 8 冊
壱千九百五拾七年拾弐月弐拾四日　印刷
壱千九百五拾七年拾弐月弐拾五日　発行
著者　田中清光
発行者　伊達得夫
発行所
東京都新宿区上落合２～５４０
書肆ユリイカ
振替東京102751・電話(29)0324
加藤整版

図4-6　同、上製継ぎ表紙本の奥付

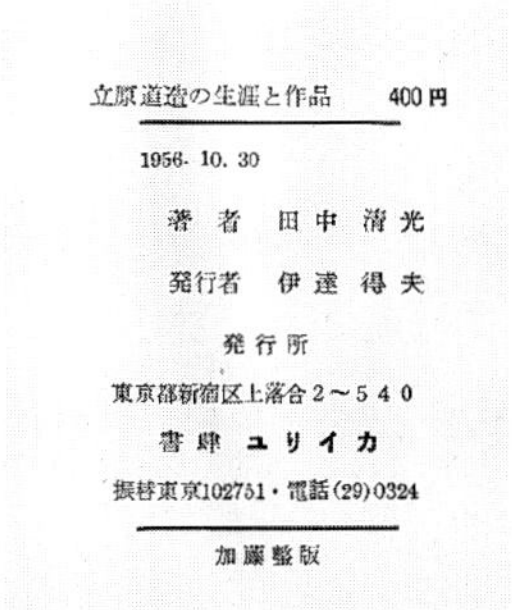
立原道造の生涯と作品　400円
1956. 10. 30
著者　田中清光
発行者　伊達得夫
発行所
東京都新宿区上落合２～５４０
書肆ユリイカ
振替東京102751・電話(29)0324
加藤整版

図4-7　同、上製紙表紙本の奥付

れぞれ別版である（鉛版は、部分的に修正を行うことができる）。本書の文字遣いは旧仮名遣いのため「めぐつて」と表記すべきなので、最初、2で「めぐって」と誤ったのを、3・1を刷る際に修正したのだろう。本来なら修正した版で紙型を作っておくが、それをしなかったようで、4を刷る段になり、この版がなかったため再度作り直した。この時参考にするべき本が2しかなかったのだろう、再び「めぐって」と誤った表記に戻ってしまった。

以上から、印刷順はおそらく、最初に2を原版印刷し、次に紙型および鉛版を作って二度目の印刷をし（3と1）、そして後日、前回（3と1）と同じ鉛版（ただし部分修正あり）で再度印刷した（4）、となる。3と1は、同じ刷り本から市販本と特装本（一五部のみ）の二種類の製本に仕立てたものと思われる。

国会図書館本が四種類のうちのどれかというと、図書館製本された本（ID413198）は、口絵の綴じ順や印刷面の状況、本文紙の紙質から見て、2の最初の出版本だろう。したがって改装前は紙装の角背上製本だったと思われる。ちなみに、実践女子大学図書館に所蔵されている本もやはり2が再製本されたもので、紙装のこの造本は、あるいは壊れやすかったのかもしれない。また、神奈川近代文学館所蔵本もこの2だが、函に貼られたタイトル紙がえんじ色の部分で裁ち落とされて貼ってあり、筆者の所蔵本（二冊とも）のような、右方と下方の白い余白がない。こうしたラベル貼りの作業は、書肆ユリイカの伊達得夫が手ずから行ってい

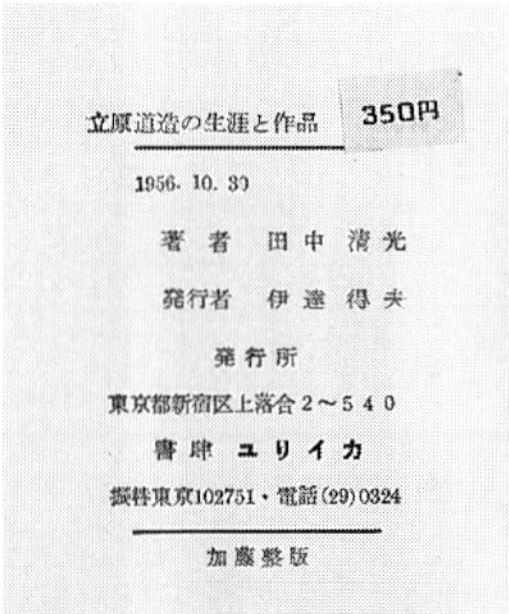
立原道造の生涯と作品　350円
1956. 10. 30
著者　田中清光
発行者　伊達得夫
発行所
東京都新宿区上落合2～540
書肆　ユリイカ
振替東京102751・電話(29)0324
加藤整版

図 4-8 『立原道造の生涯と作品』並製ジャケット装本の奥付

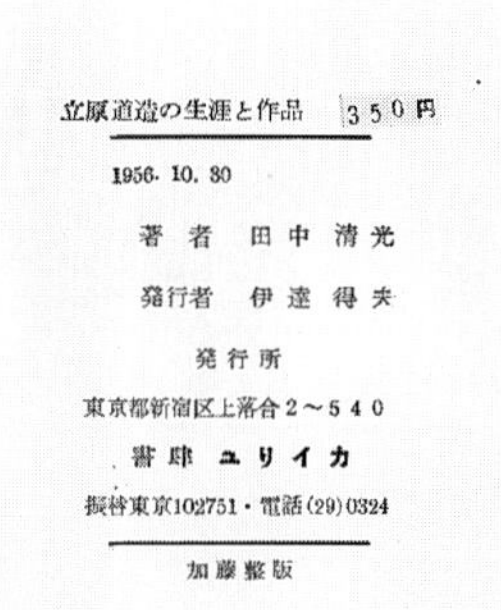
立原道造の生涯と作品　350円
1956. 10. 30
著者　田中清光
発行者　伊達得夫
発行所
東京都新宿区上落合2～540
書肆　ユリイカ
振替東京102751・電話(29)0324
加藤整版

図 4-9 同、フランス装風表紙本の奥付

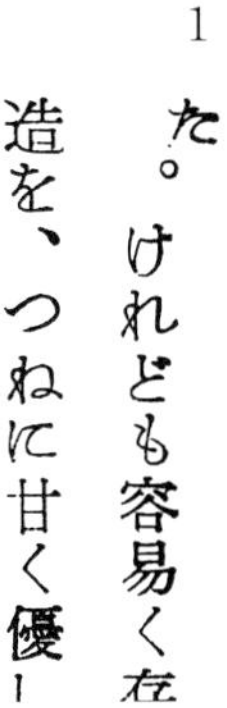

1
た。けれども容易く存
造を、つねに甘く優
彼はいつまでも、生
る。

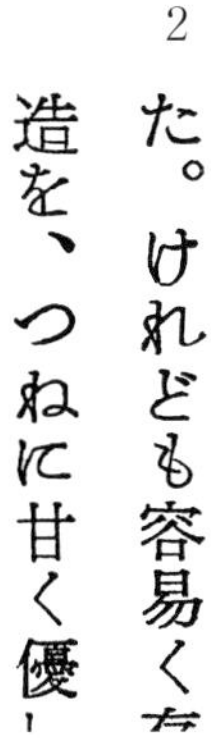

2
た。けれども容易く
造を、つねに甘く優
彼はいつまでも、生
る。

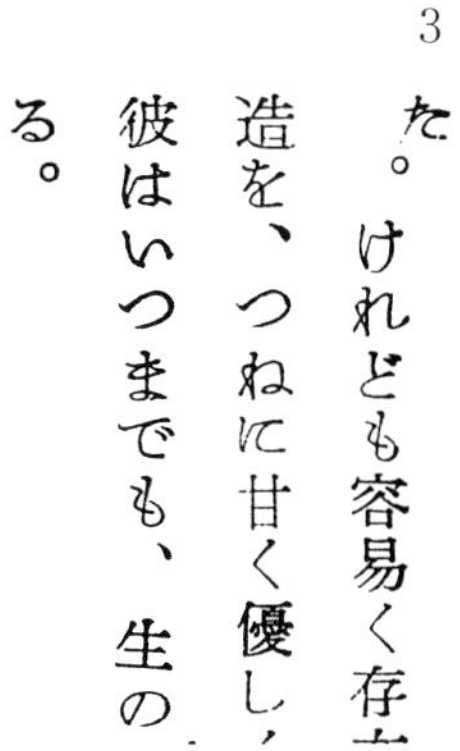

3
た。けれども容易く存
造を、つねに甘く優し
彼はいつまでも、生の
る。

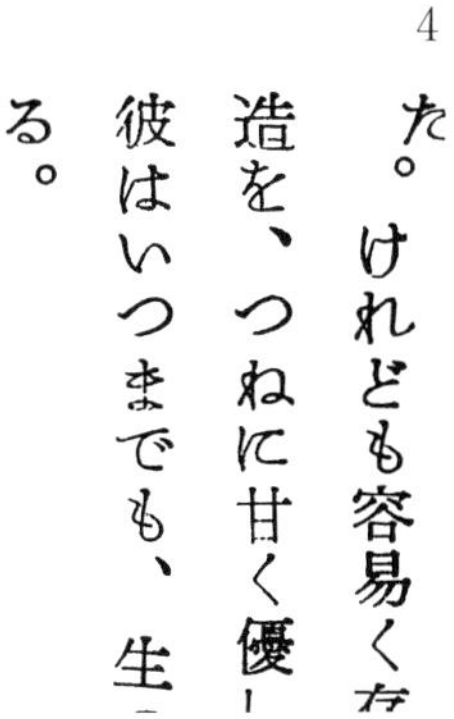

4
た。けれども容易く
造を、つねに甘く優
彼はいつまでも、生
る。

右より
図 4-10-1　同、上製継ぎ表紙本の 9 頁冒頭
図 4-10-2　同、上製紙表紙本の 9 頁冒頭
図 4-10-3　同、並製ジャケット装本の 9 頁冒頭
図 4-10-4　同、フランス装風表紙本の 9 頁冒頭

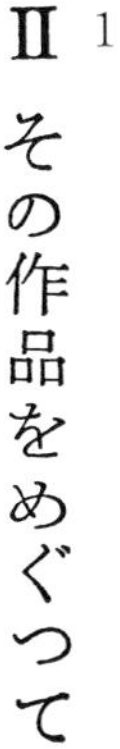

II 1
その作品をめぐって

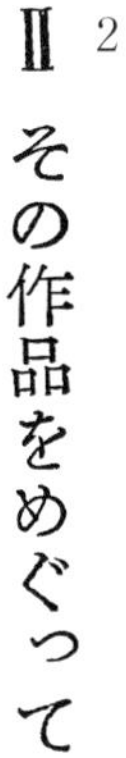

II 2
その作品をめぐって

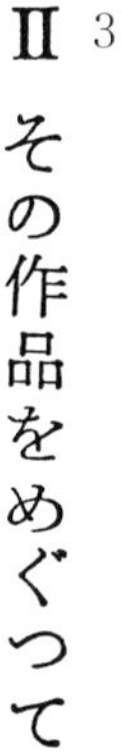

II 3
その作品をめぐって

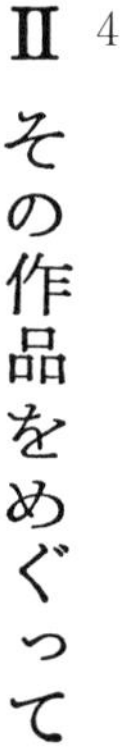

II 4
その作品をめぐって

右より
図 4-11-1　同、上製継ぎ表紙本の第 2 部扉
図 4-11-2　同、上製紙表紙本の第 2 部扉
図 4-11-3　同、並製ジャケット装本の第 2 部扉
図 4-11-4　同、フランス装風表紙本の第 2 部扉

たという証言もあるので、色々な裁ち方と貼り方のものがある可能性がある。

国会図書館の継ぎ表紙本のほう（ID433641）は、ミューズコットン紙を用いた外装などから1の特装本のはずだ。しかし特装本の奥付に貼られているべき発行年月日の入った紙片がないため、奥付を見ただけでは正しい発行時期がわからず、2の最初の刊行本との区別がつかなくなってしまった。

幸運なことに、著者の田中清光氏に直接、出版当時の状況について話を聞くことができた。刊行順序は私の推測した通り、やはり2・31・4の順だという。最初の2の実際の制作時期も、奥付の昭和三一年一〇月三〇日頃で、予定通り本はできていたという。

国会図書館にある2の納本時期は、受入印（図4―12）から昭和三二年一月二四日頃である。第二章「国立国会図書館」の項で述べたように、書肆ユリイカの本は複数冊をまとめて納本していることも多い。本書はこの印の日に、書肆ユリイカの昭和三一年一〇月三〇日から昭和三二年一月一日までの発行日をもつ五冊がまとめて受け入れられたうちの一冊である。本書については、予定通り本ができたものの、後日まとめて納本したため発行日とタイムラグが生じたと思われる。

もう一点の1は、納本時期が昭和三二年九月五日（4―13）であり、こちらは本来の発行日である昭和三二年一二月二五日より三か月も早く納められている。市販本の3と特装本のこの1とは印刷が同じなので、

図4-12　『立原道造の生涯と作品』上製紙表紙本、国会図書館所蔵本、受入印

図4-13　同、上製継ぎ表紙本、国会図書館所蔵本、受入印

おそらくほぼ製本もほぼ同時進行で行ったのだろう。1の特装本は、田中氏によると、親しい人たちに贈呈するために一五部のみ作ったもので、奥付の「特装版一五部……」の紙片は、田中氏自らが限定番号を書き入れて貼りつけたという。造本デザインは伊達によるものだそうだ。

おそらく、3の市販本とこの特装本がほぼ同時にできあがったものと思われるが、納本は昭和三一年一〇月一日から昭和三二年六月二〇日までの発行日をもつ八冊の本と一緒に受け入れられており、本書ができあがった時期を確定するのはかなり難しい。また、造本が違うだけで増補版でもない本書をなぜ納本したのかは不明である。また、『ジャック・プレヴェール詩集』や真鍋呉夫『天命』など、書肆ユリイカの他の出版物では奥付に増刷表示をした本もあるのに、なぜこの本は奥付の年月日を訂正しなかったのか、それも残念ながら謎のままだ。

いずれにせよ、本書は少なくとも四種類は存在し、最初発行された上製本の2以外は、実際の制作時期が奥付に印刷された日付よりも遅い。並製本の3と4に至っては、奥付しか見なければ一年または二年も制作時期を誤認することになってしまう。

田中氏によれば、本書は伊達が「書肆ユリイカのベストセラー本だ」と言ったほどよく売れた模様で、販売用でなく初刷の刷本を流用した特装本を除外しても、二回は増刷していることになる。記述内容は同一でも、増刷を重ねたことはそれだけ本の需要度が高かった証である。その需要度を正確に見極めることが、書物を正しく把握するための一つの要件でもあるのである。

五　牧野信一『心象風景』の謎

書肆ユリイカ発行の牧野信一『心象風景』（昭和二三年）の国会図書館所蔵本は、発行月が「6」と印刷されている部分に「9」と印刷された紙片を貼付して訂正してある（図5―1）。

伊達得夫の『詩人たち』の中に「呪われた本」という一文があり、この『心象風景』にまつわるエピソードが綴られている。それによると、昭和二三年六月に「うの」（解説者・宇野浩二）の検印紙をつけて二〇〇〇部を印刷発行し、配本を済ませた翌日に何気なく本をめくっていた伊達は、「一二三頁の裏が一三四頁になっている」のに気づく。製本上のミスではなく印刷上のミスだから、全部がこうなっているはずだと判断した伊達は、前日に配本してまわった取次店をまた一軒ずつ歩いて本を回収する。「印刷屋に責任を追及したら、目を丸くして、早速印刷し直すが、どうしてこんな間違いが生じたか見当もつかぬと首をかしげた。（略）回収した本をもう一度製本所にもちこみ、新しく印刷した頁を切りばりした。そのために一週間が無駄になった。」

そうしてやっと訂正し直した本を再度持参すると、前に引き受けてくれた取次店の半数から、今度は拒否されてしまう。配本しきれずに余った一〇〇〇部を印刷所の片隅に預けっぱなしにしていたところ、一週間

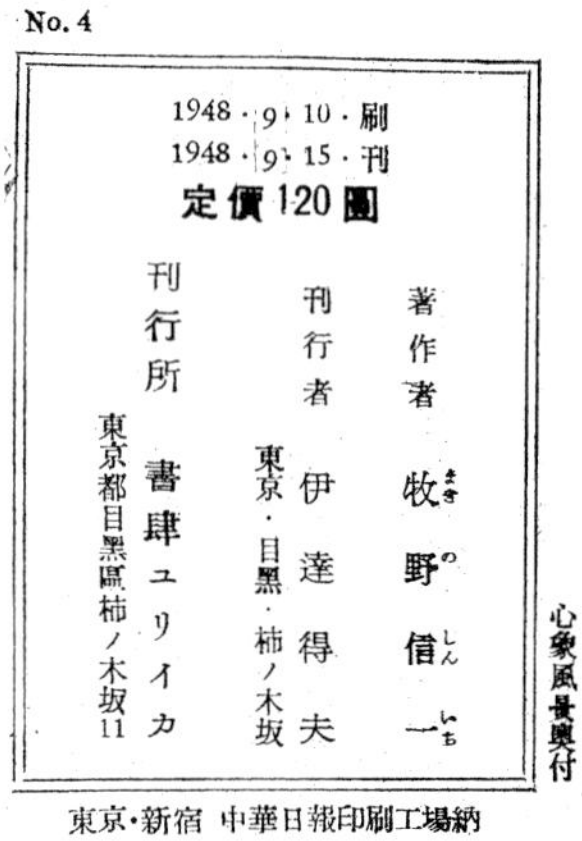
No. 4

1948・9・10・刷
1948・9・15・刊
定價120圓

著作者　牧《まき》野《の》信《しん》一《いち》
刊行者　伊達得夫　東京・目黑・柿ノ木坂
刊行所　書肆ユリイカ　東京都目黑區柿ノ木坂11

心象風景奥付

東京・新宿　中華日報印刷工場納

図5-1　牧野信一『心象風景』国立国会図書館所蔵本・奥付

ほど後、今度はその印刷所が火事で全焼、本も全部焼失してしまったという話である。

現在、牧野の『心象風景』は国会図書館と神奈川近代文学館に所蔵されている。国会図書館本は納本された本ではないようだが、発行月に訂正があり、伊達の記すように印刷上のミスなどのトラブルで配本が延びたために訂正したとも考えられる。神奈川近代文学館には本書が三冊所蔵されているが、本の奥付には、三冊ともこの訂正貼り込みはなされていない。いずれも接着剤などの痕跡は認められず、三冊全部から剝がれたとも考えにくいが、どういう本に貼り込み訂正を行ったのかは不明である。

なお伊達が書いている印刷ミスの部分については、この四冊とも「切りばり」の状態にはなっていなかった。本書は一六頁を一折として糸かがりで綴じられているが、一二二頁と一二三頁の間にかがり糸がわたっている。つまりちょうど折の中央部に位置しているのである。印刷し直すなら一二一頁から一二四頁の四頁分を新たに印刷し、この一枚（四頁分）を差し替える作業を行わなくてはならない。しかし少なくとも伊達が書いたこの頁について、接着剤を用いた「切りばり」のような作業は四冊とも行われていないのである。

その後、筆者も本書を古書で入手、念のために他の頁の製本状態も確認したところ、二一七頁から二二〇頁までの四頁が貼り込みされていた。ここも同じく折の中央に位置しており、本来なら二つ折り一葉の中央部分に、かがり糸がわたっているべき場所である。それが、この一枚は折り山に接着剤をつけて本ののど、つまり、かがり糸の上にぺったり貼りつけてあるのだ。もしこの本文頁が折目から破れて外れたのを貼りつけたのだとしたら、貼った一葉の中央に、かがり糸が通っていた穴や破れ痕が残るはずだが、その痕跡はない。ということは、一度外れたのを戻したのではなく、新規に印刷した四頁を製本所で貼り込んだことになる。

糸かがりの構造上、枚葉は四頁単位なので、修正したいのは一頁だけでも、裏面の一頁と対向面の二頁分も差し替えることになる。この場合、糸を外して製本し直すような大がかりなことはせず、ミスのある頁を含む四頁分だけを外して、二頁分ずつ貼り込む方法になる。本書の修正では、問題の頁がちょうど折の中央だったため、二つ折りにした四頁の折り山に接着剤をつけて差し込む方法で行っている。作業は製本所の職人による手作業であろう。

その後、神奈川近代文学館所蔵本を再度確認したところ、三冊とも筆者所蔵本と同様、二一七頁から二二〇頁までの四頁が貼り込みされていた。なかでも塩荘一氏寄贈本は、かがり糸の部分に紙の断片が引っかかって残っていた。問題の頁を破って取り去る際に残ったものと思われる。

通常、本ができた後で誤植が見つかった場合、こうした大きなミスでもなければ、刷り直しや切り貼りなど行わないのが普通である。筆者が以前勤務していた出版社で、本扉の著者名に誤植があったことがあり、それはまさに切り貼り作業で修正したが、書肆ユリイカの本には、奥付

図 5-2　渋沢孝輔『場面』函と本（右）

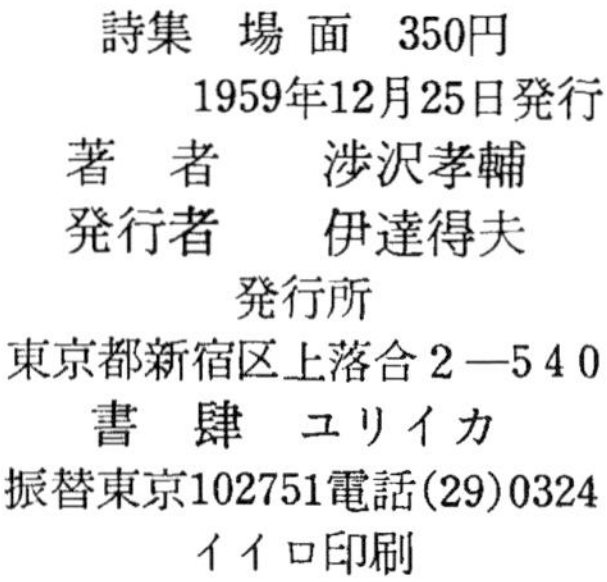
詩集　場面　350円
1959年12月25日発行
著　者　　渋沢孝輔
発行者　　伊達得夫
発行所
東京都新宿区上落合２—５４０
書　肆　ユリイカ
振替東京102751電話(29)0324
イイロ印刷

図 5-3　同、奥付

の著者名に誤植の残ってしまったケースがある。それは渋沢孝輔の詩集『場面』（昭和三四年、図5―2）で、渋沢は『現代詩手帖』昭和五六年一〇月号（特集「処女詩集」）において、「処女詩集の諸条件」というアンケートに答え、自分の処女詩集『場面』について次のように書いている、「奥付の著者名が誤植で驚きました」。筆者の手許にあるこの『場面』を見ると、「渋沢」の「渋」が「渉」になっている（図5―3）。都立中央図書館所蔵本は、奥付の著者名の誤植部分に鉛筆で×印が書かれて「渋」と訂正され、カタカナで「シブサワ、｜」と書き添えられている。これは図書館員が目録作成のために記入したものと思われる。

神奈川近代文学館所蔵本では、鉛筆書きで「渋」のように補筆訂正がしてあった。館員の方に尋ねたところ、「本の現状を変更する行為は一切行わない方針なので、当館ではこのようなことは行いません」とのことであった。この本はもともと著者の渋沢が近藤東に宛てて贈ったものであり、「近藤ふじ子氏寄贈」のスタンプ印が奥付に捺されている。状況から推測するに、渋沢本人が訂正した可能性が高いであろう。奥付の著者名に関しては、版元は意外と冷淡なものである。

六　『現代詩全集』の発行年月日

奥付が信用できないことは何度も述べてきたが、『現代詩全集』全六巻（図6―1）も、また大変困った本である。

図 6-1　『現代詩全集』全 6 巻

まず第六巻の奥付を見てみよう（図6―2）。ご覧のように、発行年が「1690年」である。もっとも、活版洋装のこの本を江戸時代の出版物だと思う人は誰もいないので、「一九六〇年の誤植だな」とすぐわかる。問題は、第一巻である。奥付に、発行年月日の記載がないのだ（図6―3）。さて、この本の発行年月日は一体いつだったのだろうか。

まず、ほかの巻の発行年月日を見ると、第六巻の年号を誤植として、正しくは昭和三五年と見なすと、第二巻・昭和三四年六月三〇日、第三巻・同年九月三〇日、第四巻・同年一〇月三〇日、第五巻・昭和三五年一月三〇日、第六巻・同年三月二〇日となる。発行は巻数の順であるらしく、また五つの巻はそれぞれ発行年月日が異なっている。

以上から判断すると、第一巻の実際の発行年月日は第二巻の昭和三四年六月三〇日と同じではなく、より前である可能性が高い。

第二巻とどの程度発行時期がずれていたのかを探るために、書肆ユリイカが発行していた月刊雑誌『ユリイカ』のこの当時の号で、『現代詩全集』の出版広告を探してみよう。

第二巻の発行年月あたりの号を見ていくと、『ユリイカ』昭和三四年五月号（五月一日発行）の裏表紙にある広告では、「第一巻近日配本！」（図6―4）とあって第一巻はまだ刊行されておらず、翌六月号（六月一日発行）の広告では「第一巻配本開始！」（図6―5）とあった。また、その翌七月号の広告には「第1巻配本中」「第2巻近日配本」（図6―6）とあって、二冊の発行は同時ではなく一か月程度は制作進行日程にずれ

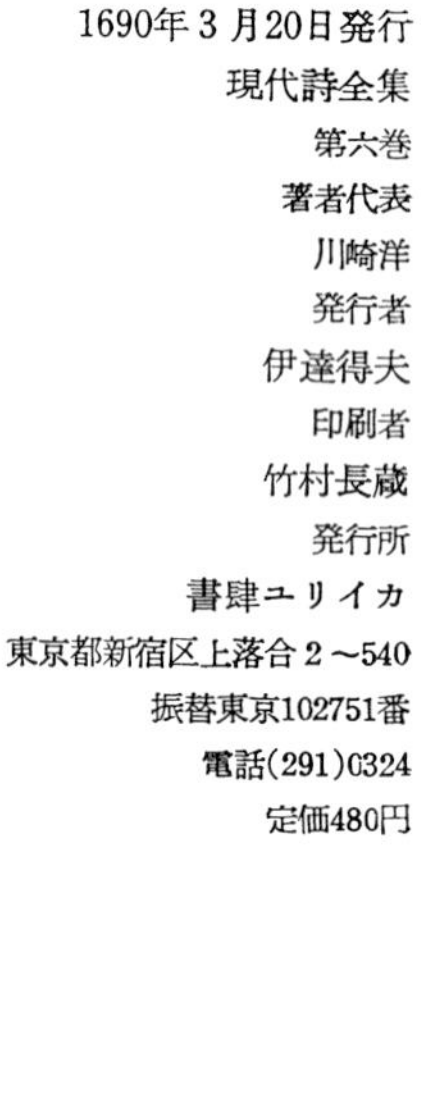
1690年3月20日発行
現代詩全集
第六巻
著者代表
川崎洋
発行者
伊達得夫
印刷者
竹村長蔵
発行所
書肆ユリイカ
東京都新宿区上落合2～540
振替東京102751番
電話(291)0324
定価480円

図6-2
『現代詩全集』
第6巻、奥付

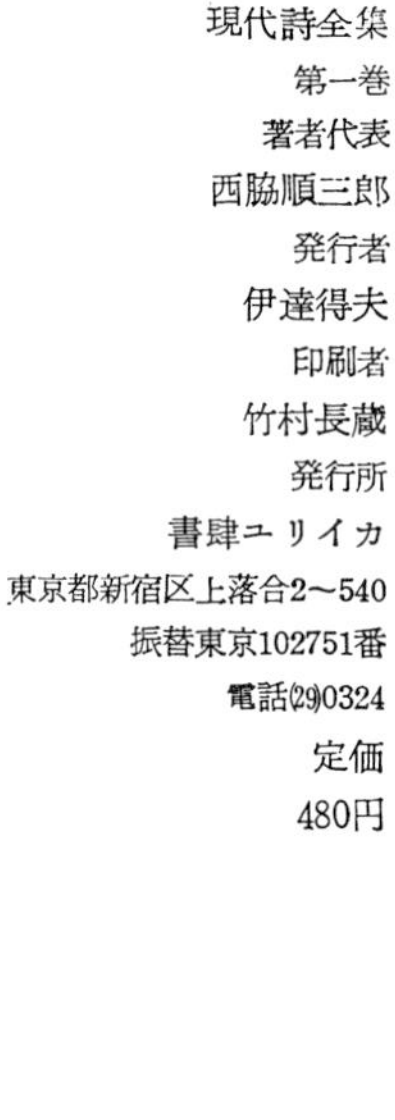
現代詩全集
第一巻
著者代表
西脇順三郎
発行者
伊達得夫
印刷者
竹村長蔵
発行所
書肆ユリイカ
東京都新宿区上落合2～540
振替東京102751番
電話(29)0324
定価
480円

図6-3　同、
第1巻、奥付

があったと思われる。

第二巻からちょうど一か月前と推定して、取りあえず「昭和三四年五月三〇日」という発行日を想定しておこう。

では、発行年月日が記載されていない本の場合、図書館では目録データをどのように決めるのだろうか。

まず、神奈川近代文学館の書誌データでは、「[出版年月日不明]」と、その通りの表現をしている。

一方で、国会図書館のOPACでこの本を検索すると、「第1-2巻」と、二冊まとめてひとつの項目にしている。本は合本されているわけではなく、館内で閲覧する際の請求も一冊ずつである。出版年を「1959」とするための苦肉の策だろう。

東京都立中央図書館（多摩図書館）で得られる目録データでは、出版年を「[1959]」として、ブラケット（角形カッコ）に入れている。これは「推定カッコ」と言われる表記の方法だ。本そのものには「1959」の記載がないものの、資料調査などによってこの年であると推測できるような場合、こういう書き方をするのだ。

全国の都道府県立図書館・政令指定都市立中央図書館が所蔵する和図書を一度に検索できる「総合目録ネットワークシステム」でこの本を検索してみると、国会と都立中央の二館を除く他の所蔵情報として、昭和三四年と昭和三五年の二種類があった。どちらも推定カッコには入っていない。データの元となる本は、六つの図書館で所蔵されている。

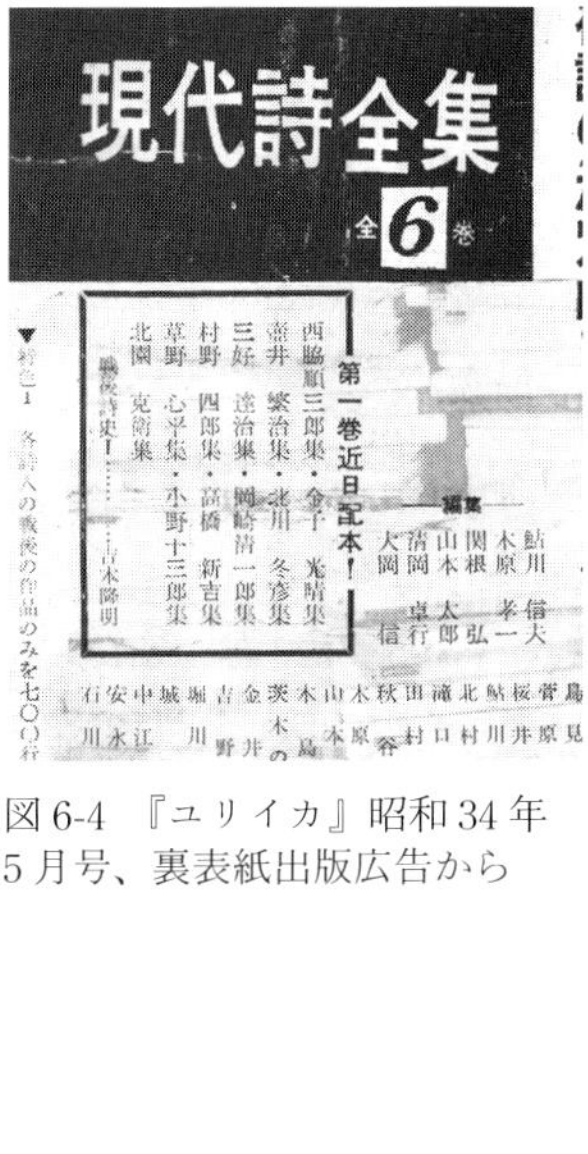

図6-4 『ユリイカ』昭和34年5月号、裏表紙出版広告から

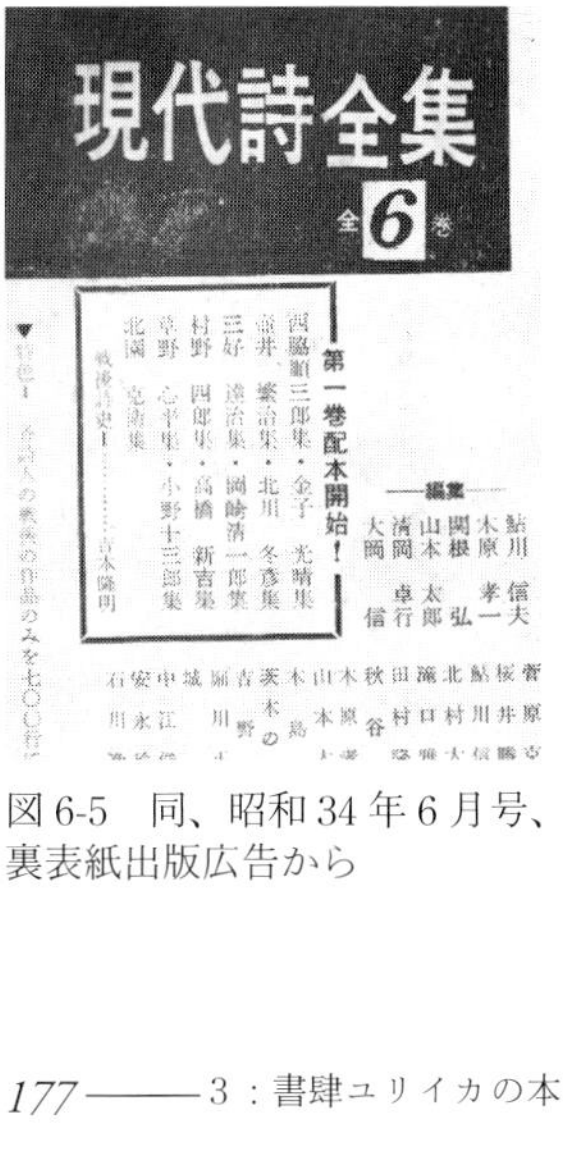

図6-5 同、昭和34年6月号、裏表紙出版広告から

また、NACSIS Webcatで『現代詩全集』を検索すると、所蔵情報として鹿児島大学附属図書館、神戸松蔭女子学院大学図書館、東北文化学園大学総合情報センター図書館の三館がヒット、ただし神戸松蔭女子学院大学図書館の所蔵は第二巻だけなので除外する。

鹿児島大学附属図書館所蔵本の発行年は、所蔵している一、四、五、六の各巻計四冊がまとめて記され、昭和三四年から三五年である。

発行年が昭和三四年にせよ昭和三五年にせよ、推定扱いでなくこの年だと決定するからには、何か手がかりがあったはずである。

各館のOPAC（オンライン蔵書目録）でわかることはここまでなので、取りあえずすべての図書館にメールや電話で所蔵経緯の調査と受入印・奥付部分の郵送複写の依頼をした。

ところで、東北文化学園大学総合情報センター図書館のサイトは、珍しく蔵書検索が学内からだけしかできず、パソコンからは何も情報を得られない。そこで、図書館に電話して本の実物を見てもらった。

ここの所蔵本の奥付にも、発行日の記載はなかった。収蔵に関わる痕跡としては、遊び紙に「贈 '96.6.20」という年月日の入った受入印がある。印には「アレン国際短期大学図書館」という図書館名があり、その上に「アレン国際短期大学蔵書」という角印もある。この大学はかつて岩手県久慈市にあった私立大学だが、廃校になった。その蔵書が現在、東北文化学園大学の図書館にあるということだ。

印の文字から、この本は平成八年六月二〇日になってアレン国際短期

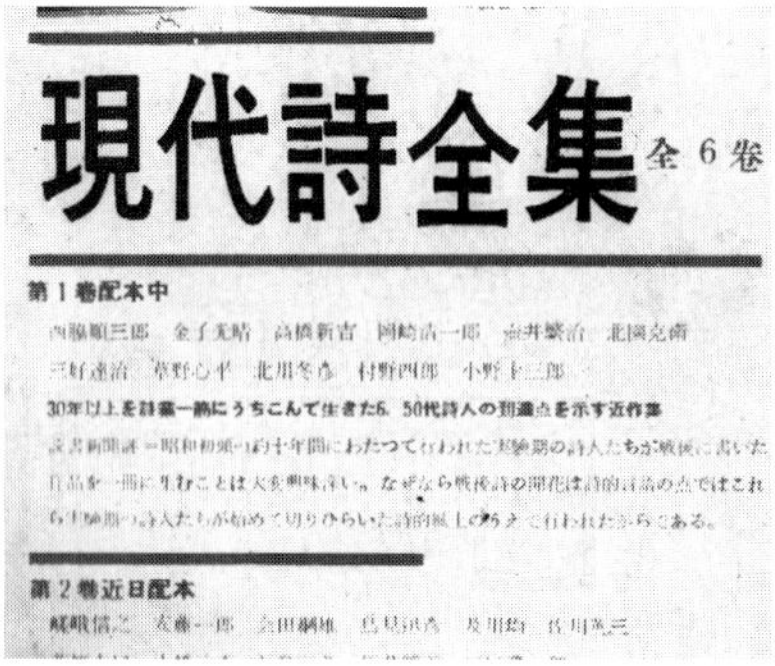

図6-6 『ユリイカ』昭和34年7月号、裏表紙出版広告から

大学図書館に寄贈されたことがわかる。つまり、この蔵書には発行時期の解明につながる手がかりはない。

総合目録ネットワークの検索で発行年が昭和三四年とされている本の所蔵館は愛知芸術文化センター愛知図書館、札幌市中央図書館、埼玉県立久喜図書館の三館である。

愛知図書館は、受入印に昭和三四年一〇月二四日の日付があり、原簿に購入したむねの記載があるという。つまりは購入時期から類推して昭和三四年の発行と見なしたようだ。

札幌市中央図書館の所蔵本には、昭和三五年一〇月二三日の日付の入った購入印が押されている。同館では第四巻以外の巻を所蔵、購入の前年を発行年とした経緯は不明ながら、そのすべての発行年を昭和三四年としている。

久喜図書館所蔵本の奥付に捺されている、受入印の日付は昭和三五年一〇月一〇日（図6―7）。埼玉県立浦和図書館で保管している原簿には、この受入日に、県内の新刊書店である岩淵書店から定価の四八〇円で購入したことが記されているという。裏表紙見返しには図書の貸出カードが残っているが、古い貸出カードは処分されてしまったのか、「返す日」の項目の一番古い日付は昭和四三年一〇月一二日である。

こちらも、発行年としている年は購入年の前年にあたるので、目録のデータを決めた理由を知りたいところだ。しかし最初のカード目録は既に処分してしまったそうで、残念ながらこれ以上の追跡はできなかった。

図6-7 『現代詩全集』第１巻、埼玉県立久喜図書館所蔵本の受入印

図6-8 同、青森県立図書館所蔵本、受入印

さて、昭和三五年を発行年としている図書館が三館ある。こちらの理由は一体何なのだろうか。

まずは青森県立図書館。もちろん奥付には発行年月日がない。本扉の裏面に捺されている図書館のスタンプ印には日付がなく、登録番号だけがある（図6―8）。この番号からカード目録を調べてもらったところ、昭和三五年という記載がされていた（図6―9）。同時に受け入れて登録番号の連続している第二巻（登録番号65166）が昭和三五年の発行年を有することから、第一巻も同じ発行年と見なして昭和三五年としたと思われる。第二巻の第一刷は昭和三四年なので、第一刷本と同時に受け入れていれば第一巻の発行年を昭和三四年としたはずだが、第二刷本と一緒に受け入れたことから、昭和三五年と判断されたと思われる。

さて、名古屋市鶴舞中央図書館の「昭和三五年」の根拠はまったく違った。送られて来た複写物の奥付には、ちゃんと発行年月日が印刷されていたのである！　サイトで検索することで出てくる書誌情報では、発行年が書かれているだけだが、本書は第二版であった。

第二版とはいっても、本文の組版を新しくしたわけではなく増刷本である。奥付によれば、この本の発行年月日は昭和三五年一月一五日（図6―10）。この第二版の発行年が書誌情報の発行年になっていたわけである。

ちなみに、本書には解説の最終頁（二一五頁）に楕円形のスタンプ印があり、昭和三五年三月一五日の日付が入っている（図6―11）。受入当

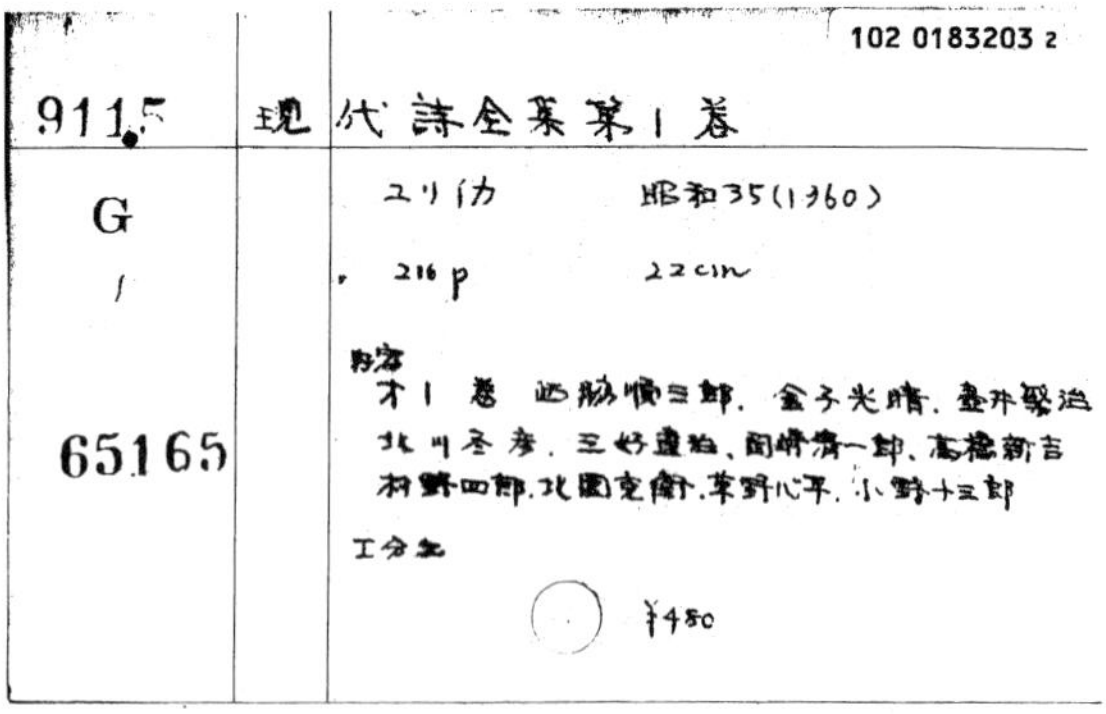
102 0183203 2
911.5　現代詩全集第1巻
G
1
65165
ユリイカ　昭和35(1960)
216p　22cm
¥480

図6-9　青森県立図書館の目録カード

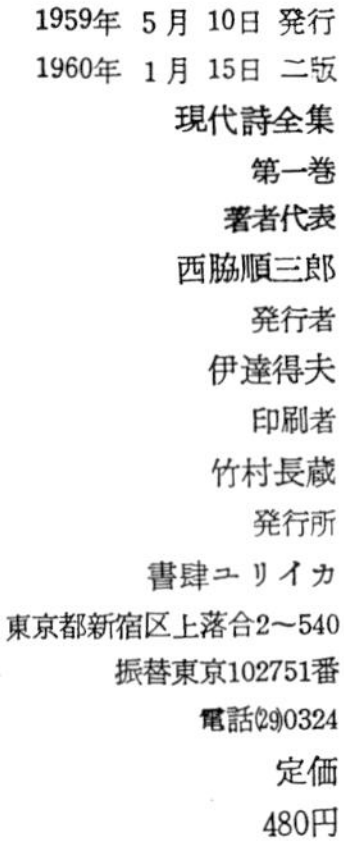
1959年 5月 10日 発行
1960年 1月 15日 二版
現代詩全集
第一巻
著者代表
西脇順三郎
発行者
伊達得夫
印刷者
竹村長蔵
発行所
書肆ユリイカ
東京都新宿区上落合2〜540
振替東京102751番
電話(29)0324
定価
480円

図6-10　『現代詩全集』第1巻、名古屋市鶴舞中央図書館所蔵本の奥付

時の名古屋市鶴舞図書館の原簿には、四八〇円の定価で購入したと記されているそうで、つまり発行された増刷本を新刊書店で購入したようだ。

　同じく発行年が昭和三五年とされる鹿児島県立奄美図書館の本も、この第二版である。本扉の裏にある鹿児島県立図書館奄美分館（受入当時）の受入スタンプには、昭和三五年五月一九日の日付が入っていて、これも増刷本の新刊購入であろう。

　ところで、『現代詩全集』を所蔵している鹿児島大学附属図書館のOPACで検索すると、前述したように本書は「現代詩全集」の全集名一件のもと、所蔵する四冊全部がまとめて立項されている。図書詳細情報の出版事項に「1959.5-1960.3」とあって、最初の第一巻の発行時期を昭和三四年五月と特定しているのだ。

　各巻ごとの発行年月はOPAC情報に出てこないので、メールで問合せをしてみる。すると、鹿児島大学附属図書館にある第一巻も第二版だという。

　鶴舞中央図書館所蔵本の奥付（図6—10）を見るとわかる通り、そこには第二版の発行年月日とともに昭和三四年五月一〇日という、もう一つの発行年月日が併記されている。鹿児島大学附属図書館では、「第二版」を「第二刷」と解釈し、初版発行年月として印刷されている昭和三四年五月を、この全集の最初の発行年月と見なして目録を作ったようだ。

　第一巻の最初の発行時に、本来、奥付に組版印刷するはずだった発行

図6-11　同、名古屋市鶴舞中央図書館所蔵本、受入印（右上）

図6-12　同、東京都立多摩図書館所蔵本（東京都立日比谷図書館旧蔵）、受入印

図6-13　同、国立国会図書館所蔵本、受入印

年月日は、この第二版の奥付から判断すれば昭和三四年五月一〇日ということになる。

公式の発行年月日はこの日と見なしていいだろうが、実際の配本時期は、初版本の図書館受入時期も考え合わせると、もう少し遅いのではないかと思われる。東京都立多摩図書館所蔵本の受入印の日付は昭和四五年六月一八日（図6―12）で、古書購入と思われるので判断材料にはならないが、愛知図書館の購入時期は昭和三四年一〇月で、国会図書館では第二巻と同時に昭和三四年八月三日に納本が受け入れられている（図6―13）。

ただし、筆者の手もとにある第二巻（奥付の発行年月日は昭和三四年六月三〇日）には函に帯がついており、うら面に「第1巻（発売中）」「第3巻（八月末配本）」とある（図6―14）ので、第一巻の発売が七月や八月までずれ込んだということはないだろう。

前述した雑誌『ユリイカ』の広告の表現からすると、やはり実際にできあがったのは五月でも後半、または六月に入った頃ではないかと考えられる。

七　シリーズ企画の出版

書肆ユリイカでは、全集や選集以外にも、いくつかのシリーズを発行している。「ユリイカ新書」「双書 種まく人」「アルビレオ叢書」「海外

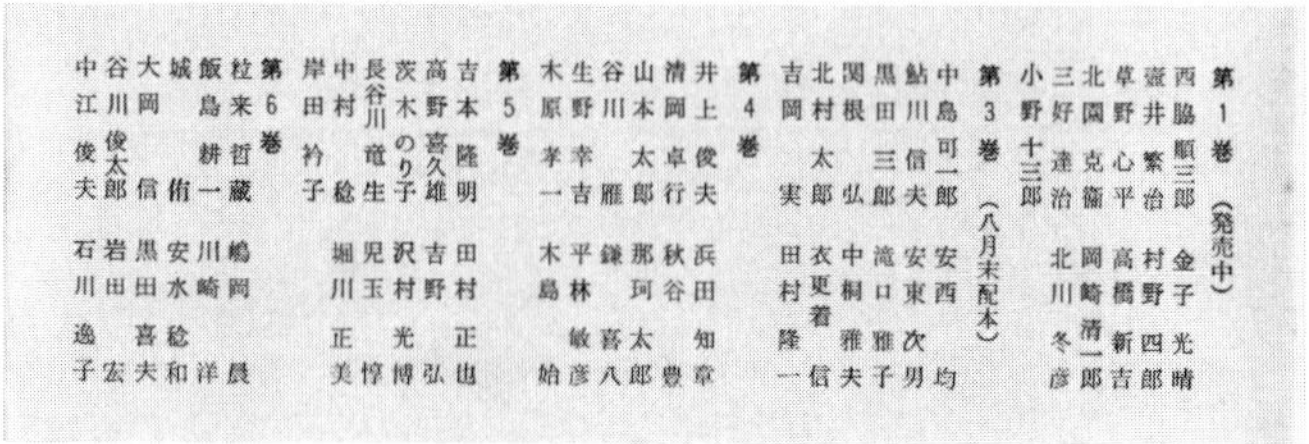
第1巻（発売中）
西脇順三郎　金子光晴
壺井繁治　村野四郎
草野心平　高橋新吉
北園克衛　岡崎清一郎
三好達治　北川冬彦
小野十三郎
第3巻（八月末配本）
中島可一郎　安西均
鮎川信夫　安東次男
黒田三郎　滝口雅子
関根弘　中桐雅夫
北村太郎　衣更着信
吉岡実　田村隆一
第4巻
井上俊夫　浜田知章
清岡卓行　秋谷豊
山本太郎　那珂太郎
谷川雁　鎌　喜八郎
生野幸吉　平林敏彦
木原孝一　木島始
第5巻
吉本隆明　田村正也
高野喜久雄　吉野弘
茨木のり子　沢村光博
長谷川竜生　児玉惇
中村稔　堀川正美
岸田衿子
第6巻
粒来哲蔵　嶋岡晨
飯島耕一　川崎洋
城侑　安水稔和
大岡信　黒田喜夫
谷川俊太郎　岩田宏
中江俊夫　石川逸子

図6-14　『現代詩全集』第2巻、帯の裏面

の詩人双書」「今日の詩人双書」である。

出版計画というのは、当初の予定通りにはなかなか行かないものである。これらのシリーズも、最終的なラインナップに決定して本ができあがるまでには、様々な紆余曲折があったようだ。

1「ユリイカ新書」

現在、筆者の手もとには、ジャケットに「ユリイカ新書」と銘打たれた新書サイズの本が四冊ある。書名の後の年月日は奥付の発行日（または印刷日）である。

1　大岡信『現代詩試論』昭和三〇年六月一五日　二〇〇円（図7―1）
2　中村稔『宮沢賢治』昭和三〇年六月二〇日　二〇〇円（図7―2）
3　関根弘『狼がきた』昭和三〇年六月三〇日　二〇〇円（図7―3）
4　杉本春生『抒情の周辺』昭和三〇年九月三〇日　二〇〇円（図7―4）

これらの新書が出版された昭和三〇年は、書肆ユリイカでは『戦後詩人全集』全五巻（昭和二九年九月一日〜昭和三〇年五月三〇日）の発行が完了した直後の時期にあたる。『戦後詩人全集』第五巻（昭和三〇年五月）には、「ユリイカ新書刊行に際して」というA6判の一枚ものの案内が挟み込まれていて（図7―5）、おもて面にこのシリーズ発刊に対する意気込みが綴られている。

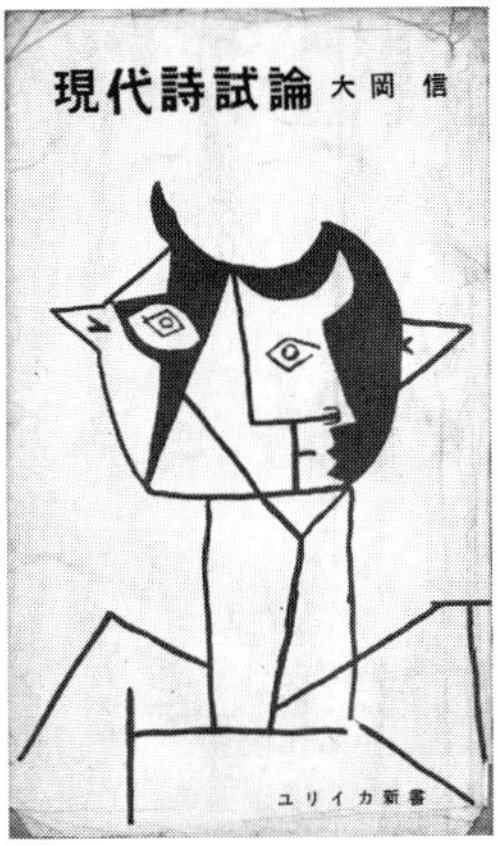

図7-1　大岡信『現代詩試論』ジャケット

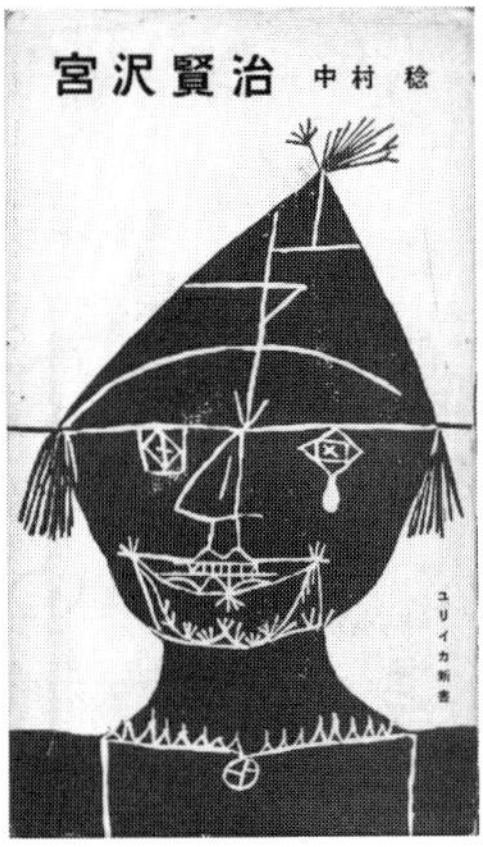

図7-2　中村稔『宮沢賢治』ジャケット

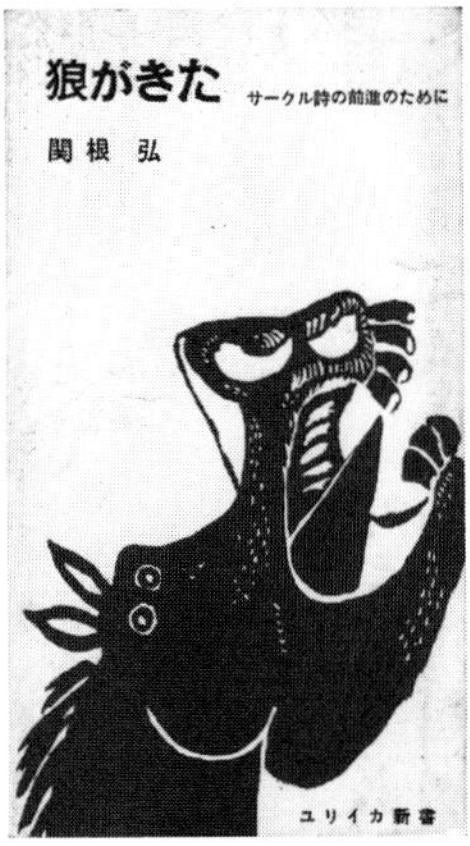

図7-3　関根弘『狼がきた』ジャケット

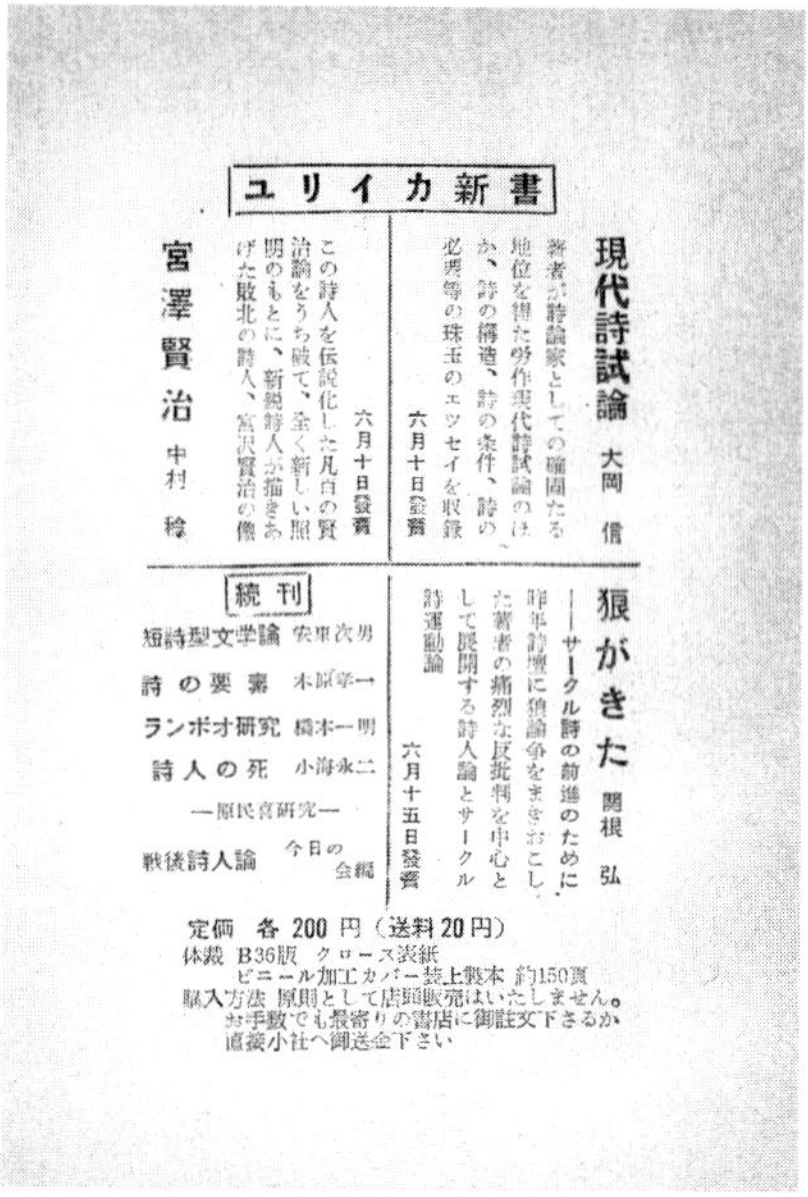

図 7-6　同、うら面

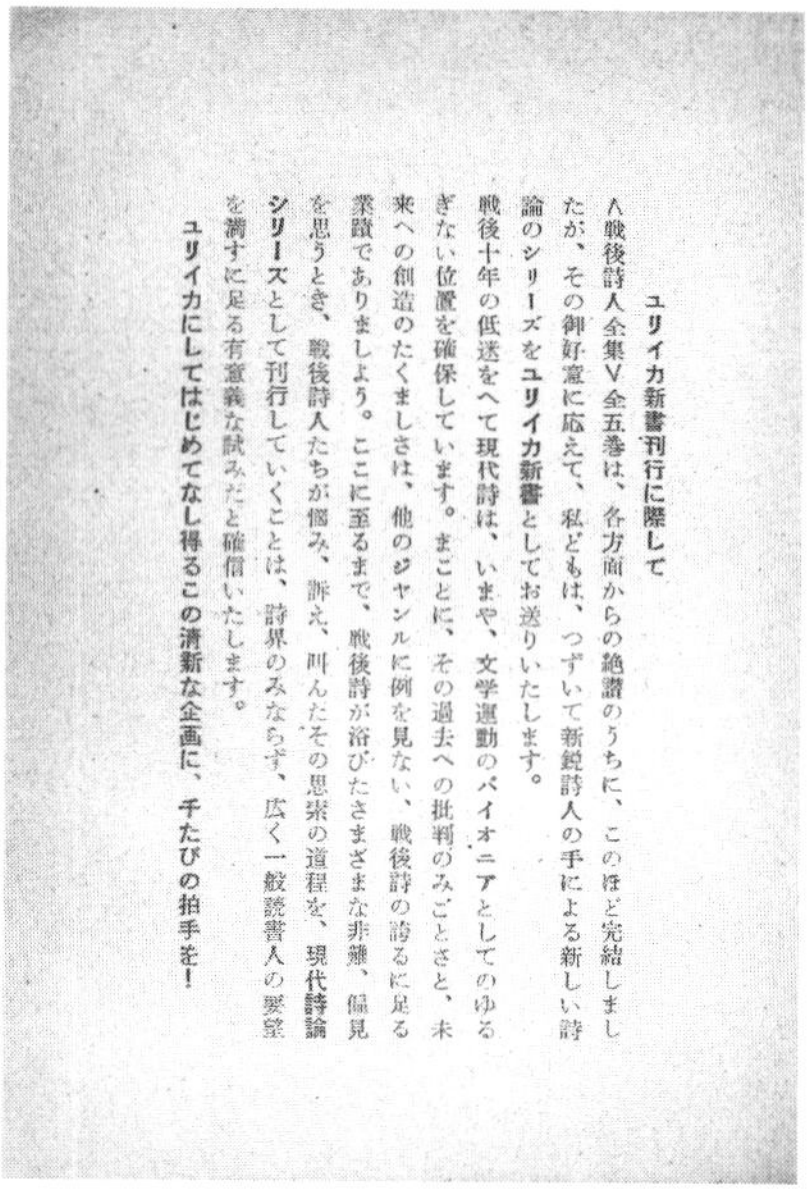

図 7-5　「ユリイカ新書刊行に際して」おもて面

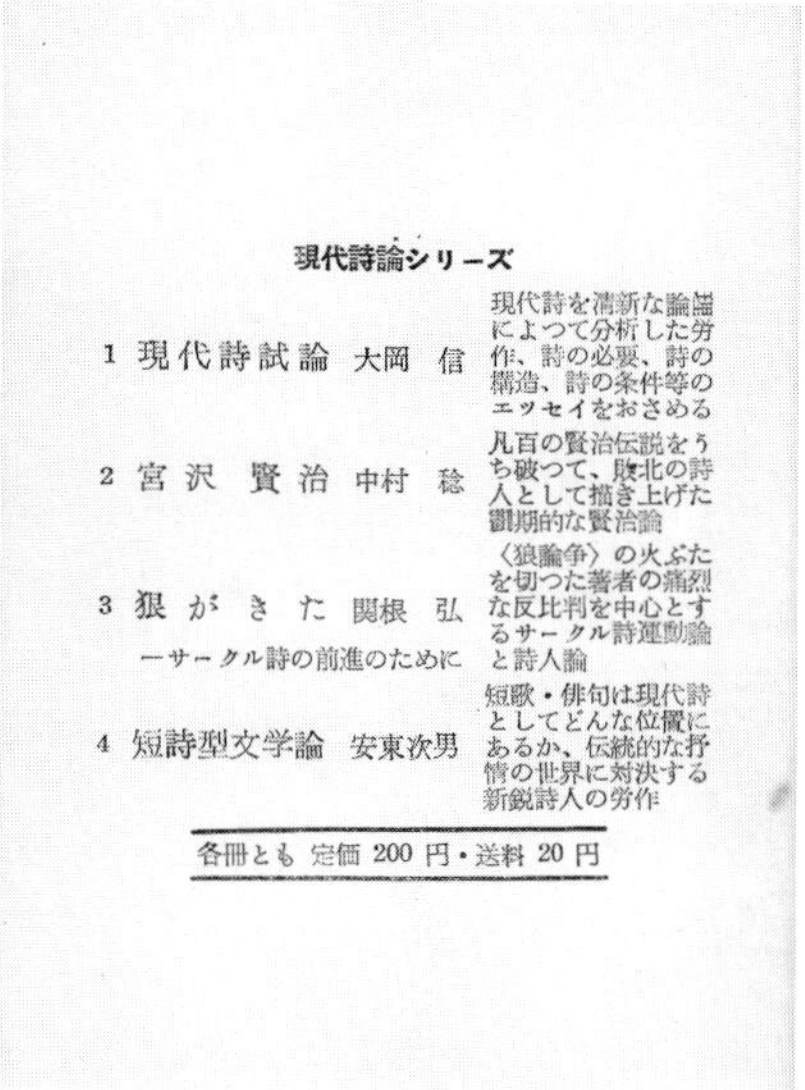

図 7-7　「ユリイカ新書」広告

図 7-4　杉本春生『抒情の周辺』ジャケット

「〈戦後詩人全集〉全五巻は、各方面からの絶讃のうちに、このほど完結しましたが、その御好意に応えて、私どもは、つず《ママ》いて新鋭詩人の手による新しい詩論のシリーズを**ユリイカ新書**としてお送りいたします。

戦後十年の低迷をへて現代詩は、いまや、文学運動のパイオニアとしてのゆるぎない位置を確保しています。まことに、その過去への批判のみごとさと、未来への創造のたくましさは、他のジャンルに例を見ない、戦後詩の誇るに足る業績でありましょう。ここに至るまで、戦後詩が浴びたさまざまな非難、偏見を思うとき、戦後詩人たちが悩み、訴え、叫んだその思索の道程を、**現代詩論シリーズ**として刊行していくことは、詩界のみならず、広く一般読書人の要望を満すに足る有意義な試みだと確信いたします。

ユリイカにしてはじめてなし得るこの清新な企画に、千たびの拍手を！」

この案内の裏面にはシリーズのラインナップが記されており（図7―6）、『現代詩試論』と『宮沢賢治』は「六月十日発売」、『狼がきた』は「六月十五日発売」となっているが、前記したように実際の発行日には若干の遅れが生じている。また、「続刊」として安東次男『短詩型文学論』、木原孝一『詩の要素』、橋本一明『ランボオ研究』、小海永二『詩人の死』、今日の会編『戦後詩人論』の五点が挙げられているが、これらの書名の本はいずれも書肆ユリイカからは刊行されていないようだ。

さて実際の本を見てみると、四冊とも、本扉に「ユリイカ新書」だけでなく「現代詩論シリーズ」というシリーズ名も記されているのは、案内の記述と一致している。

この四冊のうち、『現代詩試論』から『狼がきた』までの三冊には、巻末に本シリーズのラインナップを記した一頁構成の広告が掲載されている（図7―7）。三冊とも同じ版を流用しており、内容は同じである。

この広告を見ると、四冊目が『抒情の周辺』ではなく、安東次男『短詩型文学論』となっていて、「短歌・俳句は現代詩としてどんな位置にあるか、伝統的な抒情の世界に対決する新鋭詩人の労作」という紹介文が掲載されている。安東のこの本は一枚ものの案内の「続刊」のトップに記され、刊行されたユリイカ新書に掲載された広告にも記載されていることから、伊達はかなり期待を寄せていたようだ。それなのになぜユリイカ新書で出版されなかったのか、また、この本はどうなってしまったのだろうか。

書肆ユリイカの出版状況は、昭和二三年の創業以来、昭和二八年までは単行本を年間四～六点程度しか刊行しておらず、それも詩集以外の比率が高かったのが、二九年には小海永二『峠』、山本太郎『歩行者の祈りの唄』、平林敏彦『種子と破片』、堀内幸枝『紫の時間』など二二点を、三〇年には串田孫一『旅人の悦び』、滝口雅子『蒼い馬』、辻井喬『不確かな朝』、飯島耕一『わが母音』、入沢康夫『倖せそれとも不倖せ』、山口洋子『館と馬車』、岸田衿子『忘れた秋』などの単行詩集をはじめとして計三五点もの書籍を続々と世に出し、急激に詩書出版社らしい活動を展開してきた時期に当たる。

「ユリイカ新書」前半三冊の発行日を見ると、いずれも六月の、大変短い期間に集中していることがわかる。これは一枚ものの案内に記された発売予定日からも言えることだが、同時刊行のような考えがあったのだろう。おそらく安東次男の『短詩型文学論』も、企画当初は同じ六月中に出版が予定されていたと思われる。

ところが、この年の六月三〇日の発行日で、安東の詩集『死者の書』が発行されているのだ。本書は限定二五〇部で、うち一五部は特製本として稗田一穂の石版画を一点入れ、本文紙に特漉和紙を用い、総革装で函に納めるという豪華な作りだ。特製本でないものも、角背上製ジャケット装で巻頭のフランス語詩は墨と緑の二色刷りにする凝った印刷を行った。この詩集の編集制作には、かなりの労力を費したことだろう。同時進行で別稿を準備し、二冊を同時期に刊行するのは難しかったことと思われる。

杉本の『抒情の周辺』の刊行だけが六月でなく九月にずれ込んでいるのも、安東の本が間に合わないと判断してから出版企画を具体化したためであろう。杉本のあとがきの日付は「七月二九日」であり、これが原稿をまとめあげた時期と思われるからである。

しかし安東の『短詩型文学論』は立ち消えになったわけではなく、同年一一月一五日の発行日で出版された安東の『現代詩のイメージ』が、どうやらそれに当たるように思われる。あとがきの中に、本書収録記事の関連稿として、「詩のこと・俳句のこと」（『俳句』昭和二九年四月号掲載）や「短詩型文学の可能性について」（『短歌』昭和三〇年四月号掲載）があげられているからである。

なお、先の一枚ものの案内には、この新書の造本について「体裁　B36版　クロース表紙　ビニール加工カバー装上製本」とあるが、実際のつくりは若干異なる。「上製本」とあるので、当初の予定ではハードカバーにするつもりがあったようだが、できあがったものは並製である。判型に「B36版」とあるが、これは「B判全紙サイズから36面取りしたもの」という意味で、6×6面かとも思われるが、どういう取り都合でどういう大きさになるのか、今ひとつ不明である。予算の関係か、ブックデザイン上の判断か、最終的には新書判の並製で刊行された。

このシリーズはある程度売れたようで、国会図書館所蔵本などで増刷本の存在が確認できる。

2「双書 種まく人」

安東次男の『現代詩のイメージ』は四六判角背上製本で、「双書 種まく人」というシリーズ名がジャケットに印刷されている。

ちなみに神奈川近代文学館にはこの本が三冊所蔵されていて、そのうちの一冊は著者安東から野間宏にあてて贈ったもので、見返しに青ペンで「野間はん元気でっか、あてこのごろ厄年や、頭のてっぺんから足の先までまともなとこあらへんわ。次男」（一二一頁の図）というメッセー

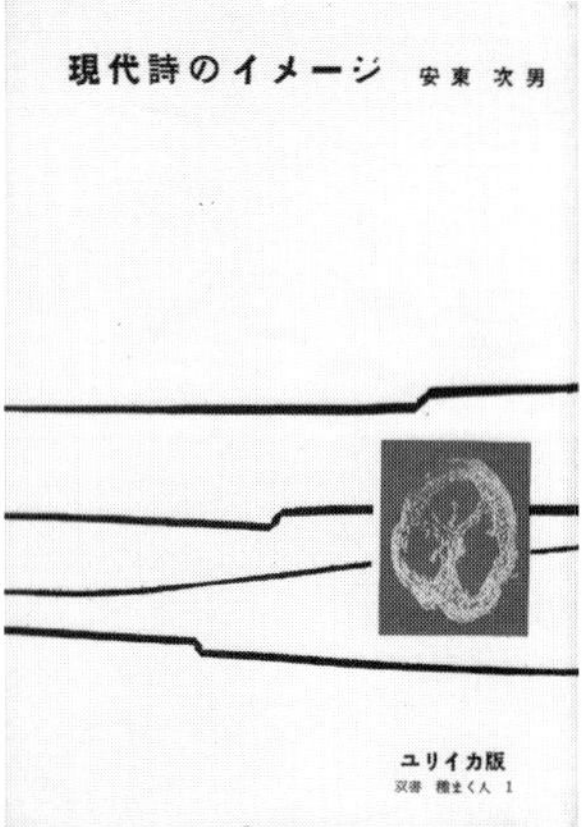

図7-8　安東次男『現代詩のイメージ』ジャケット

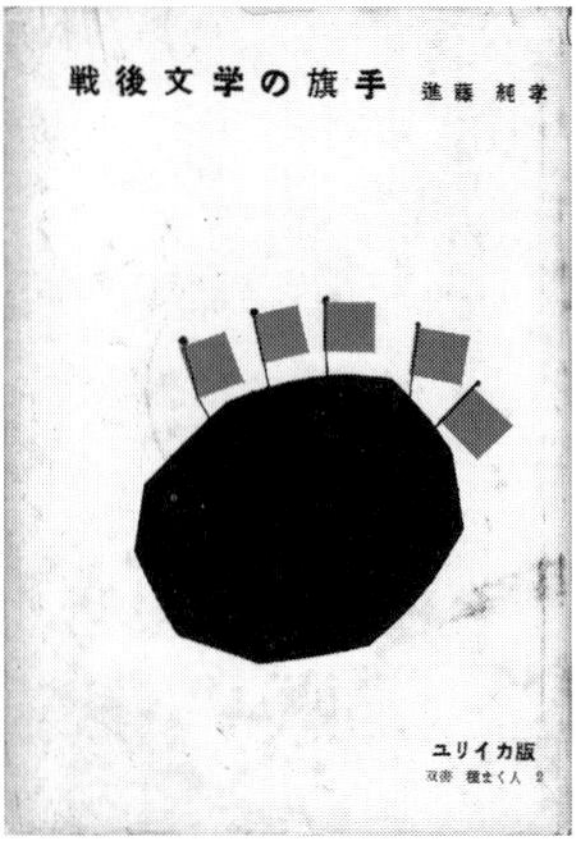

図7-9　進藤純孝『戦後文学の旗手』ジャケット

ジが記されている。この時、安東は三六歳であった。

『詩人たち ユリイカ抄』巻末の「刊行図書目録」には、「ユリイカ新書」「現代詩論シリーズ」の項目はないが、「双書 種まく人」の分類はあって、『現代詩のイメージ』『戦後文学の旗手』『現代詩試論』『宮沢賢治』『アンリ・ミショオの発見』『詩の心理学』の六点が並んでいる。しかし、筆者の手もとにある書肆ユリイカの本と国立国会図書館所蔵本で「双書 種まく人」のシリーズ名が印刷されている本を探してみると、次の七冊があった。

1　安東次男『現代詩のイメージ』昭和三〇年一一月一五日　二五〇円（図7―8）

2　進藤純孝『戦後文学の旗手』昭和三〇年一一月三日　三〇〇円（図7―9）

3　大岡信『現代詩試論』昭和三一年二月二〇日　二三〇円（図7―10）

4　中村稔『宮沢賢治』昭和三一年二月二九日　二三〇円（図7―11）

5　アンドレ・ジイド、小海永二訳『アンリ・ミショオの発見』昭和三一年五月二〇日　一七〇円（図7―12）

6　イヴォン・ブラヴァール、山田直訳『詩の心理学』昭和三一年一〇月三〇日　二〇〇円（図7―13）

7　田中清光『立原道造の生涯と作品』昭和三一年一〇月三〇日（ただし、ジャケットには「1957」の年号がある）　三五〇円

図 7-10　大岡信『現代詩試論』ジャケット

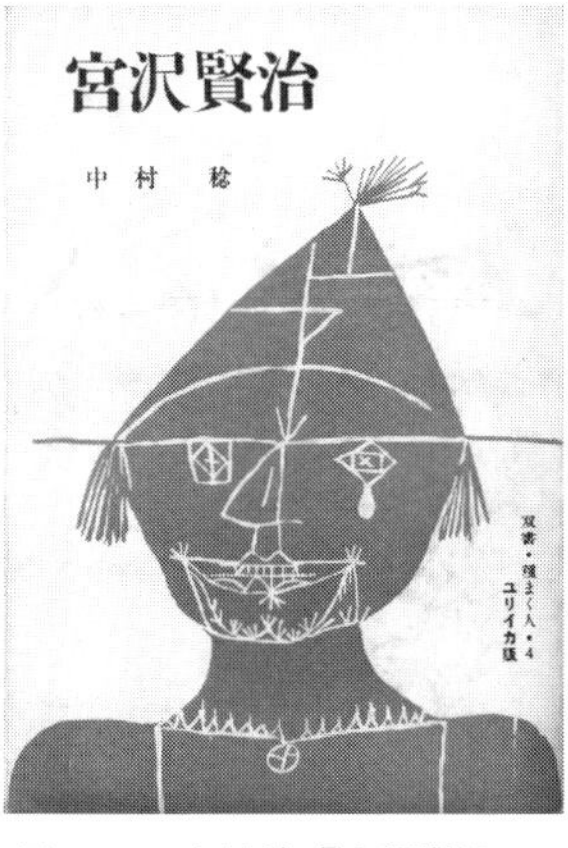

図 7-11　中村稔『宮沢賢治』ジャケット（征矢哲郎氏所蔵）

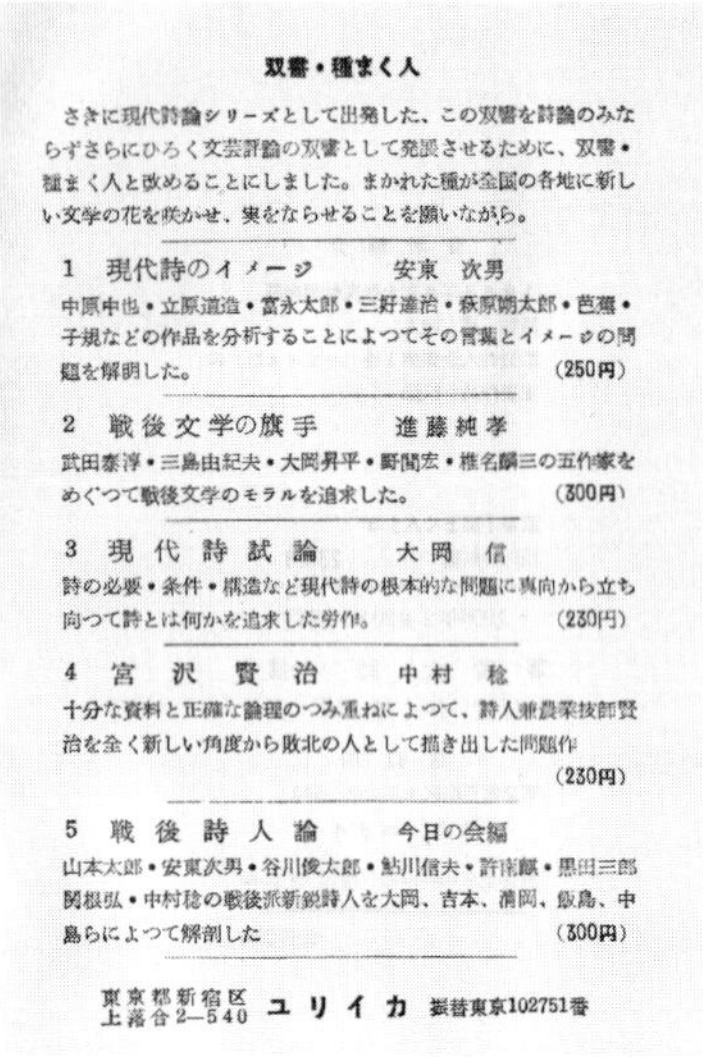

図 7-14　「双書種まく人」広告

図 7-12　ジイド『アンリ・ミショオの発見』ジャケット

図 7-13　ブラヴァール『詩の心理学』ジャケット

三冊目の『現代詩試論』と四冊目の『宮沢賢治』は前述の「ユリイカ新書」で一度出されたものの再刊であり、七冊目の『立原道造の生涯と作品』も、実は単行本で出されたものの再刊である。

『現代詩試論』『宮沢賢治』『アンリ・ミショオの発見』『詩の心理学』の巻末に「双書 種まく人」の一頁広告（図7―14）があり、広告のトップに、このシリーズについての企画意図を伊達が記している。「さきに現代詩論シリーズとして出発した、この双書を詩論のみならずさらにひろく文芸評論の双書として発展させるために、双書・種まく人と改めることにしました。まかれた種が全国の各地に新しい文学の花を咲かせ、実をならせることを願いながら。」

詩論だけでなく文芸評論をひろく収録し、造本も新書の形式にとらわれずに発行していこうと、シリーズのリニューアルを行ったのである。ところが、この七冊はジャケットに隠れた表紙に同じ意匠はあるものの（図7―15）外装に小さく「双書 種まく人」の記載があるだけで上製だったり並製だったりと造本がすべて異なるため、同じシリーズとして認識するのが困難である。また、新書や別の単行本で出した作品も再録しているので大変紛らわしい。特に『立原道造の生涯と作品』は、同じ田中清光の著作『立原道造』には「アルビレオ叢書」というシリーズ名が付けられていることで、関連作品でありながら外見は別シリーズになってしまった。

『詩人たち』巻末の「刊行図書目録」に「ユリイカ新書」と「現代詩

図 7-15 「双書種まく人」表紙

論シリーズ」を分類項目としては立項せず、シリーズ名として「双書種まく人」のほうだけを掲げ、『立原道造の生涯と作品』は「詩論」の別項目に『立原道造』とともに並べたのは、苦肉の分類であったろう。

ところで『現代詩試論』と『宮沢賢治』の広告には、『現代詩のイメージ』『戦後文学の旗手』『現代詩試論』『宮沢賢治』そして『戦後詩人論』という五冊のラインナップが並んでいるが、その後刊行された『アンリ・ミショオの発見』と『詩の心理学』の広告では、五点目の『戦後詩人論』の項目がなくなり、四点のみのラインナップになっている。

『戦後詩人論』は、広告によると「今日の会編」で、「山本太郎・安東次男・谷川俊太郎・鮎川信夫・許南麒・黒田三郎・関根弘・中村稔の戦後派新鋭詩人を大岡、吉本、清岡、飯島、中島らによつて解剖した」という内容である。

広告と各冊の発行日から推察すると、最初の二冊の印刷にかかった昭和三〇年一〇月頃にはまだシリーズ全体のラインナップは確定していなかったが、三・四冊目の印刷にかかった昭和三一年一月頃には五冊という計画が固まった。しかしその三か月後になると、五点目として出す予定だった『戦後詩人論』が刊行できそうにないことになり、五冊目の広告からは五点目にあった『戦後詩人論』を削除したのである。ちなみにこの五・六冊目に掲載した広告は、三・四冊目に掲載した広告の五冊目以降の部分を削り落としただけのもので、版自体は流用である。

本来なら、五冊目・六冊目の刊行にあたって、その二冊を加えた新た

図7-16 『アルビレオ詩集1954年版』ジャケット

図7-17 藤原定『距離』ジャケット

なラインナップの広告を作って載せるところだが、その一頁分の制作費を節約したと見える。

このシリーズも好評を博し、『現代詩のイメージ』（第一刷は上製）は並製の増刷本があり、『戦後文学の旗手』には異装本も確認できる。『立原道造の生涯と作品』の増刷状況については、第四項（一六三頁以下）に記したとおりである。

3 「アルビレオ叢書」

書肆ユリイカの出版物でこのシリーズ名の記されているものは、五点が確認できる。

1 『アルビレオ詩集 1954 年版』昭和二九年六月三〇日 二〇〇円（図7―16）
2 藤原定『距離』昭和二九年七月一五日 二五〇円（図7―17）
3 小海永二『峠』昭和二九年九月一日 三〇〇円（図7―18）
4 田中清光『立原道造』昭和二九年一一月二〇日 三五〇円（八八頁）
5 串田孫一『旅人の悦び』昭和三〇年一月一日 二三〇円（図7―19）

叢書一冊目の『アルビレオ詩集 1954 年版』巻頭を飾るのは、野尻抱影の随筆「アルビレオ」である。この一文で野尻は、美しい星の名の中でも「最も sweet な名」として「アルビレオ」を掲げ、その星が「白鳥座の嘴の星であること」やその語源について記している。以下、尾崎喜八、伊藤海彦、武者小路実篤、亀井勝一郎、火野葦平ら二〇名の作品

図 7-18　小海永二『峠』覆い帙と本（右）

図 7-19　串田孫一『旅人の悦び』函と本（右）

が収録されている。あとがきに執筆者名がないが、「遠い昔の人が星につけたアルビレオといふ名を、私たちの詩の雑誌の名前にして創刊号を出したのが一九五一年の春。それから三年。今ではアルビレオも十六冊になりました」として、「私たちの記念」に本書をまとめたことが記されている。

叢書詩集の作者たち四名は、いずれもこの第一冊に作品が収録されているが、2から5のそれぞれの詩集に「アルビレオ会」との関わりについては記されていない。

造本は、フランス装風の表紙にしてあるものが多く判型も四六判で共通しているが、外装としては函入りだったり覆い帙入りだったりして使用素材も異なり、統一デザインではない。この叢書のマークを作って本の外側につけるなどすれば、同じシリーズの本だとわかりやすいが、そういう表示もなく、叢書の名も本扉に記してあるだけである。そのため、この五点がひとつのグループであることが認識しづらくなっている。

4 「海外の詩人双書」と「今日の詩人双書」

書肆ユリイカの本のシリーズとして読者の印象に強く残っているのは「海外の詩人双書」八冊と「今日の詩人双書」七冊であろう。これは天地一六六×左右一四八ミリという枡形本に近い変形判で、フランス装風のジャケットを付けた共通の造本になっているため、本を手にした誰もが、同じ双書だということを簡単に認識できる。ただし、この発行も最

図 7-21 『アンリ・ミショオ詩集』ジャケット

図 7-20 『プレヴェール詩集』ジャケット

図 7-22 同、増刷本、ジャケット

図 7-23 『カミングズ詩集』ジャケット

初の予定通りには行かなかった。
最終的な構成は次の通りである。

海外の詩人双書

1『プレヴェール詩集』（小笠原豊樹訳）昭和三三年一月一〇日
三〇〇円（図7—20）
2『アンリ・ミショオ詩集』（小海永二訳）昭和三三年一月一五日
三〇〇円（図7—21・22）
3『カミングズ詩集』（藤富保男訳）昭和三三年八月一〇日　三〇〇円
（図7—23）
4『ルネ・シャール詩集』（窪田般弥訳）昭和三三年八月一〇日
三〇〇円（図7—24）
5『ゴットフリート・ベン詩集』（深田甫訳）昭和三四年三月三一日
三〇〇円（図7—25）
6『ラングストン・ヒューズ詩集』（木島始訳）昭和三四年一一月
三〇日　三〇〇円（図7—26）
7『ディラン・トマス詩集』（松浦直巳訳）昭和三五年八月三〇日
三〇〇円（図7—27）
8『キャスリン・レイン詩集』（片瀬博子訳）昭和三五年一一月二〇日
三〇〇円（図7—28）

今日の詩人双書

1『山本太郎詩集』（大岡信編集解説）昭和三二年三月一〇日　二八〇

図7-24 『ルネ・シャール詩集』ジャケット

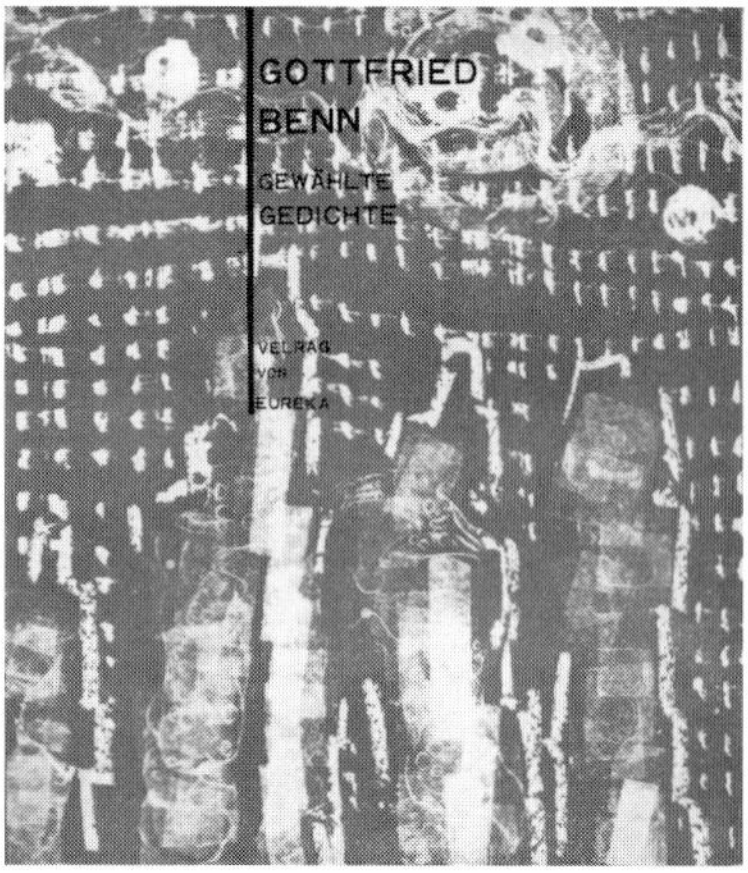

図7-25 『ゴットフリート・ベン詩集』ジャケット

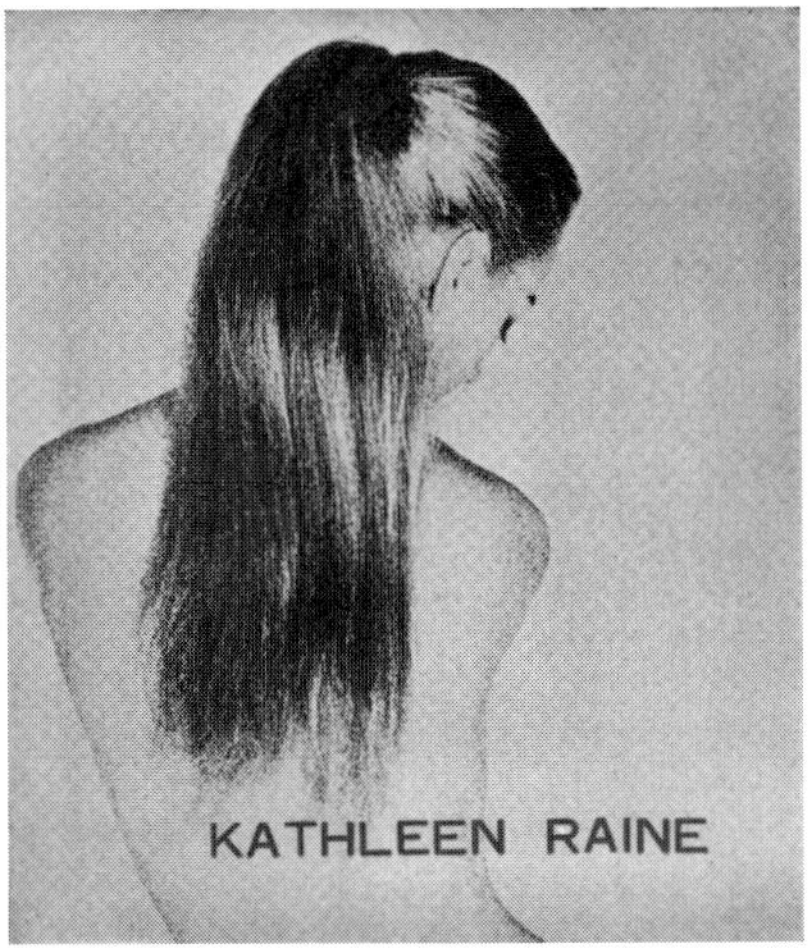

図 7-28 『キャスリン・レイン詩集』ジャケット

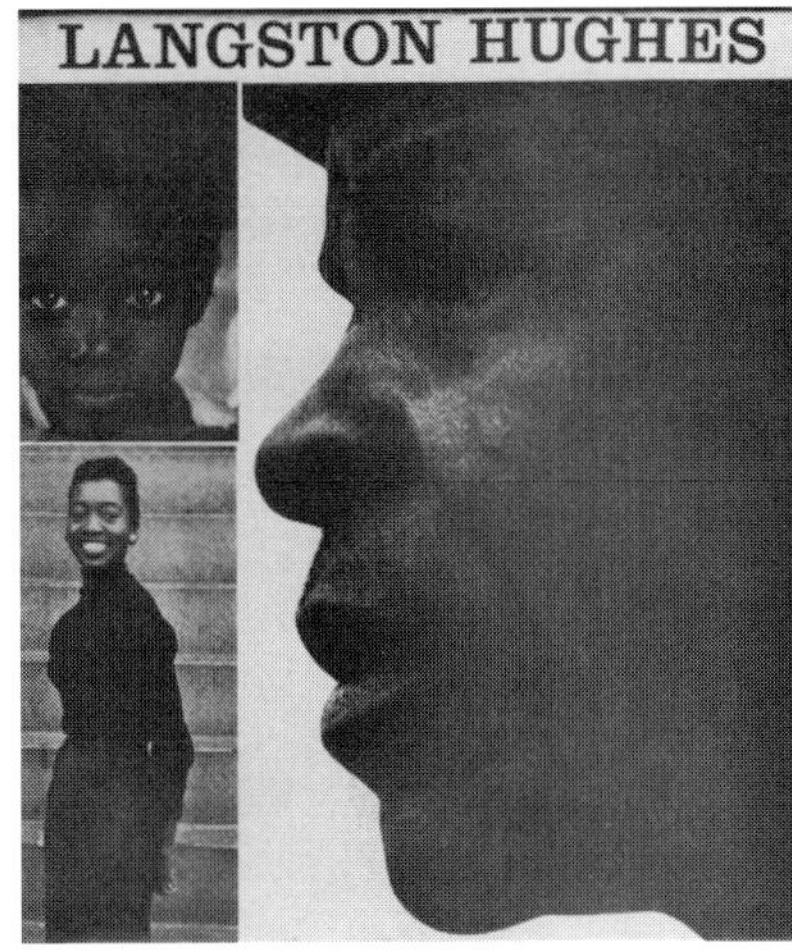

図 7-26 『ラングストン・ヒューズ詩集』ジャケット

図 7-29 『山本太郎詩集』ジャケット

図 7-27 『ディラン・トマス詩集』ジャケット

図 7-31 『吉本隆明詩集』ジャケット

図 7-30 『安東次男詩集』ジャケット

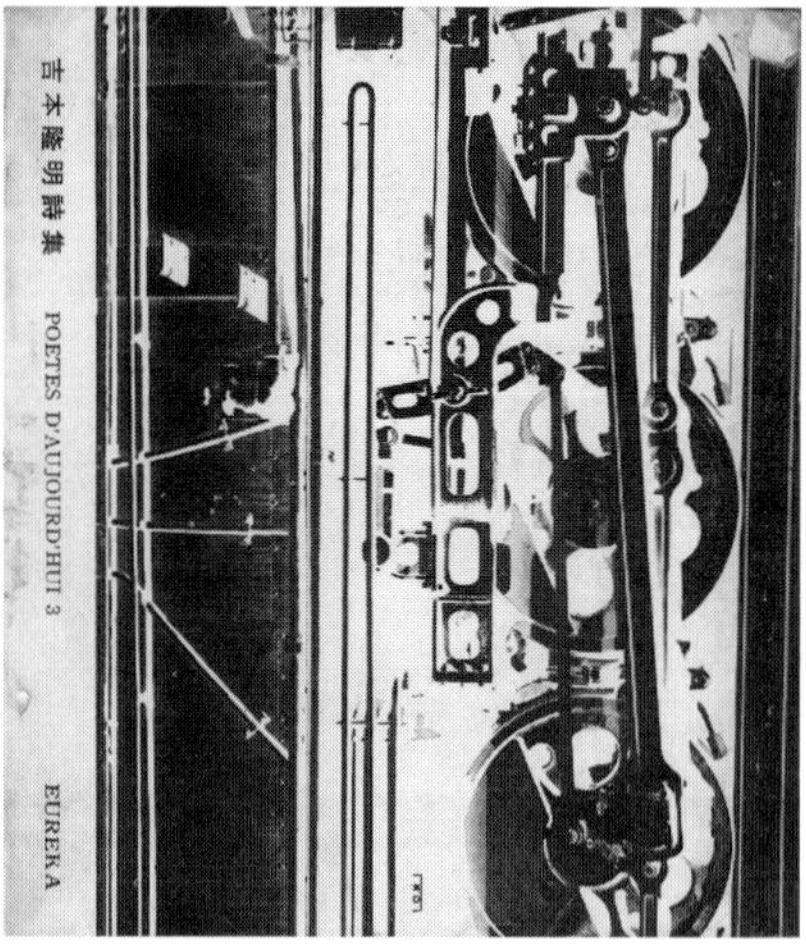

図 7-32 同、増刷本ジャケット

図 7-33 『黒田三郎詩集』ジャケット

円・三〇〇円（図7―29）

2　『安東次男詩集』（飯島耕一編集解説）昭和三二年八月三〇日　二八〇円・三〇〇円（図7―30）

3　『吉本隆明詩集』（鮎川信夫編集解説）昭和三三年一月一〇日　三〇〇円（図7―31・32）

4　『黒田三郎詩集』（木原孝一編集解説）昭和三三年六月一日　三〇〇円（図7―33）

5　『吉岡實詩集』（篠田一士編集解説）昭和三四年八月一〇日　三〇〇円（図7―34）

6　『飯島耕一詩集』（岩田宏編集解説）奥付に発行日の記載なし。飯島耕一「覚え書」に「一九六〇年一月」とあり。三〇〇円（図7―35）

7　『大岡信詩集』（寺田透編集解説）昭和三五年一二月二〇日　三〇〇円（図7―36）

二つの双書はほぼ同じ時期に並行して刊行されるが、これらに先駆けて、海外詩集の単行本として同じ訳者による同内容の次の二点が出されていた。

・『アンリ・ミショオ詩集』（小海永二訳）昭和三〇年三月三一日（二七〇円、図7―37）、昭和三一年四月三〇日三版（二七〇円）

・『ジャック・プレヴェール詩集』（小笠原豊樹訳）昭和三一年二月一〇日

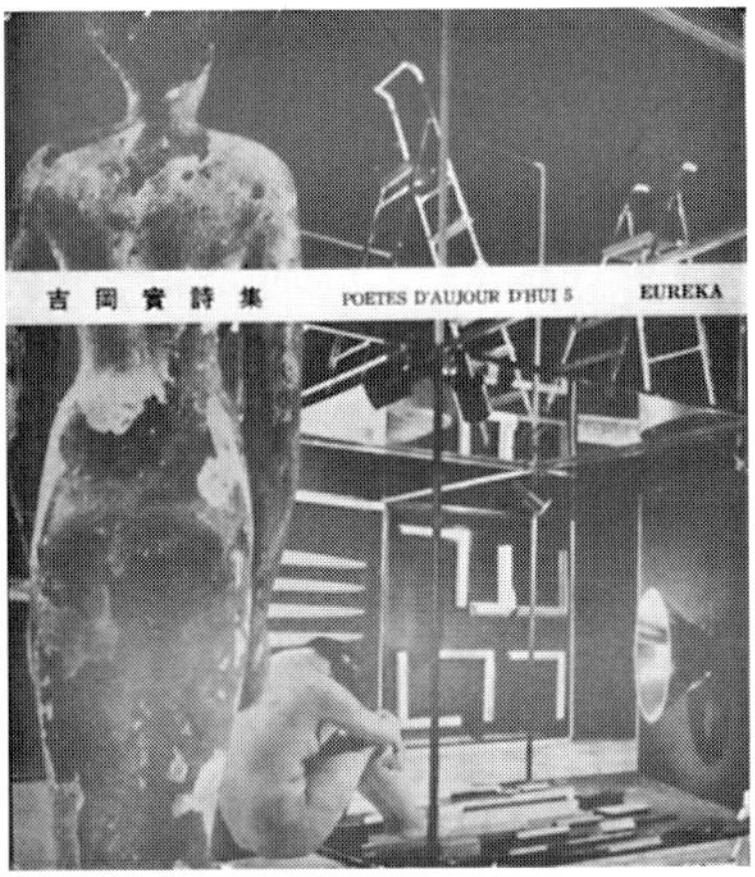

図7-34　『吉岡實詩集』ジャケット

図7-35　『飯島耕一詩集』ジャケット

図 7-38 『プレヴェール詩集』
初版ジャケット

図 7-39 『プレヴェール詩集』
再版（第 2 刷）ジャケット

図 7-36 『大岡信詩集』ジャケット

図 7-37 『アンリ・ミショオ詩集』
ジャケット

（二七〇円）（図7—38）、昭和三一年一〇月一〇日再版（三〇〇円）（図7—39）

ともに増刷しており、よく売れたことがわかる。人気のあるものをトップに据えるのは手堅い販売戦略である。『プレヴェール詩集』の単行本は、はじめフランス装風表紙で刊行されたが、増刷で上製ジャケット装、それも本文紙がアンオープンドという愛書家仕様で作られた。現代の出版では増刷本で軽装化するケースがほとんどなので、これも伊達らしさを感じさせる。

またこの本は四六判だが、余白《マージン》を広く取ってある版面で、「海外の詩人双書」の枡形本にそのまま収めることができたため、単行本で既にあった組版部分は全部紙型流用して鉛版を再度作り、この双書版にもそっくりそのまま利用して収め、さらに詩一〇篇を新組みして追加した。双書版は、いわば増補バージョンである。ただし、訳詩も小笠原（岩田宏）の「プレヴェール小論」も書き直しておらず、新しく組版し直したわけではないので、制作コストは高くない。

『アンリ・ミショオ詩集』については、訳者の小海永二が双書版のあとがきに、単行本が好評で版を重ねるうちに、いくつかの誤りや不適当な語法に気づき、新版を出したいと思っていたと書いている。したがって双書版は、全詩を改訳し、詩人論も書き直し、新しく訳出した詩を加えて構成も新たにした、全面的な改訂新版である。当然、すべて新組である。

この「海外の詩人双書」のラインナップがどのように決まってきたのかを、各冊の奥付裏に掲載されている一頁広告と各冊奥付から推察してみよう。

なお、各項目の最初に記した時期は、できあがった本の各冊奥付から、その発行日の一か月前を本文文字組版完了の時期と推定したものである。広告は本文が完成してから作成するので、同じ時期にその後のラインナップが決まったと見なした。

昭和三二年一二月中旬……1『プレヴェール詩集』・2『アンリ・ミショオ詩集』組版完成、3は『スペンダー詩集』(山本功訳)の予定、4は『カミングズ詩集』の予定(『プレヴェール詩集』『吉本隆明詩集』の広告より)。

昭和三三年五月上旬……3は『カミングズ詩集』で、『スペンダー詩集』(山本功訳)は4に変更(『黒田三郎詩集』の広告より)。

昭和三三年七月中旬……3『カミングズ詩集』・4『ルネ・シャール詩集』組版完成、5は『ブレヒト詩集』(清水康雄訳)の予定(『ルネ・シャール詩集』の広告(図7—40)より)。

昭和三四年二月下旬……5『ゴットフリート・ベン詩集』組版完成。

昭和三四年一〇月下旬……6『ラングストン・ヒューズ詩集』組版完成。

昭和三五年七月下旬……7は『キャスリン・レイン詩集』の予定、

『ディラン・トマス詩集』は8として組版完成（『ディラン・トマス詩集』『キャスリン・レイン詩集』の広告より）。

昭和三五年一〇月下旬……8『キャスリン・レイン詩集』組版完成。

シリーズ開始当初予定していた『スペンダー詩集』は原稿が完成せず、4として進めていた『カミングズ詩集』を繰り上げて3とし、5として企画した『ブレヒト詩集』も結局刊行ならず、『ゴットフリート・ベン詩集』『ラングストン・ヒューズ詩集』を刊行した。その後、『キャスリン・レイン詩集』を7、『ディラン・トマス詩集』を8として同時進行で制作していたが、『ディラン・トマス詩集』の組版が完成したのに

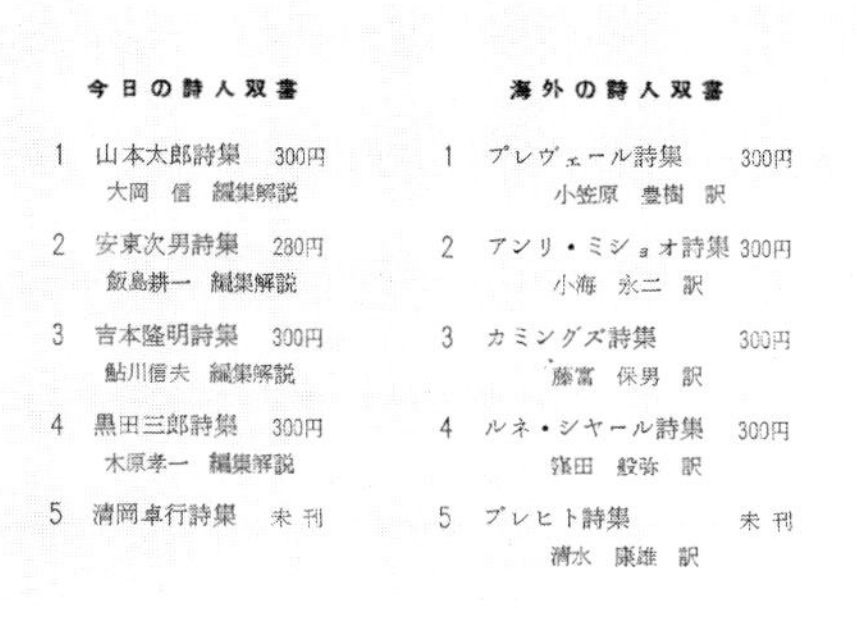

今日の詩人双書

1 山本太郎詩集 300円
大岡 信 編集解説
2 安東次男詩集 280円
飯島耕一 編集解説
3 吉本隆明詩集 300円
鮎川信夫 編集解説
4 黒田三郎詩集 300円
木原孝一 編集解説
5 清岡卓行詩集 未刊

海外の詩人双書

1 プレヴェール詩集 300円
小笠原 豊樹 訳
2 アンリ・ミショオ詩集 300円
小海 永二 訳
3 カミングズ詩集 300円
藤富 保男 訳
4 ルネ・シャール詩集 300円
窪田 般弥 訳
5 ブレヒト詩集 未刊
清水 康雄 訳

今日の詩人双書

現代詩は戦後詩人の手によって大きくぬりかえられた。いま小社は、戦後詩人が、この十年間に果した役割に歴史的な位置づけを行い、さらにそのことによって今後の現代詩の発展のための鞏固な基礎とすることを念願して、ここに「今日の詩人双書」を逐次刊行することとした。したがって本双書の特色は一人の詩人の代表作、問題作を網羅するとともに、その詩人に対して正確な評価を持つ他の詩人又は評論家による詩人論を併載したことである。しかも従来の詩集にしばしば附されたあとがき的解説でなく、その詩人の血肉に迫る客観的なエッセイを選んだことを誇りたい。

1 山本太郎詩集 編集と詩人論 大岡 信
2 安東次男詩集 編集と詩人論 飯島耕一
3 黒田三郎詩集 編集と詩人論 木原孝一
4 吉本隆明詩集 編集と詩人論 鮎川信夫
5 平林敏彦詩集 編集と詩人論 長谷川竜生
6 谷川俊太郎詩劇集

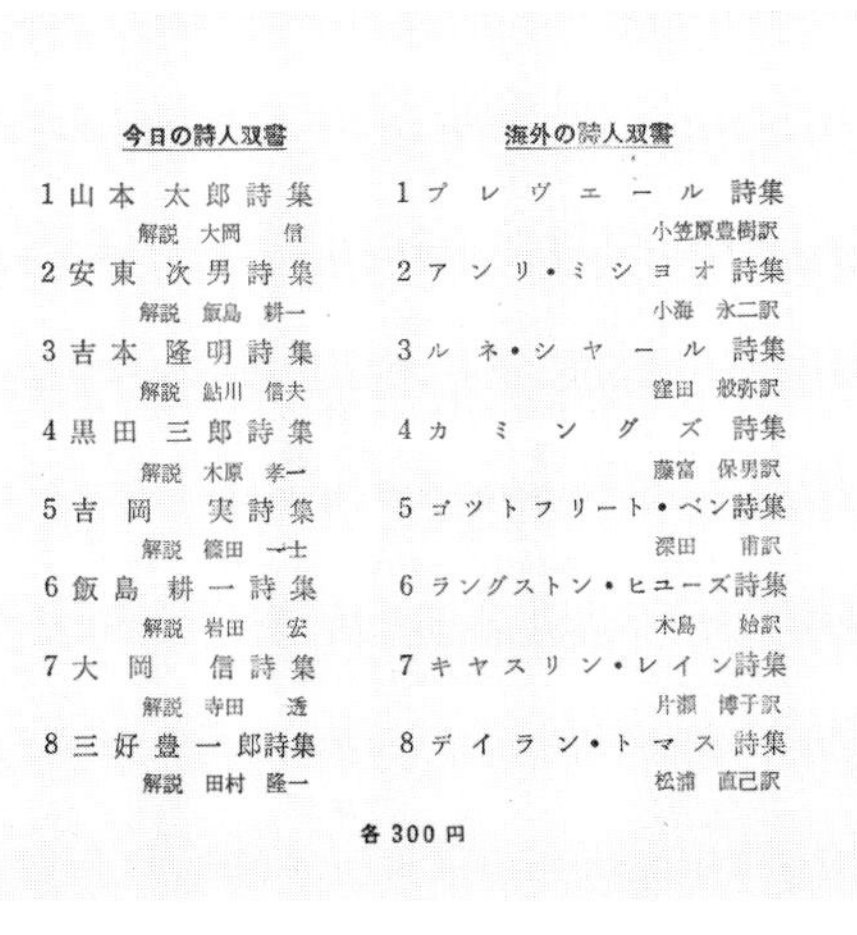

今日の詩人双書

1 山本太郎詩集
解説 大岡 信
2 安東次男詩集
解説 飯島 耕一
3 吉本隆明詩集
解説 鮎川 信夫
4 黒田三郎詩集
解説 木原 孝一
5 吉岡実詩集
解説 篠田 一士
6 飯島耕一詩集
解説 岩田 宏
7 大岡信詩集
解説 寺田 透
8 三好豊一郎詩集
解説 田村 隆一

海外の詩人双書

1 プレヴェール詩集
小笠原豊樹訳
2 アンリ・ミショオ詩集
小海 永二訳
3 ルネ・シャール詩集
窪田 般弥訳
4 カミングズ詩集
藤富 保男訳
5 ゴットフリート・ベン詩集
深田 甫訳
6 ラングストン・ヒューズ詩集
木島 始訳
7 キャスリン・レイン詩集
片瀬 博子訳
8 デイラン・トマス詩集
松浦 直己訳

各 300 円

上より

図 7-40 『ルネ・シャール詩集』奥付裏広告（昭和 33 年 8 月）

図 7-41 『山本太郎詩集』奥付裏広告（昭和 32 年 3 月）

図 7-42 『大岡信詩集』奥付裏広告（昭和 35 年 12 月）

『キャスリン・レイン詩集』の原稿が遅延、しかたなく刊行順序を入れ替えたことがわかる。『ディラン・トマス詩集』が、最終的な広告だけでなく本扉と奥付にも「8」と記されているのはそのためである。かろうじて後から作るジャケットだけは「7」と印刷して世に出した。

以上のような経緯を推察することができる。

「今日の詩人双書」のほうを見てみよう。シリーズの中で最初に刊行された『山本太郎詩集』（昭和三二年三月）の奥付裏頁には、この双書について、次のような説明文が掲載されている（図7―41）。

「現代詩は戦後詩人の手によって大きくぬりかえられた。（略）本双書の特色は一人の詩人の代表作、問題作を網羅するとともに、その詩人に対して正確な評価を持つ他の詩人又は評論家による詩人論を併載したことである。しかも従来の詩集にしばしば附されたあとがき的解説でなく、その詩人の血肉に迫る客観的なエツ《ママ》セイを選んだことを誇りたい。」

「今日の詩人双書」のラインナップがどのように決まってきたのかを、各冊の奥付裏に掲載されている一頁広告と各冊奥付から推察してみよう。

こちらも、各項目の最初に記した時期は、できあがった本の各冊奥付から、その発行日の一か月前を文字組版完了の時期と推定したものである。広告は本文が完成してから作成するので、同じ時期にその後のラインナップが決まったと見なした。

昭和三二年二月中旬……1『山本太郎詩集』組版完成、2は『安東次男詩集』、3は『黒田三郎詩集』、4は『吉本隆明詩集』、5は『平林敏彦詩集』（長谷川龍生編集解説）、6は『谷川俊太郎詩劇集』（編者未定）の予定（『山本太郎詩集』の広告より）。

昭和三二年七月下旬……2『安東次男詩集』組版完成。3は『黒田三郎詩集』、4は『吉本隆明詩集』、5は『平林敏彦詩集』の予定（『安東次男詩集』の広告より）。

昭和三二年一二月上旬……3『吉本隆明詩集』組版完成。『黒田三郎詩集』は4に変更（『吉本隆明詩集』の広告より）。

昭和三三年五月初旬……4『黒田三郎詩集』組版完成。

昭和三三年七月中旬……5は『清岡卓行詩集』（編者未定）の予定（『ルネ・シャール詩集』の広告より）。

昭和三四年七月中旬……5『吉岡實詩集』組版完成。

昭和三五年春?……6『飯島耕一詩集』組版完成。7は『大岡信詩集』（図7―42）（『飯島耕一詩集』の広告より）。

昭和三五年一一月下旬……7『大岡信詩集』組版完成。8は『三好豊一郎詩集』（田村隆一編集解説）の予定（『大岡信詩集』の広告より）。

シリーズ開始当初、3として予定していた『黒田三郎詩集』は遅延して『吉本隆明詩集』が先に刊行され、『平林敏彦詩集』『谷川俊太郎詩劇集』の刊行は実現しなかった。のちに企画された『清岡卓行詩集』も刊行できなかった。この双書は「海外の詩人双書」と同様全八巻として最終巻には『三好豊一郎詩集』を予定していた。しかし昭和三五年一二月に『大岡信詩集』を刊行した後、昭和三六年一月に伊達得夫が亡くなったことで、『三好豊一郎詩集』は刊行できずに終わった。

「海外の詩人双書」「今日の詩人双書」ともによく売れたようで、『アンリ・ミショオ詩集』『山本太郎詩集』『安東次男詩集』『吉本隆明詩集』などは増刷本の存在が確認でき、うち何点かには異装もある。前述したように、すべてフランス装風のジャケット装であるが、両双書のうち『安東次男詩集』だけが、理由は不明ながら表紙に板ボールを使用したハードカバーとなっている。

『大岡信詩集』は、この二つの双書のうちの最後の出版物であると同時に、おそらく書肆ユリイカの出版物としても伊達得夫が関わったほぼ最後の一冊であると思われる。

4

書肆ユリイカの本を買う

蒐集事始め

筆者が「書肆ユリイカ」の名を初めて知ったのは、平成一一年二月のことだった。『季刊「銀花」』編集部から「書肆ユリイカの紹介記事を書いて欲しい」と言われた時、その出版物どころか、版元を興した伊達得夫の名文が収録された『詩人たち』（日本エディタースクール出版部、昭和四六年）も持っておらず、さらに白状すれば伊達の名前さえ知らなかったのだから無謀である。

上落合の伊達家にある本を撮影して図版に使うことになり、訪問までの数日間、情報収集に努めた。詩を解さない筆者は詩の本を買ったことすら皆無で、まずは遠野で詩の本を出版している風琳堂の福住展人さんに電話し、日本の詩書出版の概要と、書肆ユリイカの出版について参考になる本を教えてもらった。

次は、横浜で古本屋を営んでいる主人に「詩書を商う古書店」を聞いて、鎌倉の四季書林に電話する。店主の橋爪晴明さんは、何も知らない筆者に懇切に教えてくれた上に、在庫する書肆ユリイカの本を売ってくれた。段ボール覆い帙つきの岸田衿子詩集『忘れた秋』（昭和三〇年）は、署名部分を切り取った跡があるものの古書価三〇〇〇円、継ぎ表紙が美しい『稲垣足穂全集』第一六巻（昭和三三年）も同じく三〇〇〇円、表紙や口絵にミショオのカットが入ったジイド『アンリ・ミショオの発見』（昭和三一年）は三五〇〇円、小海永二の『現代フランス詩人ノート』（昭和三五年）が二〇〇〇円というのはいずれも、今から考えると破格値である（図1）。同時に書肆ユリイカに関する基本文献とも言うべき『詩人たち』も購入、平成一一年三月一〇日のことであった。この時買った『稲垣足穂全集』は、二五〇点ほどあるかと思われるユリイカ本の中で、最も美しい造本作品だと思っている。

一週間後の一七日、ブックデザイナーの大貫伸樹さんから「ユリイカの本なら、石神井書林の目録で買えますよ」と言われて、これまた電話する。店主の内堀弘さんは、「記事に必要だったら、本を貸してあげますよ」と申し出てくれる。松村英子『ひとつの魔法』（昭和三五年、図2）を五〇〇〇円で、平林敏彦の『廃墟』（昭和二六年）を二五〇〇円（見返し切取り）で、ほかにも数冊を購入する。『詩人たち』のほか、長谷川郁夫氏の詳細な伊達得夫評伝『われ発見せり』（書肆山田、平成四年）や小田久郎『戦後詩壇私史』（新潮社、平成七年）を熟読し、国立国会図書館や神奈川近代文学館などで書肆ユリイカの本を閲覧する。神奈川県立図書館所蔵の平林敏彦『種子と破片』（昭和二九年）は著者からの寄贈本であった。略歴で、筆者と同じ横浜生れだと知り親近感を覚える。造本は緑を基調としたデザインで、本扉に繊細な昆虫のカットが印刷されている。串田孫一画のこのカットは『戦後詩人全集』（全五巻、昭和二九〜三〇年）第一巻の表紙ひらに銀箔で捺されたのと同じものだ。

書物について知りたい時は、業界の専門家と古書店主と図書館にすがれば、何かしら見えてくる。にわか勉強の数日間を経て伊達家を訪問、田鶴子夫人から詩画集安東次男詩・駒井哲郎画の『からんどりえ』（昭和三五年）をはじめとする書肆ユリイカ本の数々や、伊達氏直筆の遺品

図1　初めて購入した書肆ユリイカの本

図2『ひとつの魔法』表紙

などを見せてもらい、記事構成に考えをめぐらせる頃には、すっかり書肆ユリイカ・ファンになっていた。

伊達得夫と親交の深かった田中清光さんのコレクションも拝見、製本所直送かと見まごう極美本の吉岡実『僧侶』（昭和三三年）は、記事中で図版として使わせてもらうことになった。田中さんの著作『立原道造の生涯と作品』（昭和三一年）は、同じ本なのに外装が何種もある（一六四頁以下参照）。石神井書林（練馬区）の内堀さんから、ユリイカ本には異装が多いと聞いていたが、それぞれに美しい実物を見てしまえば欲しくなるのが人情だ。

大量の書肆ユリイカの本に触れて感ずるのは、現代の、書店に氾濫する書物と、その形がいかにも違うということである。なんて可憐で洒落ていて、一冊一冊がそれぞれに個性的なのだろう。そして、なんて手作り感あふれる姿をしているのだろう。どれも同じような顔の昨今の新刊本とは、存在感がまるで違った。内容より、まず造本に強く惹きつけられた。それまでも、好きなイラストレーターが表紙絵を描いているからという理由で本を買うことはあったが、書肆ユリイカの本に対しては、そんな生やさしい衝動ではすまない。見たものはみんな欲しくなる。いや、見ないものまで全部欲しい。こうして、記事執筆が終了してからさらに、蒐集にのめり込むことになった。

古書買いの深みにはまる秋と暮れ

中村書店（渋谷）の店頭で多田智満子『闘技場』（昭和三五年、図3）を八〇〇〇円で買い、石神井書林の目録で山本道子の『みどりいろの羊たちと一人』（昭和三五年）を四五〇〇円で買ったのは六月。書肆ユリイカの女性詩人の本はどれもみな愛らしい。銀色のカットやカラフルな色箔タイトルが表紙を飾る。

しばらく数千円台の本を買っては喜んでいたが、秋を迎え、神田古本まつり特選古書目録で、福田正次郎（那珂太郎）『ETUDES』（昭和二五年）に二五〇〇〇円を費やす。出品店は、在庫量豊富な、けやき書店（神保町）であった。

「おれは出版やめようと思うんだ」という伊達の言葉から生まれた一冊。同級生の本を最後に出したつもりが、以後、続々と詩書を出版することにつながる記念すべき書物である。これが入手できると、書肆ユリイカ最初の出版物である原口統三の『二十歳のエチュード』を持っていないことが、負い目に感じられてくる。一一月九日、古書里艸（千葉）の目録で原口統三の遺稿および追悼文集『死人覚え書』（昭和二三年）を見つけ、ジャケットなしにもかかわらず一二〇〇〇円を投じる。さらに六日後、同じ目録の前田出版社版『二十歳のエチュード』第二版（第二刷、昭和二三年）一二〇〇〇円と第三版（第三刷、昭和二三年）八五〇〇円を追加注文してしまう。「ユリイカ版の『二十歳のエチュード』はベストセラーになったはずなのに、どうしてこんなに古書で出ないのか」と焦り始めていた。

一二月に入り、古書目録でようやくユリイカの『二十歳のエチュード』（昭和二三年）に出会う。もちろん注文。自分の誕生日の一〇日に入手する。けやき書店で八〇〇〇円。手には入ったが三刷である。「いつか第一刷を手に入れなくては」と、その思いはもはや強迫観念と化していた。

クリスマスイブに青猫書房（大田区）の目録から栗田勇の『サボテン』（昭和三〇年）特製版第二一番本を購入、加藤正のオリジナル・エッチング五葉と署名が入り、プラスチックケースに覆われた小さな本で三五〇〇〇円也。翌二五日には毎年恒例、新宿伊勢丹のデパート古書展会場に、朝一〇時に駆けつける。注文してあった清岡卓行『氷つた焔』（昭和三四年）は、元グラシンもつき、佐藤春夫宛献呈署名入で四五〇〇〇円。出品店は、これも在庫量豊富な扶桑書房（千代田区）であった。

『二十歳のエチュード』を求めて

翌平成一二年は、ユリイカ本蒐集の当たり年であった。最も欲しかった堀内幸枝の『不思議な時計』（昭和三一年）を、まず二月に石神井書林の目録で購入することができた。細長い変型サイズの本で、赤と黒の継ぎ表紙。表紙ひらにラベル貼りされた標題紙が、函にあいた窓から見えるお茶目な作りだ。オマケに、本文はなんと紺色のインキで刷ってある！　著者署名入で元セロファンのついた美本が七〇〇〇円。

三月一六日には、城南古書展の目録で、氷川書房（青戸）から飯島耕一詩・伊原通夫画『ミクロコスモス』（昭和三二

図3 『闘技場』ジャケット

図4 『不確かな朝』ジャケット

年）を七万円で買う。消費税だけで三五〇〇〇円もする買い物なんて久しぶりだ。B4判で迫力の詩画集。

五月八日には刈谷のあじさい堂書店から、『中村真一郎詩集』（昭和二五年）一万円、宗左近『黒眼鏡』（昭和三四年）六〇〇〇〇円、山口洋子『館と馬車』（昭和三〇年）五〇〇〇〇円を買い、二六日には青猫書房から辻井喬（堤清二）の第一詩集『不確かな朝』（昭和三〇年、図4）を一万円で購入。

一〇月二〇日には、これまたとても欲しかった田中清光の『黒の詩集』（昭和三四年）美本を、石神井書林の目録で一五〇〇〇円で買うことができた。一一月二五日には、青猫書房目録で矢代静一の戯曲『絵姿女房』（昭和三一年）第六一番本を一六〇〇〇円で。千代紙を貼った覆い帙が色鮮やかだ。

もちろん、ここに書いた以外のもっと安い本もあれこれ買っているのだが、それでもなぜか『二十歳のエチュード』第一刷だけは手に入らなかった。

明くる平成一三年の六月三〇日、『合本 二十歳のエチュード』（昭和二四年）を石神井書林から一八〇〇〇円で買う。帯と「ユリイカ通信」つき。この本は珍しい気がする。『詩人たち』収載の「書肆ユリイカ 出版総目録」にも記載がないのだ。そして一一月四日。古書愛好会の古書展目録で、かんばら書房（西荻）出品の『二十歳のエチュード』第一刷五〇〇〇円と『死人覚え書』三〇〇〇円を入手、ジャケットにヤケもほとんどない美本だった。見つからないと思っていた『二十歳のエチュード』第一刷だが、蒐集開始二年半で手に入ったのだから、結果的には早かったと言えるのかも知れない。

もっとも、これで『二十歳のエチュード』関連の蒐集が終わったわけではなかった。前田出版社初版、前田出版社初版検印紙サイン違い、前田出版社第二刷、前田出版社第三刷、ユリイカ第三刷、合本増刷本、角川文庫元版刷違い二冊、角川文庫改版刷違い五冊、光芒社版、そしてちくま文庫版と、気がつけばその後『二十歳のエチュード』関連本だけで二八冊が集まっている。これも平成二一年八月現在の数字であって、まだユリイカ版の第二刷が入手できていないので蒐集はこれからも続く。

コレクション展をきっかけに

筆者は一応、夫も子もある家庭の主婦なので、古書買いが高じるにしたがって、わずかながら罪悪感は生じてくる。一般の主婦が大金を投じる服やバッグ、宝石や化粧品にはまったくお金を使わないが、でも何万円もする本を見境なく購入するのは、さすがに少しは気が引けるのだ。

それを正当化する言いわけが出版研究であり、コレクション展である。書肆ユリイカについて語るには、書肆ユリイカ出版史上どうしてもはずせない重要な出版物があり、これらを機会に、「ええい、買ってしまえ」とばかりに、はずみがついてしまうのだ。

平成一六年一一月、アトリエ箱庭（大阪）で「書肆ユリイカの本」展を開催したが、その展示本のリストを作成する段になって、私は神保町の老舗古書店、田村書店を訪れていた。ガラスケースの中の吉岡実『僧侶』（昭和三三年）を見せてもらうと、東博宛の献呈署名入本が九六〇〇〇円である。署名なしの別本も見せてくれたが、どうせなら署名入本が欲しい。東博の名はユリイカの歌集『蟠花』（昭和三四年）の著者として記憶していたのでそう言うと、ご主人の奥平晃一さんが「筑摩書房で吉岡と同僚だった人ですよ」と教えてくれる。クレジットカードで支払うつもりでいたところ、手数料を取られるので現金支払いのほうが得になるという。さすがにこの金額を持ち歩くほど不用心ではない。御茶ノ水駅そばの銀行まで行って引き出してから再度来店したところ、付け値から二〇〇〇円値引きしてくれた。この本で、ユリイカ本の一冊当たり購入額の最高値を更新してしまった。

ちなみに東博の『蟠花』は、平成一五年二月二一日に社会教育会館で催された和洋会で購入している。駒井哲郎の挿画が入り、元グラシンつきの献呈署名入本だが、古書価は二〇〇〇円であった。出品店は波多野巌松堂書店（神保町）である。

平成一七年、それまで日本エディタースクール出版部から発行されていた伊達得夫の『詩人たち ユリイカ抄』が絶版になったことから、平凡社のライブラリー版で再刊することになり、校閲と口絵写真資料の提供という形で協力することになった。せっかくなら、表紙には元版の『ユリイカ抄』（伊達得夫遺稿集刊行会、昭和三七年、八三頁）の函を飾っている伊達の意匠を使って欲しい。この時点で元版は持っていなかったが、タイミング良く石神井書林目録に出たので早速注文。五二五〇〇円。これでめでたく、平凡社ライブラリーのジャケットは蝙蝠傘を差す紳士の切り紙絵と相成った。

平成一七年一〇月に、ブックカフェ「火星の庭」（仙台）で再度「書肆ユリイカの本」展を催すことになり、またぞろ古書買いのムシが起きてしまう。前年の一一月三〇日に龍生書林（大田区）で安部公房『飢えた皮膚』（昭和二七年）を八九二五〇円で買っていたが、この年に入ってからの一月二〇日には石神井書林から山本太郎『歩行者の祈りの唄』（昭和二九年）を二六二五〇円で、三月二〇日には甘露書房（川崎）から補篇のみながら入沢康夫『倖せそれとも不倖せ』（昭和三〇年）を七八〇〇〇円で、六月一六日に石神井書林から小島信夫の『凧』（昭和三〇年）を二一〇〇〇円（外函ナシながら、小島信夫自筆葉書二通つき）で、六月二〇日に海風舎（逗子）から大岡信の『記憶と現在』増刷本（昭和三一年）を二五〇〇〇円で買ってしまう。万単位の購入に、もはや抵抗はまったくなくなっていた。

歯止めがきかないとはいっても、古書店や古書展、古書目録で購入しているうちはまだよかった。なぜなら、古書価が決まっているからである。危険なのはオークションだ。よほど強い意志を持って臨まないと、予定外の出費をしてしまう。平成一八年六月一七日、それまで一度も利用したことがなかったが、ふと気が向いて、入札するつもりもなくヤフー・オークションのあちこちのページを眺めていたところ、『稲垣足穂全集』の端本が三点出ていることに気がついた。出品物の標題に「書肆ユリイカ」と入っていることは少ないから、ヤフオクでユリイカ本を見つけることは意外と難しい。この時は作家ごとの検索ページから見つけたのである。

スタートはそれぞれ一〇〇〇円。状態にもよるが、適正価格は五〇〇〇円から六〇〇〇円くらいではないかと思えた。出品されている三点のうち、第一巻は既に持っていたので、所蔵していない第五巻と第六巻の二点に入札を試みることにして、会員申込みを行ってＩＤを取得した。

オークション終了日の二二日、終了時刻三〇分前からページをチェックし、二〇分前に初めて入札する。上限金額を設定しておくと、他の入札者の金額に応じて自動的に入札していってくれるシステムなので、初心者でも無駄なく入札ができる。初めは上限を四〇〇〇円に設定したが、五分で追い抜かされてしまったので、次は七〇〇〇円を入れる。そして八〇〇〇円、八五〇〇円。あっという間に金額が上がっていき、オークション終了時刻も延長になる。二点を同時にチェックすることができなくなり、第五巻だけに的を絞る。この攻防は一体、いつまで続くのだろう。九〇〇〇円までは迷っていたが、一万円を超えたところでさすがに諦めた。この価格はいかにも高すぎる。

最終的に競っていたのは、古書マニアと稲垣足穂マニアの二人のようだった。入札に加わっていると、ライバルの落札履歴を見ることができるのだ。結局、落札価格は一三〇〇〇円。古書マニアの勝ち～！

いや、それにしても恐ろしい世界だ。古書の振り市（業者同士のオークション）であれば、ある程度の高値になったところで振り手が落札の発声をして打ち止めとするが、ヤフオクのような機械的システムでは、上限がないから、競う人間がいればいくらでも高値へと上がっていく。際限のないところがなんともはや……。しかし、全集の端本一冊に一三〇〇〇円とは驚いた。状態は極美でもないし、元グラシンもない。もちろん、巻によって、また本の状態によって価格に差は出てくるものの、他の巻を二七〇〇円、三五〇〇円、四五〇〇円という額で買っているので、どうしても一万円以上という金額を出すのには抵抗がある。「この額を投じるなら、別のユリイカ本を買った方がいい」と考えてしまうのだ。

価格があってなきが如しのオークション。これなら、古書目録やインターネット目録、「日本の古本屋」の検索などで購入する方が健全に思える。この後も何度かヤフオクで購入してはいるが、古書業界の視点から見てあまりに法外と思われる価格に釣り上がった際は、同様の理由で深追いせず、諦めている。競争者がいなければ安く買えることもあるが、マニアや古書業者がこまめにチェックしていることもあって、そう簡単に安い価格で入手することはかなわないのが現実である。

ついに明治古典会の七夕入札へ

古書情報もすっかりインターネット時代になり、明治古典会の七夕古書大入札会も、出品物をネットでチェックできるようになった。これは通常の古書展と違って、五万円以上の価格で入札して買うという、高額本ばかりの特別古本市である。平成一八年のある夜のこと。これまた見るともなく眺めていたところ(買い物というのは、だいたいそういうものだが)、雑誌『ユリイカ』(書肆ユリイカ版)五二冊と真鍋博の漫画集『寝台と十字架』(昭和三三年)が出品されているのが目についた。『ユリイカ』はロルカ特集の昭和三四年五月号の一冊が欠で最低値一三万円。『寝台と十字架』は最低値が五万円である。『ユリイカ』は、完全揃い(五三冊)だと古書価が二〇万から二四万円というところだろうから高くはないが、問題はこの欠号である。これまでバラで買ってきた分にこの号は入っていないので、欠号探しをしなくてはならない。通常の古書業者なら手は出さない部類の荷(古書店主が、出品する古書をこのように称する)である。

ちょうど一般下見の日に神保町へ行く用事があったので、会場の東京古書会館を覗いてみる。前はもっと、いわゆる古書が多かったような気がするが、昨今は本よりも自筆物やサブカル系の雑誌、絵葉書・マッチラベルといったもののほうが豊富なようだ。雑誌『ユリイカ』は状態は悪くない。欠号は取りあえず日本近代文学館などで複写して補うか、などと考えている筆者は既になかば買ってもいいような気になっていた。

『寝台と十字架』は状態は並。署名もないのに最低値が五万円というのは高い。真鍋博は年々人気が上昇しているので、この価格設定になるのだろう。「真鍋博マニア」とまではいかない筆者には、ちょっと手が出ない。

呂古書房（神保町）の西尾浩子さんが「欲しいのがあったら入札してあげるわよ」と声をかけてくれる。すると一心堂書店（横浜）の小菅猛雄さんが「田中さん、あなた自分で黄麦堂の名前で入札したらいいじゃないの」と言う。

確かにうちの主人は古本屋だし、筆者も古書売買の鑑札だけは持っているが、筆者は実際に日常売買を行っている古本屋ではなく、古書組合の会員でもないので、自分で入札するのは行き過ぎた行為だと感じる。そういえば二年前の平成一五年一二月二六日、明治古典会のクリスマス特選市があり、これは純粋な業者市だったが、たまたま主人が来場する用事があったので一緒に連れていってもらい、出品されていた小海永二の『峠』（昭和二九年）と『風土』（昭和三一年）の二冊を主人に頼んで落札してもらったことがある。主人が一緒なら黄麦堂の名前で入札して当然だが、いないのに筆者が勝手に古本屋の顔をして屋号を使うことはできない。

図5　雑誌『ユリイカ』

そんな事情を話し、呂古さんに雑誌『ユリイカ』の入札を頼むことにした。上限を一五万円として、呂古さんが入札用紙に金額を四つ記入する（四枚札）。高額商品の場合、入札価格はたった一つではなく、複数個書くことができる。入札用紙を入れるこの品の封筒は、この時点でからっぽであった。

日曜日、呂古さんから開札結果を知らせる電話が。最低値の一三〇八九〇円で落札できたという。通常なら手数料や消費税が発生するところだが、それらも不要、という呂古さんの厚意にすっかり甘えて、かなり安く買うことができた（図5）。

問題の欠号を手に入れるのは時間がかかるかと思われたが、一八年秋に東京古書会館で開催された「アンダーグラウンド・ブックカフェ」という古書展で、西秋書店（西神田）が出品していた雑誌のバラの中にあり、三五〇〇円でめでたく入手。雑誌揃い五三冊を一三四三九〇円で手に入れられたことになる。

今回は首尾よく端本と巡り会うことができたが、こうはいかないことの方が多い。雑誌も終刊に近くなると発行部数が落ちてきて、したがって世の中に存在する絶対数がそもそも少ないわけだから、それだけ古書でも出にくいというケースがままある。全集の端本でも同様で、こうした入手の難しい巻のことを古書業界では「キキメ」と呼ぶ。欠アリで安いからといって安易に手を出すと、永遠に欠けたまま所蔵することにもなりかねないので、事情に詳しい愛書家や古書店主は敬遠することが多い。

筆者の買った雑誌『ユリイカ』の場合、そう考えると、短い時間のうちに欠号と出会うことができたのは幸運としか言いようがない。

取りあえず買う

古書には新刊本と違って「定価」というものがない。様々な要素によって、価格は変動する。完本であるか、保存状態は極美か並か、その作家に人気があるか、署名や識語があるか、献呈先の人物は著名人か。

これらは買う側と売る側双方が本を見た時の条件として、共通の要素だろう。ここに売る側の事情が加わる。古書市場になかなか出ない珍本なら仕入れ値もそもそも高いのが普通だから、したがって付け値は高くなる。反対に、手もとに複数冊在庫があったり、一刻も早く売りたい経済状況だったりすれば古書価は低くなる。こうして古書価が定まる。これにさらに買う側の事情が働く。その古書価をその本の価値に見合ったものと見なして、お金を出すことができるかどうか。その時の買い手の経済事情という要因である。これらが複雑にからまり合った末に、売買が成立するかどうかが決まる。

買う側の人間としては、できるだけ完全な状態のものを購入したいのだが、完本極美の単行本や全号完揃いの雑誌セットをそう簡単に入手できるとは限らない。それで、たとえジャケットがなかろうが端本であろうが、持っていないものと出会った時には、取りあえず買うことになる。書肆ユリイカの本に限らず、古書買いとはそうしたものなのだ。状態が気に入らないからと見送ると、その先、永遠に巡り会えない可能性がある。見つけた時が買い時なのだ。

もちろん、価格が手の届かないものであれば諦めるしかない。誰でも、際限なく資金を投入することなどできはしないのだから、そこが歯止めになる……はずなのだが、自分なりに上限金額を決めておいたところでこれも無意味で、結局はそれを自分で破っていくことになるのが常である。

その結果どういうことが起こるかというと、……同じ本を何冊も買うことになるのだ。たとえば平成一七年、私は入沢康夫『倖せそれとも不倖せ』補篇のみ（昭和三〇年）を甘露書房（川崎）から七八〇〇円で購入、そして平成一八年、加藤京文堂（大阪）で正篇・補篇揃いを七万円で購入した。しかしこの本、おそらくいずれもう一度買うことになるはずだ。というのも、この本には二冊を一緒に納めるビニール袋（書名の箔押し入り）が存在し、それのついた完本をいつか手に入れたいと思っているからである。実は平成二一年七月、「日本の古本屋」のサイトに玉英堂書店（神保町）がこのビニール袋つき本を出品していた。古書価は二八万円。加藤京文堂で買った袋なし本の価格を、一応本の正価と見なすと、いささか乱暴な論ながら、二一万円がビニール袋のお値段になる計算だ。さすがにこれを購入するのは躊躇を感じたが、この逡巡もいつまで持続するかわからない（その後、平成二一年一〇月に石神井書林から一八九〇〇〇円で入手した）。

他にも、外函ナシの小島信夫『凧』（昭和三〇年、平成一七年購入時の古書価二一〇〇〇円）、ジャケットなしの稲垣足穂『キタ・マキニカリス』（昭和二三年、平成一七年購入時の古書価一五〇〇〇円）、覆い帙ナシの中村稔『無言歌』（昭和二五年、平成一八年購入時の古書価二五〇〇〇円）などはいずれ完本を買い直さなくてはなるまい。

自家製の書肆ユリイカ刊行図書目録を常に持ち歩いているが、完全コレクションを構築するのは容易ではなく、まだまだ先が長いのが実情である。

愛読家垂涎！　特装版いろいろ

買うからには完本を持つことが当面の目標だが、それだけでは終わらないのが古書買いの奥深いところである。古書マニア度が高じてくると、「どこか少しでも違うところがあると、持っていないと気がすまない」という困った感情を抱くようになるのだ。普及版と限定版があれば両方持つし、特装などの異装本があれば当然買う。

藤原定『距離』（昭和二九年）は、著者自筆色鉛筆画の綴じ込まれた背革継ぎ表紙装の限定一五部の内の第一一番が国会図書館にある（一〇五頁）。『戦後詩人全集』第一巻（昭和二九年）表紙ひら上かどに銀箔押しされているのと同じ串田孫一の描いた昆虫のカットが、この限定版の表紙ひら中央にもやはり銀箔押しされている。普及版の装丁は串田孫一で、グレーのフランス装風の表紙がついた瀟洒な作りである。

栗田勇・加藤正『サボテン』（昭和三〇年）は、限定四〇〇部の内の第一番から第五〇番までは特製版として加藤正のオリジナル・エッチングが五点挿入され、薄水色のクロス表紙の角背上製本で、プラスチックケースで覆われている。筆者の手もとにあるのは前述の通り第二一番本である。第五一番以降は並製として、クローム メッキ原版のエッチング二点入り。

『ロートレアモン全集』（昭和三二〜三三年）は、普及版は機械函入りの角背上製本全三巻であるが、その三冊の本文を合本にして豪華な丸背総革装一冊に仕立てた貼函入りの限定一〇部本（昭和三四年八月）があり、伊達家に一冊所蔵されている。普及版機械函ひらにある伊達の切り文字タイトルを色刷りにした特装版用の本扉と、オリジナル・エッチング二点挿入。普及版第三巻にも真鍋博のエッチングが一点入っているが、特装版には真鍋と駒井哲郎のエッチング計二点が挿入されている。

笠原三津子『雲のポケット』（昭和三五年）は、筆者の手もとに茶色の総革装本と紺色の布表紙本があり、どちらも著者によるろうけつ染め装である（図6）。

田中清光『立原道造の生涯と作品』は、昭和三二年に発行された背クロス継ぎ表紙装で貼函入りの限定一五部本があり、筆者の手もとの本は第八番本である。献呈署名の宛先が切り取られているため古書価は安く、平成一四年四月に青猫書房から買った金額は一六〇〇〇円であった。

石原八束『秋風琴』（昭和三〇年）は精興社で組版されたあまりユリイカ本らしくない一冊だが、特製本がある。もっとも異なるのは背革で著者写真の口絵があり、奥付と販売価格が異なるだけの異装本である。

安東次男『死者の書』（昭和三〇年）は限定二五〇部発行で、第一五番までは特製本として本文紙が特漉和紙で総革装函入、稗田一穂の石版画一葉が入っている。第一六番以降が布表紙角背上製ジャケット装である。

安東次男詩・駒井哲郎画『からんどりえ』（昭和三五年）は限定三七部制作、本文紙が第一番から第七番まではフランスのＢＦＫ紙、残り三〇部は特漉和紙を使用している。

本稿の校正最終段階に、ある先生の口添えのおかげで、書肆ユリイカ

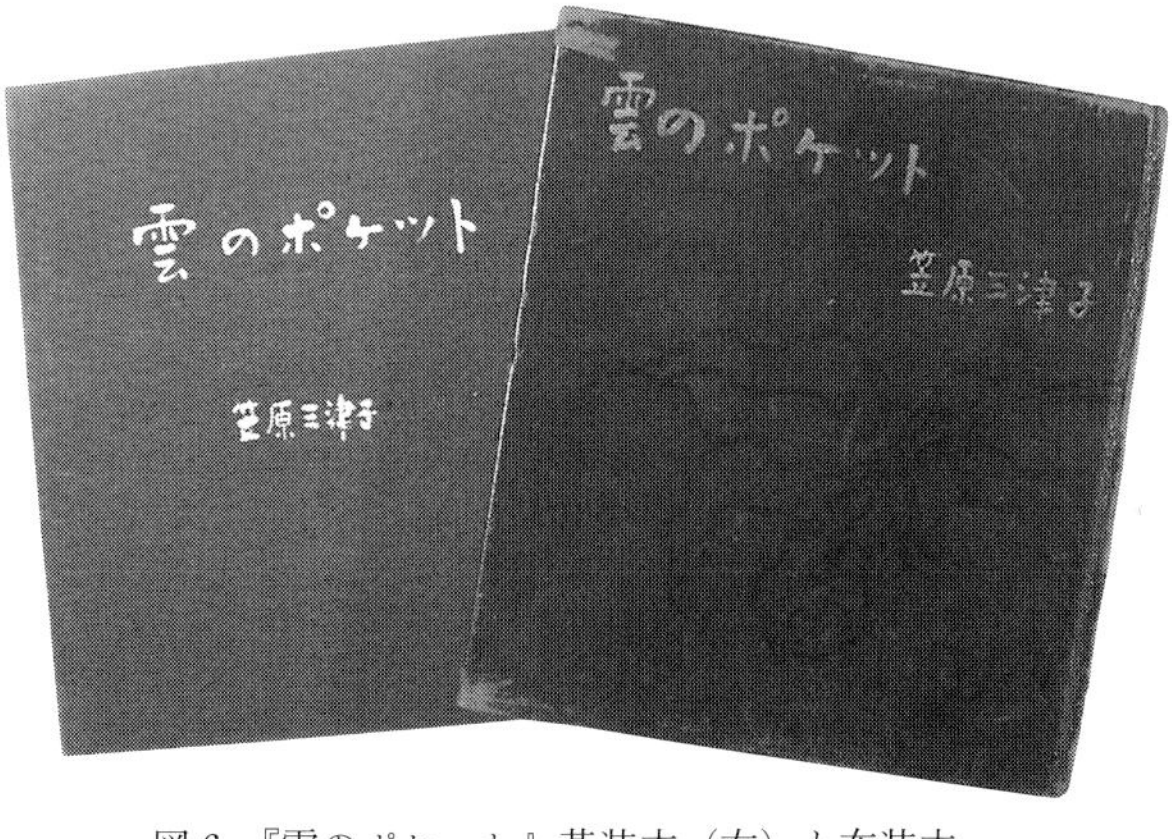

図6　『雲のポケット』革装本（右）と布装本

本を丹念に蒐集する征矢哲郎さんの知遇を得て、筆者が未知の特装本情報も教えてもらうことができた。それによると、加藤楸邨『山脈』（昭和三〇年）には和装本帙入りの限定二〇部本があり、加藤克巳『宇宙塵』（昭和三一年）には瑛九のエッチング入りの函入り本限定五〇部があるという。

他にもまだ多々ありそうだが、もっとも、このように制作上も意図をもってはっきりと違う作りにしているものは、本そのものに書誌情報が明記されていることも多いので、筆者はあまり神経を注いでいない。気になるのは、このように造本も販売価格も同じでほとんど「同じ本」と見えながら、刷りや版が異なり、細部に違いがあるケースである。

異版の森へ

田中清光『立原道造の生涯と作品』に異装本が多いことは別記した（一六四頁以下参照）が、他にも小さな違いの認められる本は山ほどある。こうした異版・異装本を手に入れて比較対照しないと気がすまないのが、筆者の最大の悪癖だろう。出版当時の状況について、たとえ文章で綴られていなくとも、それぞれの本を比べてみれば、印刷や製本の状態からある程度の状況を読みとることができる。増刷した出版物についても、そうして出版経緯の全貌を明らかにしたくなるからである。

たとえば「海外の詩人双書」第二巻の『アンリ・ミショオ詩集』（小海永二訳、昭和三三年）はフランス装風のジャケットが二種類（一九五頁）あって、初刷と思われる本はひら左の欧文タイトル「HENRI MICHAUX」が墨刷りで、その文字のバックに帯状にブルーの地を刷ってあるが、増刷本は欧文タイトルが赤刷りで地模様はない。外装だけでなく口絵の著者の肖像写真のレイアウトも微妙に違い、初刷は本扉対向頁の中央に刷ってあるが、増刷は本扉対向頁の前小口側上方に裁ち切りで配している。

「今日の詩人双書」第三巻『吉本隆明詩集』（昭和三三年）は毛利ユリの写真がジャケットに用いられているが、初刷と思われる本は砂漠（または雪山？）に人形の胴体が横たわっている青色刷りの写真が、増刷本は蒸気機関車の動輪部分と思われる写真が縦向きに刷られている。奥付裏の両「詩人双書」刊行リストに違いがあり、初刷本はまだ四点ずつだけの掲載、増刷本は八点ずつ載っているので、ここから制作時期の先後を判定することができる。

「今日の詩人双書」第一巻『山本太郎詩集』（昭和三一年）と第五巻『吉岡實詩集』（昭和三四年）も、広告やジャケットの細部に違いのあるものがある。このシリーズはよく売れたようだが、どの本も奥付の発行年月日は修正しないまま、複数回増刷したと思われる。同じように、『合本二十歳のエチュード』（昭和二四年）も、奥付の発行年月日は変更していない増刷本がある。

増刷したことが明記されている本も、なかにはある。

加藤道夫の戯曲『なよたけ』は昭和二六年四月に初刷（図7）が、同年六月に増刷本が出ている。奥付には「改版」「再版」などとあって外装もまったく異なるが、本文組版は紙型流用の増刷本である。初刷からしてあまり上質の組版印刷とは言い難く、巻頭の第九頁で「第一幕」の見出しを頁最終行に置くというミスをしているが、増刷でも第一二七頁の最終行を第一二六頁の冒頭に刷ってしまう間違いを犯している。

神奈川近代文学館所蔵の初刷本には「われわれは加藤道夫作戯曲「なよたけ」を推薦します」という帯が函にあり、岩田豊雄、久保田万太郎、木下順二、岸田國士、三島由紀夫、戸板康二ら一一名の名前が印刷されている（一二二頁）。

真鍋呉夫の小説『天命』は昭和二七年九月に初刷が、同年一〇月に増

図７　『なよたけ』初刷本

刷が出ている。これも全面的な改版ではなく増刷であるが、初刷本は小見出しに「壱」「弐」「参」という数字を用いていたが、この活字が本文と同じ9ポイント活字のため小さくてつぶれてしまったので、増刷本ではすべて大きな四号活字に象嵌訂正して印刷している。この増刷は継ぎ表紙ひらのタイトル文字も初刷では墨刷りだったのを紺色刷りとし、見返し用紙と背のタイトルラベルも初刷で白紙だったのを増刷ではオレンジの用紙に変更しており、作りとしては増刷本の方が凝っているように思われる。

なお、神奈川近代文学館所蔵の増刷本には「読売ベスト・スリー入選」という帯があり、荒正人と檀一雄の推薦コメントが印刷されている(一二二頁)。

『アンリ・ミショオ詩集』(小海永二訳)と『ジャック・プレヴェール詩集』(小笠原豊樹訳)は、一九九頁にも記したように「海外の詩人双書」で発行される前に単行本で出されていて、どちらも増刷している。

『アンリ・ミショオ詩集』の増刷版(昭和三一年四月)は手もとに第三刷しかないが、初刷本(昭和三〇年三月)と比べると、ジャケットの背にある「EUREKA」のロゴマークが「ユリイカ」というゴシック体の組版文字になり、裏表紙の串田孫一の昆虫のカットがなくなっていること、別丁口絵がなくなり、そのかわりに初刷にはなかったミショオ自筆原稿と思われる図版が目次終了後の白頁に印刷されていることが異なる。

『ジャック・プレヴェール詩集』の場合、初刷(昭和三一年二月)はフランス装風表紙のソフトカバー(帯つき)だったのを、増刷(昭和三一年一〇月)で角背上製ジャケット装へと変更している。本文の頁数は同じながら、本文紙を分厚くしたことで、初刷はツカが七ミリだったのに増刷本はツカが一六ミリへと倍増して重厚なつくりになっている。それに伴い、販売価格も初刷本の二七〇円から増刷本では三〇〇円となった。中身は本扉のデザインを変更し、初刷になかった著者の肖像写真を口絵として加えている。

滝口雅子『鋼鉄の足』二種は、同じ四六判角背上製で頁数も同じなのに、奥付は昭和三五年三月と一二月の二種類があって、この一二月版は本文を組版し直した改版である。三月版は背が赤いクロスでオレンジのひらにタイトル文字を銀箔押し、これが初版であり、著者自身が国会図書館に納めた本もこちらである。一二月版は渡辺藤一装画のジャケットに「第一回室生犀星賞受賞！」というオレンジ色の帯を付けて、内容も著者の第一詩集『蒼い馬』から「言わせて下さい」と「蒼い馬」の二篇を増補し、本文の使用活字を五号から9ポへと小さくして全面的に新組みしている。同じ判型でありながら同じ年内に二度も組版印刷するのは珍しい。ただし、一二月版に「再版」「改版」の表示はないため、一二月版だけしか手もとにない人は、これを初版と見なしてしまう恐れがある。

大岡信『記憶と現在』（図8）は、奥付の日付は一九五六年七月一五日で、翌年に増刷したものも奥付は変更していない。ただし、本扉に「1957」の文字を入れている（図9）ので、これで増刷本だとわかる。初版は表紙が深緑の布クロスでタイトルラベルが赤、本扉は肌色の用紙で別丁になっており、増刷本は薄青の布クロスにタイトルラベルが青、西暦の入っている本扉は本文共紙（本文紙を同じ紙）である。一応西暦で増刷年が入ってはいるものの、大変わかりにくい。本扉と奥付の西暦が違うのは増刷本だからだということを、きちんと理解して古書価をつけている古書店主はかなり知識があると言えるだろう。ちなみに筆者が平成一七年に購入したのは増刷本で、古書価は二五〇〇〇円であった。

大阪と仙台で「書肆ユリイカの本」展を開いたことで、異装に関する情報が入ってくることが増え、時には見ず知らずの人からその存在を教えられることもある。

ある時、まったく面識のない年配男性からいきなり自宅に電話がかかってきて、「岸田衿子の『忘れた秋』には、著

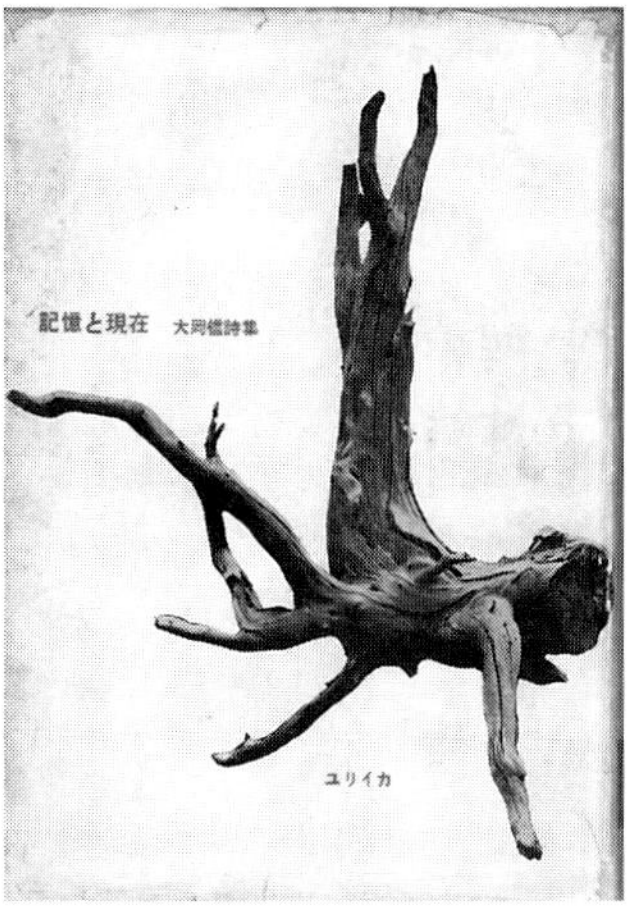

図8　『記憶と現在』ジャケット

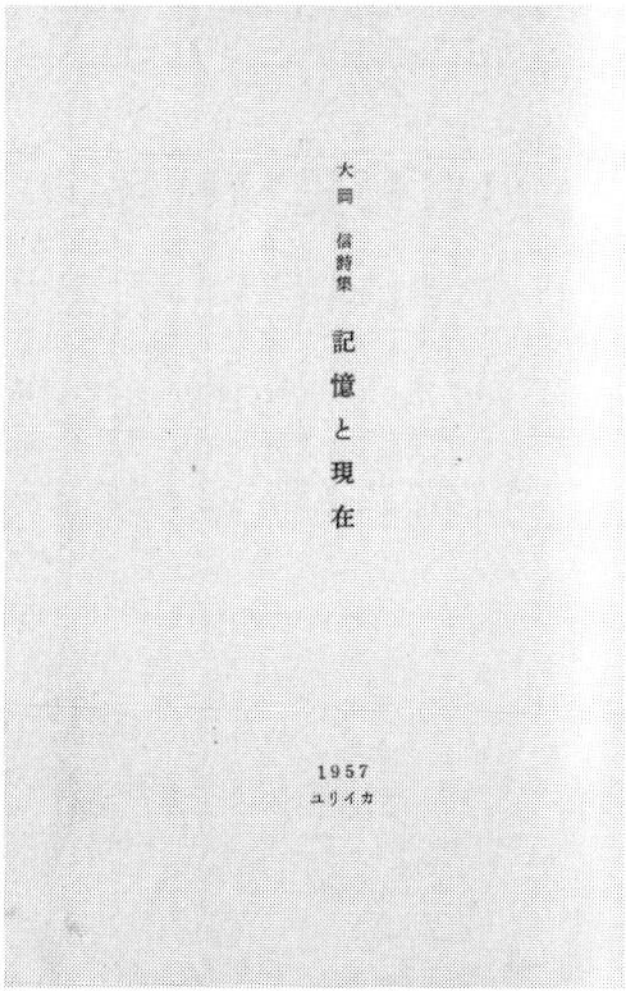

図9　同、増刷本の本扉

者のポートレートがついているかどうか」と質問されたことがあった。細長いコート紙のモノクロ・ポートレートが綴じ込まれていたような気がしたが、持っている本を改めて見てみたら入っていない。この本はB5判で白っぽいフランス装風の表紙がついているが、同じような外装の村松英子『ひとつの魔法』（昭和三五年）に美しい著者の写真が入っていたので、「ああ、私はこの本と勘違いしていたんだな」と納得して、問い合わせてきた方にそのむね答えた。しかし、「本当にないのか？」と重ねて聞いてくるので、架蔵本には取りあえずついていないことを伝え、どうしても合点がいかないのなら、数多くの実物を手にしている石神井書林の内堀弘さんに聞いてみるようにすすめた。

後日、機会があって内堀さんとこの件について話すと、なんと『忘れた秋』のポートレートつきを在庫しているというではないか。これは、ポートレートのない本と比べてみなくてはなるまい。というわけで、「買います！」……三一五〇〇円也。すでに持っている『忘れた秋』は平成一一年に四季書林から二七〇〇円で購入したことは前述したとおり。自宅に届いた本と比べてみると、ポートレートの有無以外は製本仕様にも本文の印刷状態にも相違点は見つからない。これは初刷と増刷との関係ではなさそうだ。国立国会図書館の所蔵本は行方不明なので納本された本についていたかどうかは確認できないが、神奈川近代文学館と日本近代文学館の所蔵本にはポートレートはなかった。

石神井書林から届いた本は、細長いモノクロのポートレートが目次の前に綴じ込まれている（図10）が、ポートレー

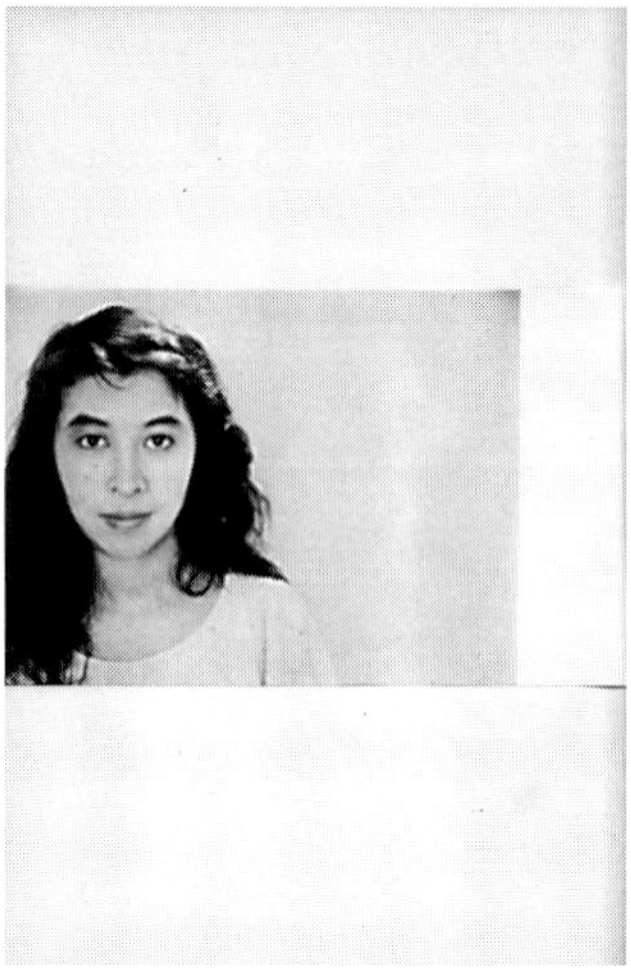
図10 『忘れた秋』ポートレート頁

トの用紙が経年変質したか、あるいは部分が湿気を帯びたことで目次頁が変色したかで、目次頁に茶色い痕がついている。もしいったん全部の本に綴じ込んだものを何年か後に切り取ったとしたら、のどには切り取った痕が、目次頁には茶色い痕が残るはずである。神奈川近代文学館と日本近代文学館の所蔵本にその痕跡がないということは、それらの本は最初から綴じ込まれなかったと見るべきだろう。

両文学館の所蔵本はどちらも献呈本である。この二冊にはポートレートがないことから、献呈する際、ポートレートのないものを選んだ可能性がある。あるいは著者がポートレートつきを望まなかったのかもしれないと思ったが、筆者が買ったこの本は長岡輝子に贈ったものだし、田中清光さんのもとには、やはり筆者から贈られた本でポートレートつきのものがある。

その後、実践女子大学図書館に所蔵されている『忘れた秋』を閲覧、これには目次前にポートレートがついていた。ポートレート用紙のシミが目次頁に付着しており、筆者が石神井書林から購入した本と同じ状態である。いずれにせよ、理由は不明ながら本書には著者のポートレートが綴じ込まれているものと綴じ込まれていないものの二種類があるということだ。

このように、些細な違いでも発見するとつい購入することになる。筆者は初版本マニアというより増刷本マニアなので、普及版でも増刷本があるならぜひとも欲しい。ジャケットの違いはもちろん、違う帯や正誤表があったり、挟み込みチラシや読者葉書などがあったりすれば、これまたやっぱり欲しくなる。こうした小さな違いについては、古書目録にも記載のないことの方が多いため、地道な調査を重ねて情報収集に努め、最終的には「取りあえず買う」という結論に落ちつく。そうして、世間一般では「同じ」と見なしている本が家の中にどんどん増殖していくことになる。

なぜこれほど増刷本にこだわるかというと、様々な種類の本があるということはそれだけ何度も印刷しているわけだから、たった一回しか作られなかった本と比べて需要度が高かったことがわかり、書誌学的・出版史的観点からいうと位置づけが異なるという、その証だからである。

著者署名入本の魅力

正統派の愛書家は、献呈署名の宛先が著名人であることを望み、あるいは識語や自筆画、自筆書状などのあるものを求める。書肆ユリイカの本は戦後の出版で、少ない発行部数のかなりの割合を、著者が恩人や友人へ宛てて献呈しているケースが多いので、明治の文芸書の初版本で著名人宛の献呈署名入本を入手する難しさを考えれば、著者署名や献辞入りのものを手に入れることは比較的容易だと言える。

署名はしない主義の作家もいるようだが、筆者が持っている書肆ユリイカの本の中にも、著者署名入本はたくさんある。献呈先が書かれた本の中から、著名人宛のものをざっと書き出してみよう。

たとえば山口洋子『館と馬車』(昭和三〇年)岸田衿子宛、田中清光『黒の詩集』(昭和三四年)嶋岡晨宛、花田英三『あまだれのおとは…』(昭和二九年)川路柳虹宛、清岡卓行『氷つた焔』(昭和三四年)佐藤春夫宛(図11)など、詩人宛に贈られたもの。宇都木淳『夜の庭』(昭和三三年)臼井吉見宛、宗左近『黒眼鏡』(昭和三四年)亀井勝一郎宛、渋沢孝輔『場面』(昭和三四年)村松剛宛、笠原三津子『雲のポケット』(昭和三五年)円地文子宛(二三五頁)、朝倉勇『掟』(昭和三五年)曾野綾子宛など、小説家や評論家宛のもの。矢代静一『壁画』(昭和三〇年)松本克平宛、矢代静一『絵姿女房』(昭和三一年)武智鉄二宛、松本亮『ポケットの中の孤独』(昭和三五年)岡田茉莉子宛、立原えりか『木馬がのった白い船』(昭和三五年)岸田今日子宛など演劇人宛のもの、といった具合である。

前述した岸田衿子『忘れた秋』ポートレートつき本は長岡輝子宛で、青色刷りの挿画の下に黒いペン書きで「ひとでは昨日五つまでかぞえた　ひとでは今日も五つまでかぞえる　それでも波はまだきこえてる　衿子」(図12)という詩が添えられている。

中には不思議なコメントのあるものも。平成二〇年一一月に青猫書房から購入した庄司直人『ある「ひろさ」』(昭和二七年、古書価三五〇〇円)には、「とにかく受取つてもらいます。直人」というペン書き(図13)が前見返しにある。献呈先は一体、どういう人物だったのだろうか。

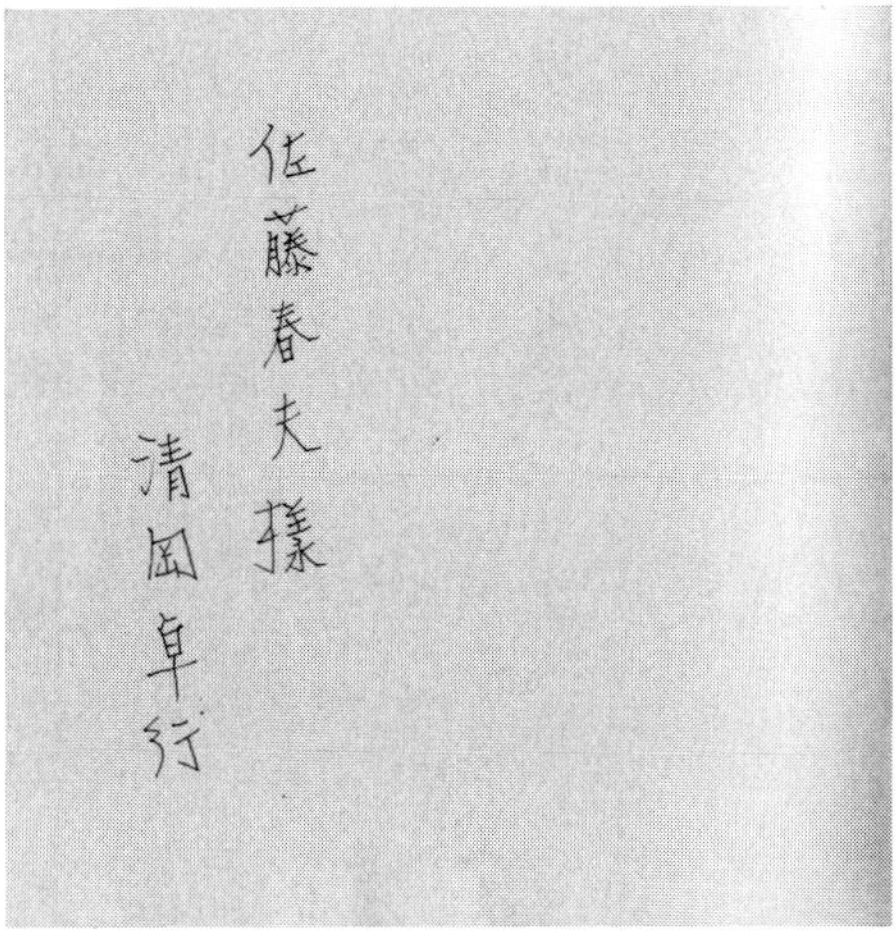

図 11 『氷つた焔』献呈署名入り見返し

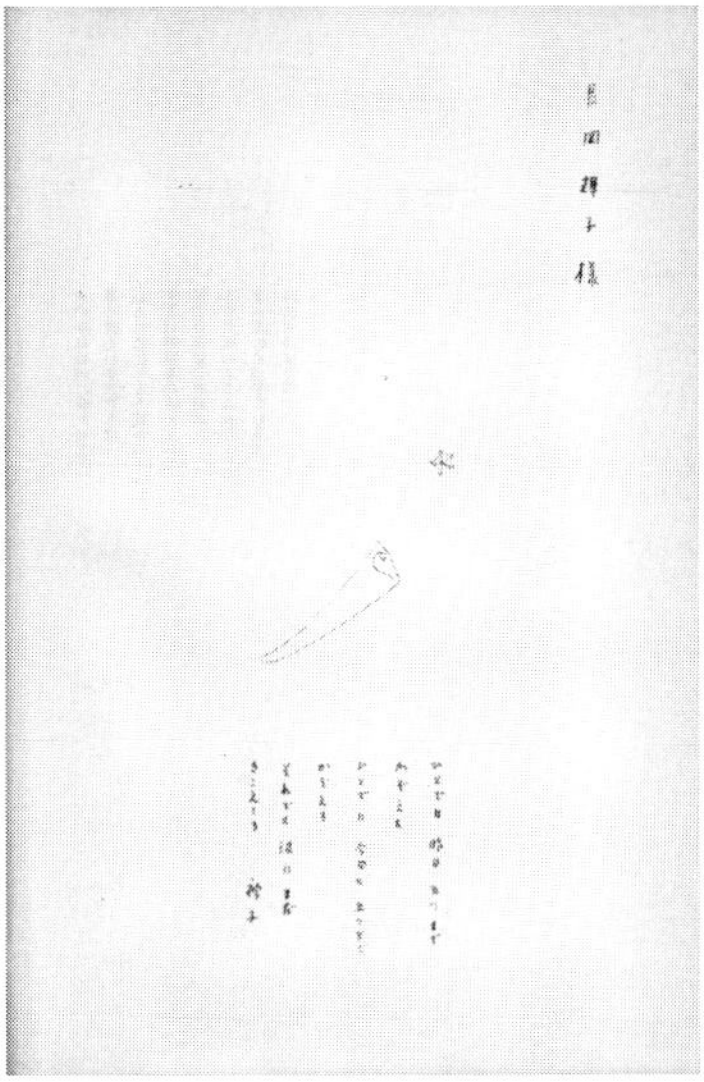

図 12 『忘れた秋』自筆書入れ頁

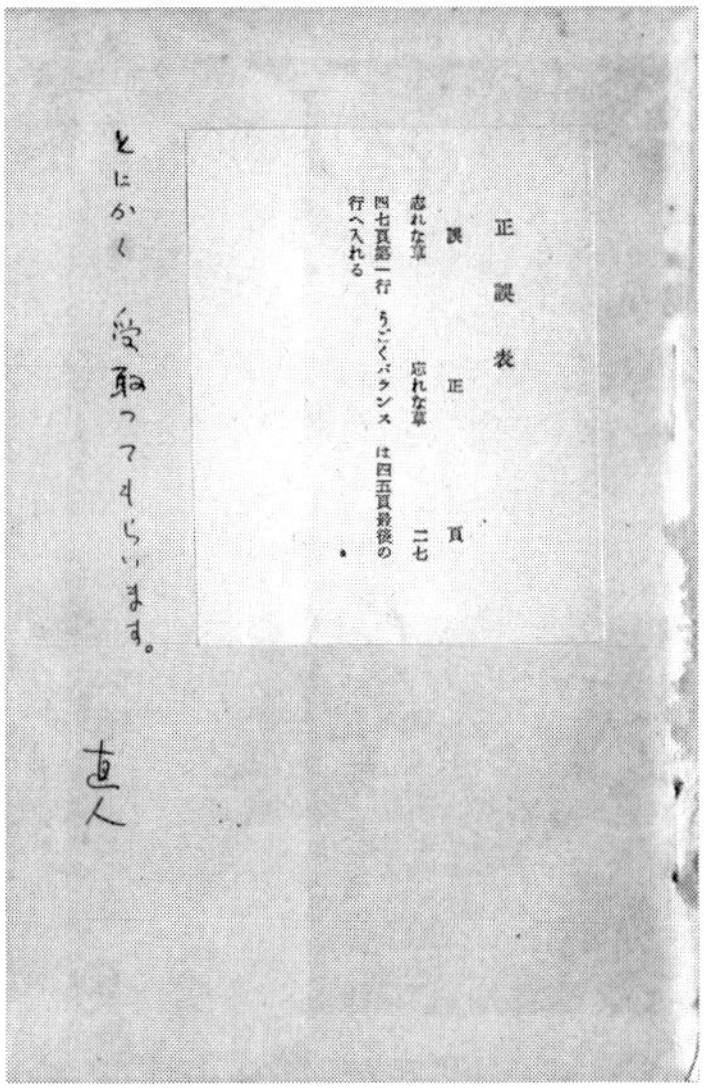

図 13 『ある「ひろさ」』書入れ署名入り見返し

山口洋子詩・石原慎太郎画『にぎやかな森』（昭和三三年）は平成一一年、石神井書林から八〇〇〇円で購入しているが、平成二一年になって、同じ本をまた買ってしまった。異版や異装でもなければ署名も入っていない。なぜ買ったかというと、一枚の原稿用紙が本の間に挟まっていたからだった。原稿用紙には、ブルーブラックのペンで次のように書かれている。

「朝日新聞横浜支局御中　暑中お見舞申上げます。万一機会が御座いましたら同封の詩画集、県下在住の作家と詩人の風変りな共同作業と云う意味からでも御紹介いただければ望外の倖せで御座います。拝具　書肆ユリイカ」（八一頁）新聞社に書評紹介を依頼する書状だが、書肆ユリイカの署名がある。伊達の自筆ではないようだが、筆者にとっては、名だたる作家の署名がある本よりも、魅力的な一点だったのだ。

署名のある本は、贈り主である著者（または関係者）本人と贈られた人物の二人が手にした本だということになる。もちろん、厳密に考えれば、贈られた側の人物が本に触らなかった可能性もゼロではないが、そこは一応ちゃんと受け取ったと信じることにして、双方の人々が触ったのと同じ本を、平成の今、自分が手にしていると想像するだけでわくわくするではないか。書物やスクリーンを通してしか接することのできなかった人の、その手もとにあった書物が、紆余曲折を経てここにあるという、そのことに思いを馳せると、書物流転の不思議を感じるのである。

古書店とのつきあい方

蒐集の初期段階は「書肆ユリイカ」と名がつくものは手当たりしだいに買っていたが、冊数が集まるにつれ、古書でよく見かけるものとそうでないものがあるとわかってくる。古書価が高いがよく見かけるものは、それほど焦らなくてもいい。市場在庫があるということだから、購入資金がある時に信頼できる古書店から買えばいい。

たくさんの古書店から買っていると、店（店主）によって「美本」の基準が違うことにも気づく。ある店は古書目録に「美本」などと書いていなくても美本が届くが、別のある店は何も書いていなければ悪い状態のものが届く。どういうものが届くか、推測の手がかりは古書価である。その価格がその店の通常価格設定に比べて安ければ、ボロボロの本が届く可能性がある。つまり、各店ごとにふだんの価格設定を把握していないと推測できないところが難しい。

昨今はヤフオクのように画像入りの購入手段もあるが、古書店のネット目録では画像が出ていないことも多いし、いまだに冊子目録で文字情報だけという古書店も珍しくない。現時点ではまだネットオークションよりも冊子目録のほうが出品量は潤沢で、また価格も安いように思われる。

したがって、本格的に蒐集にのめり込めば、古書店とつきあうことは避けて通れない。従来の古書店の方が長い年月をかけて仕入れを行ってきただけあって、膨大な在庫量を持っていることは間違いないし、なによりも、古書店主の豊富な経験と見識によって、思いもかけない珍品を手にすることができたり、本にまつわる情報を得られたりするからである。

ネット隆盛の現代では面倒くさいと感じる向きもあるかも知れないが、古書店と気持ちよくつきあって、末永く「良い古書買い」を続けていくことが必要である。

古書店主も人間である。自分の都合ばかりを押しつけるような客には、それ相応の態度で臨むことになったからといって、誰が責められようか。注文して本を受け取ってから、「今は持ち合わせがないので、支払いはしばらく待ってくれ」などという不届きなFAXを送ったりするような輩は、私に言わせれば取引停止の引導を渡されても自業自得というものである（ちなみに、昔ながらの古書店は、初めての取引客がいきなり高額商品を注文するのでもない限り、代金後払い方式がほとんどである）。

ではどうすればいいのかというと、本を買う時は潔く、支払いも即座にする。……これに尽きる。

古本屋とのつきあいも、世間一般の人間関係となんら変わるところはない。誠実な姿勢で接すれば、相手も誠実に応えてくれる。また、そうでない相手とは自然と縁遠くなる。

筆者も二〇代前半の頃は、古本屋から随分とひどい扱いを受けたことがある。今から二〇年以上も前のことで、当時はまだ古書を買う女性が少ない時代だったせいもあるだろうが、高価な古書をぺらぺらの茶封筒一枚で送られて中身が剝き出しで届いたり、古書展用の帯がセロファンテープで本の本体にべったりと貼り付けられ、それが劣化して茶色いシミになっているものが届いたりするなど、不愉快な対応をする古本屋も存在した。しかし、きちんと買うことを重ねるにつれて、そんな状況も次第に改善されてきた。

当たり前のことだが、信頼関係は短期間で出来上がるものではなく、いいおつきあいの蓄積によって少しずつ築き上げられるものだ。たとえ女性客であっても、従来の男性客より気持ちよく買ってくれるのであれば、そちらに本を売ろうと判断することだろう。一軒の同じ古本屋であっても、態度は変わる可能性がある。なかにはひどい売り方をする古本屋がいるかも知れないが、今の時代、そんなことばかりしていて繁盛が続くほどこの業界も甘くはない。

古書店との関係の大切さを実感するのは、「どうしても欲しい本」が古書目録に出た時である。在庫はたいてい一点限りなので、購入希望者が殺到した際、先着順でなく抽選方式になる場合が問題だ。この「抽選」が、厳密ないわゆる抽選だと思ったら大間違いである。一冊しかないその本がレアものであればあるほど、古書店主はその本を最も活かしてくれそうな客、大切にしてくれそうな客の手に渡したいと考え、さらにはこれまでの支払い状況を鑑みて「当選者」を決めることが多いのである。もちろん、私情を交えず厳密な抽選をしている古書店主もいるようだが、どの店主もそうだと信じてふだんの古書買いをしているようではおめでたい。これはという本が出た時に、後悔することになるだろう。

客が古本屋を見定めるのと同じように、古本屋の側でも客を判定している。常に礼儀と節度をもって古書を買っている客には、店主もそれに相応しい態度で接してくれる。古本屋とのそうした良好な人間関係を作っておくことが、ひいては欲しい本、状態の良い本を買えることにつながるのである。

ここ数年の購入状況

雑誌『ユリイカ』を購入してから、しばらく高価なユリイカ本を買わないでいたが、平成一九年一〇月に青猫書房

（大田区）から一点、大きな買い物をしている。小山正孝詩・駒井哲郎画『愛しあふ男女』（昭和三二年）で、古書価は二〇万円である。Ｂ４判未綴じの大型本で、限定一五二部の内の第五一番。駒井哲郎オリジナル・エッチング（サイン・エディションナンバー入り）一葉入りで、小野忍（中国文学者）宛の小山正孝の毛筆献呈署名入り本である。

　この本についてはこれまで、石神井書林の古書目録に掲載されているのは知っていたが、きっと状態が良いのだろう、古書価は三一五〇〇〇円で、さすがに即注文するのはためらわれて、ずっと決心がつかずにいたのである。国会図書館

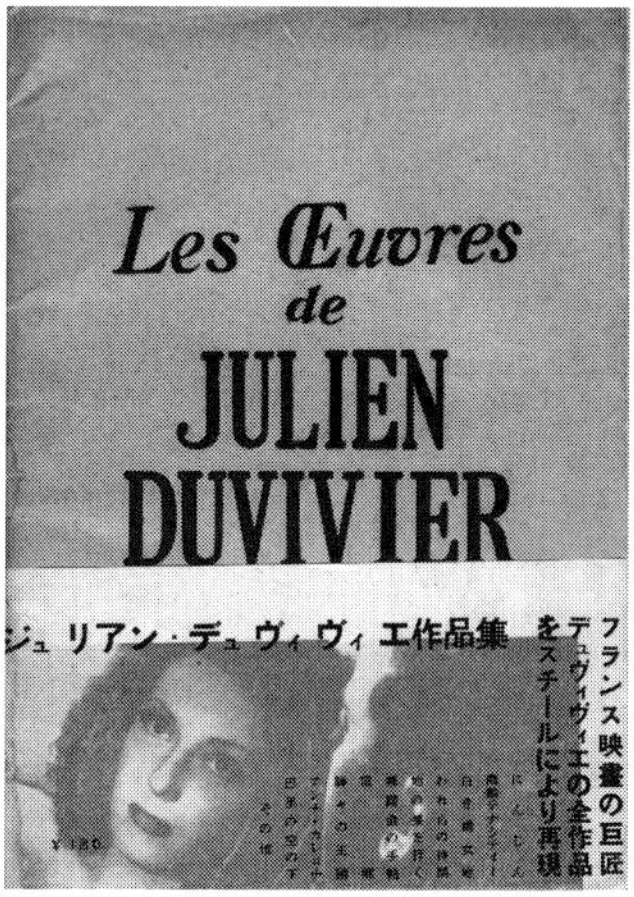

右・上より
図14　『浅蜊の唄』ジャケット
図15　『囚われの街』函
図16　『現在』創刊号、表紙、装画は安部真知

左・上より
図17　『律』創刊号、表紙
図18　『ジュリアン・デュヴィヴィエ作品集』帯つき表紙

にあるのを図書課別室で眺めて触っては「私には手の届かない本だな」とため息をついていた一冊でもあった。このたび我が家の門をくぐったこの本、極美とは言えないが、よく手に入ったものである。

このあと年末一二月になって、多田智満子『花火』（昭和三一年）を弘南堂書店（札幌）から二五〇〇〇円で購入した。

平成二〇年一一月には山形へ行った折に紅花書房で『現代詩全集』全六巻揃（昭和三四〜三五年）一一八〇〇円、『ジャック・プレヴェール詩集』増刷版（昭和三一年）五〇〇〇円、『ラングストン・ヒューズ詩集』（昭和三四年）六八〇〇円を購入。同月、加藤京文堂（大阪）からデスノス著・澁澤龍彦訳『エロチシズム』（昭和三三年、古書価四万円）を、石神井書林（練馬区）からは中村稔『夜と海の歌』（昭和三二年、署名入、古書価二一万円）を、一二月には青猫書房（大田区）から石垣りん『私の前にある鍋とお釜と燃える火と』（昭和三四年、竹中郁宛献呈署名カード挟み込み、古書価四万円）を買った。

平成二一年に入り、一月には伊藤書房（札幌）から加藤克巳『宇宙塵』（昭和三一年、山下秀之助宛献呈署名入、古書価三一五〇円）を、甘露書房（川崎）から赤城さかえ『浅蜊の唄』（昭和二九年、古書価三〇〇〇円、図14）を、古本海ねこ（三鷹）から岡本喬『ヒメジョオンの蝶』（昭和三三年、古書価四五〇〇円）を、渥美書房（早稲田）から金太中『囚われの街』（昭和二九年、古書価一二六〇〇円、図15）を、そして青猫書房から雑誌『現在』第一号・第二号（昭和二七年六月・八月、古書価一万円、図16）を購入した。

二月には青猫書房から岩田宏詩・真鍋博画『おいらん物語』（昭和三四年、古書価二五〇〇〇円）を、弘南堂書店から雑誌『鰐』第一号〜第一〇号揃（昭和三四年八月〜三七年九月、古書価六万円）を、福岡古書店（愛知）から雑誌『律』第一号（昭和三五年一二月、古書価三五〇〇円、図17）を、四月にはヤフオクで珍本『ジュリアン・デュヴィヴィエ作品集』（昭和二六年、図18）を八〇〇〇円で入手した。『ジュリアン・デュヴィヴィエ作品集』は、国会図書館で現物を確認した以外ではお目にかかったことがなかった。この国会本も、用紙劣化のため禁複写扱いである。B5判六〇頁中綴じ帯つき。書肆ユリイカの出版物としては珍しく映画作品の紹介本で、スチール写真と簡単な解説から成っている。入手した本は、目次と奥付にわたる四頁分が重複して綴じ込まれた更なる珍本であった。

二一年に入ってからはサイト「日本の古本屋」をこまめにチェックするようになり、それで買っているものも多い。

もっとも、こうして並べてみると順調に買っているように見えるが、実は二〇年には大物を逃している。

七月発行の『日本古書通信』に田村書店（神保町）が安東次男詩・駒井哲郎画『からんどりえ』（昭和三五年）を「一六〇万円」の古書価で出品、もちろんすぐに注文したが、数名から注文があったようで買うことはできなかった。この本はそう簡単に出る本ではないから、一〇〇万円代で買えるなら良心的である。ちょうど娘の大学受験・入学用にと誕生以来積み立ててきた現金が手もとにあったので「即金で支払えるぞ」と思ったが、そううまくはいかなかった。

いったん買う気になった大物を逃すと、その反動で他のもっと安い本を買うことにまったく抵抗がなくなってしまうのも悪い癖である。本書の執筆と図版作成に取りかかってからは、「『爪』の函の図版が必要だ」と理由をつけては龍生書林（大田区）の古書目録で函つきを再購入（古書価六三〇〇〇円）、「『無言歌』に、覆い帙がなくてはお話にならない」と石神井書林目録で二度目の購入（古書価一五万円）、「『立原道造』の覆い帙つきは珍しい！」と岩森書店（荻窪）からこれまた再購入（二一〇〇〇円）。本書の口絵のことで協力を仰ぎに田村書店に行って、棚にあった『雪櫟』（自筆句と献呈署名入、二三〇〇〇円、図19）や『カミングズ詩集』（三四〇〇〇円）を買い、ついでに歩いた神保町でも、けやき書店で『山本太郎詩集』増刷本を見つけて購入（五〇〇〇円）、@ワンダーでは『寝台と十字架』を四二〇〇〇円で買う。もはや一〇万以下の古書価は安く感じられてしまうのだから恐ろしい。

図19 『雪櫟』ジャケット

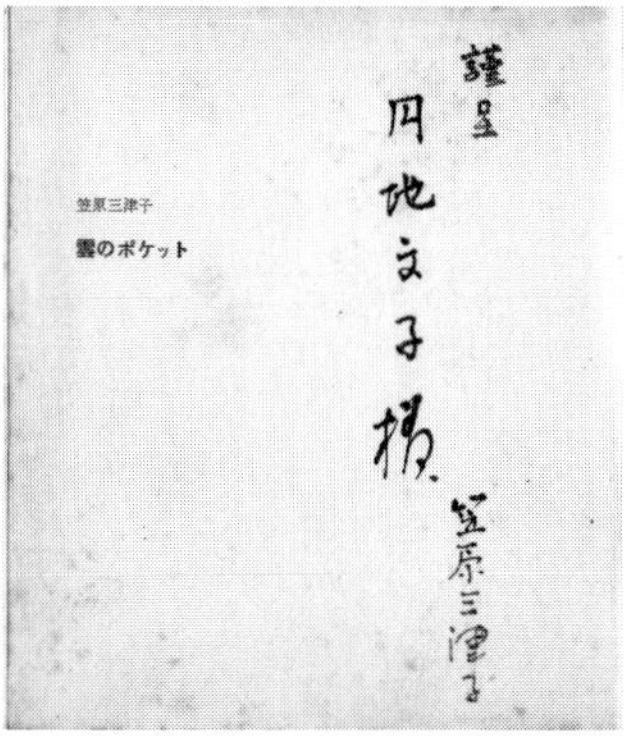

図20 『雲のポケット』特装本、献呈署名入り本扉

古書蒐集の強い味方

蒐集が高じてくると、それを知っている周囲の人たちが様々な協力をしてくれるケースがある。たのもしい同好の士は多く、たとえば、入手した署名入り本をプレゼントしてくれたり、立ち寄った古書店の店頭に書肆ユリイカの本があったと電話で知らせてくれたりするのである。

なかでも突出した古書好きの知人がブックデザイナーの大貫伸樹さんで、「今、高円寺にいるんですけど、書肆ユリイカの×××があるんですよ。いりますか？」などと、週末の昼間に古書展会場から携帯電話で実況中継してくれるのであった。真鍋呉夫『天命』再版（二刷、昭和二七年）、『アンリ・ミショオ詩集』三刷本（昭和三一年）、『合本 二十歳のエチュード』増刷本（昭和二四年以降）等々。古書展にこまめに通う彼が発見する本は増刷本が多く、異版調査が生きがいの筆者にとっては宝物ばかりである。古書蒐集家は初版本愛好の傾向が強いため、増刷本は古書目録に載らないことがほとんどだ。週末ごとに古書展会場へ足を運び、丹念に棚をチェックする人でないと見つけることができない。筆者に言わせれば、実は増刷本の方がよほど珍しく貴重なのである。

大貫さんがプレゼントしてくれた本の中で、いわゆる稀書として値がつくものに、笠原三津子『雲のポケット』（昭和三五年）特装本がある。著者手ずから、ろうけつ染めの腕を振るった総革装本。布装の普及本と違って重厚なつくりである（二二二頁）。おまけに扉には円地文子宛の著者献呈署名入り（図20）。状態の良し悪しはあるにせよ、数か月後の石神井書林目録で数万円の値がついているのを見て驚き、「あの本は一体、いくらしたんですか」と尋ねても、照れ笑いでごまかして教えてくれない。こんな貴重な本を見つけては、プレゼントしてくれるのである。

また、古書店からは、注文した本を送ってもらう折に書肆ユリイカの社名の入った封筒やら原稿用紙やらをオマケに同封してくれたりして、ゆかりの品々のコレクションが少しずつ増えている。伊達得夫や詩人の自筆葉書なども、古書目録に載せてくれるから手に入れることができるので、大変有り難いことである。

古書店やこうした協力者のおかげで、私は日夜楽しく古書買いに励んでいる。平成二一年八月現在、筆者の手もとには書肆ユリイカの本が二五四冊（異版・異刷・異装本二三冊を含む）、雑誌が八四冊ある。他に、完本を買い直したり、持っているのを忘れて買ってしまったりした重複本が四二冊、雑誌の重複が九冊ある。こうして買いまくってもまだ完揃いには至らず、当分は蒐める楽しみを続けられそうである。

＊古書価は本の保存状態や帯など付属物の有無、署名など付加価値の有無、そしてその時々の作家の人気度などの諸要素により、またそれぞれの古書店の見識や営業方針により、一冊ごとに異なる。本稿に記したのは筆者の個人的体験談に過ぎない。古書購入の際は、その点をどうかご勘案いただきたい。

あとがきにかえて

「書肆ユリイカの本を調べる」番外編

このあとがき原稿を入稿すると、青土社編集部の西館一郎さんと約束していた平成二一年七月二七日、その朝六時一八分に、筆者は新横浜から新幹線のぞみ一号に乗車していた。新大阪から御堂筋線で「なんば」へ行き、南海高野線で金剛駅下車、さらに南海バスに揺られて、着いた先は帝塚山学院大学狭山キャンパスである。前週末に母校青山学院大学の図書館から帝塚山学院大学図書館へ閲覧したいむね依頼してもらい、図書二冊を見るためにやって来たのである。

閲覧したかった本は梅田良忠『ちいさいものたち』（発行年月日は昭和三五年一二月五日）。インターネットの所蔵情報検索で、この大学に二冊あることが判明していた。

『詩人たち ユリイカ抄』（平凡社ライブラリー、平成一七年）巻末収載の「刊行図書目録」に、本書が書肆ユリイカの出版物として掲げられているのだが、本そのものには「アポロン社」とあって、「書肆ユリイカ」の名称がない。いや、これまで各地で閲覧してきた本には、少なくとも見つからなかった。国立国会図書館にある本は白い紙表紙の四六判角背上製本で、背表紙に黒っぽい文字でタイトルが箔押しされているだけ。背の下方には図書館の請求記号ラベルが貼られているので、その隠れた部分に何か文字がある可能性はあるが、奥付に発行所として記載されているのはアポロン社のみで、本扉にも「アポロン」の文字がギリシャ語で記されている。表紙ひらには何も印刷されておらず、あまりに飾り気のないデザインなので、ことによるとジャケットや函が存在するのではないかと思われた。

日本近代文学館に所蔵されているのは著者からの献呈本で、本扉の対向頁に「謹呈　品川力様　一九六一・二・九　良忠」という墨書がある。背表紙には幸いラベルがないが、しかし結局、タイトル以外の文字は何もなかった。神奈川近代文学館にある本も献呈本で、やはり本扉の対向頁に「大木実さんからいろ〳〵お話をうけたまわりおなつかしく存じあげております。一九六一・二・一〇　良忠拝　尾崎一雄様」という墨書がある。裏見返しには梅田の名刺も挟み込まれていた。この本には函もある。しかし、その函には背に「ちいさいものたち　梅田良忠詩集　アポロン社」とあるだけで、ひらには何も印刷されていない。

関東で閲覧できる三冊には、いずれも「書肆ユリイカ」の名称が一切ないのだ。この本が一体、なぜ書肆ユリイカの出版物として目録に入っているのか、それを解明しなくては本書の執筆も終われない。

本文中にも書いたが、ヨシダヨシエ・岡本信治郎『ぶるる』（亜紀社、昭和三三年）は、奥付などには亜紀社の名前しかないが、ジャケットの背に「ユリイカ」の名が印刷されており、辻井喬『異邦人』には書肆ユリイカだけの名が入っている奥付（一一三頁、発行年月日は昭和三六年一月一日）のものと、発売所として昭森社の名前も入っている奥付（発行年月日は昭和三六年七月二〇日）のものと二種類がある。昭和三五年後半以降の出版物については、伊達得夫が病床にあったこともあり、『異邦人』のように最終的に別の奥付が作られた可能性もある。つまり、どこかに「書肆ユリイカ」の名前が入った『ちいさいものたち』が存在するのではなかろうか、と思ったのである。そこで、そういう本を求めて、残りの所蔵館である帝塚山学院大学図書館と関西学院大学図書館に閲覧に行くことにしたのだ。

横浜の自宅から四時間半かけてたどり着いた帝塚山学院大学狭山キャンパスの図書館で、ようやく対面した『ちいさいものたち』は二冊。泉ヶ丘キャンパス図書館所蔵本も狭山館に移動しておいてくれたので、同時に閲覧することができた。狭山館所蔵本は庄野英二コレクションの一冊である。庄野は児童文学者として知られ、帝塚山学院大学の学長も務めた人。庄野の父が大学の創立者である。この本は著者から庄野への献呈署名入本で、本扉の対向頁に「謹呈　庄野英二様　一九六一・三・八　良忠拝」という墨書がある。しかし二冊ともに「書肆ユリイカ」の名はなかった。

関西学院大学は、著者梅田良忠が勤務していた大学なので、何か痕跡があるのではないかと期待された。来館しての閲覧は許可されなかったが、青山学院大学図書館参考係の方を通じて確認することができた。本にはオモテ表紙見返しに「寄贈　梅田良忠氏　関西学院大学図書館」というラベルが、裏見返しに図書貸出カードが貼り込まれている他は、他の本と同じ。やはり「書肆ユリイカ」の名前はなかった。

ここまで来ると、「刊行図書目録」の記載を疑いたくなる。『詩人たち　ユリイカ抄』平凡社版の底本は日本エディタースクール出版部版で、そこには『ちいさいものたち』は入っている。日本エディタースクール出版部版が底本としたのは『ユリイカ抄』（伊達得夫遺稿集刊行会、昭和三七年一月）に付された別冊「ユリイカ総目次」所収の「刊行図書目録」であるが、今、これを見ると、なんと『ちいさいものたち』が入っていない。つまり、日本エディタースクール出版部版になってから、追加されたということだ。

日本エディタースクール出版部に電話して問い合わせてみると、『詩人たち　ユリイカ抄』は六刷（昭和五六年一〇月）まで増刷しているが、「刊行図書目録」に『ちいさいものたち』は昭和四六年七月発行の初刷には入っておらず、昭和四六年一一月発行の二刷の際に追加されたものだという。当時の編集担当者は既にいないため詳しい事情はわからないが、誰かから何らかの指摘を受けてなされた処置のようだ。

あらためて著者の経歴を調べてみると、『関西学院史学』第七号（昭和三九年）が「故梅田良忠教授追悼号」として編まれており、業績や病歴までが詳しく記載されていた。東欧史や考古学を研究、またポーランドの歴史と文化の研究のため長らくポーランドに滞在し、帰国後大阪市立大学文学部、関西学院大学文学部史学科で教鞭を執った。昭和三六年一二月七日、癌のため死去。病歴を見ると、『ちいさいものたち』編纂の頃から闘病生活が始まり、出版の翌年末に亡くなっていることがわかる。

同誌のコンラッド・ヤジジェフスキの追悼文「故梅田良忠スタニスワフ教授」の中には、「梅田教授は文学における活動をなされていた。既に彼がポーランドへその第一歩を踏み入れた一九二三／四年には、多くの作詩をしていられる。一九六〇年に、彼はその詩集第一巻を出版された。一九六一年一月十八日の手紙で第二の詩集の準備をすすめていると書いてよこされている」とある。業績目録には『ちいさいものたち』も掲載されているが、出版社名は「アポロン社」である。

梅田良忠について何か情報が得られないものかと、あれこれインターネットで検索すると、昭和二四年生まれのご子息、梅田芳穂さんがワルシャワに住んでいることがわかり、なんとメールアドレスが判明してしまった。見ず知らずの人物の連絡先が、こうしてわかってしまうことがあるのだから、怖ろしい時代になったものである。早速メールで問い合わせてみたが、喜んだのもつかの間、出版事情についてはわからないとのことであった。しかしヤジジェフスキの追悼文にもあるように、良忠さんには二冊目の詩集を出版する考えがあった。芳穂さんのメールにも「亡くなる直前まで他の詩集の出版準備をしていたことは、母から聞いております。題名は記憶していませんが、こちらの本のことではないでしょうか？」と記されていた。二冊目の本の出版が実現したかどうかはわからないが、しかし伊達得夫は良忠さんの亡くなる一二月七日より約一一か月前、良忠さんがヤジジェフスキに「第二の詩集の準備をすすめている」と書き送った日の二日前である一月一六日に亡くなっているのだ。伊達がこの二冊目の詩集に関わることができなかったのは明らかで、つまり、二冊目の詩集が書肆ユリイカの出版物であることはあり得ない。

著者からの献呈本や国会図書館に納本されている本、そして業績目録にも「アポロン社」の名前しかない以上、本書は書肆ユリイカではなくアポロン社の出版物と見なす方が妥当だろう、昭和四六年、日本エディタースクール出版部に、『ちいさいものたち』が書肆ユリイカの出版物だと指摘した人物が何を根拠にそう言ったのか、おそらく思い違いだったに違いないと諦めて本稿のデータを西館さんにメールで送った日の夜中、就寝前の日課になっているサイト「日本の古本屋」での書肆ユリイカ本探しをしたところ……「ちいさいものたち　ユリイカ」の文字が目に飛び込んできた。えっ！　アポロン社ではなくてユリイカ？　疑うまでもない、出版社の項目に「ユリイカ」と入力して検索しているのだから当然だ。見間違いではないかと確かめる時間ももどかしく、注文ボタンをクリック！　出品古書店は神保町のけやき書店である。古書価は、二〇〇〇円。や、安い……。

翌日午前一一時。書肆ユリイカ版が本当に存在するのか、幻覚ではなかったのか、いや、あったとしても「やっぱり在庫切れでした」なんてこともあるかもとあれこれ想像すると居ても立ってもいられず、けやき書店の開店時間に電話する。

店主の佐古田亮介さんは、親切にも本の状態を電話で教えてくれただけでなく、ずっと探してきた事情を話すと、待ちきれない筆者のためにデジカメで画像を撮って送ってくれた。本ももちろん翌日到着。待ちに待った包みを開けると、その『ちいさいものたち』はアポロン社版とは全く別の本であり、本扉に「ユリイカ」、奥付にも「書肆ユリイカ」の名称があった。函にはひらと背の両方に「ちいさいものたち　梅田良忠第一詩集」とあり、本体は背に黒いミューズコットンが配された継ぎ表紙装。本文も、収録作品は同じながら、字詰め行取りの違う別本であった。発行年月日は昭和三五年六月一日。アポロン社版のちょうど半年前の日付だ。

この本の存在から考えられることを記してみよう。本書は最初、書肆ユリイカから刊行、大学教授のこの初めての詩集は、販売目的ではなく記念本だから紙型など取らず、活字組版そのもので原版刷りして、印刷終了後は解版したはずだ。ところが著者の意に反して制作部数が少なかったのか何かトラブルがあったかして、充分な部数が著者の手元に渡らなかった。著者は書肆ユリイカに増刷を打診したものの、その時既に伊達は病床にあったため、要望に応えることはかなわなかった。そこでアポロン社に改版を制作してもらった。それができたのが一二月五日というわけである。書肆ユリイカ版の発行部数がごく少なかっただろうと思われるのは、各館の所蔵本がどれもアポロン社版であるためだ。したがってこの書肆ユリイカ版『ちいさいものたち』も、稀本といえる一冊なのだろう。

本書巻末収載「書肆ユリイカ出版総目録」の「35.6.1」の項目に「ちいさいものたち　梅田良忠」とある一行には、このような経緯が隠れているのである。

＊

さて、本書は書肆ユリイカが出版した書物そのものについて検証した一冊である。取り上げているのは書肆ユリイカの本だが、内容である詩や著者である詩人について、ほとんどまったく語っていない。この点、詩出版社としての書肆ユリイカに関心をもつ皆さんには、心からお詫びするしかない。ただし、本や出版や書店について、そのつくりや現場の様子に興味のある人にはきっと楽しんでいただけると思う。

書誌学という書物研究の世界で、江戸期以前の本であれば、同じ出版社から出た同じ書名の本でも、一冊一冊を「別の本」と見なして比べることが当然とされている。それが近代に入り活版印刷が普及して以後の本は、どういうわけか同じ出版社から出た同じ書名の本はみな同じ、と認識されるようになってしまった。しかし、これまで筆者が調べてきた限りでは、たとえば明治十年代から三十年代の発行年月日の記載のある『改正西国立志編』や『西国立志編』は、増刷だけでなく版の修正や新規組版や外装の変更がおびただしい回数にわたり行われ、とても「同じ本」とは言えないほど様々な違いがあることがわかっている。大正、昭和、平成の現代へと時が移り、制作技術は活版、写植、ＤＴＰ

と変化してきているものの、そうした出版の現場で繰り広げられる事情はさほど変わらない。増刷回数が多く需要の多かった本ほど異版異装の種類も多くなるが、こうしたものには同じ奥付がついている本もまた多いので、一見しただけでは「同じ本」だと思い込まされてしまうのが常である。

この十年余りで、筆者は書肆ユリイカの本を、古書店で手に取り、自分で買い、また全国各地の図書館で閲覧したり愛書家のコレクションを見せてもらったりして、おそらく千冊は手にしているが、驚くべきはそのバリエーションの多さである。伊達得夫が外装を手作業で仕上げたこともその大きな要因のひとつだが、戦後時代の同じ出版社から出た同じ書名の本、それも同じ奥付の本でありながら、「同じ本」とは到底言いがたい様々な相違。書肆ユリイカの出版がどう展開されてきたのか、詩書の観点からの考察は別の専門家の著作に委ねることにして、筆者はこのような次第で出版、印刷、製本の視点からのアプローチに徹している。しかし、『ちいさいものたち』の例でおわかりのように、たった一行の記述を確定するために新幹線で大阪まで閲覧に行ったり、または高額の古書を購入してしまったりするなど、この方法にはとかく手間と時間と費用がかかる。だからこそ、「同じ」と見なしてすませてしまう向きが多いのかもしれない。日本出版学会の研究発表大会などを見るにつけても、昨今、出版研究を行う人は増えているように感ずるが、書物を取り上げる際には「本はみな違う」という認識を前提として取り組んでいって欲しいと思う。

ともあれ、こんな作業を重ねているせいで、本書の出版告知は昨年からなされていたというのに、すっかり遅くなってしまった。この間、筆者は家事を完全に放棄し、六社から受けていた本業の校閲の仕事は断り続け、おまけに主人は古本業のかたわら勤めていた会社からリストラにあった。今や、大学一年生となった娘が書店アルバイトに精を出し、主人は黙々と洗濯と買い物をこなす日々である。

本書刊行にあたり、多くの皆さんからご助力を得た。中村稔先生と田中清光先生には、お忙しいなか時間を割いていただき、貴重な資料をご貸与いただいた。青山学院大学図書館の中田眞江さんはじめ参考係の皆さんには、全国各地の図書館資料閲覧の際に格別のご配慮をいただいた。青猫書房、石神井書林、けやき書店、岩森書店ほか古書店の皆さん、特に田村書店の奥平晃一さんには図版『からんどりえ』のことでも大変お世話になった。貴重な『からんどりえ』をご貸与下さった正木邦夫さんに感謝申し上げる。本書の制作最終段階で出会うことができた征矢哲郎さんには、ご自身作成の出版目録を見せていただき、特装本や異装本の情報のほか、筆者未知の『緊急に必要な言葉がある』『滑稽な臨終』『ふるい冬』という出版物の存在を教えられ、入手困難な数々の本の画像も快くご提供いただいた。図書館資料の調査は玉木悦子さんにお手伝いいただいた。また資料調査と整理、図版撮影およびスキャン作業だけでなく、日常生活についても長期にわたり補助し続けてくれた親友の相沢LEE美和子さんにも御礼を申し上げる。

責了段階で質の高い校閲の労を取ってくれた郡淳一郎さんは、本書の企画をはじめに青土社に通してくれた人物であった。詩や詩人について、内容ある記述のほとんどは郡さんの見識によるものであり、本書が多少なりとも青土社の出版物に相応しい風格をまとっていると読者が感じてくれたとしたら、それは郡さんのおかげである。そして、初稿から常に組版印刷や製本の技術的なことについてご教示下さった居郷英司さんには特別の感謝を捧げたい。本書の論述のかなめの部分はすべて、居郷さんのご教導がなくては成立しなかった。

最後になるが、連日のように厳しい励ましのお電話を下さった編集担当の西館一郎さん、怒濤の勢いで校正刷りを出校して下さった印刷所ディグの皆さんには、長い間、本当にご迷惑をおかけした。特に出張校正では深夜までお付き合いいただいた。御礼とお詫びを申し上げる次第である。

平成二一年八月一八日

紅梅堂　田中　栞

書肆ユリイカの本

2009年 9月15日　第1刷発行
2009年11月20日　第2刷発行

著者——田中 栞

発行人——清水一人
発行所——青土社
東京都千代田区神田神保町1-29　市瀬ビル　〒101-0051
電話　03-3291-9831（編集）、03-3294-7829（営業）
振替　00190-7-192955

本文印刷——ディグ
表紙印刷——方英社
製本——小泉製本

装幀——高麗隆彦

ISBN978-4-7917-6465-5　　Printed in Japan

書肆ユリイカ出版総目録

凡例

・書肆ユリイカ発行の出版物を発行年月日順に並べ、同じ発行日のものは五十音順に配列した。発行月日の記載がなく不明なものは各年の末行にまとめた。

・各項を、発行年月日、書名（版または刷）、著者等（挿画者・装丁者等、限定部数等）、内容分類の順に記した。

・私家版・自費出版と思われるものでも、当該出版物に書肆ユリイカまたはユリイカの名が記載されているものは採録した。また、ユリイカの名が記載されていない出版物でも、明らかに書肆ユリイカが制作したと認められるものは採録した。発行元として別の名称がある場合は可能な限り記した。

・書名・著者名・巻数の表記に何種類かある場合は、奥付・本扉・表紙・ジャケット・函などの記載を検証し、正しいと思われるものを採用した。

・当該出版物に記載がなく、調査の上で筆者が判断した情報は［　］に入れて表記し、注記は（　）に入れて記した。

・年号は元号表記に統一した。奥付にある「版」表示は、増刷の場合は「刷」とし、新規組直しの改版については「版」とした。ただし増刷本でも初刷本とは異装の場合がある。奥付の発行年月日を変更しない増刷で、発行時期の手がかりがないものについては新たに立項せず、1刷本の項に「増刷あり」とした。

・「奥付 No.」は、初期出版物の奥付にのみ、出版順が記してあるものである。

・内容分類について、注記のない単行本は詩集であり、それ以外は行末に記した。

・本書巻末「書名索引」から、検索が可能である。

・本目録の作成にあたっては、征矢哲郎氏より資料提供のご協力を得た。

単行本、叢書類

23.2.25　二十歳のエチュード（1刷）　原口統三　ジャケット画・ピカソ　評論　奥付No.1

23.4.10　死人覚え書　原口統三　ジャケット画・岡本太郎　評論　奥付No.2

23.5.10　キタ・マキニカリス　稲垣足穂　限定（部数記載なし）　創作　奥付No.3

23.7.15　二十歳のエチュード（2刷）　原口統三　評論　奥付No.5

23.9（印刷紙片貼込）.15　心象風景　牧野信一　創作　奥付No.4

23.9.30　二十歳のエチュード（3刷）　原口統三　ジャケット画・ピカソ　評論　奥付No.6

———

24.2.10　ランボオ詩集（1刷）　中原中也訳　ジャケット画・ヴェルレーヌ　奥付No.7

24.2.20　人間キリスト記　山岸外史　評論　奥付No.8

24.6.25　石をもて追わるる如く（1刷）　赤尾彰子　表紙画・著者　手記　奥付No. 9

24.9.20　ランボオ詩集（2刷）　中原中也訳　ジャケット画・ヴェルレーヌ　奥付No. なし

24.10.30　石をもて追わるる如く（2刷）　赤尾彰子　表紙画・著者　手記　奥付No. なし

24.12.1　合本二十歳のエチュード　原口統三　評論　＊増刷あり

———

25.5.25　ETUDES　福田正次郎（那珂太郎）　意匠・伊達河太郎　限定500部

25.9.1　中村真一郎詩集　限定300部

25.9.30　無言歌　中村稔　限定300部

25.11.10　中原中也の手紙　安原喜弘　評論

25.12.31　無花果の実　青木ひろたか　限定200部

———

26.4.5　なよたけ（1刷）　加藤道夫　戯曲
26.6.5　なよたけ（2刷）　加藤道夫　戯曲
[26].6.10　詩暦　長岡輝子・川上澄生　限定200部　詩画集
26.8.31　廃墟　平林敏彦
26.10.15　ジュリアン・デュヴィヴィエ作品集　岡田真吉編　映画作品集
26.11.3　浮燈台　礒永秀雄　限定200部

———

27.6.1　ある「ひろさ」　庄司直人　挿画・著者　限定300部
27.9.10　天命（1刷）　真鍋呉夫　創作
27.10.20　緊急に必要な言葉がある　富樫橋　限定250部
27.10.20　天命（2刷）　真鍋呉夫　創作
27.10.30　南国雪　弥富栄恒
27.12.31　飢えた皮膚　安部公房　ジャケット画・挿画・安部真知　創作

———

28.5.31　冬萌　加藤知世子　句集
28.8.10　詩　清水康
28.11.10　鬼　祝算之介　挿画・桜井陽司
28.12.15　他人の空　飯島耕一　限定250部
28.12.30　明日　富永寒四郎　句集

———

29.3.10　あまだれのおとは…　花田英三
29.3.26　四季　島原健三　[表紙画・伊達得夫]
29.5.15　白の僻地　青山雞一
29.6.1　紫の時間　堀内幸枝
29.6.10　雪櫟　森澄雄　装本・原平太、題字・加藤楸邨　句集
29.6.30　アルビレオ詩集1954年版（アルビレオ叢書・1）　アルビレオ会　表紙画・串田孫一
29.7.1　囚われの街　金太中　ジャケット画・挿画・フランク・タシュリン
29.7.15　距離（アルビレオ叢書・2）　藤原定　表紙画・串田孫一、挿画・著

者　限定15部（特装版）・普及版

29.7.30　滑稽な臨終　中道信喜　装丁・阿部八郎

29.8.31　失楽の湖　門田育郎　表紙画・原精一　限定300部

29.9.1　子供の情景　瀬木慎一　ジャケット画・末松正樹、挿画・池田龍雄　限定200部

29.9.1　戦後詩人全集・1　表紙画・串田孫一

29.9.1　掌の上の展覧会　柿沼淳　ジャケット画・表紙画・岡鹿之助　限定300部

29.9.1　峠（アルビレオ叢書・3）　小海永二　表紙画・串田孫一　限定200部

29.10.1　浅蜊の唄　赤城さかえ　題字・加藤楸邨　句集

29.10.15　種子と破片　平林敏彦

29.10.25　戦後詩人全集・2　表紙画・串田孫一

29.11.8　歩行者の祈りの唄　山本太郎　表紙画・辻まこと　限定500部

29.11.15　樹　中村稔・岸田衿子　限定50部　詩画集

29.11.20　立原道造（アルビレオ叢書・4）　田中清光　帙画・表紙画・立原道造　限定200部　詩論

29.11.25　子供の恐怖　中島可一郎　ジャケット画・小玉光雄、挿画・著者　限定300部

29.12.15　戦後詩人全集・4　表紙画・串田孫一

———

30.1.1　旅人の悦び（アルビレオ叢書・5）　串田孫一

30.1.15　館と馬車　山口洋子

30.2.10　戦後詩人全集・3　表紙画・串田孫一

30.2.10　亡霊　祝算之介

30.2.15　海の怒り　門田育郎　装丁・原精一

30.3.31　アンリ・ミショオ詩集（1刷）　小海永二訳　挿画・著者

30.3.31　忘れた秋　岸田衿子　挿画・著者

30.4.10　蟻の列　佐久間東城　限定500部　句集

30.4.10　島の章　川崎覚太郎　ジャケット画・辻まこと、挿画・早坂信

30.4.15　　蒼い馬　　滝口雅子　装丁・木原孝一

30.5.20　　サボテン　　栗田勇・加藤正　限定400部の内50部特製版、350部並製版　詩画集

30.5.30　　戦後詩人全集・5　　表紙画・串田孫一

30.6.1　　壁画　　矢代静一　限定500部　戯曲

30.6.5　　倖せそれとも不倖せ・正篇　　入沢康夫　装丁・挿画・落合茂・中塚純二　限定300部

［30.6.5］　　倖せそれとも不倖せ・補篇　　入沢康夫　装丁・挿画・落合茂・中塚純二　限定300部

30.6.15　　現代詩試論（ユリイカ新書・1）　　大岡信　ジャケット画・ピカソ

30.6.20　　宮沢賢治（ユリイカ新書・2）　　中村稔　ジャケット画・クレー

30.6.30　　狼がきた（ユリイカ新書・3）　　関根弘　ジャケット画・ピカソ　＊増刷あり

30.6.30　　死者の書　　安東次男　表紙画・デール・バハリー出土遺物　限定250部の内15部特製本・稗田一穂石版画入、235部並製本

30.7.10　　四つの蝕の物語　　木島始　ジャケット画・ハンス・エルニー、挿画・柳沢昌義　創作

30.8.20　　秋風琴　　石原八束　特装本・普及本　句集

30.9.10　　凧　　小島信夫　［函文字・伊達真理］　限定60部　創作

30.9.15　　石に寄せて　　杉本長夫　装丁・山口長男

30.9.15　　遁走曲　　重信常喜　創作

30.9.15　　はくちよう　　川崎洋　写真・大津懿徳

30.9.30　　抒情の周辺（ユリイカ新書・4）　　杉本春生　ジャケット画・クレー

30.10.1　　山脈　　加藤楸邨　特装限定20部（和装）、限定1000部　句集

30.10.15　　わが母音　　飯島耕一　ジャケット画・伊原通夫

30.10.30　　人間　　川西健介　表紙画・中道信喜

30.11.3　　戦後文学の旗手（双書種まく人・2）　　進藤純孝　＊増刷あり

30.11.10　　深夜のオルゴール　　栗林種一　ジャケット画・シャガール　限定500部

30.11.10　　逃げ水　　小山正孝　装丁・古茂田守介

30.11.15　現代詩のイメージ（双書種まく人・1、1刷）　安東次男　ジャケット画・岸田衿子
30.11.30　愛と死の歌　加藤八千代　写真・安世民
30.12.10　不確かな朝　辻井喬　挿画・松川八州雄
30.12.15　現代フランス詩人集・1

———

31.1.10　不思議な時計　堀内幸枝　表紙画・池田龍雄
31.2.10　ジャック・プレヴェール詩集（1刷）　小笠原豊樹訳　装丁・殿村衣公子
31.2.20　現代詩試論（双書種まく人・3）　大岡信　ジャケット画・ピカソ
31.2.20　死　谷口謙　ジャケット画・ルオー
31.2.29　宮沢賢治（双書種まく人・4）　中村稔
31.2.29　麦の穂の子　門田育郎編　題字・大内魯邦
31.4.15　独裁　岩田宏
31.4.30　アンリ・ミショオ詩集（3刷）　小海永二訳　＊2刷未見
31.4.30　絵姿女房　矢代静一・鈴木信太郎　限定100部　戯曲
31.5.5　花火　多田智満子
31.5.15　現代詩のイメージ（双書種まく人・1、2刷）　安東次男　ジャケット画・岸田衿子
31.5.20　アンリ・ミショオの発見（双書種まく人・5）　アンドレ・ジイド　小海永二訳　挿画・アンリ・ミショオ
31.6.10　漂鳥　山崎為人　ジャケット画・表紙画・東村正久、題字・加藤楸邨　句集
31.6.30　うすくれない　松野泰二　装丁・鈴木未央子　創作
31.7.15　記憶と現在（1刷）　大岡信　装丁・長谷川周子
31.7.15　佝僂の微笑　島朝夫　ジャケット画・表紙画・小坂圭二
31.7.20　宇宙塵　加藤克巳　限定50部・瑛九画、普及版ジャケット画・挿画・瑛九　歌集
31.7.25　風土　小海永二　表紙画・山口洋子
31.7.31　石女遺文　礒村幸子　ジャケット画・聖リプシメ寺平面図

31.7.31　未知　森岡貞香　歌集
31.8.20　佐々木好母詩集
31.9.5　現代フランス詩人集・2
31.9.30　花は地にむいて咲く　越智一美
31.10.1　10枚の地図（初版）　小田久郎　装丁・三嶋幸作　限定250部
31.10.10　ジャック・プレヴェール詩集（2刷）　小笠原豊樹訳　装丁・殿村衣公子
31.10.30　詩の心理学（双書種まく人・6）　イヴォン・ブラヴァール　山田直訳
31.10.30（上製）　立原道造の生涯と作品〔1刷〕　田中清光　表紙画・立原道造　詩論
31.11.20　森の美女　ジュール・シュペルヴィエル　三井ふたばこ・柳沢和子訳　詩劇
31.12.10　火祭り　丸地守　表紙画・挿画・袴田省三
31.12.10　ぼくたちの未来のために　明日の会
31.12.30　放浪日記　新郷久

32.1.1　愛しあふ男女　小山正孝・駒井哲郎　限定152部　詩画集
32.1.1　一〇枚の地図（改版）　小田久郎　装丁・三嶋幸作
32.2.20　らいおん物語　岸田衿子　帙画・アンリ・ルソー　限定300部
32.3.10　山本太郎詩集（今日の詩人双書・1）　大岡信編　＊増刷あり
32.3.20　カリプソの島　井口紀夫　装丁・矢野真、製作・萩野弘己
32.4.15　ロートレアモン全集・1　栗田勇訳　［函文字・伊達得夫］
32.4.30　夜と海の歌　中村稔　限定50部
32.5.10　蝙蝠　矢代静一　［函文字・伊達真理］　戯曲
32.5.10　断章　前田透　ジャケット画・太田浪三、挿画・明田川孝　歌集
32.6.18　美に向って矢を射る　井関保　評論集
32.6.20　パウロウの鶴　長谷川龍生　［函画・伊達得夫］、表紙画・片山昭弘
32.6.20　雪の宿　富山文雄　ジャケット画・鈴木延雄　実録

32.8.25　蜜蜂と水仙の恋の歌　広野広　装丁・河合イサム
32.8.30　安東次男詩集（今日の詩人双書・2）　飯島耕一編　ジャケット・村上美彦、写真・井上多恵子、挿画・稗田一穂・桂川寛
32.9.1　ロートレアモン全集・2　栗田勇訳　［函文字・伊達得夫］
32.9.10　心象風景　長谷川泉
32.9.20　クウニエの子へ　町田和也
32.10.1　停車場　太田浩　ジャケット画・ルイ・ヴィヴァン
32.11.30　ミクロコスモス　飯島耕一・伊原通夫　限定100部　詩画集
32.12.25（特装）　立原道造の生涯と作品［2刷］　田中清光　限定15部　詩論
32.［12.25］（並製）　立原道造の生涯と作品［2刷］（双書種まく人・7）　田中清光　ジャケット画・立原道造　詩論
32（本扉）　記憶と現在［2刷］　大岡信　装丁・長谷川周子

―――

33.1.10　プレヴェール詩集（海外の詩人双書・1）　小笠原豊樹訳
33.1.10　吉本隆明詩集（今日の詩人双書・3）　鮎川信夫編　ジャケット写真・毛利ユリ　＊増刷あり
33.1.10　ロルカ選集・2　ジェームス・グリアほか訳
33.1.15　アンリ・ミショオ詩集（海外の詩人双書・2）　小海永二訳　挿画・著者　＊増刷あり
33.1.30　エロチシズム　ロベール・デスノス　澁澤龍彦訳　詩論
33.2.5　生徒と鳥　高良留美子　ジャケット画・高良真木
33.2.10　夏至の火　入沢康夫　ジャケット画・真鍋博
33.3.3　汎神論　水尾比呂志　装丁・友竹辰、題字・柚木沙弥郎、写真・谷川俊太郎
33.3.10　冬の虹（心之華叢書）　黒沢武子　表紙画・村上佳子　歌集
33.4.1　寝台と十字架　真鍋博　漫画集
33.4.10　稲垣足穂全集・16（稲垣足穂全集刊行会発行）　限定500部
33.4.30　ロートレアモン全集・3　栗田勇訳　［函文字・伊達得夫］、挿画・真鍋博
33.5.1　シュルレアリスム辞典　アンドレ・ブルトン、ポール・エリュア

ール編　江原順訳　ジャケット・ダリ、ミロ、真鍋博　限定500部　辞典

33.5.15　詩人の設計図　大岡信　ジャケット画・クレー、表紙画・ダリ　詩論

33.6.1　黒田三郎詩集（今日の詩人双書・4）　木原孝一編

33.6.8　生きものの歌　磯村英樹　ジャケット画・表紙画・挿画・山本蘭村

33.6.10　黒い制服　渡瀬一男

33.6.10　湖上の薔薇　河邨文一郎

33.6.10　綱渡り　丸本明子　装丁・須田剋太

33.6.10　ロルカ選集・1　長谷川四郎他訳　挿画・著者

33.6.15　ふるい冬　岩田宏・浜田伊津子　限定80部　非売品（結婚式の引出物）

33.6.25　にぎやかな森　山口洋子・石原慎太郎

33.6.25　ランボオと実存主義　ポール＝アンリ・パイユウ　嶋岡晨訳　表紙画・ボリス・タスリッツキイ　詩論

33.6.30　魚と走る時　川崎洋　装丁・国松登　詩劇

33.7.30　稲垣足穂全集・6（稲垣足穂全集刊行会発行）　限定500部

33.8.10　カミングズ詩集（海外の詩人双書・3）　藤富保男訳　写真・マリオン・モアハウス

33.8.10　ルネ・シャール詩集（海外の詩人双書・4）　窪田般弥訳

33.9.1　迂魚の池　沢木隆子

33.9.10　ヒメジョオンの蝶　岡本喬　童話

33.10.10　空の記憶　橋口守人　挿画・奥井善太郎

33.10.15　稲垣足穂全集・1　限定500部

33.10.20　ぶるる（亜紀社発行）　ヨシダヨシエ・岡本信治郎　詩画集

33.10.25　夜の庭　宇都木淳

33.10.30　飛驒まで　西村宏一

33.11.20　僧侶　吉岡実　函写真・奈良原一高　限定400部

33.11.25　ロルカ選集・3　小海永二ほか訳

33.12.15　稲垣足穂全集・5　限定500部
33.12.15　抒情と形象　両角克夫
33.12.20　薔薇　芥川留利子
33（フランス装表紙）　立原道造の生涯と作品［3刷］　田中清光　表紙画・立原道造　詩論

———

34.1.10　いつかの砂漠の物語　渡辺藤一　絵本
34.1.16　別れの時　礒永秀雄　挿画・山本蘭村　限定300部
34.2.1　氷つた焔　清岡卓行　装丁・沢田真知、表紙画・岡鹿之助　限定500部
34.2.10　遭遇歌とその周辺　鈴木祐之
34.3.1　動物園　真鍋博　漫画集
34.3.20　壺の中　山本道子　表紙画・石井元子
34.3.31　ゴットフリート・ベン詩集（海外の詩人双書・5）　深田甫訳　ジャケット写真・イトウ・ヒロ
34.4.20　稲垣足穂全集・13　限定500部
34.4.20　中原中也研究　中村稔編　詩論
34.5.2　おいらん物語　岩田宏・真鍋博　詩画集
［34.5.10］　現代詩全集・1（1刷）
34.6.10　薄明の壁　有馬敲
34.6.15　いやな唄　岩田宏　函画・挿画・真鍋博
34.6.30　現代詩全集・2（1刷）
34.8.1　ロートレアモン全集　限定10部　駒井哲郎・真鍋博銅版画
34.8.10　記憶の中の女　浅尾忠男
34.8.10　吉岡實詩集（今日の詩人双書・5）　篠田一士編　ジャケット画・浜田伊津子　＊増刷あり
34.9.20　生と死のうた　梶原しげよ
34.9.20　プリュームという男　アンリ・ミショオ　小海永二訳　装丁・吉岡実、挿画・著者、モーリス・アンリ
34.9.25　いのちの旅　黒羽英二

34.9.30　現代詩全集・3
34.10.30　稲垣足穂全集・12　限定500部
34.10.30　現代詩全集・4
34.11.1　月曜から月曜へ　里見一夫
34.11.1　YORUを待つ　諏訪優
34.11.10　ロルカ選集・別巻　小海永二編　挿画・著者
34.11.20　湖畔の歌　和田伸子　創作
34.11.30　ラングストン・ヒューズ詩集（海外の詩人双書・6）　木島始訳　ジャケット写真・デカラヴァ、本文写真・ブレッソン
34.12.10　私の前にある鍋とお釜と燃える火と　石垣りん
34.12.20　蟠花　東博　挿画・駒井哲郎　歌集
34.12.25　黒の詩集　田中清光
34.12.25　場面　渋沢孝輔
34.12.30　夜が生れるとき　伊藤海彦　表紙画・クレー　詩劇
34.12.31　黒眼鏡　宗左近

———

35.1.10　日本詩集1960　日本文芸家協会編
35.1.15　現代詩全集・1（2刷）
35.1.30　現代詩全集・5
35.1（覚え書）　飯島耕一詩集（今日の詩人双書・6）　岩田宏編
35.2.10　始祖たちの森　小林哲夫　ジャケット画・渡辺藤一
35.2.15　みどりいろの羊たちと一人　山本道子　ジャケット画・渡辺藤一
35.3.12　雪まつり　武田隆子　装丁・朝倉摂、写真・本間敬将
35.3.15　現代詩全集・2（2刷）
35.3.15　木馬がのった白い船　立原えりか　ジャケット画・表紙画・挿画・渡辺藤一　童話
[35]（奥付「1690」と誤植）.3.20　現代詩全集・6
35.3.20　鋼鉄の足（初版）　滝口雅子
35.3.20　収穫祭　田中清光　ジャケット画・クレー
35.3.28　掟　朝倉勇　装丁・和田誠

35.4.15　　からんどりえ　　安東次男・駒井哲郎　限定37部の内7部BFK紙刷・30部特漉和紙刷　詩画集
35.5.10　　ひとつの魔法　　村松英子
35.5.10　　屋根が空をささえている　　西原邦子
35.6.1　　ちいさいものたち　　梅田良忠
35.6.10　　nadaの乳房　　鈴木孝
35.7.15　　金子光晴全集・1　　挿画・著者　限定800部
35.7.31　　闘技場　　多田智満子
35.8.7　　不惑彷徨　　長谷川泉
35.8.15　　偶像　　嶋岡晨　表紙画・アリスチッド・カイヨー
35.8.30　　少年聖歌隊（山の樹叢書・1）　　鈴木亨　装丁・新井勝利　詩論
35.8.30　　ディラン・トマス詩集（海外の詩人双書・7）　　松浦直巳訳
35.10.10　　雲のポケット　　笠原三津子　表紙ろうけつ染・著者　限定199部の内60部限定版（特装）・普及版139部
35.10.10　　ポケットの中の孤独　　松本亮　装丁・奥平せいこ
35.10.30　　稲垣足穂全集・2　　［函画・亀山巌］　限定500部
35.11.10　　方程式　　吉村三生
35.11.15　　ゴリラ　　山本太郎　挿画・辻一
35.11.20　　キャスリン・レイン詩集（海外の詩人双書・8）　　片瀬博子訳　ジャケット・吉岡実
35.11.20　　黒い微笑　　伊藤海彦　表紙画・浜口陽三、撮影・三宅修・大石進
35.12.1　　現代フランス詩人ノート　　小海永二　表紙画・クロード・ロワ　詩論
35.12.1　　零の唄　　土井伸彦　ジャケット画・エルンスト
35.12.10　　鋼鉄の足（改版）　　滝口雅子　ジャケット・渡辺藤一
35.12.17　　おもとみち　　佐藤清　限定500部
35.12.20　　大岡信詩集（今日の詩人双書・7）　　寺田透編　ジャケット・今井寿恵

36.1.1　　異邦人　　辻井喬　入野義郎作曲「鬼変奏曲」レコードつき　挿

画・今井寿恵

36.7.20　異邦人（昭森社発売）　辻井喬　入野義郎作曲「鬼変奏曲」レコードつき　挿画・今井寿恵

36.（月日の記載なし）籠　山本道子　ジャケット画・渡辺藤一

雑誌

雑誌は途中で発行元が変更になることも多く、どこまで書肆ユリイカの出版物と見なすかは難しいが、「書肆ユリイカ」または「ユリイカ」と表記された号があるものは、取りあえず掲げておくことにする。

世代　全17号　21.7～27.12

現在　全14号？　27.6～30.9？

今日　全10号　29.6～33.12

未定　3、4号　31.5、32.5

ユリイカ　全53号　31.10～36.2

灰皿　全6号　32.7～34.4

SIX　1号　32.7

現代叢書　全5号　33.8～35.2

現代批評　全5号　33.12～34.11

鰐　全10号　34.8～37.9

プッペ　全6号？　35.10～36.3

律　全3号？　35.12～38.9？

秩序　8号　36.1

人名索引

さ　行

た　行

な　行

は　行

ま　行

や　行

わ　行

書名索引

各項目末尾のゴシック体数字は「書肆ユリイカ出版総目録」の収録ページ。

あ 行

か　行

さ 行

た 行

な　行

は　行

ま　行

や　行

ら　行

わ　行